REPORT OF CHINA'S
NATIONAL CONDITION

中国国情报告

第二辑

生态·城乡·金融·文化

李慎明　武　寅◎主　编
晋保平　王子豪◎副主编

社会科学文献出版社
SOCIAL SCIENCES ACADEMIC PRESS (CHINA)

目 录
Contents

生态文明

城乡建设

金融安全

文化发展

生态文明

宁夏移民、扶贫与生态文明建设调研报告

李培林　　王晓毅*

　　2012 年，根据中国社会科学院和宁夏回族自治区的院区合作协议，中国社会科学院成立由社会学所牵头的宁夏生态移民调研组，与宁夏社科院和北方民族大学的研究人员合作，对宁夏的生态移民进行了深入的实地调研和案例考察，并对已经移出和待移出的村民分别进行了抽样问卷调查。根据调研获得的资料和数据，形成本调研报告。

　　党的十八大确立了到 2020 年全面建成小康社会在经济、政治、文化、社会和生态等各方面的目标。其中一项非常艰巨的任务，就是"大幅度减少扶贫对象"。中国农村的贫困标准，改革开放以来随着农村居民收入水平的提高也不断提高，到 2011 年大幅度提高到农民年人均纯收入 2300 元，这大体相当于每人每天收入 2 个购买力平价（PPP）国际元的国际贫困标准。按这个标准计算，2011 年我国农村还有 1.22 亿扶贫对象。2012 年扶贫对象减少到 9899 万人，但仍占农村户籍人口的 10.2%。

　　与此同时，随着中国经济的快速发展，生态问题变得越来越严峻。2013 年 1 月中旬，北京市的严重雾霾天气数日持续，气象局发布最高级别的霾橙色预警，机场乘客大量滞留。从东北、华北到中部乃至黄淮、江南地区，我国中东部地区陷入大范围重度和严重空气污染，部分地区能见度不足百米。环保部监测的 120 个重点城市中，有 67 个处于污染水平，11 个省市 22 条高速公路局部路段关闭。这一事件引起国民的深刻反思，生态问题已经成为我国全面建成小康社会的一个瓶颈问题。

　　在中国，贫困与生态环境脆弱往往是共生的。中国农村贫困人口大部

---

　　* 李培林，中国社会科学院副院长、研究员，研究方向为发展社会学；王晓毅，中国社会科学院社会学研究所农村与产业社会学研究室主任、研究员，研究方向为农村社会学和环境社会学。

分分布在 18 个集中连片贫困地区，这些地区或者干旱缺水，或者地表水渗漏严重而无法利用，或是高寒阴冷、有效积温不足，或是山高坡陡、水土流失、灾害频繁。其中最典型的区域是中国西南部的喀斯特地貌区和西北部的"三西"地区。生态环境脆弱地区也是基础设施落后的地区，由于自然条件的限制，这些地区的基础设施远远落后于其他地区。[①] 恶劣的自然环境和落后的基础设施导致这些地区严重的贫困，而贫困又加剧了环境破坏。

宁夏南部的西海固地区是中国贫困程度最深的连片贫困地区之一，与甘肃的河西和定西并称"三西"。从 20 世纪 80 年代开始，西海固地区的扶贫就得到了国家的高度重视，国家启动"三西"扶贫规划，使这个地区的贫困状况得到改善。但是直到目前，这里的贫困现象依然很严重，2011 年开始的国家新扶贫规划中，西海固构成了六盘山连片扶贫的重要组成区域之一。

对居住在生存条件恶劣、自然资源贫乏地区的贫困人口实行易地扶贫搬迁，是改善他们生存环境和发展条件的重要途径。截至 2010 年，中国政府对 770 余万贫困人口实行了扶贫搬迁，有效改善了这些群众的居住、交通、用电等生活条件。[②] 在此期间，宁夏也积极地实施了以扶贫和生态环境保护为目标的移民。

基于不同的资源禀赋，宁夏回族自治区内形成了明显的三个不同地区，北部引黄灌区具有较好的农业生产条件，经济发展水平较高，而南部山区和中部干旱带则因为自然条件恶劣，资源匮乏，经济发展缓慢，人们长期处于贫困状态。在过去的 30 年中，通过吊庄移民、易地扶贫移民和生态移民、中部干旱带的县内移民等措施，宁夏中南部地区总计 66 万的贫困农民迁移到生产条件较好的地区[③]，移民的生活条件得到很大改善，特别是那些搬迁到引黄灌区的人们。与此同时，随着人口的迁移，中南部迁出地的人口压力降低，生态环境得以恢复，人们的生活条件也得到相应改善。生态移民对于改善贫困状况和生态脆弱地区环境恢复，都具有积极意义。

---

① 李周主编《中国反贫困与可持续发展》，科学出版社，2007。

② 中华人民共和国国务院新闻办公室：《中国农村扶贫开发的新进展》（2011 年 11 月）。

③ 朱丽燕：《生态移民与宁夏西海固地区的扶贫攻坚》，《农业现代化研究》2011 年第 4 期。

宁夏回族自治区计划在"十二五"期间（2011～2015）继续搬迁35万人口，使位于偏远山区、交通不便的农民摆脱贫困，同时也使南部山区发挥更好的生态服务功能。但大规模的移民也带来一系列的问题，特别是宁夏移民还与少数民族问题和宗教问题交织在一起。本调研报告对已经进行的移民工作进行了评估，并针对出现的问题及下一步的移民工作提出相关建议。

一 自然条件恶劣造成历史上贫困和环境退化的循环

西部地区的主要特点之一是资源分布的不平衡，这在宁夏回族自治区表现尤其明显。自然资源禀赋的差异导致了区域发展不平衡。

目前，宁夏农业所创造的增加值已经不足全区地方生产总值的10%，但仍然有将近50%的劳动力从事农业。农业高度依赖水资源，而宁夏的水资源分布高度不均衡。宁夏中南部地区长期处于水资源缺乏的状态，自然灾害频繁，加上较高的地理位置和低温，农业长期处于广种薄收状态，在20世纪80年代初期，有将近3/4的农村人口处于贫困状态。[1] 尽管国家持续地在这个地区进行扶贫，大部分贫困人口已经脱贫，但是发展速度仍然缓慢。水资源的匮乏是制约当地经济发展的最主要因素。

表1 宁夏三大分区人均、亩均水资源量统计

分区	人口（万人）	灌溉面积（万亩）	耕地面积（万亩）	当地可利用水资源量（亿 m³）	当地可利用水资源量		加入黄河可利用水资源量	
					人均（m³）	亩均（m³）	人均（m³）	亩均（m³）
引黄灌区	307	537	528	1.5	49	28	945	539
中部干旱带	186	150	619	0.51	27	8	302	89
南部山区	137	62	547	2.49	182	45	222	54
全 区	630	749	1694	4.5	71	27	598	218

资料来源：马忠玉主编《宁夏应对全球气候变化战略研究》，黄河出版传媒集团/阳光出版社，2012。

从表1可以看出，尽管南部山区降雨量比北部地区高，人均水资源的

---

[1] 范丽明、杨国涛、范子英：《贫困地区收入不平等的决定因素：基于西海固农户数据的分析》，《世界经济文汇》2010 年第 3 期。

拥有量却远远低于引黄灌区。

水热资源组合差，水多热少或水少热多或年内的水热与作物的生长周期不同步，对农业生产构成了不利影响。宁夏降水主要集中在每年的 7～8月，而作物生长需水的 4、5、6 月降水不多，极不利于作物特别是夏季作物的生长。[①] 干旱是西海固地区最频繁发生的自然灾害，而且旱灾的持续性强，有季节连旱和年际连旱等，对农业生产的危害也特别严重。如 1991～1995 年连续大旱，使很多脱贫农户返贫，甚至出现了人缺口粮、畜缺饲草、地缺籽种的危机局面。另外，雨涝、冰雹、大风等自然灾害在南部山区也经常发生，其中暴雨灾害的发生频率一般为 2～3 年一次，冰雹为每年 2～7 次等。[②]

两个多世纪的过度耕作、放牧和樵采，在宁夏中南部地区已经引起了严重的生态危机，以水土流失为主的土地退化使这里的生态环境日益恶化。宁夏南部山区属于黄土高原水土流失区，水土流失面积为 2158 平方公里，占区域总面积的 84.6%，其中 23.7% 的土地属于重度流失区，这里的沟头以每年 10 米的速度向前延伸，每年破坏耕地 500 亩左右。土壤侵蚀带走了大量的养分物质。据估算，西海固地区每年要流失有机质 126 万吨，全氮 9.45 万吨，全磷 26.04 万吨，相当于 26.54 万吨尿素和 105 万吨过磷酸钙。水土流失严重破坏了土地资源，也降低了水利设施的利用效率，使当地可利用水资源减少，对农业生产极为不利。[③]

在这样的自然条件下，农业基础设施建设缓慢且很难发挥作用。中南部地区的农业长期停留在广种薄收的水平。在引黄灌区，农业已经 100% 是灌溉农业，而中南部地区有灌溉设施的耕地很少，中部干旱带只有不足 25% 的耕地有灌溉设施，而在南部山区更少，不足 12%。

从 20 世纪 80 年代开始，经过国家大规模开发式扶贫，这里农民收入有所提高，但是与北部引黄灌区的收入差距还在扩大。2000 年，山区与川区农民人均收入差距为 1713 元，而到 2009 年则扩大为 2344 元。受到自然

① 陈育宁主编《绿色之路：宁夏南部山区生态重建研究》，中国社会科学出版社，2004，第 25 页。

② 东梅、刘算算：《农牧交错带生态移民综合效益评价研究》，中国社会科学出版社，2011，第 77 页。

③ 范丽明、杨国涛、范子英：《贫困地区收入不平等的决定因素：基于西海固农户数据的分析》，《世界经济文汇》2010 年第 3 期。

条件的限制，农业生产水平仍然很低。

在宁夏的中南部地区，贫困的根本原因是生态条件的不断恶化。要解决贫困问题，缩小收入差距，就需要打破生态恶化和贫困之间的循环。

二 生态移民有效促进了扶贫和生态保护

人口迁移是打破环境恶化和贫困循环的有效手段。在前现代化时期，为了获得耕作土地或屯边，人口的迁徙往往是从人口比较密集地区向边缘地区迁移，宁夏中南部地区的大量人口就是在清朝以来陆续自愿或被强制迁移到达的。现代化推动了人口的集中，因为经济发展要求人口的集中。有关增长极的理论认为，工业发展不可能在所有地方同时发生，经济发展的不平衡是常态，在一些经济发展迅速的地区形成增长极，人口必然会向增长极集中。①

在中国改革开放的前20年，东部地区发展快，大量人口从中西部地区不断向东部地区流动。2000年以后，我国的区域增长格局开始发生深刻变化，西部大开发战略的实施效果开始显现，西部地区经济发展加快步伐，逐渐形成一些经济发展集聚的地区。以银川为核心的宁夏北部引黄灌区正在成为一个区域中心，辐射内蒙古、山西和甘肃的毗邻地区。随着银川区域中心作用的增强，这个地区将吸引更多的人口。在这个背景下，宁夏北部地区将成为中南部地区移民的重要目的地。

通常来说，人口迁移包括自愿移民和非自愿移民两种模式，中国的农民工可以被看做是典型的自愿移民。大量农民工的流动推动了中国的工业化，对于增加农民收入贡献巨大。与此不同的是非自愿移民，比如大型工程设施建设所导致的移民是典型的非自愿移民，他们因为土地被征用，只能迁移到其他地区。而生态移民是一种混合型移民，或者说是有规划的自愿移民。他们是从生态条件恶化的地区迁移到生态条件比较好的地区，这是他们多年的愿望，然而不同于自愿移民，他们是在政府组织下实施的工程。

过去30年的移民历史表明，适当的生态移民可以达到保护生态环境和扶贫的双重目标，使移民、移出区域和移入区域同时受益。

---

① 李国平、范红忠：《生产集中、人口分布与地区经济差异》，《经济研究》2003年第11期。

在移民过程中，首先受益的是移民。生活在生态脆弱地区的贫困农民有着强烈的迁移愿望，原居住地的资源状况使他们无法摆脱贫困，甚至维持生存都很困难。他们希望迁移到资源相对丰富的地区；但是缺少政府的规划和支持，他们没有能力实现迁移。缺少能力实现移民的主要是那些贫困农民，生态移民将政府规划与移民意愿结合在一起，给这些贫困农民的迁移提供了必要的条件：可以耕种的土地、必要的住房和新的移民社区。

首先，移民的生产方式发生了根本的转变，过去他们主要依靠雨水养农业，土地面积较大，粗放经营，农业生产缺少保障；进入引黄灌区以后，耕地面积减少，但是有良好的灌溉条件，农业生产有了保障。迁移人群在其移民前的家庭人均土地面积均为 5 亩左右，其中主要以旱地为主，同时拥有少量的山林；而迁移人群在移民之后，其家庭人均土地面积为 1.68 亩，其中人均水浇地为 1.56 亩。

表 2　移民迁移前后的家庭人均土地面积比较

单位：亩/人

	待迁人群	迁移人群	
		移民前	移民后
耕地（旱地、水田）	4.99	4.91	1.68
水浇地	0.15	0.23	1.56
旱地	4.81	4.55	0.12
山林	0.01	0.19	0.00
其他（鱼塘等）	0.00	0.016	0.00
总　计	5.01	5.05	1.68

资料来源：中国社会科学院社会学研究所和北方民族大学社会学与民族学研究所于 2012 年 9 ~ 10 月组织实施了"宁夏移民经济发展与生活改善"问卷抽样调查，采用了多阶段复合抽样的方法，即分县（县级市/区/旗）、乡（镇）、村委会、村民户、村民五个阶段抽样，共获得有效样本 1200 个，其中在移民迁入地（银川市西夏区、银川市金凤区和吴忠市红寺堡区）获得 800 个样本，在移民待迁地（吴忠市同心县和固原市西吉县）获得 400 个样本。该调查将调查区域内 18 ~ 69 岁的住户人口作为推论总体，以下简称课题组 2012 年抽样调查。

稳定的灌溉农业保障了农业生产的相对稳定，原来对农业威胁最大的旱灾得到了有效的克服。我们的调查发现，移民解决了大部分人口的用水问题。在问卷调查中，超过 70% 的回答者认为现在水源充足，能够满足生产和生活需要；而在尚未搬迁的人群中，有近 64% 的回答者认为水资源不足。

表3 待迁和迁移人群对水资源的评价

	待迁人群		迁移人群	
	频数（人）	占比（％）	频数（人）	占比（％）
水资源充足，能够满足生产生活需要	144	36.0	566	70.8
水资源不足，不能满足生产生活需要	158	39.5	206	25.8
水资源匮乏，生产生活很困难	95	23.8	20	2.5
其他	3	0.8	8	1.0
合　计	400	100.0	800	100.0

资料来源：课题组2012年抽样调查。该项调查的问题是"您对现有水资源的评价是什么"。

其次，非农就业发展较快，新的移民区靠近城市，交通便利，信息通畅，这为移民从事非农就业提供了条件。比较已经迁移的人口和正在准备迁移的人口发现，移民家庭收入明显高于非移民家庭，而且非农业收入的比例也明显高于未迁移的人口。

表4　迁移人群与待迁人群的家庭收入来源比较

单位：元

收入来源	迁移人群	待迁人群
农业经营收入	11323.59	6690.29
打工收入	13686.68	7108.58
经商办厂等非农经营性收入	454.99	0.00
财产性收入	135.49	0.00
转移性收入	590.44	322.45
总　收　入	26191.19	14121.32
有效样本（个）	775	352

资料来源：课题组2012年抽样调查。

从上面的调查资料中可以看出，生产条件的改善使移民的收入明显高于非移民，农业收入和打工收入均高于待迁人群，农业收入高出将近70％，打工收入高出90％多。

再次，基础设施得到明显改善，移民获得了更好的公共服务。农村的教育、卫生和基础设施都得到了明显改善。移民距离学校、医院和集镇的距离都大大缩短，这使他们可以更便捷地享受公共服务。比如在搬迁之前，从居住地到最近的集镇平均距离为10公里，现在只有5公里左右。

表 5 搬迁前后与诊所和学校的距离比较

单位：%

		移民前	移民后
距最近的诊所	1 小时路程以内的人群	65.2	83.5
	超过 1 小时的人群比例	34.8	16.5
距离最近的学校	1 小时路程以内的人群	50	94.9
	超过 1 小时的人群比例	50	5.1

资料来源：课题组 2012 年抽样调查。

由于政府在进行移民的同时为移民统一新建了住房，从而使移民的住房得到根本性的改善。从我们的抽样调查来看，在移民以后，人均住房面积增加了 10 平方米，而且大部分从土坯房变成了砖瓦平房。

表 6 迁移人群与待迁人群的住房条件比较

指标	取 值	迁移人群		待迁人群
		当前	迁移之前	
住房质量	别墅/单元房/楼房/筒子楼（%）	0.9	0.3	0.0
	平房（%）	92.8	18.1	76.1
	土坯房（%）	0.1	65.6	20.1
	其他（条件更差的如窑洞、帐篷、草棚等）（%）	1.0	16.0	3.8
	有效样本（人）（百分比合计）	794（100%）	794（100%）	400（100%）
人均住房面积	平方米	23.37	13.38	15.88
	有效样本（人）	797	784	398

资料来源：课题组 2012 年抽样调查。

最后，宁夏生态移民工程的评估，其成果最终还是要看生态移民满意不满意，而调查结果显示，与全国各地移民相比有很高的总体满意度，这是令人高兴和意外的，说明宁夏生态移民工作做得比较深入细致。从迁入地移民总体满意度来看，有 91.8% 的人对移民搬迁表示满意，不满意的移民仅占被访者的 2.7%。迁入地移民对住房条件满意的比例达到 91.8%，对生产条件满意的比例为 91.1%，对生活条件满意的比例为 94.6%。

表7　移民搬迁的总体满意度

单位:%

	迁入地移民
满　意	91.8
不满意	2.7
说不清	5.5
合　计	100

资料来源:课题组 2012 年抽样调查。

更重要的是,移民改变了贫困农民的观念,移民对公共事务的参与和社会交往关系都较移民之前发生了很大的变化。在移民之前,大多数村民居住分散,村民很少参与公共事务,但是在移民过程中有越来越多的公共事务需要村民参与发表意见。调查表明,在移民以后,村民参与公共事务的积极性有了很大提高。比如在迁移以后,大约有 40% 的人经常或偶尔参加村民代表大会,而在迁移之前,这个数量仅有 27%。在迁移之前,村民遇到困难时最重要的求助对象是亲戚,在迁移以后,尽管首选的求助对象仍然是亲戚,但是求助邻居和村干部的比例明显上升。比如求助邻居的比例从 17.5% 上升到 25.4%,求助村干部的比例从 3.7% 上升到 5.8%。

第二个受益方是移出地区。移民不仅减轻了南部山区的人口压力,使南部山区的生态环境改善,而且通过人为干预,移民区生态环境也得到改善。部分人口从南部山区搬迁以后,南部山区的人口压力得到一定程度的缓解,再通过退耕还林和退牧还草等项目的实施,南部山区的生态环境得到恢复,重要的水源地得到保护。而迁入地区则通过扬黄工程将原来的荒漠化土地改造为耕地,从而防止了土地的进一步退化。在我们的问卷调查中,大多数被调查人认为人口压力是宁夏南部山区环境被破坏的主要原因,同时认为移民对于摆脱贫困和改善环境具有重大作用。来自环境领域的专业研究也表明,南部山区自从 2006 年以后,生态环境有明显改善。[①] 按照自治区的计划,"十二五"期间转移的 35 万人口所退出的土地和宅基地将全部转作生态建设,这将提高宁夏的森林覆盖率,涵养水源,从而改善生态环境。

随着人口压力减少和生态环境恢复,从 2006 年以后,南部山区的农民收入增长明显加快,2010 年,山区农民纯收入增长 16%,比川区高 1.8 个

---

① 洋县明等:《宁夏生态移民效益评价研究》,《干旱区资源与环境》2013 年第 4 期。

百分点，南部山区与北部川区农民收入之间的差距在缩小。

生态移民的移入地区的影响是多方面的。在近30多年中，一方面，近百万的人口迁入黄河灌区，加大了移入区的人口压力和资源紧张；另一方面，人口的增加也有助于当地的经济发展和促进银川地区经济中心的形成。尽管迁移对提高移民收入、改变移民的社会结构起了重要作用，但是要使移民真正融入川区的社会经济发展中，实现真正的脱贫致富，与移入地区同步发展，还有许多工作要做。事实上我们看到，银川周边黄河灌区正在成为一个区域的经济中心，从而具有越来越强的吸引力，同时中南部地区的贫困人口不断迁移到这个地区，但是这两个过程目前仍然没有融合起来，经济增长对移民的劳动力就业贡献有限，而移民的身份仍然主要是农民。

三 生态移民所面临的问题

生态移民成功地解决了生计贫困问题，但是要使移民融入新的社区，还面临许多新的问题。

第一，稳定的非农就业是移民首先面对的问题。在进入新的移民区以后，移民的土地面积减少，课题组的调查表明，在移民以前，他们的人均土地面积为5亩，而在移民以后，人均耕地面积减少为1.6亩。尽管耕地的条件改善，但是土地产出不足以维持移民的生存；而且在移民以后，他们原有的一些生计活动，如放牧和打柴全都停止，由此减少了收入渠道并增加了支出。从我们调查的数据来看，移民2011年的人均收入为5800元，这比移民之前增加很多，但是比黄河灌区的人均收入要低20%左右。[①]

大部分移民都获得了土地，但是由于土地面积比较小且是新开垦地区，地力需要培养，所以这些土地只是给移民提供了最低的保障，并不足以维持移民的生计。从原来山区广种薄收的旱作农业转变为精耕细作的农业，移民还需要一个适应过程，在一些移民村，土地交给企业代为耕种，移民无需耕种自己的土地，农业已经不是移民的主要就业渠道。移民要增

---

① 据国家统计局宁夏调查总队抽样调查结果显示，2011年宁夏引黄灌区农民人均纯收入6907.3元。农民人均纯收入最高的兴庆区达到7803.8元，利通区、灵武市、青铜峡市农民人均纯收入超过7500元，惠农区、贺兰县、平罗县农民人均纯收入也超过了7000元（人民网：http://nx.people.com.cn/n/2012/0207/c192484 – 16727852.html）。

加收入就需要增加非农就业。尽管移民村距离城市较近，为移民打工提供了方便，但是移民缺少必要的专业技能，因而其工资收入通常比较低。

提高移民的非农就业还需要社会提供更多的就业机会。总的来说，西部地区的非农产业发展往往更多地集中在资本密集型的重化工业，单位资本所吸收的劳动力就业低于轻工业。如果我们将宁夏与广东和江苏对比，可以明显地看到这种区别。在广东和江苏，每万元工业产值的就业人数分别为 0.10 人和 0.08 人，而在宁夏只有 0.05 人（见表 8）。与此相关，在广东和江苏，在工业中就业的人数都远远超过了农业和服务业，而在宁夏，在工业中就业的人数很少，大量的劳动力还滞留在农业或水平较低的服务业。这是限制移民在非农领域稳定就业的外部因素。

表 8　宁夏、江苏、广东三省区每万元产值的就业人数比较

	第一产业			第二产业			第三产业		
	总产值（亿元）	就业人数（万人）	每万元产值就业人数（人）	总产值（亿元）	就业人数（万人）	每万元产值就业人数（人）	总产值（亿元）	就业人数（万人）	每万元产值就业人数（人）
宁夏	184.14	166.20	0.90	1056.15	55.35	0.05	861.92	118.10	0.14
江苏	3064.78	1025.02	0.33	25203.28	2017.49	0.08	20842.21	1717.72	0.08
广东	2665.20	1427.34	0.54	25447.38	2526.48	0.10	24097.70	2006.92	0.08

资料来源：《2012 年宁夏统计年鉴》《2012 年江苏统计年鉴》《2012 年广东统计年鉴》。

第二，生态环境和水资源问题将是制约移民可持续发展的重要因素。生态移民减轻了南部山区的环境压力，黄河灌区大量荒地也得到了治理，这对改善生态环境具有重要意义。但是由于全区处于干旱半干旱地带，宁夏主要依靠黄河的水资源，如果没有有效的节水措施，就会造成水资源的矛盾。其一是居民生活用水和生产用水的矛盾，随着城镇化推进，居民生活用水量会大大增加，这与生产用水就会形成矛盾；其二，随着宁夏工业发展，特别是宁东能源化工基地建设，工业用水的数量会明显增加，在国家分配给宁夏黄河水量不变的前提下，必然要减少农业用水，那么依靠黄河水资源的生态移民也会受到影响。现有的移民模式仍然高度依赖黄河水资源，特别是在"十二五"期间，农民进入川区以后仍然主要依赖灌溉农业，黄河的水资源仍然是最重要的影响因素。

大规模的农业开发和人口迁移对川区会产生一些负面影响，这是需要

警惕的。有研究表明，在移民区已经开始出现土地退化的现象，一些地方因为引水灌溉而出现土地盐碱化，也有一些地方因为土地开垦而出现土地沙漠化。比如红寺堡在 1999 年以后所开垦的 9.46 万亩土地中，就有 2.4 万亩出现不同程度的沙化现象。① 有关黄河灌区环境的研究也表明，随着灌区人口增加和工农业生产规模加大，灌区的污染问题已经比较严重，特别是水资源污染。② 我们的调查也表明，在移民以后，有更多的人感觉到了沙尘暴对他们生产和生活的影响。生态移民有助于恢复南部山区的生态条件，但是人口集中、土地开发和水资源消耗都会对移入区产生重大的影响。

水资源也是引起社会矛盾的一个诱因。调查发现，由于移民的土地资源紧张，一些地方出现私自开荒的现象。开垦土地面积不断扩大，致使原有的用水指标严重不足，供水矛盾日益突出，群众撬口抢水、霸水、偷水现象经常发生，由此引发的移民群众因灌溉问题而产生的纠纷不断，关系紧张，甚至出现群殴现象。水资源的合理利用和有效管理是改善生态环境的关键。

第三，标准化的安置方式难以满足移民的差异化需求。政府对移民制定了统一的操作模式，包括住房、耕地分配和各项补助标准，但是移民的需求是多样的，各个家庭的条件不同，因而需求也多种多样，统一的标准无法满足移民的多样性需求。

第四，未来生态移民的搬迁不容乐观。根据调查，接近七成的移民是愿意服从政府安排进行搬迁的，但仍有 30.9% 的移民不愿意搬迁。不愿意搬迁的移民多是不满意移民安置区环境，尤其是宁夏中南部生态移民规划中县内安置的 2.84 万户共计 12.11 万人，因多数县内安置地自然条件差，他们搬迁积极性普遍不高，只有 30% 的移民愿意迁入政府规划的迁入地，但前提是迁入地条件要优于迁出地。不愿意搬迁的村民 90% 以上准备分别采取"拖延""抗拒"和"抬高补偿"等方法应对，50% 以上准备在其他村民都搬迁走的情况下，拖延或抗拒三年以上。不能整村搬迁将拖延搬迁进程。

---

① 文娜：《宁夏中部干旱带生态移民与生态建设可能产生的环境影响初探》，《宁夏党校学报》2009 年第 3 期。
② 曹艳春等：《基于 GIS 的宁夏灌区农田污染源结构特征解析》，《生态学报》2011 年第 12 期。

表 9　宁夏不同年代移民面临的最大困难比较

单位：人次,%

	总体		迁移年代			
	频数	占比	1982 年以前	1983～1997 年	1998～2000 年	2001～2012 年
资　　金	452	56.8	50.0	52.2	60.0	59.0
收　　入	91	11.4	28.6	20.4	7.1	5.3
住　　房	45	5.7	0.0	5.1	5.8	6.4
医　　疗	43	5.4	0.0	4.4	4.9	7.1
教　　育	32	4.0	0.0	2.9	4.9	4.6
就　　业	25	3.1	7.1	4.4	2.2	2.5
技　　术	12	1.5	0.0	1.1	1.8	1.8
生　　产	6	0.8	7.1	1.1	0.4	0.4
信　　息	1	0.1	0.0	0.4	0.0	0.0
婚丧嫁娶	1	0.1	0.0	0.4	0.0	0.0
其　　他	28	3.5	0.0	1.8	1.8	6.7
没有困难	60	7.5	7.1	5.8	11.1	6.4
合　　计	796	100.0	100.0	100.0	100.0	100.0

　　资料来源：课题组 2012 年抽样调查。该项调查的问题是"目前您认为您面临最大的困难是什么？"

根据宁夏回族自治区移民局要求，对于单人单户、60 岁以上老两口及 2009 年 12 月 31 日以后分户的新户不予搬迁安置；另外，对不符合搬迁条件的，长期居住在移民迁出区且没有固定工作的非农户、鳏寡孤独等特殊人群也不予搬迁安置。目前，各移民迁出村均存在以上两种情况，且所占比例较大。

　　第五，社会管理有待创新。生态移民是政府主导的移民，因此政府在移民社区的建设中发挥了主导作用，但是对如何发挥社区自我管理的作用还关注不够。在移民的过程中充满了利益冲突和博弈，因此很容易引起社会矛盾，在这方面特别需要移民社区基层组织发挥作用。但是移民社区的基层组织所发挥的作用很弱。比如课题组在红寺堡的研究发现，大多数被访问的移民认为"基层干部执政能力差"，甚至认为"基层干部缺乏诚信"，许多受访者在权益受到侵害的时候"会选择越过基层组织向更高级政府表达诉求"。移民社区是新建的社区，社区成员来自不同的地方，缺少社区传统，社区成员会面临许多新的问题，基层组织的作用就更加凸显，但是现在基层组织的作用还远远不能满足社区成员的需要。移民社区自我管理能力较弱，基层组织发挥作用不够，大量的社会纠纷都需要政府出面解决，这增加了社会管理的成本且不利于社会稳定。

从我们的调查来看，移民所面临的第一位问题是发展资金问题。尽管在迁移过程中政府提供土地且提供了住房补助，但是移民家庭在搬迁过程中也支出了大量资金，如每个移民家庭需要自己支付近2万元才能获得新的住房。这对于贫困家庭来说是比较大的负担。更重要的是，在搬迁以后，农民原来低成本的旱作农业被高成本的灌溉农业代替，再加上进入新社区以后各项新的支出，大多数移民感觉到资金困难。

移民感觉困难的第二位问题是收入，但是随着政府对移民支持的加强，我们可以看到随着时间推移，认为收入低是他们主要困难的人数在减少，比如1997年以前的移民有超过20%的人感觉到收入低是他们最大的困难，而到1997年以后，只有5%~7%的移民感觉到收入是个严重的问题。这说明移民的收入在稳步提高，但是移民的收入仍然低于川区原住民的收入。

住房也是移民反映比较多的问题。因为所有移民家庭都是入住按照统一标准建设的住房，人口比较多的家庭就会感觉住房紧张，特别是有些3代户家庭，人均居住面积较小，不能满足家庭的需要。整齐划一的移民房屋建设有利于移民的规划，且可以避免因住房多样化可能引起的社会矛盾，但是这种格局经常无法满足移民的多样性需求。

此外，县内安置移民和劳务移民的政策还有很多不完善的地方。在南部山区和中部干旱带县内安置的移民，其综合条件要比进入川区的移民差，距离中心城市较远，受城市辐射影响的作用较小。劳务移民因为没有土地和住房的产权，所以移民积极性不高。

移民是一个复杂的系统工程，要使移民社区社会稳定，并与川区同步发展，就不能就移民问题谈移民问题，而应使移民成为发展银川区域经济中心、全面建成小康社会战略的一部分。

四 统筹城乡发展，全面建成小康社会

移民是一个系统的社会工程，做好移民工作不仅需要针对移民开展工作，而且要将移民纳入全区的社会经济发展规划中，通盘考虑建成全面小

康社会。与全国比较，宁夏的小康社会建设水平还比较低，按照国家统计局全面建设小康社会指标来衡量，2010 年，宁夏完成率为 66.2%，不仅低于全国 80.1% 的水平，甚至低于西部地区 71.4% 的水平。在小康社会的 6 项监测指标中，资源环境严重拖了宁夏建设小康社会的后腿。宁夏应以生态移民为突破口，下大力气抓好环境问题。同时通过生态移民促进经济发展，增强社会和谐并推进生活质量改善。因此，要从统筹城乡、全面建设小康社会的角度来解决移民问题，而不能仅仅局限于移民内部解决移民问题，要将移民策略与宁夏整体发展策略结合起来。为此，要在新的移民过程中关注下面四个方面的问题。

表 10 宁夏小康社会建设指标

单位:%，个百分点

	全国	宁夏	宁夏低于全国
全面建设小康社会	80.1	66.2	13.9
经济发展	76.1	61.7	14.4
社会和谐	82.5	70	12.5
生活质量	86.4	73.2	13.2
民主法治	93.6	88.4	5.2
文化教育	68	58.7	9.3
资源环境	78.2	49.7	28.5

资料来源：潘璠主编《中国全面建设小康社会检测报告（2011）》，社会科学文献出版社，2011。

1. 将移民与建设银川经济中心和新型城镇化建设结合起来

到目前为止，移民的主导产业仍然是农业，大量人口沉淀在农业内部，不仅会造成水资源紧张，导致土地盐碱化等新的环境问题出现，而且限制了移民进一步增收的潜力。要使移民真正融入新的社会并对宁夏的经济增长作出贡献，就需要推动移民的非农就业。这要从产业结构、移民布局和社会保障等三个方面加强移民工作。

首先，政府应出台政策，配合银川区域经济中心的建设，支持劳动密集型产业发展，特别是适合当地条件的农产品加工、贸易等产业，从而为移民提供更多非农就业机会。

其次，原有的移民布局主要考虑土地资源，因此一些移民村落尽管在黄河灌区，但是远离城市中心，这增加了移民进入非农产业就业的成本。

新的移民区布局在考虑土地供给的同时，也要考虑城市辐射的影响，将促进非农就业作为移民布局的重要因素。

最后，移民的身份还是农民，没有享受城市居民的社会保障和公共服务，这也限制了他们在非农业领域的稳定就业。因此，需要从城乡统筹的角度设计移民的社会保障制度。

2. 增加移民的资产，促进移民彻底摆脱贫困

国际上有关贫困的最新研究表明，资产缺乏是导致贫困的重要原因。国际扶贫的经验表明，仅仅关注收入贫困是不够的，因为收入往往只是暂时的。缺少资产的贫困人口是脆弱的。[1] 资产包括移民的经济资产，同时包括社会和政治资产、资源和环境资产，以及人力资产。移民在迁移过程中会损失大量资产，包括资金、社会关系和知识等，这导致他们生计脆弱。我们认为，要从如下两个方面考虑增加移民的资产。

其一，增加移民的经济资产。对于因为迁移而导致的资产损失，如房屋、果园、树、耕地等，要进行足够的补偿；考虑到移民的可持续生计，也可以进行逐年补偿。减少移民迁移的支出，如获得房屋所需要自己支付的资金。要使移民不仅不因搬迁负债，而且在搬迁以后有资金开始新的就业。

其二，保护移民的社会和文化资产。移民建立新的社会网络和更新知识都需要比较长的时间，不可能很快见到成效。在这期间特别需要政府发挥作用，建立迅速反映移民需求的机制，能够为移民提供各种有针对性的服务。

3. 实现对移民社会管理的创新

移民社会管理创新的重点在于发挥基层组织的作用，实现社区的自我管理，通过村民自我管理，化解社会矛盾。

在移民社区中要通过基层组织建设推动社区建设。移民村庄往往包括来自不同村庄的人口，同时又面对许多新的公共事务，促进社区成员参与村庄公共事务的决策将有利于形成村庄认同，提高基层社会自我管理能力。在提高基层社区自我管理能力建设中，要强调村级组织建设和发挥社

---

[1]　Lasse Krantz, *The Sustainable Livelihood Approach to Poverty Reduction: An Introduction*, Swedish International Development Cooperation Agency, Division for Policy and Socio-Economic Analysis, 2001.

会组织的作用。

要赋予村级组织更多的权力，同时要加强对村级组织的监督。在村庄公共事务中，尽量避免由基层政府越俎代庖。重视宗教在少数民族移民中的作用，同时也要推进以农民合作组织为代表的社会组织的建设。

4. 改善生态环境并建立可持续的发展仍然是移民的重要目标

在西北干旱和半干旱地区，水资源的紧张将会长期存在，而且随着经济发展和气候变化，水资源竞争将会日益加剧。因此，合理利用水资源、缓解水资源的冲突将是保障包括生态移民社区在内的宁夏可持续发展最重要的工作。

南部山区和北部黄河灌区面临着不同的生态建设任务。随着南部山区的人口迁移和大面积实施退耕还林、草原保护，南部山区的生态环境已经积累了丰富的生态保护经验。在南部山区的生态建设需要进一步关注合理规划和当地村民参与生态建设与保护。与移民直接相关的问题是如何使移民在搬迁以后，仍然可以合理地从南部山区的生态恢复中获益。移入地区的环境压力增加所导致的环境问题将会影响宁夏全面建设小康社会，特别是随着人口集中和农业开发所导致的化肥、畜粪对水体的污染将会成为黄河灌区的重要环境问题，需要决策部门高度重视。

生态文明建设试点地区发展状况调研报告

李宇军　罗勇*

2007 年，党的十七大报告提出："建设生态文明，基本形成节约能源资源和保护生态环境的产业结构、增长方式、消费模式。循环经济形成较大规模，可再生能源比重显著上升。主要污染物排放得到有效控制，生态环境质量明显改善。生态文明观念在全社会牢固树立。"2010 年 10 月，党的十七届五中全会通过的《中共中央关于制定国民经济和社会发展第十二个五年规划的建议》，提出以科学发展为主题，以加快转变经济发展方式为主线，提高生态文明水平。通过确立国家宏观发展战略路径，统筹解决经济、环境和社会协调发展的问题。建设生态文明是党提出的重大战略思想和战略任务，是建设中国特色社会主义的重要内容。这既反映了我国对环境与发展问题的清醒认识和自觉行动，也是对我国走可持续发展之路的有益探索和积极贡献。

生态文明建设是历史发展的必然选择。生态文明是人类在对工业文明不可持续发展反思的基础上产生的。工业文明的特征是人类征服自然，科技进步和生产力水平的提高使人类物质生活水平得到大幅提高，与此同时，高投入、高能耗、高消费的生产与生活模式所产生的生物多样性减少、土地荒漠化、气候变化、资源短缺等后果严重威胁着生态系统安全，揭示了工业文明难以为继。生态文明的特征是尊重和维护自然，它是以人与自然、人与人、人与社会和谐共生、良性循环、全面发展、持续繁荣为基本宗旨的文化伦理形态。生态文明建设是历史发展的必然选择。

生态文明建设是增强国力、抢占发展先机的战略选择。中国环境与发

* 李宇军，中国社会科学院城市发展与环境研究所环境经济与管理研究室主任、副研究员，研究方向为环境经济与管理、固体废弃物管理、可持续发展、环境标准研究、环境影响评价等；罗勇：中国社会科学院城市发展与环境研究所研究员，研究方向为环境经济学、城市与区域可持续发展、生态城市和健康城市等。

展国际合作委员会和世界自然基金会（WWF）联合发布的《中国生态足迹报告》显示，中国人均生态足迹为 1.6 全球公顷，低于全球平均水平 2.2 全球公顷，但我国消费的资源已经超过自身生态系统所能提供资源的两倍以上，即我国生物承载力不能支撑我们现有的发展模式，部分生物承载力依赖进口，从 20 世纪 70 年代中期开始出现生态赤字（负债）。从长远分析，依赖进口生物承载力不利于中国的可持续发展。在近 40 多年的时间里，全球生态环境格局发生了巨大变化：1961 年，全球只有 26 个国家是生态负债国；2003 年，生态负债国已达 90 个。如不采取有效行动，有可能全球都将向生态负债的趋势发展，在这种国际生态形势下，哪个国家能够率先降低生态足迹和生态负债，哪个国家就能在绿色经济的竞争中占据主动。因此，我国提出建设生态文明是增强国力、抢占发展先机的战略选择。

生态文明建设是建设和谐社会、全面建设小康社会的必要选择。目前，我国经济增长是以大量的资源、能源消耗为基础的粗放型增长，生态破坏、环境污染严重，没有实现人与自然和谐共生，进而导致人与人、人与社会的不和谐。因此，推进生态文明建设，协调经济发展与社会、环境关系，以资源、生态环境承载力为基础，加快转变经济增长方式与消费模式，是建设和谐社会与全面建设小康社会的必要选择。

环保部在 2008 年 5 月和 2009 年 7 月分两批确定了 18 个生态文明建设试点地区，目的是通过试点与探索，为全国生态文明建设发挥典型示范作用。第一批 6 个试点地区：广东的深圳、珠海、韶关和江苏张家港、北京密云县、浙江安吉县；第二批 12 个试点地区：无锡、江阴、常熟、昆山、太仓、上海闵行区、中山、贵阳、承德、杭州、洱源县、北京延庆县等。

本调研课题分别选择了上海市闵行区、江苏昆山市和北京密云县，鉴于生态文明建设是在全国范围内展开，也需要调研了解全国各地的建设进展情况，因此，增加了沈阳沈北新区生态文明建设情况调研。此次调研旨在对生态文明建设状况进行调查和总结，一方面可为其他城市生态文明建设提供经验借鉴，另一方面可为国家进一步推进生态文明建设提供政策建议。

一 上海闵行区生态文明建设进展

上海闵行区位于上海市西南部，吴淞江流经北境，黄浦江纵贯南北，分区界为浦东、浦西两部分。

上海闵行区是上海市主要工业基地、科技及航天新区，区内设有闵行经济技术开发区、莘庄工业区、漕河泾开发区闵行高科技园区和紫竹科学园区等四大主要园区。闵行区生态文明建设的经验可为全国大城市城区，特别是工业区的生态文明建设提供范例与借鉴。

上海市闵行区委、区政府坚持生态立区的发展理念，并积极探索改善生态环境与经济社会协调发展的有效路径，取得了较大的进展。1999 年，上海市闵行区成为中国第一个国家环保模范城区，2000 年创建成国家园林城区，2001 年被授予"中国人居环境范例奖"，2002 年被联合国授予"迪拜人居环境范例奖"。2006 年获得了"国家生态区"荣誉称号，成为全国首个获此殊荣的地级行政区。2007 年获得了"中华宝钢环境优秀奖"。2008 年被全国绿化委员会命名为"全国绿化模范城市（区）"，成为上海首个获此殊荣的城区。2009 年 7 月，闵行区被环保部选为生态文明建设试点地区，是首个试点城区。2010 年，闵行区生态城区建设项目又被联合国确定为"环境友好型城市示范项目"。2011 年，闵行区被推举为中国生态文明研究与促进会理事单位。

（一）闵行区生态文明建设进展

闵行区以深入推进国家生态区建设为目标，落实实施"环保三年行动计划"，确定以污染减排、重点区域环境综合整治、循环经济建设等为主抓工作，逐渐完善区内环境基础设施，有效控制污染，环境质量不断改善，生态文明建设水平得到有效提升。

1. 生态环境质量得到改善

闵行中心城区河道基本消除黑臭。环境空气质量优良率连续 8 年保持在 85% 以上，2010 年达到 92.1%。城市区域环境噪声基本达标，夜间噪声和交通干道噪声都得到了改善。2010 年闵行民生指标满意度调查显示，91% 居民对区域环境状况表示满意。主要通过加大环保投资、提高城市环保基础设施水平、污染物总量控制、城市综合整治和生态建设等方式，生态环境质量得以改善。

环保投资力度增大，环保基础设施水平得以提升。自 2000 年以来，闵行区生态建设与环境保护投入逐年增加，环保投资指数年均超过 3%，最高达到 3.55%，"十一五"期间累计投入资金达到 188.86 亿元。全区污水收集处理率达到 82.5%，生活垃圾无害化处理率达到 98%；医疗废物、危险废物得到集中安全处置；集中供热设施不断完善普及，全区居民燃气化率达到 100%，莘庄工业区和吴泾工业区集中供热设施覆盖能力超过 50%。

污染物排放总量持续下降。实施了吴泾工业区环境综合整治、循环经济和清洁生产试点，实施了燃煤锅炉脱硫改造、清洁能源替代和截污纳管等结构减排、管理减排及工程减排等项目。2010 年底，全区非电厂二氧化硫排放总量比"十五"末削减 3253 吨，削减幅度达到 20%；污水处理厂化学需氧量排放总量控制在 500 吨左右，新增工业企业污水全部纳入市污水收集处理系统，完成"十一五"计划减排任务。

城市环境综合整治。闵行区共完成 2900 条（段）河道综合整治，村宅河道整治率达到 95%，基本消除黑臭现象；关闭搬迁饮用水源保护区风险企业 24 家，初步建立饮用水源地风险企业分级管理机制和环境安全防控体系。拆除或清洁能源替代燃煤锅炉 50 余台，累计建成基本无燃煤区 70.9 平方公里、扬尘污染控制区 60.6 平方公里。实施吴泾工业区环境综合整治，累计关停企业（生产线）50 项，完成污染治理 42 项，动迁居民约 2500 户，区域环境面貌得到明显改善。

生态环境改善。全区新建绿地 500 多公顷，苏州河绿带全线合龙，黄浦江绿带基本贯通，基本形成以城区大型公共绿地为核心、以城郊林地为基础、以黄浦江滨江绿带为纽带、以道路河道绿化为网络的开放绿地系统；建成立体绿化 30 公顷；城区绿化覆盖率达到 39.5%，人均公共绿地面积达到 18 平方米；全区 9 个镇中有 7 个镇创建成"全国环境优美乡镇"并通过复验，马桥镇旗忠村、彭渡村分别创建成国家级、市级生态村。

2. 生态文明思想建设和生态道德水平稳步提高

闵行区政府加大了对公众、企业、政府等多种社会组织环境意识及行为能力的培育和提升，提高生态文明建设水平。

生态文明宣传活动。在全区校园内开展"生态文明校园行"系列活动；推出"百场生态文明宣讲"和"共创绿色未来"生态文明共建活动，以项目化形式推进生态文明全民宣传教育活动，营造全社会共同参与、良性互动、共同促进全区生态文明建设的良好氛围。围绕"6·5"世界环境日，开展"生态文明，从我做起"环境宣传周活动；制作生态文明宣传片，编印《生态文明从我做起》宣传读本、闵行生态地图等，将生态文明的理念通过各种渠道渗透到社区、企业、机关和学校，融入公众的生产、生活和消费领域，使公众的生态文明意识得到提升。

深化推进绿色创建活动。积极推进全区绿色创建活动，目前，闵行区"绿色小区"比例达到40%以上、"绿色学校"比例达到35%以上，各级机关事业单位普遍开展了"节约型机关"创建活动，全社会节能环保行为得到普及，生态文明意识显著提升。

3. 推进循环经济发展

闵行区完成了《循环经济发展规划》及行动计划的编制工作，按照"减量化、再利用、资源化"原则，深入开展了循环经济试点建设。

全区已有1家国家级、3家市级、79家区级的循环经济试点单位。莘庄工业区已成功创建成"国家生态工业示范园区"，闵行经济技术开发区正式启动生态工业园区创建工作，全区有33家企业通过清洁生产审核，有307家企业通过ISO 14001环境管理体系认证。

4. 生态制度逐渐建立

闵行区全面启动和开展了生态文明试点建设工作，《闵行区生态文明建设规划》获批，确定闵行区"1246"的生态文明建设框架体系，即以"建设生态文明"为一个总体目标，以"可持续发展观、生态伦理观"为两个基本观点，以"环境友好、社会和谐、体制合理、公众觉悟"为四个基本目标，以"低碳发展与循环经济、环境改善与生态建设、城乡统筹与民生保障、文化传承与宣传教育、公众参与与生态意识、能力建设与管理机制"为六大建设领域，全面推动闵行区生态文明建设。

闵行区先后制定出台了《闵行区招商引资产业导向环保指导意见》《关于建立生态补偿机制、重点扶持经济薄弱村发展的实施意见》等优化发展的政策；落实节能减排、循环经济、农村生态补偿等一系列环境经济激励制度；并在全市率先试行企业环境行为评价、企业环境公报以及企业环境监督员等环境管理制度，逐步建立企业环境责任体系。综合运用法律、经济、行政等手段推进环保工作的机制正在不断丰富和加强。

（二）闵行区生态文明建设存在的问题

闵行区在生态建设与环境保护方面都取得了显著成效，但是随着城镇化进程加快、经济社会快速发展、公众环境意识的不断提高，闵行区生态环境面临更高的要求。目前还存在四大问题，亟待解决。

环保设施有待完善。城市污水收集系统、污水处理厂处理规模和污泥规范化处置都需要进一步完善；生活垃圾分类收集处置系统有待完善；农村地区、城中村生态环境建设需要进一步推进。

污染减排压力增大。闵行区通过产业结构调整、关停污染企业、建设污染治理设施等手段，完成了污染减排任务。当前，在保持经济增长速度的条件下，进一步削减污染排放总量的难度非常大。

生态环境改善难度增大。闵行区以工业区为主，并混合有居住区，城市功能布局不尽合理，影响了区域整体生态环境质量的进一步改善。另外，闵行区范围内化工、辐射、危废等环境风险企业比例较高，对环境风险控制提出了较高的要求。

环境管理能力不足。随着新型环境问题逐渐显现，公众对环境管理与监管提出了更高的要求。就目前情况而言，环境管理能力、设施与人员配备，都无法满足更高的环境监管需求。

（三）闵行区生态文明建设目标

根据《闵行区"十二五"生态环境保护规划》，到 2015 年，闵行区"生态文明试点区"建设深入推进，基本形成生态文明建设的形态体系。主要污染物排放得到有效控制，生态安全得到有效保障，环境质量得到有效提升，建成与上海中心城区拓展区相适应的生态功能布局和环境基础设施体系、环境综合决策和管理体系，推动城区向低碳化转型发展，全区可持续发展能力得到明显提高。到 2020 年，全区生态环境基本实现清洁、安全、健康，生态文明成效充分显现，基本建成资源节约和环境友好型城区。走出一条符合特大型城市工业型城区特色的低碳转型发展道路，逐步将闵行区建设成为具有中心城区拓展区功能的生态经济发达、生态环境优美、生态文化繁荣、人与自然和谐的宜居生态新城区。

（四）闵行区生态文明建设主要任务

闵行区生态文明建设主要有五大方面的任务。

一是继续推进污染减排，促进经济结构优化。以结构减排、工程减排削减存量，以管理减排控制增量，在继续推进 COD 和 SO_2 减排基础上，进一步控制氨氮、NOx 等污染物排放，适时开展总磷、VOCs 和颗粒物总量控制，综合运用法律、经济、行政等手段，促进经济结构优化。

二是落实环境综合整治，提升区域环境质量。主抓工业污染防治和农村生态环境保护，深入落实环境污染综合整治，着力解决突出的环境问题。

三是加强生态建设，提升生态功能。继续加快完善污水管网、排水系统、生活垃圾处置等基础设施建设，完善城乡绿化林地体系，实施河道水系整治和生态修复，构建生态安全、环境优美的闵行。

四是提高风险防控能力，维护区域生态安全。针对区域内环境风险源多、出现环境风险概率提高的情况，需要建立和完善系统的、全过程的环境风险防范管理体系与设施体系，着重保护黄浦江上游水源保护区和居民集中居住区。

五是通过多种手段与途径，将生态文明城区试点建设的相关理念与行动方案，及时传递给居民、企业和社会，逐渐形成构建资源节约型和环境友好型社会的氛围。

（五）闵行区生态文明建设的重点领域

闵行区生态文明建设的重点领域主要集中在八个方面。

一是水资源环境保护。整治重点污染河道，完善水源地风险管理，加大重点污染源治理和监管力度；加强饮用水源地环境保护；完善水环境基础设施；推进河道整治和生态修复；强化水环境污染源监管。

二是空气质量改善。确保主要污染物排放达到总量控制目标，区域降尘有明显改善；优化调整电源结构，加强二氧化硫及氮氧化物排放控制；提高除尘效率，控制颗粒物、烟尘排放；加强复合型污染物排放控制；加强流动源污染控制；强化餐饮业油烟等生活型污染控制；完善环境空气质量监测体系。

三是固体废物综合利用与处置。完善固体废物全过程管理体系和相应的硬件设施体系，如完善生活垃圾分类收运和处置系统、生活垃圾污染控制体系、生活垃圾资源化综合利用体系等；对关闭的垃圾堆场进行治理和生态修复；完善废物收集转运全程监控、危险废物无害化处置与监管；加强工业固废资源化利用和无害化处置监管；建立废旧物资交换的网络信息平台，对废旧物资回收利用网点进行规范管理，提高工业固废资源化利用水平。

四是工业污染预防与整治。严格执行环评准入制度；推进重点企业清洁生产审核；加快高耗能、高污染企业淘汰；提高工业区环境基础设施建设水平；完善环境监管体系；加强工业企业环境监管，持续强化企业环境监管；加快推进产业结构和布局调整。

五是噪声与电磁辐射污染控制。深化环境噪声污染防治；加强辐射污染治理和监管。

六是农业与农村环境保护。重点控制农业面源污染、养殖业污染和农村生活污染，推进农业和农村生态环境保护建设，实现农业和农村的可持续发展；加强农业污染防治；推进农村环境综合整治。

七是生态建设和土壤污染防治。以城镇绿化林地建设为重点，进一步加大立体绿化建设力度与提高技术水平，推进绿地林地建设；启动土壤污染防治。

八是生态文明意识与环境友好行为的培育。基本建成政府、企业、公众相互合作、共同推动生态文明建设的新局面；加强宣传教育，引导全民参与闵行区生态文明建设。

二 江苏昆山生态文明建设进展

昆山市位于江苏省东南部、上海与苏州之间，东距上海 50 公里，西邻苏州 37 公里。东西最大直线距离 33 公里，南北 48 公里，总面积 927.68 平方公里，其中水域面积占 23.1%。昆山市辖 10 个镇和一个国家级经济技术开发区。

江苏昆山市先后荣获国家卫生城市、国家环保模范城市、中国优秀旅游城市、国家园林城市、国家生态示范区、国家节水型城市和中国人居环境奖等多项称号和奖项。2009 年 7 月，昆山市被环保部选为"生态文明建设试点地区"。2010 年，在福布斯中国大陆最佳县级城市 25 强中，昆山列第一名。同年获"联合国人居奖"。昆山在生态环境保护和生态文明建设领域获得了世界的认可和瞩目。

（一）昆山生态文明建设进展

昆山市重视生态环境的保护和建设工作，在不断加快城市化的进程中，注重建设生态意识文明、生态产业文明、生态环境文明、生态人居文明、生态制度文明，坚持以规划指导城市建设，实现了经济建设与人居建设的协调发展，取得了环境保护和经济建设的"双赢"。

1. 环境质量稳步改善

"十一五"期间，昆山市环保投入年平均达 34.95 亿元，其中 2010 年投入达42.5亿元。目前，全市已建成城镇生活污水处理厂21座、城乡污水管网1192公里，生活污水日处理能力达44万吨，城市生活污水处理率达95%，区镇生活污水处理率达85%。全市集中式饮用水水源地水质达标率为100%，地表水环境功能区水质达标率为100%。

2010年，昆山市集中式饮用水源地水质较好，水质达标率为100%，属安全饮用水质。辖区30个水环境功能区46个监测断面年度达标率为97.8%；4个跨界出境断面除吴淞江石浦外均达到国家"十一五"考核目标；农村地表水年度综合达标率为81.5%，满足省厅下达的年度考核要求（≥60%）。昆山市地表水污染属综合型有机污染。主要污染指标为氨氮、总磷和生化需氧量等。影响全市主要河流水质的首要污染物为氨氮，对氨氮污染物的控制成为改善全市主要河流水质的关键。

昆山市区环境空气污染指数平均值为64，优于2009年，环境空气质量有所改善。空气质量达到优、良级别的天数比例达到98.08%。昆山市环境空气污染属煤烟型和石油型并重的复合型污染。可吸入颗粒物仍是环境空气质量的首要污染物。市区环境空气主要监测指标二氧化硫、二氧化氮和可吸入颗粒物浓度年均值均达到国家《环境空气质量标准》（GB3095~96）二级标准要求。昆山市区降水pH范围在4.17~6.43之间，pH年均值5.12，酸雨发生频率为45.6%，酸雨发生频率比上年增加6.2个百分点。

昆山市声环境质量总体趋好，区域环境噪声和道路交通噪声污染程度稳定，各类功能区噪声均达到《城市区域环境噪声标准》的相应类别要求。

2. 污染得到有效控制

近年来，昆山市始终坚持预防为先、综合治理的原则，坚持经济建设与生态建设一起推进、产业竞争力与环境竞争力一起提升，深入实施环境综合整治，努力提升环境综合质量。"十一五"期间，昆山市化学需氧量和二氧化硫分别净削减8229.6吨和5155.6吨，超额完成减排目标任务。

实施了碧水工程建设。先后投入9.3亿元，实施完成点源污染治理重点项目8个、城镇污水和垃圾处理重点项目15个、农业面源污染治理重点项目11个、河道综合整治重点项目4个；制定实施了《昆山市水环境综合整治工作方案》；加强水厂应急处理投加装置的运行管理，储备粉末活性炭、高锰酸钾应急物资。在箱涵阳澄湖进水口和野尤泾加固并完善拦截蓝藻围栏，完成了与苏州工业园区应急管网互通工程，实现了昆山市与苏州工业园区互为应急备用水源。

实施了蓝天工程建设。清洁能源覆盖区内新上锅炉必须使用清洁能源，对原有的燃煤锅炉进行燃气改造或限期淘汰。逐步拆除分散供热锅炉。划定了全市禁止燃用高污染燃料区，制定了 3 年的禁燃区工作计划。完成现有 12 台 307.5 兆瓦燃煤热电机组脱硫设施工程建设，实现全市热电项目全部脱硫。敏感区域大气污染严重的企业实施搬迁或关闭。建立机动车环保合格标志管理制度。印发了《昆山市扬尘污染综合整治方案》，强化渣土管理和扬尘污染防治。

3. 生态建设与保护成效显著

为推进城乡生态建设，昆山市加大对湿地的保护与建设力度，重点修复和保护阳澄湖、傀儡湖等主要湖泊的自然生态系统，并深入实施农村"六清六建"和"三清一绿"工程。加快推进农村生活污染治理步伐，完成自然村落生活污水治理项目 119 个。加强农业面源污染治理，编制实施《昆山市畜禽养殖及污染防治规划》，有计划地推进种植业及内塘养殖氮磷拦截工程建设。加强围网养殖控制，"十一五"期间整治完成围网养殖面积 5.95 万亩。

4. 绿色创建取得新进展

昆山市开展了一系列环保进企业、环保进社区、环保进学校和环保进村镇活动，绿色创建作为生态建设的"细胞工程"，得到蓬勃发展。

环保进企业。昆山市已建成国家生态工业示范园区 1 个、省级生态园区 1 个和省级现代服务业生态园区 1 个，已培育循环经济试点企业 82 家，清洁生产审核企业 340 家，ISO 14000 认证企业 435 家，利用膜处理技术实现中水回用企业 64 家。

环保进社区。昆山市共有 1 家国家表彰绿色社区、65 家江苏省级绿色社区、110 家苏州市级绿色社区。另外，还有 24 家昆山市级绿色宾馆、6 个江苏省环境教育基地。

环保进村镇。昆山市已有 2 个国家级生态村、103 个省级生态村。通过开展"创建优美乡镇、生态村"活动，政府引导农民改变传统的生产生活方式，倡导文明的生产方式和生活习惯；大力发展绿色食品、有机食品，并通过合理使用化肥、农药，保障食品安全。

环保进学校。目前，共有国家级绿色学校 1 所，省级绿色学校 38 所，苏州市级绿色学校 104 所，昆山市级绿色学校 139 家。昆山城北中心小学获得"国际生态学校"的绿旗荣誉称号。

5. 生态制度逐渐完善

在生态文明制度建设过程中，昆山市高度重视健全和完善与生态文明建设相关的制度体系，重点突出强制性生态保护法制的地位和作用，构建起了以"党委领导，政府负责，人大、政协监督，全市大众广泛参与"的生态文明建设新格局。

实施生态补偿机制。出台了《关于建立生态补偿机制的意见（试行）》《昆山市基本农田生态补偿实施办法（试行）》，通过明确生态补偿的原则、标准和方法，对生态文明部分重点项目建设予以资金补偿，深入推进生态文明建设。

修订了《昆山市推进产业结构调整推行绿色招商引资指导意见》，制定实施了《昆山市主要污染物减排计划》《昆山市减排目标责任评价考核暂行办法》等一系列减排政策。

创新环境监管模式。探索出了"加快一个验收，加大两个力度，建立三个制度，突出四个重点"监管新模式。开展环境监察执法专项行动。环境信访接访率、调处率均为 100%，全面完成了各年度挂牌督办和限期治理任务。

2008 年出台的《昆山市减排目标责任评价考核暂行办法》将减排责任纳入各级政府、减排部门和重点减排企业的考核体系。坚持落实"三个决策"措施，即重大问题不听取专家意见不决策、重要项目不听取环保部门的意见不决策、重点事项不听取群众意见不决策。真正做到从政策制定、规划开发到项目引进，环境保护"一票否决"制。

6. 生态产业稳步发展

通过不断优化产业结构和布局，大力发展生态农业、生态工业、生态旅游业等产业，推动经济发展转型升级，经济发展和生态环境建设步入良性循环轨道。

生态农业发展迅猛。已形成十大农业科技示范园、10 家农业科技企业和万亩无公害农产品生产基地。昆山市农产品通过"三品"（无公害农产品、绿色食品和有机农产品）认证的有 245 个，其中通过绿色食品认证 199 个，居江苏省县级市第一。

生态工业发展水平大幅提升。已建成国家生态工业示范园区 1 个、省级生态园区 1 个和省级现代服务业生态园区 1 个。全市已培育循环经济试点企业 82 家，清洁生产审核企业 340 家。

生态旅游发展取得显著成效。昆山荣获了"中国最佳生态旅游城市"和"中国区域休闲旅游目的地城市"称号。

（二）昆山生态文明建设面临的挑战

生态文明建设是一个不断摸索、不断改进和不断完善的过程。昆山市经过几年的探索，生态文明建设成绩显著，但在进一步推进生态文明建设时，也面临较大的挑战，主要表现在四个方面。

一是经济发展对生态环境保护压力增大。劳动密集型和资源密集型的跨国公司在昆山的投资呈逐年递增的态势，工业污染物排放量有所增长，加大了昆山生态环境压力与污染减排的难度。虽然万元工业产值排污量呈下降趋势，但随着昆山经济的持续快速发展，大部分污染物的排放总量控制仍面临严峻挑战。

二是快速城镇化导致生态环境压力增大。随着城镇化进程的加快，人口快速增长，城市用地日益减少，水、电、气等能源供应日趋紧张，城市环境污染日益加重，对自然生态系统的压力和冲击力越来越大。

三是环境治理任务重。城区河流有机污染加剧，湖泊富营养化问题突出，水源安全问题堪忧，污水治理压力增大；大量固体废弃物和废水、废气处理过程中产生的污泥等非传统废弃物量激增，加大了处理的难度；持久性有机污染物（POPs）、重金属污染和危险固废等治理难度与压力日益增加。

四是环境保护监管任务加大。当前，昆山市在环境决策与监管体制、体系方面还不健全，随着环境监管任务的加大，对环境监测、环境监察、环境统计、环境信息系统建设等提出了更高的要求。

（三）昆山生态文明建设主要任务

2009 年 6 月，昆山市被环境保护部列入第二批全国生态文明建设试点城市，昆山市制定了《昆山市生态文明建设规划》《昆山市生态文明建设实施方案》，拟在生态意识文明、生态产业文明、生态环境文明、生态人居文明、生态制度文明五大方面实施 58 项生态重点工程，总投资约达 201.4 亿元。到 2020 年，昆山拟实现经济、社会和生态环境全面协调发展，建成健康、持续、高效的生态经济社会体系。为实现昆山生态文明建设目标，昆山将围绕四个方面推进生态文明创建工作。

1. 水环境保护

加强水环境综合整治。提高污水集中处理率；建设完成一批面源污染治理项目，有效减轻河流的氨氮污染及湖泊的富营养化；推动规模型畜禽养殖场的粪便综合利用，整治或关停不规范的规模养殖场；对农村水环境进行综合整治。

加大饮用水资源保护力度。减少阳澄湖的围网养殖；加强阳澄湖餐饮船只及周边环境整治；开辟第二水源，发展区域工业用水梯级利用，节约饮用水资源。

强化污染预防与控制。严格落实"三同时"制度，在城市规划、土地规划、工业集中区建设、产业结构调整等重大决策过程中，做到环保规划、环境影响评价与区域开发总体规划同步论证，生态建设与基础设施建设同步进行；严格新项目审批，控制新增污染源；完善产业片区规划与建设，实现工业项目分类进入专业小区；加强对重点行业、企业、湖泊的执法检查；稳步推进污染源远程监控自动化建设，做好污染源达标排放的监督与管理；对长期超标的企业实施限期治理。

强化河道与湖泊水质的管理。加强河道与湖泊周边建设项目的规划与管理；对城乡河道进行全面清理，确保河道畅通；逐步削减河道、湖泊的围网养殖面积。

提高水资源利用率。优化用水结构；逐步建立工业用水和生活用水分供体系；加大中水和污水处理回用工作力度。

2. 大气污染控制

调整能源结构。扩大低硫、低灰分优质煤的使用量；控制煤炭消费使用量，普及和推广太阳能、天然气等清洁能源；完善区域蒸汽规划，不发展煤电、热电项目，鼓励热电联供。

落实重点企业污染物减排任务。加强对二氧化硫重点排放企业的管理，力求企业在发展过程中做到增产不增污，甚至减污，实现总量控制目标；引导企业提高自身环境管理水平，实现从末端治理向生产全过程控制方向转变。

控制扬尘污染。严格控制工地、运输等扬尘污染；拆迁后工地应采取绿化等防尘措施；加强市区道路清洁的管理；最大限度地减少裸露地面，实现门前绿化和地面硬化，提高城市绿化覆盖率；采取多种手段，保留和扩大水面，尽量减少裸土面积，保护城市内良好的生态结构，控制和减少二次扬尘的影响。

加强对机动车污染的治理。加大机动车尾气污染的防治力度，禁止尾气超标的机动车上路行驶；推行公交优先的政策；控制市区机动车的数量；发展大容量、快速清洁燃料公交车；改善燃料的品质，提高燃烧效率。

3. 固体废弃物污染防治

工业固废综合利用与处置。引进回收、消化各类酸性和碱性蚀刻废液的成熟技术设备及配套设施，实现蚀刻液"零"排放；建立和完善 PCB 边角料回收利用项目的开发机制，将 PCB 行业快速增长给环境带来的压力降到最低水平；实现废弃有机溶剂的减量化、无害化和资源化处理。

生活垃圾减量与处置。完善生活垃圾的分类收集、储运和处理软硬件系统建设，实现垃圾减量化、资源化和无害化的处理目标。

4. 循环经济建设

循环型农业建设。推行新的种植、养殖模式，打造绿色农产品；广泛推行套种、套养模式，提高土地产出率；推广生物农药和有机肥料，减少农药及化肥的施用量，实现产品无公害；积极推广立体种养，扩大绿色叶面积，提高全市土地产出率；延长产业链条，利用高科技进行农产品深层次开发，引进、推广循环型农业关键技术，建立循环型农业发展的技术支撑体系。

循环型工业建设。推进经济增长方式的转变，努力构建以高新技术为支撑、以绿色产业和清洁生产为重点的合理的经济结构。调整产业布局，建设生态工业园区。以昆山经济技术开发区为中心，重点建设好昆山经济技术开发区、高科技工业园、沿沪产业带、吴淞江工业园、昆山留学人员创业园、中科昆山高科技产业园等。全面推行清洁生产，培育循环经济型企业发展模式。

循环型服务业建设。加强绿色科技开发和服务；培育新的优质品种发展生态农业，探索先进种养殖技术和病虫害防治技术；发展绿色商业服务；抵制高消耗、高污染产品，推进废旧产品和包装材料的回收服务；加快生态旅游示范景区建设，建立重点旅游景点限量保养期制度；积极开发绿色旅游产品。

三　北京密云县生态文明建设进展

密云县位于北京市东北部，东南至西北依次与北京市的平谷区、顺义区、怀柔区接壤，北部和东部分别与河北省的滦平县、承德、兴隆县毗邻。属燕山山地与华北平原交接地，东、北、西三面群山环绕、峰峦起伏，巍峨的古长城绵延在崇山峻岭之上；中部是碧波荡漾的密云水库，西南是洪积冲积平原，总地貌为三面环山，中部低缓，西南开口的簸箕形。全县总面积2229.45平方公里，占全市面积的13%，是北京市土地面积最大的区县。

2005年以来，密云以"人文奥运"为契机，按照北京市委、市政府生态涵养发展区新的功能定位，率先提出了"迎奥运，创建国家生态县"的奋斗目标，举环保旗，吃生态饭，以"保水富民强县"为目标，以"生态优先"为原则，以生态环境建设为切入点，以生态经济建设为着力点，以生态文化建设为支撑点，通过打造清洁优美的自然环境、先进完善的设施环境、高效规范的体制环境和健康和谐的人文环境，倾力打造"生态密云休闲之都"品牌，实现生态、经济和社会各项事业全面、协调和可持续发展。

密云通过保护生态环境、营造和谐家园，造就了水天一色的生态环境，先后获得了国家生态一级示范区、全国生态环境示范县、国家园林县城、国家卫生县城、首都文明县和国家生态县等称号。2009年，被国家环保部确定为全国生态文明建设试点地区。密云县凭借生态优先的可持续发展模式，入选"绿动·2011中国经济十大领军城市"。

（一）密云县生态文明建设进展

2005年，密云县在北京市率先提出创建国家生态县的奋斗目标，经过四年努力，2008年8月1日，密云县被环境保护部正式命名为"国家生态县"，密云是北京地区第一个国家生态县。2009年，密云县被确定为全国六个生态文明建设试点地区之一。生态县创建，为密云县生态文明建设打下了坚实的基础。

密云县根据《国家环保部关于推进生态文明建设的指导意见》《密云县生态县建设规划》和《密云县关于巩固提高国家生态县创建成果建设生

态文明的意见》，制定了《密云县生态文明建设纲要》，指导密云县生态文明建设工作。

密云县是北京的重要饮用水源基地和首都生态涵养发展区。密云县提出"发展是第一要务、保水是第一责任、生态是第一资源"的理念，密云县每年拿出不低于财政收入 10% 的专项资金用于生态文明建设。

密云县已经实现了三个转变和三个增强。一是实现了发展理念和思维方式的转变，增强了生态建设的自觉性。全县上下在思想上普遍实现了从"被动保水"向"主动保水"、从"不能污染"向"不会污染"的转变。二是实现了产业结构和生产方式的转变，增强了发展经济的自信心。通过建立和推行生态公益性就业机制，万余名农民走上了就业岗位，参与农民平均年增收 5000 元。三是实现了城乡面貌和生活方式的转变，增强了密云人民的自豪感。通过创建生态县，密云县城乡面貌发生了深刻变化，并先后获得"国家卫生县城"等称号。

1. 密云县生态环境状况

经过多年的不懈努力，密云全县林木覆盖率达到 74.5%，空气质量二级和好于二级天数连续四年保持在 80% 以上，密云水库水体质量始终稳定保持在国家二类饮用水标准。经初步测算，全县生态服务价值已逾千亿元。

2010 年，密云县全年空气质量达到二级和好于二级的天数为 296 天；城市绿化覆盖面积 859 公顷；城市绿化覆盖率达到 43%；人均园林绿地面积 19.2 平方米；中心城区生活污水集中处理率为 97.9%；农村安全饮水达标率为 100%；全县生活垃圾无害化处理率为 87.9%。

密云县的雾灵湖、不老湖、金鼎湖三座中型水库及 50 多座小塘坝、11 条河流、200 多条溪流交错纵横，使密云形成了自己独有的气候，空气质量长期保持在一级，负氧离子含量高于市区 40 倍。全县林木覆盖率达 68.7%，密云成为天然大氧吧、首都的"绿肺"。

农村生态环境保护也受到政府的高度重视，密云县投入 3 亿元，建设生态文明村，推进农村生态环境建设，农民群众真切感受到了建设生态家园所带来的巨大变化。全县 18 个乡镇全部成为全国环境优美乡镇。农村基础设施建设得到加强，"村村通油路"工程全面完成；建设村级公园 61 个，安装健身器材 564 件；12 个镇 10 万多人的饮水困难得到解决；新增绿化面积 77.4 万平方米；新建沼气池 60 个，建节能炕 1500 铺，新装太阳能热水器2000户。实施"三治五化四进村"工程，进一步完善了村收集、镇运输、县处理的垃圾清理体系，镇村普遍建立了卫生保洁制度。太阳能、沼气、生物质能源等新能源在农村得到广泛推广，改造完成农村水冲式无害化户厕1.2万户，启动了规模养殖场粪便处理和休闲渔业小区生物治理工程。

实施了"蓝天、静安、碧水"三大工程和大规模旧城改造工程、潮白河治理工程。对潮白两河进行了绿色走廊建设和25条城市道路绿地建设。"青山为体，碧水为魂"，三季有花，四季常青，如今的密云，碧波荡漾的潮白两河穿城而过，24座公园花团锦簇，5万多盏彩灯照亮城区，形成了"绿在城中、城在绿中"的宜人风景。

2. 绿色创建

密云全面实施了全民素质提高工程、社会事业建设工程、人文环境建设工程三大工程，构建起密云的生态文化体系，建立了17个文化生态保护区。以开展种类多样、形式灵活的创建活动为载体，全面加强生态意识培养和生态知识教育，提高了全社会成员的生态素质。评出文明社区19个、十星级文明户12967户，通过验收的市级生态文明村有55个；开展"创建绿色学校""小手拉大手、共同维护卫生"等活动，将生态县建设知识和生态理念融入中小学教育；铜牛等100多家企业成为节能降耗标兵；通过系列宣传教育活动，清洁生产、文明生活、绿色消费等观念深入人心，人们的生态意识、生态价值观、生态伦理观逐渐形成，全县上下已经形成自觉保护环境、主动参与生态县建设的良好氛围。

3. 大力发展生态经济

密云县以科学发展观为指导，重新调整产业布局，划定了密云水库北生态涵养和密云水库南城镇产业发展两大功能区，转变经济增长方式，构建起以都市型现代农业、环境友好型工业、休闲旅游业和环保建筑建材房地产业为支撑的生态经济新体系，为打造实力新密云奠定了基础。

生态工业建设。全面启动经济开发区生态工业示范园区建设，整体提高企业环保标准和节能减排要求，90家规模企业通过ISO 14000环境管理体系认证，清华同方、今麦郎饮品、仁创科技等全国100多家知名企业落户密云经济开发区，形成了以密云经济开发区为主、7个乡镇农民就业基地为辅的工业发展格局，同时，生态型农民就业基地基础设施进一步完善，并进一步推进首云矿山公园、铜牛制衣等10家生态理念清晰、生态成效显著的环境友好型企业的建设，密云工业实现了质的飞跃。

生态农业建设。大力发展有机农产品生产，三年累计投入支农资金 10 亿多元，形成了绿色养殖、特色林果、无公害蔬菜三大主导产业和享誉京城的"密水鲜鱼""密云甘栗"等一批农业精品品牌，打造形成标准化生产基地、有机食品基地、特色农业产业化、休闲农业园区，目前已建成种植、畜牧和渔业养殖等市级标准化生产基地 205 个，休闲渔业园区 105 个，观光休闲采摘园区 70 个，市级食品安全基地 78 个，其中 21 个已转换为国家级无公害生产基地，有机食品基地达到 2.8 万亩，形成涵盖蔬菜、林果、奶牛、肉鸡、鱼等各种农产品品种在内的生态农业园区网。

（二）密云县生态文明建设目标

密云县按照"人文北京、科技北京、绿色北京"的要求，强调"发展是第一要务、保水是第一责任、生态是第一资源"的理念，坚持生态立县、产业强县、科教兴县、依法治县，保护生态环境、发展生态经济、促进生态富民、建设生态文化。

密云县生态文明建设的阶段发展目标如下。

到 2015 年，GDP 比 2008 年翻一番以上，达到 230 亿元，人均 GDP 超过 4 万元，单位 GDP 能耗比 2008 年下降 16%。基本建立生态经济支撑体系、生态环境安全体系、生态文化发展体系，基本形成节约能源资源和保护生态环境的产业结构、增长方式、消费方式。总结和推广县内生态文明建设典型的经验和模式，紧跟北京率先形成城乡经济社会发展一体化的新格局，成为北京生态文明建设的示范区。

到 2020 年（"十三五"期末），GDP 比 2008 年翻两番以上，达到 460 亿元，人均 GDP 超过 7 万元，单位 GDP 能耗保持稳中有降。生产更加发展，生活更加富裕，社会更加和谐，生态文明观念在全社会牢固树立。建成一批在北京和全国具有示范意义的生态文明精品工程，成为具有国家标准和密云特色的全国生态文明建设的示范区。

（三）生态文明建设主要任务

围绕生态文明建设目标，密云县确定了生态文明建设的主要任务。

一是大力发展生态经济。以循环经济理念为指导，以"一区两带"为依托，调整经济布局，优化产业结构，转变发展方式，不断延长和完善产业链。充分发挥生态环境好和产业空间大的优势，吸引资本和人才等生产力要素向密云聚集。有针对性地引进一批大项目，培育一批大企业，促进产业融合，实现企业集群发展。积极发展品牌经济，全面提升密云产业的生态品牌形象和经济附加值，以更小的资源消耗和环境代价实现更大的经济效益和社会效益。加快都市型现代农业的发展。加强农业基础建设，深化农业结构调整，促进农业与第二、第三产业的链接融合，不断提高农业的土地产出率、资源利用率和劳动生产率，建设"高产、优质、高效、生态、安全"的都市型现代农业体系；大力发展环境友好型工业，大力发展科技含量高、能源资源消耗低、环境污染少、吸纳就业能力强的环境友好型工业；重点建设商业、旅游服务设施和生态节能型住宅；加强旅游资源保护、整合，完善旅游基础设施，优化产业空间布局，将休闲旅游业做大做强。

二是优化生态环境。扎实推进新农村建设；提升城镇建设和管理水平；加强道路、通信、供热、供气等城市基础设施建设，完善城市功能；加强对城市河流管理，保障城市功能水质达标；加大机动车尾气治理力度，限期淘汰黄标车；加强对生产和生活噪声监管；做好节能减排工作，积极开展 ISO 14000 环境管理体系认证和生态示范型企业创建工作，推进清洁生产。加强县污水处理厂和再生水厂监管，对规模较大企业的污染排放施行自动监控管理体系。加强大气污染防治，加快新城集中供热系统建设。严格执行绿色工地标准，新建工程全部要至少节能 65%。充分利用各种新型节能技术和可再生能源。严格实行节能减排目标管理责任制，确保高标准完成节能减排指标；进一步提高生态涵养能力，促进库北人口向城镇转移，完善水源保护区应急预案，强化水污染事故的预防和应急处理，加强饮用水源保护区的监测和管理，严格控制农业面源污染，确保居民饮用水达标率100%，密云水库水质保持国家地表水二级标准；大力推进县域生态型结构控制区、生态廊道、生态节点建设，形成由大型植被、大型水库、道路廊道、水系廊道以及小型植被斑块构成的自然生态体系；加快推进雾灵山、云蒙山、云峰山等北京市自然保护区建设；推进京津风沙源治理和小流域治理；实施水源涵养林、封山育林、爆破造林等绿化工程，进一步提高县域林木覆盖率；实施一批生态修复工程，建设绿色矿山。

三是构建生态文化体系，培育生态文明理念。围绕生态文明建设等中心工作，大力开展宣传教育，增强公众的生态文明意识，在公众中树立清洁生产、绿色消费、文明生活的生态文明理念，引导公众崇尚生态文明的社会风尚；完善公共服务体系。完善县、镇（街道）、村（社区）三级文化设施的建设和管理机制。着力培育文化品牌队伍，培育文化特色镇、村、户。健全文化创作的引导和激励机制，创作和推广一批以弘扬生态文明为主题的文艺精品。

四是完善社会服务。健全教育服务体系，整合教育资源，优化教育结构，深入推进"首都农村教育现代化试验区"建设；完善科技服务体系、科技创新体系和科技推广服务体系；健全劳动就业服务体系；健全医疗卫生服务体系；健全社会保障体系；健全基层社会管理体系。

四　沈阳沈北新区生态文明建设进展

（一）生态文明建设的硬件载体——国家生态区创建

1. 景观生态工程

（1）绿色交通走廊。按照生态城市标准，实施绿色交通走廊工程，构建城乡一体的"九横九纵"主干路网。目前，"六纵四横"的绿色景观路网已全面竣工通车，共新建和改造道路400多公里，并全部实现了雨污分流。新区与沈阳母城和其他周边地区之间的联系更加畅通、便捷。

（2）水系改造。重点实施完成了辽河大堤加固、万泉河河道疏浚、石佛寺灌区改造等一系列重大水利工程，以及蒲河、长河、左小河治污和水系建设工程。目前，辽河湿地、石佛寺水库已成为富有生态特色的风景旅游区，蒲河、长河已成为带动新区发展的城市景观内河。

（3）山体修复。彻底关闭区内所有采石场，并投入专项资金对破损山体进行治理，恢复自然生态。前期投入资金近3000万元，修复破损山体5处，绿化面积4.8万平方米，种植树木7.5万余株，其余山体修复工程也已开工，工程全部完成后可增加植被10.8万平方米。

（4）景观绿化。以"大色块、大韵律、大绿量"方式，高标准完成主干路网的景观绿化，突出生态特色，全面推进水系、山体、单位、庭院绿化、绿色村庄及公共绿地建设，累计投入4.5亿元，植树1150万株，新增城乡绿化面积1760万平方米，城镇人均公共绿地面积从24.8平方米提升到29.3平方米，呈现绿脉纵横的生态新景观。

2. 环境生态工程

（1）污水处理。投入 4 亿多元，建成新城子、蒲河北、虎石台（北厂区、南厂区）、道义、南小河和辉山湿地等 7 座日处理能力总计 19 万吨的污水处理厂和 9 个乡镇污水处理设施，城镇生活污水处理率由 81.7% 提升到 98%，年削减化学需氧量 4000 余吨。

（2）集中供热。建成 6 个大型集中供热热源，拆除 10 吨以下非工业生产燃煤锅炉 71 台、烟囱 48 根，对保留锅炉全部进行脱硫除尘改造，五年共削减二氧化硫排放量 3036 吨。目前，蒲河新城已全部实现了集中供热，沈北新城集中供热工程已全面启动。

（3）固废治理。投入资金 1.2 亿元，建成处理规模 10 万吨/年的干法立窑解毒生产线，对 30 万吨堆存铬渣进行无害化、资源化处理，现在正常运行，处理效果已通过省级部门检测，达到国家控制标准，计划 2013 年彻底消除铬渣对新区环境安全的威胁。

（4）污染整治。重点整治重大污染源，捣毁非法炼油点 56 家，对区内 39 家重点污染企业、45 家小化工企业、15 家非煤矿山企业、9 家造纸企业、2 家落后产能企业依法实施了关停。目前，高消耗、高污染企业已经全部退出新区，工业污染源实现达标排放。

（5）项目环评。严把项目入区关，严格执行环境影响评价制度和"三同时"制度，鼓励低污染、高科技、高产出项目入区，达不到环保要求项目禁止入区。几年来，共否决 100 余个总投资近百亿元的不合规项目。

3. 人居生态工程

（1）城乡安居。引进国内外知名房地产开发企业，建设功能完善的生态居住小区；实施城市棚户区和城中村改造，建设经济适用房和廉租房，共动迁 63 个村屯，建成 110 万平方米的回迁小区，1.8 万户居民喜迁新居。

（2）环境整治。推进农村村屯环境整治，建成清水、兴隆两个大型农村垃圾压缩中转站，通过"村收集、乡集中、区中转处理"的运行方式，农村生活垃圾安全处理率达到 100%，基本解决了农村地区垃圾排放问题。与此同时，开展"城乡环境整治""绿色社区"等活动，创建优美社区，建设农村"两室一场"80 余处，完成村屯主要道路路面硬化 43 公里，砌筑河道边沟 5 万米，建设景观围墙近万延长米，村屯环境面貌明显改善。

（3）农村饮水。建成 4 个农村饮用水水厂，全区日供水能力达到 1.7

万吨，区内所有村屯基本用上了自来水。同时，对集中饮用水源地开展经常性的执法检查，拆除 2 级保护区内各类违章建筑物、关停 3 级保护区小型养殖场，保证全区饮用水水质达标率达到 100%。

（4）农村新能源。实施沼气池、秸秆气化、生物节能燃料加工等工程建设，总投资近 2000 万元，建设秸秆气化站 8 个、沼气池 759 个和生物质能燃料加工厂 1 个。现 8 个秸秆气化站建设已基本完成，生物质能燃料加工厂已竣工，每年可利用秸秆 26000 吨。

4. 产业生态工程

（1）循环经济。通过企业机制、技术、管理"三创新"，源头、过程、末端"三控制"，节能竞赛，能源审计等活动，推进循环经济发展。目前，已经建成辽宁中稻、大陆激光 2 家循环经济试点企业，董楼子村、曙光村、创业村 3 个循环经济试点村。与此同时，加快推进种植业、生态养殖业、绿色、有机种植业的循环生产链接，合理布局养殖区域，划定畜禽禁养区、限养区和适度养殖区，取缔沿河畜禽饲养，构建起种养殖业循环体系。目前，全区 13 家规模化畜禽养殖场粪污实现了集中处理和综合利用，基本实现了种养殖业的循环，并较好地解决了畜禽养殖污染问题。

（2）生态农业。发挥辉山农产品精深加工产业基地的带动作用，通过农村土地经营权流转，以种养殖业规模化、专业化、标准化促进土地集约化、农业现代化、农村城镇化，推动农业增效、农民增收、农村繁荣。新区绿色、有机水稻种植面积达到 16 万亩，绿色林果栽培面积 1.3 万亩，花卉、五味子种植基地 2.5 万亩，规模化畜禽养殖场 13 个，全区无公害产品认证 58 个，绿色、有机产品认证 48 个。

（3）土地集约。严格保护耕地，建立严格的"保增长、保红线"双保责任制，对破坏耕地行为实行"一票否决"制。合理开发利用土地资源，发展工业地产，建设标准化厂房和研发楼宇，打造中小企业集聚平台；盘活土地存量，对闲置、废弃和低效利用的厂房与土地进行集中清理、回收和招商。目前，已经建成三期标准化厂房，总面积 120 万平方米，进驻企业 387 家；清理、压缩不良项目 121 个；盘活闲置厂房 4.6 万平方米。

通过国家生态区创建工作，沈北新区生态环境呈现新面貌，产业项目加速集聚，经济社会高速发展，实现了生态、经济和社会"三个效益"的全面提高，为生态文明建设和创建国家生态文明示范区奠定了坚实的基础。

（二）建设国家生态文明示范区的举措

1. 区域发展布局优化

按照国家主体功能区建设的总体要求，对于优化开发和重点开发区域，实行严格的环境准入制度，重点推进新型城市化和新型工业化。对于限制开发和禁止开发区域，依据法律法规和相关规划严格监管，严格控制人为因素对自然生态的干扰和破坏，着力发展现代农业和生态旅游业，重点推进城镇化和农业现代化。

2. 发展生态经济

（1）循环、低碳型工业。按照低能耗、低污染、低排放的标准推进循环经济、低碳经济发展模式，培育和发展符合国家产业导向、市场前景广阔、可持续发展优势明显的新能源、新材料等战略性新兴产业，继续抓好中稻、大陆激光等循环经济试点。同时，高标准规划、高起点建设工业园区，推动工业园区生态化设计。

（2）生态循环型农业。推广生态循环农业模式和实用技术，实现农业废弃物的资源化和产业化。发展无公害产品、绿色产品和有机产品，加快建设一批有规模、有品牌、标准化的农业生产基地。鼓励使用有机肥，推广使用生物农药，实施测土配方施肥，减少和控制农药、化肥的使用。加强有机农产品标志管理，加强市场监管，保障食品质量安全。

（3）节能与环保产业。实行清洁生产强制审核，运用先进适用技术和节能环保技术，加快传统产业改造和升级，实现低能耗、低排放、高效益。鼓励太阳能、风能开发利用，推广现代建筑材料应用，以"节地、节能、节水、节材"为重点，以最少的能源投入、最低的资源消耗和最小的环境干扰，营造安全、健康、舒适的绿色空间。

（4）生态旅游产业。充分发挥新区丰富的山水、温泉和锡伯族历史文化等旅游资源优势，重点进行蒲河生态廊道、辽河滩地改造、七星山修复、森林公园、生态湿地、温泉开发等重点工程建设，深挖文化内涵，发展生态旅游产业。

3. 巩固提升生态环境质量

（1）治污设施运行监管。落实城市污水处理厂的管理考核制度，保证污水处理厂运行率、达标率、去除率达到国家要求；加快污水处理厂配套管网建设步伐，保证所有城市生活废水都按期达标排放，保证地表水环境质量持续改善；进一步完善农村垃圾中转站管理制度，确保农村垃圾得到全部处理。

（2）城市核心区、景观带。把国际城、蒲河岛、蒲河生态景观廊道、辽河生态旅游带打造提升为新区建设国家生态文明示范区的新亮点。

（3）村屯环境整治。加快村庄路网、农村污水处理厂、村屯垃圾收集箱、垃圾池等各项基础设施建设，确保污水处理率 2015 年达到 90%，2011 年底垃圾处理率达到 100%；采取"绿化、亮化、净化、美化、改水、改厕"等一系列有效措施整治"脏、乱、差、散"局面，构建一流的农村环境。

4. 生态文明体制机制

（1）科学决策机制。将生态文明示范区建设纳入国民经济和社会发展规划，贯穿经济社会发展全过程。在城市建设、资源开发、重大产业布局等重大决策过程中，优先考虑生态环境的承载能力，充分评估可能产生的环境影响，避免决策失误对生态环境造成破坏。

（2）考核评价和责任追究机制。把生态文明建设任务逐级分解、落实到各乡（镇）、部门和企业，并作为各级领导干部实绩评价和考核的重要内容，纳入重大事项督查范围，实行一票否决制。对工作不力的单位和个人，层层追究责任。

（3）公众参与和社会监督机制。聘请有关专家学者组成常设咨询机构，为创建工作出谋划策。完善信息公布制度，定期发布生态文明示范区建设进展情况及评价信息，广泛接受社会各界监督。

5. 生态文化建设

开展保护生态、爱护环境、节约资源的宣传教育和知识普及，发挥精神文明建设在教育人、引导人、塑造人方面的积极作用，培育公众的环保意识和生态价值观，不断提高生态文明素养，增强生态文明建设的责任感和使命感。

采取多种形式的宣传活动，引导动员全区人民关心、参与、支持生态文明示范区的建设。在全区各级机关开展生态学、生态经济学、循环经济理论、环境保护法律法规等方面的培训，使广大机关干部了解资源环境现状、国家保护方针政策，自觉抓好生态文明建设工作。

6. 生态宜居城乡环境

实施城乡安居工程，积极引进国内外知名房地产开发企业，大力实施城市棚户区和城中村改造，让全区居民都能住上功能完善的生态居住小区；加快建设"大学城""职教城"，进一步提升中小学、幼儿园的软硬件水平，充分利用区内丰富的教育资源，构建全民终身教育体系；加快推进盛京医院、维康医院建设，利用不断增加的优质医疗资源，进一步完善三级医疗卫生服务体系；加快建设规划馆、市民健身中心、NBA 赛场、射箭馆、数字电视网络平移等文体设施，以丰富多彩、健康向上的文体生活彰显新区人民的文明程度，并借开展职业化的体育赛事扩大区域的影响力。

五　对生态文明建设的分析与建议

（一）对生态文明建设的深入理解

党的十七大提出生态文明建设的战略任务。党的十七届四中全会将生态文明建设提升到与经济建设、政治建设、文化建设、社会建设并列的战略高度，成为建设中国特色社会主义伟大事业总体布局的有机组成部分。党的十七届五中全会要求，努力构建资源节约型、环境友好型社会，提高生态文明水平。

生态文明是我们党以科学发展观为指导，立足经济快速增长中资源环境代价过大的严峻现实而提出的新要求，代表人类文明的发展走向。以上这些重大战略部署的提出，为我们推进生态文明建设提供了动力，指明了方向。

生态文明是人类在利用自然界的同时，主动保护自然界，积极改善和优化人与自然的关系，建设良好的生态环境而取得的物质成果、精神成果和制度成果的总合。生态文明建设所追求的，是坚持可持续发展的理念和要求，从文明建设的高度来统筹环境与经济社会发展，在更高层次上实现人与自然、环境与经济、人与社会的和谐。传统工业文明导致人与自然关系的对立，而生态文明建设首先要重构人与自然的和谐。但这种和谐不同于农业文明的和谐，是自觉的、长期的、高水平的和谐。

生态文明是积极的良性发展的文明形态，是科学的自觉的文明形态，是长远的可持续发展的文明形态。在价值观念上，生态文明强调给自然环境以平等态度和人文关怀；在实践途径上，生态文明体现为自觉自律的生产生活方式；在社会关系上，生态文明推动社会走向和谐；在时间跨度上，生态文明是长期艰巨的建设过程。

（二）生态文明建设缺少恰当的功能定位

笔者感觉不少城区生态文明建设的功能定位不是十分明确或缺少法律基础，造成建设规划缺少明确的指导方向和依据。

生态文明建设缺少恰当的功能定位，一方面使得整个建设过程和结果缺少科学性、合理性和规范性；另一方面也使得生态文明建设无法与现行的城市发展体系（如城市规划、土地利用、社会经济发展等）和管理制度（如环境影响评价）有效衔接，无法将生态文明建设在现行的规划和制度下进行切实的实施与贯彻。

（三）生态文明建设缺少多学科的交叉和整合

生态文明建设的对象是区域或城市生态系统这样复杂的巨系统，包含社会、经济和环境3个子系统的方方面面，其中的各种关系盘根错节，互为因果。因此，生态文明建设需要多学科的交叉和融合。

目前，指导生态文明建设的学科背景大致由环境科学、生态学、城市规划等组成，它们又各自具有不同的优缺点。因而，必须是一个多学科背景的管理团队，才有可能较好地完成一个城市的生态文明建设。

（四）生态文明建设缺少良好的公众参与机制

由于体制等原因，我国的生态文明建设一般都缺少实质性的公众参与，这造成很多建设实际上成为政府部门意志的体现。尤其是生态文明建设作为一个较新的规划类别和概念，广大公众更是比较陌生，因而参与的积极性也不高。这使得生态文明建设从一开始就缺少了城市主体的参与，一方面造成建设的过程和结果缺少公众代表性和科学性，另一方面造成生态文明建设由于缺乏广泛的民众基础而在具体实施中困难重重。

（五）各地建设经验借鉴

2008年和2009年，环境保护部批准了两批18个生态文明建设试点，同时明确规定，凡是完成了生态市、县建设的地区，都可以直接转入生态文明建设的试点阶段。当前，建设生态文明已经成为全社会的共识，成为各级党委、政府落实科学发展观的重大举措和具体行动。几年来，通过开展生态省、市、县建设以及生态文明建设试点工作，各地涌现出一些推进生态文明建设的新方法、新途径，积累了很多好的经验。可以说，在走生产发展、生活富裕、生态良好的文明发展道路方面，已经取得了一些初步的成效，也为进一步深入推进生态文明建设积累了丰富的经验。

江苏、浙江、广西、湖北、云南、福建等省（区），以省（区）委、政府或人大常委会名义，颁布实施了促进生态文明建设的纲领性文件，确定了生态文明建设的路线图、时间表，细化分解了工作任务。深圳、宁波、杭州等3个副省级城市、贵阳等29个地级市、100多个县（市、区）也相继出台了建设生态文明的相关文件，启动了具体行动。

目前，全国已有无锡、苏州、嘉善等20多个市、县、区编制完成了生态文明建设规划，提出了生态文明建设的目标，明确了生态文明建设的重点领域和主要任务，确定了生态文明建设的重点项目，并初步构建了生态文明建设的保障体系。

一些地区还特别重视公民生态文化的培育和节能环保意识的提升，组织编制各行各业的生态文明行为手册，大力倡导政府、企业、社区、个人节约能源资源。群众参与生态文明建设的热情空前高涨。调查表明，在生态文明建设试点地区，公众对生态环境的关注度、对环境质量的满意度均有了较大提高。

现阶段开展的生态省、市、县建设，是生态文明建设的初级阶段目标，它反映的是生态文明建设的初步要求，可以看作生态文明建设的一个工作起点。在推进生态省、市、县建设过程中，强调要建立生态经济体系、生态环境体系、生态人居体系和生态文化体系，事实上就是把生态文明建设所要求的建立资源节约型和环境友好型社会，构建有利于节约资源和保护环境的产业结构、生产方式、消费模式的任务落实到这几个体系的建设中，贯穿整个生态省、市、县建设的过程之中。生态省建设的16项指标、生态市建设的19项指标、生态县建设的22项指标，包含了经济发展、生态环境保护、社会进步等几个方面，充分考虑了我国现阶段经济、社会的发展水平和环境保护的现状，具有较强的可操作性和可达性。

（六）新形势下生态文明建设的原则

1. 高度综合的建设理念

生态文明建设要解决的一个中心问题，是人类社会生存和持续稳定发展的问题。这一问题涉及社会、经济、技术、生态环境、人类心理和行为等各方面。这样复杂而多变的动态问题显然不是靠一个领域或几个领域所能解决的。

高度综合是生态文明建设的一个必然趋势，生态文明建设只有高度综合才能具有生命力，才能真正显示出它在现代化建设中的作用。

2. 从定性到定量的综合集成分析控制

从定性的描述和分析方法向定量的综合集成分析方法过渡，是生态文明建设的另一发展趋势，且与生态文明建设高度综合的发展趋势是相互适应和相互促进的。生态文明建设是多目标、多层次和多约束的动态过程，当然要求有高度综合的定量分析控制方法与其相适应。

目前生态文明建设大多沿袭传统城市建设、生态建设以及环境建设的方法技术，还不能充分有效地解决生态文明建设中出现的问题，更不能适应生态文明建设高度集成综合发展的要求。在某种意义上说，方法手段的不足限制了生态文明建设的发展。建立良好的生态文明建设模型和采取行之有效的定量研究方法，是生态文明建设的当务之急。

3. 生态文明建设需"软""硬"结合

生态工程、绿色循环经济是落实生态文明建设的得力硬件。在全社会树立和弘扬生态文明理念，资源节约型、环境友好型社会建设，符合生态文明建设要求的生产方式和消费模式，诸如此类的软件更加重要。在未来生态文明建设中，生态工程等硬技术与文明本身的软知识应该互相结合。

（七）几点措施建议

1. 在全社会树立和弘扬生态文明理念；

2. 创建符合生态文明建设要求的生产方式和消费模式；

3. 推进资源节约型、环境友好型社会建设；

4. 综合发展绿色经济、低碳经济和循环经济；

5. 实现有利于可持续发展的环保体制和政策创新；

6. 集中力量解决危害群众健康的突出环境问题；

7. 始终不渝地坚持主要污染物减排和污染防治，实施生态工程；

8. 积极应对气候变化等全球性环境问题。

参考文献

贾庆林：《切实抓好生态文明建设的若干重大工程》，《求是》2011 年第 4 期。

高杰、闫艳、李莉、范圣楠：《昆山注重五大文明建设　推动经济建设与人居建设协调发展》，http：//www.szhbj.gov.cn/hbj。

徐宇斌：《环保争先　为生态文明提供强劲支持》，《江苏环境》2011 年第 10 期。

范圣楠、李莉、闫艳、高杰：《联合国人居奖为何花落昆山？》，《中国环境报》2011 年 10 月 18 日。

《北京密云将每年 10% 财政收入投入生态文明建设》，中国环保网，2009 年 2 月 25 日。

国家统计局：《新中国 60 周年系列报告之一：光辉的历程　宏伟的篇章》，国家统计局网站（http：//www.stats.gov.cn），2009 年 9 月 7 日。

王安建：《中国经济发展与矿产资源瓶颈》，"绿色中国"第八届论坛上的发言，2005 年 8 月。

中国国务院新闻办：《中国的能源状况与政策》（白皮书），2007 年 12 月 26 日。

国家环保总局、国家统计局：《中国绿色国民经济核算研究报告 2004》，2006。

李宇军：《发达国家生态文明建设经验》，《人民论坛学术前沿》（总第 278 期），2010 年 2 月 5 日。

杜莉、李华：《典型环境政策的经济分析及中国的政策选择》，《经济问题》2001 年第 11 期。

姬振海主编《生态文明论》，人民出版社，2007。

罗勇：《区域经济与可持续发展》，化学工业出版社，2005。

张坤主编《循环经济理论与实践》，中国环境科学出版社，2003。

太阳能光伏产业发展调研报告

李 平[*]

在国际光伏发电市场的带动下和国内大型光伏电站招标、"金太阳"示范工程建设等措施的推动下，我国光伏电池制造产业快速发展。目前已经形成以晶硅电池为主导产品，涵盖硅材料、器件、生产设备、应用系统等环节的较为完整的产业链。近年来，我国光伏产业制造能力迅速扩大，连续5年年均增长率超过100%，连续5年太阳电池产量居世界首位，已超过全球总产量的50%。中国光伏产业已发展成国际产量最大、成本最低，95%以上的产品大量销往国外的产业。截至2011年底，我国太阳能光伏发电累计装机量达300万千瓦。从光伏产业的未来发展潜力和技术创新程度而言，中国光伏产业已经成为迅速发展起来、为数不多的、可以同步参与国际竞争并有望全面达到国际领先水平的行业。中国光伏产业应该抓住新一轮能源革命的先机，成为产业发展的领导者和技术方向的主导者。

但2011年以来，我国多晶硅产业进入新的发展阶段。太阳能光伏产业在经历了装机量井喷之势后，开始出现大面积的亏损。目前，光伏产业在应对危机和完成整合的过程中，主要表现形式是激烈的产品价格竞争，在产品加工同质化严重的背景下，价格的挤出效应必将凸显，"成本最小化"和"降低价格"必然是身陷旋涡的光伏企业采取的首要竞争策略，然而，这仅仅是竞争的初级阶段。在这一轮竞争中生存下来的光伏企业必将面临更加残酷的国际化竞争——技术竞争，如果我国的光伏产业不能够把握当前发展机遇，努力实现技术创新，而仍然继续低端制造业路线，在下一轮的博弈中，中国光伏企业可能最终退出国际竞争舞台。

如果说政策扶植是中国光伏产业消纳产能并渡过难关的客观条件，那

＊ 李平，中国社会科学院数量经济与技术经济研究所所长、研究员，研究方向为技术创新与产业经济。

么光伏企业自身的核心技术就是保障生存和发展的主观能动因素。需要强调的是，从整个行业的发展角度看，当前光伏产业所遇困境的本质来自技术瓶颈，单纯的资金扶持并非根本之策。财政支持只是为光伏企业蜕变营造了一个喘息之机，核心技术研发才是企业获得永续生命力的源泉。技术革新将能够极大地降低新能源应用成本，是其摆脱财政扶持依赖、顺利替代传统能源的核心要素。发达国家的长期经验已经证明，为实现光伏发电商业化、可竞争，必须采取技术、市场和政策的组合策略。尤其是为实现无补贴条件下的商业化可竞争，技术进步至关重要。近年来，美国、欧洲和日本加大了太阳能技术方面的投入，关注点除了光伏电池技术以外，系统集成技术、并网接入技术、市场转化等也已经成为重点关注问题。由此着眼，光伏专业人才培养、技术项目孵化、研发资金投入等才是行政力量"救市"的根本方向。光伏产业的发展应以技术创新为导向，形成关键技术优势和产品主导地位，推动我国的科技进步和提高我国可持续发展能力。

针对光伏产业目前的发展现状和存在的主要问题，课题组对河北、河南、江苏、浙江、广东等地光伏企业进行调研，以期从光伏产业技术发展、产业市场的规模化发展、产业政策环境和政策效应等方面对光伏产业的发展现状和潜力进行全面了解，掌握最新动态，探讨促进光伏产业发展的必要条件和可能路径，提出促进太阳能光伏产业化发展的政策建议。

一　光伏产业的发展现状

与以往相比，光伏产业在目前发展阶段呈现的特点是：一是在产能过剩和恶性竞争的情况下，通过规模化、自动化生产进一步降低产品成本的压力骤增；二是随着技术水平差距的缩小，跨国公司不断加强对我国的技术封锁，使用国外技术的成本不断提高，本土企业通过自主创新突破核心技术的压力不断增大；三是作为全球主要生产国，中国生产的光伏产品有九成以上都会出口到欧美国家，过于依赖国外市场的经营风险非常高。2012 年成为光伏企业经营最困难的一年，受全球光伏发电市场急剧萎缩，美国、韩国、欧盟等国家和地区多晶硅企业在我国低价倾销，欧美实施"双反"措施，以及欧债危机等多重影响，多晶硅需求量大幅下降，我国的光伏产品出口严重下滑。从 2011 年末开始，美国对中国光伏产品实施"双反"，接下来欧盟因为债务危机也减少了对光伏电站的政策扶持，中国光伏产业立刻进入寒冬。2012 年上半年我国绝大部分多晶硅企业的生产经营陷入困境，超过九成处于停产状态，其发展前景令人担忧。

目前，光伏产业政策和企业战略重心开始转向国内市场，国内光伏应用市场出现增速提高苗头。总量小、阻碍大、发展慢、方向不明、政策不清等问题仍然突出，国内市场在短期和长期将呈现不同的发展趋势。

表1   2002 年以来我国光伏发电装机情况

单位：兆瓦,%

年份	2002	2003	2004	2005	2006	2007	2008	2009	2010
当年装机	20.3	10.0	10.0	5.0	10.0	20.0	40.3	160.2	500.0
比上年增长	250	−50	0	−50	100	100	102	297.5	212.1
累计装机	45	55	65	70	80	100	140.3	297.5	797.5

表2   近年来中国太阳电池的产量及占世界产量的份额

年份	2007	2008	2009	2010
世界太阳能电池组件产量（MW）	4000	7900	10660	27000
中国太阳能电池组件产量（MW）	1088	2600	4011	13018
所占份额（%）	27.20	32.91	37.63	47.8
世界排名	1	1	1	1

表3   中国光伏产业对海外的市场依存度

单位：兆瓦

年份	2006	2007	2009	2010（预计）
光伏产量	400	1088	4011	8000
出口	390	1068	3851	7600
国内安装量	10	20	160	400
出口百分比（%）	97.5	98.2	96.0	95.0

二   国内光伏产业与国外发展的差距及体现

1. 产业链集中度低，规模化程度不高

太阳能光伏产业是一个典型的高投入、高产出、高收益的技术驱动型

行业。目前，从整个行业发展状况看，中国太阳能产品总产量居世界前列，但产业链某些环节，尤其是进入门槛较低的产业链下游企业数量最多，产业集中度低，产业规模化尚有距离，规模效应不明显，导致整体产品附加值低、竞争力不足、产业利润薄。

2. 产业链各环节技术参差不齐，发展不平衡

我国太阳能光伏技术整体水平不高，自主创新缺乏，核心技术多依赖国外。从光伏产业链各环节来看，技术参差不齐，产业链发展不平衡。上游晶体硅材料生产技术水平较低，中端太阳能电池制造技术自主创新能力不高，下游光伏发电集成应用水平与国外相当。

3. 国内市场发育缓慢，应用水平较低

中国在成为世界上最大的光伏产品生产国的同时，受产品价格和市场空间的限制，国内市场发育缓慢，太阳能光伏产品应用化程度不高，90%以上的产品用于出口。

4. 国家政策缺位，产业激励不足

基于对太阳能光伏产业的战略性地位考虑，加之目前太阳能应用技术使得太阳能发电成本较传统能源高，发达经济体国家均大力发展太阳能产业，并且政府对其给予政策扶持。相比之下，我国当前对于太阳能光伏产业的激励政策明显不足，严重制约了光伏产业的发展。比如，电网调度技术标准和补贴政策缺乏，电力部门不愿接受光伏发电上网。与《可再生能源法》相匹配的全国性光伏产业调控机制和具体实施政策尚未出台。

5. 行业标准不一，亟待政府规范

目前，我国光伏制造业缺乏统一的行业标准。很多光伏制造企业在技术实力、管理能力、品质意识、产业规模上层次较低，造成光伏产业链各企业制造标准差异较大。需要加快建立光伏产品和发电系统的技术标准与质量认证制度，将一些行业领导者企业的标准及时转化为国家强制性标准，并积极参与国际相关标准的制定。

6. 产业发展无序，投资严重盲目

目前，由于太阳能光伏产业链部分环节进入门槛低，面对国际市场需求的飞速增长，大量投资者纷纷盲目投资，重复建设，造成产能过剩、恶性竞争、资源浪费、环境污染。

目前，有很多地方将发展光伏产业列为当地政府"一号工程"，国内光伏产业的投资急剧扩张，据初步估计，2009～2010年新增投资预计超过

1500亿元。盲目投资造成的结果是产能过剩,供给远大于需求。

三 我国光伏产业的技术发展现状与问题

1. 短期实用技术路线选择基本明确,但长期技术路线仍有不确定性

光伏发电目前的技术路线主要包括晶体硅电池、薄膜电池、晶体化合物电池[以砷化镓(GaAs)电池为代表]、染料敏化太阳能电池、新型太阳能电池等技术。晶硅电池和薄膜电池技术成熟已大规模商业化,GaAs电池处于小规模示范阶段,染料敏化电池尚处于实验室阶段。

2003年以来,多晶硅材料短缺极大地制约了晶体硅太阳能电池产业的发展,因而刺激了薄膜太阳能电池产业的加速发展,特别是碲化镉电池技术得到提高。薄膜太阳能电池的市场份额从2005年的6%增加到目前接近20%。但近两年由于硅料价格大幅下降和技术进步的推动,晶体硅电池性能稳定、产业链各环节技术工艺成熟等竞争优势凸显。而薄膜电池的低效率且有衰减、使用寿命较短、设备不定型、初始投资高等弱势就显得尤为突出。目前晶体硅太阳能电池为主流技术产品,市场占有率超过80%。根据原料供需状况、产品生产规模以及生产工艺技术等角度进行判断,晶体硅太阳能电池在未来5~10年内仍将占有主要的市场份额。调研发现,目前我国光伏产业以多晶硅电池为主流的实用技术路线已经基本明确,薄膜电池技术不具备大规模生产的能力,主要通过购买设备实现小部分的生产,一些企业的薄膜生产已经停产。

从长远来看,未来如果能从器件结构到衬底基材进行大面积、均匀、高性能的沉积技术的改进,以及在新型互连、集成型模块卷对卷的制造和包装方式等方面进行创新和提高,薄膜晶硅生产技术仍有发展空间。目前新一代的电池技术也在研发之中,虽然其在性价比、可量产化以及成本控制等方面存在诸多不足,但新一代电池具有更高的转换效率和发展潜力。未来光伏电池技术路线的选择还有一定的不确定性。

2. 硅料生产技术进步明显,但总体处于技术的末端

通过自主创新与引进消化吸收再创新相结合,我国光伏产业原材料自给率由几乎为零提高至50%左右,已形成数百亿元级的产值规模。国内多晶硅企业已掌握改良西门子法千吨级规模化生产关键技术,规模化生产的稳定性逐步提升,副产物综合利用水平稳步提高,初步实现循环利用和环

保无污染、节能低耗生产。少数企业还实现了四氯化硅闭环工艺，使得综合能耗和生产成本大大降低，并解决了四氯化硅的排放和污染环境的问题。

但总体来看，目前我国光伏产业的发展瓶颈依然在上游的晶体硅生产，关键技术基本被日、美、德的 7 家企业所控制，我国企业在多晶硅提纯、降低能耗和提高材料回收率等方面与国外还有一定差距。这些技术差距使我国的光伏企业物料和电力的消耗大、生产规模小、生产成本高、污染大、竞争力差。再加上在产业链下游，组件价格相对偏高，产品的消费过多依赖国际市场，我国在全球光伏产业中形成"两头在外"的产业格局。

3. 我国电池制造工艺改进较快，特别是转换效率明显提高，但快速提高的空间有限

我国太阳能电池产品质量逐年提升，尤其是多晶硅转换效率方面提高较快。调研发现，目前国内多晶硅电池片的平均光电转换效率在 17% ~ 17.8% 之间，行业技术领先企业的电池片光电转换效率已达到了 19% 左右。但在薄膜等新型电池转换效率上，我国与世界先进水平还存在较大差距。随着工艺水平及设备水平的提高，晶硅电池的效率还将逐步提高，但仅靠工艺的改进对电池效率的提升空间已经越来越有限，未来电池效率的进一步提升将依赖于电池新结构、新工艺的建立。

硅片发展的方向是薄片化，目前国内企业制造的电池片厚度已经能够达到 160 微米，但离理论上最薄的 100 微米左右还有很大距离。进一步降低厚度取决于电池制造工艺的改进，如低曲翘度的铝浆、扩散工艺及自动化传动装置的使用。

4. 设备国产化水平不断提高，但关键设备仍依赖国外

我国多晶硅、电池组件及控制器等制造水平不断提高，制造设备的国产化率已经达到 80%。国产单晶炉、多晶硅铸锭炉、开方机等设备已接近或达到国际先进水平，占据国内较大市场份额。除全自动印刷机和切割设备等外，晶硅太阳能电池专用设备基本实现了国产化。国内太阳电池生产线约有半数使用了国产化清洗机，国产半自动丝网印刷机已被大量使用；光伏组件封装设备已完全国产化。硅基薄膜电池生产设备初步形成小尺寸整线生产能力。

但目前我国约占总装备 20%、价值较高的关键设备还需要进口，如线切割机及一些自动化传送装置，包括自动分选机、自动插片机、自动焊接机等。也有几种价值较高的关键设备虽实现了国产化，但技术水平还与国外有一定差距，无法实现大规模市场应用，如还原炉、PECVD 设备、烧结炉和全自动丝印机等。绝大多数测试设备仪器都要依赖进口。

四 影响光伏产业技术进步的因素分析

（一）有利因素分析

1. 对利润的追逐，促使企业的创新动力迅速爆发

调研发现，前几年硅料的高成本促使企业投入大量的研发资金，改进工艺，提高电池的转换效率和降低硅片的厚度，降低光伏电池的成本。而近两年在资金的压力下，光伏企业改变策略，由追求市场占有率转为把收益回报率放在首位，在此情况下，光伏企业更是把提高技术作为提高利润、保持竞争力的重要手段。

多晶硅电池的转换效率迅速攀升，从 2006 ~ 2007 年的 14.8% ~ 15% 提高到 2008 ~ 2009 年的 15.8% ~ 16%，继而快速提高到目前的 17% ~ 17.8%。硅片的厚度也快速从 2006 年的 200 ~ 220 微米下降到 2008 年的 180 微米，继而快速下降到目前的 160 微米。据保守估计，从全国的情况来看，到 2015 年光伏电池的转换效率将提升 2%，每年提高 0.3% ~ 0.4%，多晶硅能耗降低 50%。

2. 产能过剩下的激烈市场竞争和价格战，是激发企业技术进步的动力

受欧美"双反"政策的制约，在国内市场起步较慢的市场环境下，产能过剩的市场压力主要表现在产品价格的激烈竞争。在产品加工同质化严重的背景下，价格的挤出效应必将凸显，"成本最小化"和"降低价格"是当前光伏企业采取的竞争策略。可以说是低迷的市场压力，迫使很多企业在做技术创新的储备，一些优秀企业正在做 19% ~ 20% 转换效率的技术进步储备。

实现低成本发电的主要途径是效率提高、成本下降、硅片厚度持续降低及组件寿命提升等。这些都依赖于工艺的改善、电池结构的改进、材料成本的下降或新材料的开发等，最终取决于技术革新的发展程度。产能过剩下的激烈市场竞争已经使太阳能光伏组件的价格由 2010 年 2 美元/瓦左右，跌破 2012 年的 1 美元/瓦大关。虽然这其中可能会包含由于部分企业

为保障现金流而亏本甩货等恶性价格竞争的因素，但对技术进步的激发作用不容忽视。

3. 民营企业是光伏产业技术创新的主体，技术创新具有较强的市场适用性

调研发现，企业已经认识到优惠政策只是战略性新兴产业发展初期的财政支持，只有依靠科技进步实现市场调节定价的光伏平价上网，光伏发电才能成为未来能源的主力之一。企业立于不败之地的根本是核心技术研发。基于这样的观念转变，民营企业积极进行研发资金和人力的投入，成为光伏产业技术创新的主体，特别是排在前几位的优秀民营企业。民营企业对关键技术节点把握准确，技术研发、产品研发和工艺改进都基本紧跟国际技术前沿和国际平均发展水平，符合市场发展的需要。

（二）不利因素分析

1. 基础研究能力薄弱，缺乏核心技术和设备

虽然我国已经成为光伏产业制造大国，但距离光伏强国还有一定的距离，其致命缺陷是缺乏核心技术和设备。目前我国光伏产业尚未建立研发和创新体系，在基础研究和未来新技术研发方面薄弱。具体来讲，我国在多晶硅提纯、电池转换率、系统集成等关键技术和工艺上与国外有较大差距。国内工艺和装备的更新速度无法为光伏产业快速发展提供技术支撑，一些关键通用装备不能适应光伏产业进步的要求。而掌握核心技术的根本，需要在光学等物理基础研究上有较大的突破，共性的关键性技术需要攻关。这需要政府和科研院所加大对光伏产业基础研究的资金和智力投入。

以多晶硅电池来看，虽然我国是全球最大的生产国之一，但并没有太大的定价权，其原因在于多晶硅提纯核心技术主要掌握在国外 7 大厂商手中。而薄膜电池更是如此，核心技术和生产设备都掌握在国外的公司。我国企业主要的优势仍为较低的劳动力成本和较为宽松的环保压力。

2. 技术进步集中在制造领域工艺环节，发明创新能力不足

虽然中国在光伏领域的在华申请专利中占有明显优势，但日、美等外国公司在我国申请的专利绝大部分为发明专利，主要涉及太阳能电池硅片、组件、发电系统等核心技术领域，专利质量和授权率均较高；而中国企业和科研单位的研究热点只有少数集中在太阳能电池技术领域，多数都集中在太阳能电池制备过程中的实用新型专利、光伏应用技术专利及其他外围专利。

3. 科研院所的效率较低，产学研结合的效果不明显

调研发现，目前光伏产业的创新主体是民营企业，而科研院所与创新主体的民营企业的结合比较松散。由于自身体制和机制的原因，科研院所的研发效率和技术的适用性不高，很难和瞬息万变的市场需求紧密结合。

4. 光伏产业技术壁垒低和流动性高，对知识产权的保护较低

在关键技术和设备领域，跨国公司不断加强对我国的技术封锁，技术研发的成本较高。但在一般性的技术和工艺设备领域，国际和国内的技术壁垒低和流动性较高。由于可以在国际市场上购买到最新的设备及相关技术，加上光伏产业的技术人员流动性较强，光伏产业的技术扩散较快。我国的光伏电池制造技术、组件封装技术在短期之内能达到与国际上同步，处于国际先进水平。例如，由于技术和资金门槛低，我国光伏组件封装行业的发展较快，生产规模迅速扩大。

调研中发现，光伏产业技术扩散速度快，而对知识产权的保护较低，技术研发投入得不到必要的补偿，加上技术人员过高的流动性，造成企业技术生产不稳定，企业创新研发的动力减弱，多数企业表现为短期行为。

五 光伏产业的技术发展趋势

1. 太阳能电池技术未来的发展方向

一是晶体硅电池技术的持续革命性创新。在原有的技术上不断改进工艺，创新电池结构，提升电池转化效率，压缩多晶硅成本，压缩各个环节的原料和能源的消耗量。加速将转换效率提高到目前实验室水平的25%，价格下降到每瓦75美分及以下。

二是有可能取代晶体硅电池的新型电池开发。若以晶体硅太阳电池为第一代太阳电池，薄膜电池为第二代太阳电池，第三代新型太阳能电池则是指采用新材料、新结构和新工艺的新型电池，目前正在研发之中。初见成效的实验室技术包括染料敏化太阳能电池、有机聚合物电池等。新型电池技术的变革方向主要是高效率、低成本、低污染和材料的易获得，新型材料中纳米材料可能扮演重要的角色。

2. 我国需要突破晶体硅电池的关键核心技术

一是增强高效节能多晶硅材料制备技术。我国晶体硅电池制造已经实

现世界范围内成本最低，但是与平价上网之间还存在巨大的差距，高成本是制约太阳能发电规模化发展的主要因素。对西门子法或改良西门子法进一步消化吸收，实现大规模低成本的生产技术，实现尾气的无污染处理，探索物理法等低成本新工艺技术。

二是增强新结构高效电池产业化技术。采用自主研发方式加强激光掺杂或 HIT 电池技术，采用技术引进再消化的方式开发 EWT 电池及 N 型电池产业化技术，实现规模化生产。创建具有新概念、新颖结构的器件，改善设备与工艺，提高效率，降低晶体硅电池生产成本。

三是实现关键设备国产化。设备投资是制约电池成本下降的主要因素之一，提高高价值关键设备的国产化程度是进一步降低我国电池制造成本的有效途径。未来应加强光伏 PECVD 镀膜、自动丝印机及烧结炉的开发，在设备性能、稳定性及控制精确性上实现突破，达到国际先进水平。在自动化传送技术上加大研发投入，实现整线自动化、传送国产化。

四是加强关键配套原材料的开发。国内光伏配套材料企业总体上由于生产规模较小、研发能力薄弱、技术上没有全面突破，还不能适应国内太阳电池产业和技术的发展需要。未来应重点加强银浆、石墨制品、石英制品、光伏 EVA 胶膜、背板的制造技术创新，实现高质量国产化。

六　国内外光伏应用市场发展现状

1. 光伏产品的主要应用形式

一是以大型太阳能光伏电站为主的并网电站；二是以屋顶光伏系统为主的离网电站。

2000 年以后，各国政府加大了对光伏发电的扶持力度，太阳能光伏产业和光伏发电市场得以迅速发展。2011 年，全球光伏装机容量增长了53.13%，达到 60529 千瓦，是 2000 年的 41.49 倍，2001～2011 年复合增长率 37.72%。分地区看，意大利和德国两国新增装机容量就占到全球一半以上的份额，中、日、美三国增速最快。光伏应用大国促进市场发展的主要政策有直接补贴光伏系统的安装、税收减免、促进光伏发电上网和强制购买，存在的问题有缺乏对光伏产业的引导、近年来扶持力度有所下降、产业政策缺乏连续性。

中国从 2009 年开始实施太阳能光电建筑应用示范项目和"金太阳"

示范工程，光伏市场规模逐步扩大，2012 年新增装机量占当年全球装机总量的 20% 左右，累计装机总量占全球总量的比重从 2006 年的 0.6% 提高到 2012 年的 4% 左右。

2. 国内光伏应用市场存在的主要问题

（1）光伏应用市场发展严重滞后于产业发展。随着晶硅技术的突破，光伏产业"两头在外"变成了"一头在外"，但过于依赖国外市场的经营风险非常高。

（2）国内市场发展严重滞后于国外市场发展，光伏产品产量中超过 95% 用于出口。

（3）光伏发电份额较低，光伏发电占全部发电总量的比重低于 0.5%。

（4）分布式光伏应用比重偏小，家庭屋顶光伏电站还没有实现并网。

3. 当前国内光伏应用市场发展的主要障碍

（1）从政府引导看，光伏发电战略高度不够，缺乏长期的规划安排，使得光伏市场发展明显落后于风能等其他新能源。中国光伏产业的发展有两个特殊性：一是产业发展几乎全部依靠国外市场的高速增长，光伏产品出口比重一度超过 95%；二是行业大企业几乎全部是民营企业，光伏产业也是我国少有的几个主要依靠民营经济发展起来的行业。也正因为这两个特殊性，政府对光伏应用市场的规划引导力度不够。在光伏制造业井喷式增长的同时，政府仅仅是支持产能规模扩张，鲜有行之有效的市场培育政策。

（2）从经济效益看，光伏应用成本仍然偏高，市场竞争力有限。从经济效益看，光伏应用初期安装成本高，发电成本也远高于火力发电和风力发电的上网电价，这成为阻碍集中式光伏电站发展的主要因素。

无论是集中式的大型光伏电站还是分布式的屋顶电站，经济性是光伏发电是否被采用的最重要因素。目前，与传统化石能源发电比较，生物质能发电成本还非常高，风能发电成本已经很接近，核能发电的成本则有很大优势，太阳能光伏发电成本介于风能和生物质能之间，相当于传统化石能源发电成本的 2~4 倍，风力发电的 1.5 倍。

（3）从体制看，屋顶光伏系统安装涉及的屋顶业主、物业公司、电网公司间难以协调，阻碍光伏电站的安装。分布式、小规模的光伏电站一般依托于建筑屋顶，光伏发电如果不能被本地用户消费完，还需要通过电网系统输送到其他地方，因此光伏电站建设和使用的利益相关者主要有屋顶所有者和电网公司。电站安装的主要障碍来自屋顶所有者。虽然屋顶资源在大多数情况下是浪费的，但安装光伏电站的阻力还是非常大，即使突破前期障碍，建成屋顶光伏电站，但电站的运营管理由谁负责、收益如何支配、产权如何划定依然是难题。

（4）从扶持政策看，缺乏实施细则，扶持效果不佳，光伏电站项目建成之后，也没有相应的电量监管制度。国内对光伏应用市场的扶持政策主要有"金太阳"工程和国家能源局对分布式电站的补贴。但是，这些扶持政策基本上没有实施细则，并没有达到预期效果：一是扶持以经济补助为主，补贴比重达到 50% 以上，但并没有设计出一个有效协调机制，权责不清，大多数情况下只有光伏制造企业单方面在努力；二是"金太阳"工程的补贴比较明确，但地方政府一般只是承诺给予配套补贴，而补贴的范围和比例不明确，用户在安装光伏电站前难以核算成本，无法预期收益和收回成本期限，采购光伏电站的积极性受到影响；三是扶持政策基本上是短期行为，在光伏电站安装时给予一次性补贴，而电站建设完成之后的验收、测试和并网缺少政策指导。

（5）从竞争秩序看，产能过度增长造成产品严重积压，价格战导致市场畸形发展。一方面，前几年国内光伏产业的创富效应，刺激大批有闲置资金的民营企业家投资光伏产业；另一方面，在 GDP 增长和结构调整考核的压力下，几乎所有的省、自治区、市都将光伏或相关产业作为发展战略性新兴产业重点方向。民间资本和政府资源向光伏产业过度集中的严重后果在 2011 年开始显现，中国光伏制造业出现全行业亏损。一些规模较小、风险承受能力较弱的企业开始清理库存，回笼资金，导致光伏产品价格一落千丈。恶性低价竞争不仅使国内光伏企业发展环境进一步恶化，还影响到应用市场的健康发展。

七　国内光伏应用市场发展前景

总体上看，国内光伏应用市场起步较晚，发展较慢，随着政府政策和光伏企业战略向国内市场倾斜，国内光伏应用市场发展有望步入快速发展时期。太阳能光伏市场的发展环境不断改善，光伏发电在各国能源结构中的比重不断提高，对光伏装机的扶持力度不断加大，产业技术进步速度加快，中国等主要光伏制造大国加快转型升级步伐，太阳能发电的优势逐渐显现。

光伏应用市场发展的实际情况不仅要依靠政策的支持和光伏企业的努

力，也受宏观能源环境、能源结构、能源价格的变化，以及相关技术发展的影响。

（一）从短期看光伏产业的市场发展

1. 市场发展必须得到政策支持，特别是经济补贴

短期内，光伏电站发电成本与传统化石能源发电和其他新能源发电（风电、核电）比较仍然有较大差距，大型集中式光伏电站的修建需要政府补贴。同时，作为唯一可能在家庭住宅推广的发电方式，光伏电站初期安装成本下降的空间已经不大，如果缺少政府补贴，以目前的价格在家庭住户推广分布式电站几乎是不可能的。因此，补贴虽然不能解决光伏应用市场发展的全部问题，但确实是短期内光伏应用市场发展的必要条件，现行补贴政策必须继续执行下去。

2. 特殊环境下的应用市场继续发展，但规模有限

光伏电站在"十一五"时期出现井喷式增长，但增长最稳定的光伏应用产品是一些特殊环境和条件下应用的产品，例如远离电网的科考队伍、游牧民家庭使用的小型光伏电站，市政和公共建筑使用的太阳能路灯、景观照明、交通信号，在小型电子产品（计算器、手机、玩具、移动电源）上使用的微型光伏板，以及航天器中使用的高性能光伏发电系统等。但是，这些产品对光伏面板和系统的需求量不大，对缓解当前光伏产能严重过剩、光伏企业经营困难的作用也比较有限。

3. 非屋顶光伏电站可能成为国内光伏市场发展的突破口

光伏电站的产权问题和并网问题在短期内得到彻底解决的可能性不大，国内分布式的屋顶光伏电站的高速发展尚需时日。相比较，不需要并网和储能的、不借助建筑物屋顶、空地资源丰富的地区安装光伏电站的条件更加成熟。例如，农田灌溉和沙漠治理消耗的电量大，用电时间刚好与光伏发电时间一致，农田灌溉渠道和沙漠地区均可以安装光伏系统。如果有相应的扶持政策，且与农业产业化、环境治理等相关政策结合，降低初期安装成本，在这些地区大力推广光伏电站将有助于启动国内市场增长。

4. 标准厂房、工业园区、公共建筑分布式电站先行发展

光伏应用市场发达国家屋顶电站的比重都很高，且这种即发即用的方式对缓解化石能源紧缺、降低输电能耗比重、减少对电网冲击的效果最好。分布式电站的推广主要的阻碍是屋顶业主和电网公司，因此产权更简

单清晰、自身用电量较大的建筑物可以先行发展，厂房和商业建筑屋顶光伏电站的发展将先于居民住宅。

（二）从长期看光伏产业的市场发展

1. 光伏性价比不断提高是国内市场大发展的先决条件

经过金融危机、美国"双反"和欧债危机的冲击，光伏产品的价格已经大幅下降，光伏产品成本进一步下降的空间已经不大。未来，产品性价比的提高将主要依靠产品性能的提升。目前，批量生产的单晶硅光伏电池的转化率最高为18.4%，多晶硅光伏电池的转化率最高为17.2%，据估算，如果转化率提高到20%，按照现行价格和50%的建设补贴，用户收回安装成本的时间将缩短到6年以内，如果转化效率提高到目前理论上的最大值25%，那么用户只需要4～5年就能够收回成本。

2. 能源供需矛盾增大和能源结构变化促进光伏应用市场发展

根据预测，"十二五"时期能源消费总量将保持4.8%～5.5%的年增长率，国内能源供需矛盾将进一步升级，加快包括太阳能在内的可再生能源发展速度的紧迫性增强。根据国家《可再生能源中长期发展规划》制定的目标，2020年，可再生能源消费量达到能源消费总量的15%左右，太阳能光伏发电容量达到180万千瓦。《可再生能源发展"十二五"规划》将2015年太阳能光伏发电装机目标提高到了2000万千瓦，乐观的预测会达到3000万千瓦，如果这一发展目标得以实现，中国有望在2015年前后进入全球光伏发电前五位，国内市场对光伏产业的带动作用将增强。

3. 市场成熟促进光伏产业链进一步延伸和完善

我国已经形成较为完整的光伏制造业产业链，伴随国内光伏应用市场的发展，一个更加完整的光伏产业链将形成，这主要反映为几个相关行业的发展：一是建筑物一体化工程。为了适应光伏电站安装维护、保持建筑物的整体美观，未来建筑物的设计和修建过程将与光伏电站的设计和安装融合与同步。二是储输电设备制造业。适用于分布式光伏电站的逆变器，低成本、小体积的储电设备需求增长将加速，从而拉动相关制造业的发展。三是光伏装备制造业。四是回收再利用业。我国光伏应用市场起步于2005年前后，也就是说在2025年之后将逐渐出现回收再利用的问题，回收再利用行业将有很大发展空间。

八 我国促进光伏产业发展的主要政策

近年来，为推动光伏产业加快发展，我国相继推出了一系列支持光伏产业发展的政策措施。这些政策措施主要与财政补贴、电价补贴、研发支持、产业准入和贸易救济有关。

（一）财政补贴政策

目前，我国对光伏产业实行的财政补贴有 6 项：可再生能源发展专项资金、可再生能源建筑应用专项资金、太阳能光电建筑应用财政补助资金、可再生能源建筑应用示范城市补助资金、农村地区可再生能源建筑应用补助资金、"金太阳"示范工程财政补助资金。

（二）电价补贴政策

为了加快光伏产业在发电终端的应用，我国出台了光伏发电上网电价补贴的政策。2007 年和 2008 年，国家发改委分两次核准了 4 个光伏电站项目，包括上海两个项目、内蒙古和宁夏各一个项目，上网电价均为 4 元/千瓦时。

2009 年和 2010 年国家能源局组织了两批光伏电站特许权项目招标。项目通过公开招标选择投资企业，采用特许权方式建设管理，特许经营期 25 年。

2009 年 3～6 月，国家能源局启动第一个 10 兆瓦荒漠光伏电站特许权招标。13 家投标单位的平均报价为 1.42 元/千瓦时，最后以 1.09 元/千瓦时的上网电价中标。

2010 年 4 月，国家发改委批复了宁夏发电集团太阳山光伏电站一期、宁夏中节能太阳山光伏电站一期、华电宁夏宁东光伏电站、宁夏中节能石嘴山光伏电站一期，发电项目临时上网电价均为 1.15 元/千瓦时（含税）。

（三）研发支持政策

这方面的措施包括：第一，基础研发支持计划，支持未来太阳能发电技术，包括薄膜及染料敏化太阳能电池的技术和理论发展，例如，"973"计划先后支持了薄膜电池、染料敏化电池等新型电池技术和原理的研究；

第二，科技研发支持计划，支持太阳能发电技术的产业化，包括太阳能发电的基础设施和原材料，碲化镉、铜铟镓硒和硅基薄膜太阳能电池，例如，"863"计划先后支持了光伏发电基础装备和材料、碲化镉、硒铟铜、薄膜硅电池等技术的研究。

（四）产业准入政策

2009 年 10 月，我国颁布《关于抑制部分行业产能过剩和重复建设引导产业健康发展若干意见》（国发〔2009〕38 号），提出要加强对新建多晶硅项目的控制。2010 年底，《多晶硅行业准入条件》（工联电子〔2010〕137 号）颁布。该准入条件从技术、环保、投资等多个方面对多晶硅行业的准入条件提出明确要求。

（五）贸易救济政策

针对国外多晶硅企业在我国低价倾销的行为，商务部于 2012 年 7 月 20 日发布《对原产于美国和韩国的进口太阳能级多晶硅进行反倾销立案调查的公告》和《对原产于美国的进口太阳能级多晶硅进行反补贴立案调查的公告》，2012 年 11 月 1 日发布《关于对欧盟多晶硅反补贴立案的公告》，2012 年 11 月 26 日发布《关于对原产于美国、韩国、欧盟的进口太阳能级多晶硅进行追溯征税调查的公告》，决定自 2012 年 11 月 26 日开始对是否对原产于美国、韩国和欧盟的进口太阳能级多晶硅追溯征收反倾销税，以及是否对原产于美国、欧盟的进口太阳能级多晶硅追溯征收反补贴税进行调查。

表 4　2005～2012 年我国主要光伏产业政策一览

政策名称	颁布时间	主要内容
《可再生能源法》	2005 年 2 月	鼓励和支持太阳能等新能源并网发电，并制定了相应的激励价格和费用分摊政策；设立可再生能源发展专项资金，支持科技研发、系统建设以及示范工程等
《可再生能源发展专项资金管理办法》	2006 年 8 月	专项资金重点支持太阳能在建筑中的推广应用和太阳能发电的推广应用；规定了资金的申报和审批程序；发展专项资金的使用方式包括无偿资助和贷款优惠两种形式

政策名称	颁布时间	主要内容
《可再生能源中长期规划》	2007 年 9 月	规划太阳能发电装机总容量 2010 年的目标为 30 万千瓦，2020 年目标为 180 万千瓦。规划强调要做好太阳能技术的战略储备，建设若干个太阳能光伏发电示范电站和太阳能热发电示范电站
《可再生能源发展"十一五"规划》	2008 年 3 月	对太阳能光伏发电重点地区做了规划；开展无电地区电力建设，启动光伏发电城市应用工程，开展光伏电站应用试点；开展技术研发和装备制造以及光伏产业体系的建设
《关于加快推进太阳能光电建筑应用的实施意见》	2009 年 3 月	支持开展光电建筑应用示范，实施"太阳能屋顶计划"，鼓励光伏发电模块与建筑相结合；实施财政扶持政策，形成政府引导、市场推进的机制和模式；加强建设领域政策扶持
《太阳能光电建筑应用财政补助资金管理暂行办法》	2009 年 3 月	规定了补助资金使用范围和资格要求；鼓励地方出台与落实有关支持光电发展的扶持政策；2009 年补助标准原则上定为 20 元/Wp，具体标准将根据与建筑结合程度、光电产品技术先进程度等因素分类确定
《金太阳示范工程财政补助资金管理暂行办法》	2009 年 7 月	明确了金太阳示范工程财政补助的重点支持对象及财政补助标准；列入金太阳示范工程并网光伏发电项目，国家按光伏发电系统及其配套输配电工程总投资的 50% 给予补贴，偏远无电地区的独立光伏发电系统按总投资的 70% 给予补贴
《可再生能源法修正案》	2009 年 12 月	确定了国家对可再生能源发电实行全额保障性收购制度（此前为全额收购制度）
《关于加强金太阳示范工程和太阳能光电建筑应用示范工程建设管理的通知》	2010 年 10 月	中央财政对示范项目建设所用关键设备，按中标协议供货价格的一定比例给予补贴；示范项目建设的其他费用采取定额补贴
《多晶硅行业准入条件》	2010 年 12 月	对多晶硅项目的建设条件和生产布局、生产规模与技术设备、资源回收利用及能耗、环境保护、产品质量、安全、卫生和社会责任等作出了明确规定

政策名称	颁布时间	主要内容
《对原产于美国和韩国的进口太阳能级多晶硅进行反倾销立案调查的公告》	2012 年 7 月	自 2012 年 11 月 26 日开始对是否对原产于美国、韩国和欧盟的进口太阳能级多晶硅追溯征收反倾销税，以及是否对原产于美国、欧盟的进口太阳能级多晶硅追溯征收反补贴税进行调查
《对原产于美国的进口太阳能级多晶硅进行反补贴立案调查的公告》		
《关于对欧盟多晶硅反补贴立案的公告》	2012 年 11 月	
《关于对原产于美国、韩国、欧盟的进口太阳能级多晶硅进行追溯征税调查的公告》		
《关于申报分布式光伏发电规模化应用示范区的通知》	2012 年 9 月	国家对示范区的光伏发电项目实行单位电量定额补贴政策，国家对自发自用电量和多余上网电量实行统一补贴标准
《关于组织申报金太阳和光电建筑应用示范项目的通知》	2012 年 11 月	为鼓励项目加快实施，补助标准与批复及竣工时间挂钩。偏远地区独立光伏电站的补助标准原则上为 25 元/瓦，户用系统的补助标准原则上为 18 元/瓦。对光伏发电入社区、入家庭项目，根据投资成本情况，在金太阳和太阳能光电建筑应用示范项目补助标准基础上予以适当增加

资料来源：根据相关政策文件整理。

九 我国光伏产业政策存在的主要问题

根据政策实施的目的及作用可以将上述政策措施分为三类：一是 2006 ~ 2008 年颁布实施的鼓励可再生能源发展的法律和政策。这些政策确立了"费用分摊""全额收购""配额交易"等扶持可再生能源发展的原则，太阳能光伏发电作为重要的可再生能源利用方式也从中获益。二是 2007 ~ 2011 年针对太阳能光伏产业发展过度依赖国外市场这一突出问题而出台的政策措施。这些行业特惠性政策在启动国内光伏发电市场等方面发挥了积极的作用。三是 2012 年以来针对太阳能光伏产业出现的产能严重过剩、企业普遍经营困难等问题而实施的政策措施。这些"急救"措施让国内光伏行业再次看到纾困的曙光。

但是，必须要看到我国现行支持太阳能光伏产业发展的政策还存在一些不足之处，主要表现为"四重四轻"。

1. 重终端产品应用补贴，轻前端产业技术研发支持

就我国太阳能光伏产业的财政支持政策而言，不管是"金太阳示范工程"还是"太阳能屋顶计划"，其补贴都集中在终端产品应用上。

2. 重项目初始投资补贴，轻项目建成后的电量监管

不管是"太阳能屋顶计划"还是"金太阳示范工程"，采用的都是初始投资补贴的方式。由于缺乏项目建成后的电量监管，部分地区出现了套取政府补贴资金的情况，财政资金没有发挥应有的作用。

3. 重集中大规模电站建设，轻分布式就地开发利用

我国非耕用土地资源和太阳能资源都丰富的西部地区，却存在电力负荷小、电网薄弱等不利因素，因此单纯从商业化光伏发电项目建设成本和管理效率的角度考虑，很难采用"分散上网、就地消纳"的方式发展，只能采取"大规模—高集中—远距离—高电压输送"的模式发展。目前看来，集中建设大规模电站的方式在我国太阳能光伏发展中占主导地位。

虽然2012年为解决国内光伏企业产能严重过剩、市场过度依赖外需、企业普遍经营困难等突出问题，国家出台了数项"应急"政策，力图以启动国内分布式光伏发电市场来扩大光伏产品内需，但目前看来政策实施仍然面临诸多困难。

4. 重发电环节的清洁性，轻生产环节的能耗和污染

单纯从发电环节来看，太阳能光伏发电具有"零消耗、零排放"的资源节约型和环境友好型特征。但是，从全寿命周期来看，太阳能光伏发电的度电温室气体排放量尽管比燃煤等传统化石能源发电方式要低，但比其他主要可再生能源发电都要高（见图1）。换言之，在太阳能光伏产品的生产环节能源消耗并不低，部分环节甚至存在较高的环境污染风险。对此，我国的太阳能光伏产业政策并没有给予高度重视。到目前为止，除了工信部、国家发改委、环保部在2010年12月31日联合颁布的《多晶硅行业准入条件》之外，并无其他法律法规对太阳能光伏产品生产的其他环节的能耗和环保标准进行监管。

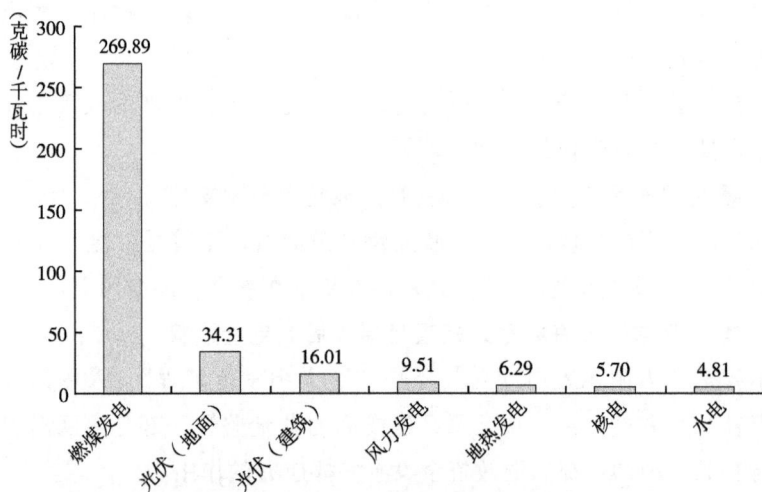

图1 主要发电技术的碳排放系数

注：图中的碳排放系数为全生命周期度电碳排放量。

资料来源：Uchiyama, Y., 2007, Life Cycle Assessment of Renewable Energy Generation Technologies, *IEEJ Transactions on Electrical and Electronic Engineering*, Vol. 2 (1), pp. 44 – 48.

十 促进我国光伏产业发展的政策建议

目前，我国光伏行业处于极端困难的境地，有必要以光伏发电项目财政补贴等实实在在的扶持政策帮助其渡过难关。但是也要看到，作为战略性新兴产业，我国光伏产业持续健康发展最终要靠企业本身提高竞争力，政府的作用在于创造良好的竞争环境等"务虚"环节。因此，促进光伏产业发展的政策设计，既要"长短结合"，又要"虚实相配"。

（一）短期应急措施

1. 加大协调力度，及时出台扶持政策实施细则

国家能源、科技、工业和信息化、财政、住房城乡建设、质检等主管部门要按照职责分工，各司其职，加强协调，形成合力，及时出台新一轮光伏产业扶持政策的实施细则，使光伏企业和地方政府能够有据可依。有关分布式光伏发电应用示范区政策的适用范围、实施步骤、实施要求、验收标准、奖惩机制需要进一步加以明确，尤其是示范区光伏发电项目的单

位电量定额补贴标准、期限和结算方式等需要尽快落实，以便光伏企业及相关利益主体形成稳定的预期，促使国内光伏产业尽早回归到正常的发展轨道。

2. 加强统筹规划，尽快制定实施相关技术规范

国家发展改革、财政、质检、工业和信息化、科技、住房城乡建设等主管部门要加强光伏太阳能产品、光伏太阳能建筑、分布式光伏发电并网等相关基础标准、产品标准、设计和施工标准、测试方法标准的研究，加大检测设备投入，提高国家级检测机构对光伏产品的检验和测试能力。尽快制定出台重点支持分布式光伏发电的强制性技术规范，特别是有关建筑用光伏系统的设计、生产、施工安装、检测的技术标准，确保光伏太阳能建筑一体化项目的可靠性和安全性，消除屋顶所有权人的顾虑，为加快推进金太阳和光电建筑应用示范项目打好基础。

3. 提高性能标准，积极促进光伏产业兼并重组

目前光伏电池组件价格急剧下降至 4.3 元/瓦左右，光伏太阳能发电的系统集成成本降低至 7.0~7.5 元/瓦。依此计算，金太阳和光电建筑应用示范项目 5.5 元/瓦的补贴标准已占系统集成成本的 70% 以上。在此条件下，采用事前投资补贴的金太阳和光电建筑应用示范项目有必要将光伏电池组件的性能标准提高到行业领先水平。这样一方面可以实现光伏扶持政策"扶优汰劣"的目标，另一方面也可以防止技术水平较低、竞争力较差的光伏企业借机消化库存，从而促进光伏产业兼并重组，为其持续健康发展奠定基础。

4. 推进"双反"调查，放松对领先企业的政策限制

尽管国内太阳能级多晶硅生产企业不断加大技术创新和提升管理力度，但由于难以抵挡国外竞争对手低价倾销的冲击，绝大部分企业的生产经营都遭受重创。目前看来对进口多晶硅实施"双反"调查的效果还不明显，但这是为国内多晶硅企业争取公平竞争市场环境的重要举措。与此同时，国内多晶硅行业主管部门有必要联合发展改革委、银行、证券、电力等主管部门，对符合《多晶硅行业准入条件》（工联电子〔2010〕137号），拥有核心技术研发能力和自主知识产权、具备关键设备制造能力的行业领先企业进行政策"松绑"。建议在行业发展困难时期给予其一定的政策支持。可以重点考虑将多晶硅行业领先企业纳入大用户直购电试点范围，支持拥有煤炭资源的煤电企业与多晶硅企业联营，组建"煤炭—电力

—多晶硅"一体化生产的企业集团，降低企业生产成本。

5. 强化环境监管，为行业领先企业开辟"绿色通道"

随着国内多晶硅企业生产技术的进步，行业领先企业从根本上解决了企业回收副产品的激励问题。目前，国内多晶硅行业领先企业可以说不再是高污染企业。在此背景下，建议多晶硅行业主管部门联合发展改革委、环境监管等主管部门，对多晶硅行业领先企业技改项目的环评开辟"绿色通道"。可以考虑根据《关于抑制部分行业产能过剩和重复建设引导产业健康发展的若干意见》提出的"支持节能环保太阳能级多晶硅技术开发，降低生产成本"，以及《多晶硅行业准入条件》规定的"新建和改扩建项目应严格执行《环境影响评价法》，依法向有审批权限的环境保护行政主管部门报批环境影响评价文件"，出台解释性文件，明确拥有核心技术研发能力和自主知识产权、具备关键设备制造能力的行业领先企业技术改造项目的环境影响评价，不再与区域产业规划环评相关联。

（二）中长期发展思路

1. 加强领导、统一规划，促进光伏产业协调、有序发展

光伏太阳能发电不但能在未来替代传统化石能源方面发挥重要作用，而且在当前促进战略性新兴产业发展方面具有示范意义。要在国家能源经济和社会可持续发展的总体部署中，统筹考虑其能源替代和产业增长两方面的特征，提升光伏太阳能产业在促进能源发展方式转变、推动产业转型升级中的战略地位。在综合考虑我国太阳能资源条件、光伏产业发展现状和趋势等因素的基础上，总结经验教训，加强"顶层设计"，促进光伏产业协调、有序、持续、快速发展。

加强宏观引导和协调。成立由有关国家部委牵头的光伏产业发展部际协调机制，优化配置政策资源，统筹推进产业发展和资源开发利用。尽快研究制定《光伏太阳能产业中长期发展规划》，科学确定我国光伏太阳能发展路线图，合理分解各阶段发展目标，进一步做好各地区光伏太阳能发展中长期规划与年度计划，制定同步、协调、可持续的光伏太阳能发电和电网发展规划，以更好地满足光伏发电规模化发展的需要。

2. 完善上网电价和费用分摊政策，形成稳定的市场发展预期

全面分析总结近年来促进商业化光伏太阳能发电项目发展的政府补贴政策，汲取教训，完善相关政策，让投资主体形成稳定的发展预期，为实现更大规模的光伏太阳能发电创造条件。

构建光伏太阳能发电多层次市场，通过合理的电价标准、适度的财政补贴和积极的金融扶持，积极扩大国内光伏市场，使光伏产业在国民经济可持续发展和节能减排方面发挥更大的作用。

完善光伏太阳能发电上网电价形成机制，尽快将全国统一的标杆电价修订为分区域标杆电价，保障不同地区的光伏太阳能发电能够比较均衡地发展。制定实施光伏发电配额管理实施细则，建立基于光伏发电配额交易的绿色电力证书体系，进一步提高光伏发电的经济性，增强光伏发电投资者信心。

修订光伏太阳能发电接网费用标准，对不同类型光伏电站配套电网工程的建设运行费用回收，要实施不同的政策，研究建立光伏太阳能发电的辅助服务补偿机制。

3. 加大财政支持力度、完善税收激励政策，克服市场发展障碍

规范光伏太阳能发电企业及相关企业增值税政策。研究制定系统的光伏太阳能发电增值税优惠政策，给予光伏太阳能发电企业合理的增值税税率优惠。完善光伏发电企业及相关企业所得税政策。尽快明确要求各级税务部门不得对包括光伏发电在内的可再生能源电价附加收入征收所得税。研究制定促进光伏发电发展的措施：比照风电企业，对所有光伏发电企业统一按一定的比例减征企业所得税；光伏发电企业实行投资抵免制度，即光伏发电企业的投资可以用新增所得税抵免一部分；实行加速折旧，提高光伏发电企业投资积极性；对于科研单位和企业研制开发出来的光伏发电新技术成果及产品的转让销售所得收入，在一定时期可以给予减免所得税。

健全光伏发电补贴政策。在条件许可的情况下，制定分类补贴政策，根据光伏发电企业采用的技术或产品所处的不同发展阶段，实施不同的财政补贴政策。

4. 健全金融政策支持体系，引导和鼓励社会资金投入

加强金融机构对光伏太阳能产业的支持。政策性金融机构要对光伏太阳能产业的科技成果转化项目、引进技术消化吸收项目、收购技术水平处于行业领先地位的国外企业等提供贷款，给予重点倾斜。政府要利用基金、贴息、担保等方式，引导各类商业金融机构创新信贷品种，改进金融服务，支持光伏太阳能企业就产业核心设备和关键工艺进行自主创新和产业化。商业银行对国家和省级立项的光伏产业关键设备国产化项目，应根据国家投资政策及信贷政策规定，积极给予信贷支持。支持符合条件的境内光伏太阳能企业借用国外商业贷款。支持保险公司为光伏企业提供财产、产品责任、出口信用等保险服务。

支持光伏企业利用资本市场融资。积极支持符合条件的中小光伏企业在中小企业板和创业板上市，鼓励符合条件的光伏企业在境内外上市筹资。在光伏企业集聚的地区，开展具备条件的光伏企业进入证券公司代办系统进行股份转让试点，推进未上市光伏企业股权的流通，拓宽创业投资退出渠道。支持符合条件的光伏企业发行企业债券、公司债券、短期融资券和中期票据等，在光伏企业集聚的地区开展光伏企业联合发行企业债券试点。

5. 强化科技支持体系，提升产业核心竞争力

健全光伏产业科技投入长效机制。创新激励机制和成果转化机制，全面提高我国光伏太阳能产业的技术创新能力和服务水平，促进光伏技术进步和产业发展。将光伏太阳能产业核心设备和关键工艺的科学研究、技术开发及产业化纳入国家各类科技发展规划，在高技术产业化和重大装备扶持项目中安排光伏太阳能专项，支持国内研究机构和企业在光伏产业核心技术方面提高创新能力，在引进国外先进技术基础上，加强消化吸收和再创造，尽快形成自主创新能力。

强化光伏企业技术创新激励，比照部分高技术行业的创新激励政策，对被认定为高新技术企业的光伏企业，按照税法规定减按 15% 的税率征收企业所得税。

组建光伏产业技术联盟。对于严重制约我国光伏太阳能产业发展的高纯多晶硅生产提纯设备，以及在光伏发电系统中成本占比较高，且高度依赖进口的关键设备，要积极支持。以技术实力雄厚、资源整合能力突出的中央企业为主体，组建光伏产业技术联盟，集中优势研发力量进行技术攻关，提升我国光伏产业核心竞争力。

引导研究机构做好光伏发电相关运行技术研发工作。结合光伏太阳能发电发展规划，深入研究电网内电源布局、网架结构以及不同电力系统可接纳的光伏发电规模。引进吸收国外先进光伏发电上网运行经验和技术，加强对光伏发电参数的预测工作，研究建立光伏发电上网参数测评系统，研究解决光伏电站输出功率稳定和无功补偿问题，不断提高电网消纳光伏

太阳能电力的水平。支持开展智能微电网示范工程建设，为大规模从配电侧或用电端接入光伏发电积累经验。

6. 着力实施光伏产业进出口政策，有效利用国外资源和市场

支持光伏企业扩大进出口。对于从国外进口的用于光伏产业关键技术研发而国内不能生产的仪器和设备，免征进口关税和进口环节税。在世贸组织政策框架所认可的范围内，通过出口信贷、财政贴息、减免出口关税等办法，鼓励国内光伏企业扩大技术及产品出口，开拓海外市场。同时加大反倾销力度，适时采取贸易救济措施，保护国内光伏企业的合法权益，并培育一批以出口光伏产品为主的世界级跨国公司。

完善光伏产品出口服务体系。加大力度改善光伏产品对外贸易的软环境。改进政府外贸管理部门的服务机制，重视向光伏出口企业提供国际贸易信息。重点建设一批国际化的生产力促进中心，为光伏行业及光伏产品出口服务。提高产业国际合作水平。完善法律法规，适时调整引导外商投资的有关政策和目录，形成稳定透明的管理体制和公平可预见的宏观环境。

7. 提高产业准入条件、优化产业布局，抑制重复建设和产能过剩

提高能耗、环保及资源回收利用标准。以高纯多晶硅提纯为重点，对光伏太阳能产品生产各环节的能源消耗、环境污染和资源回收利用水平进行全面监督，从源头上治理产能过剩。尤其要根据全球多晶硅提纯技术最新进展，及时修订《多晶硅行业准入条件》（工联电子〔2010〕137号），促使采用化学法生产多晶硅的企业承担因为高能耗、高排放而产生的外部成本，从而为采用其他资源节约型和环境友好型多晶体提纯技术的企业创造公平合理的市场竞争环境。

优化产业布局。在区域布局方面，要根据国家产业政策和用地政策，严格限制在能源短缺、电价较高的地区新建高耗能的多晶硅提纯项目、晶硅铸锭项目等。推动光伏产品和系统标准体系建设。以我国自主知识产权为基础，结合国内产业技术实际水平，鼓励自主开发、修订和完善符合经济社会发展要求的产业技术标准，积极制定先进技术标准，及时淘汰落后标准。

8. 科学制定和实施知识产权和人才政策，夯实产业发展基础

健全知识产权体系。支持我国自主知识产权的申请和实施，鼓励国内光伏企业申请国外专利。健全与知识产权保护相关的配套法律法规，依法严厉打击侵犯知识产权的行为。建立政府主管部门与行业协会间的沟通和预警机制，发挥行业协会在知识产权保护中的作用。建立公共的专利信息查询和服务平台，为全社会提供知识产权信息服务。规范知识产权评估机构的认证制度。建立知识产权交易市场，完善知识产权的转让、抵押、处置制度，保护企业的合法权益。

建设高素质人才队伍。以提高自主创新能力为核心，加大对高水平研发人才、高技能人才和高层次管理人才的培养。改革和完善企业分配和激励机制，支持企业吸引科技人才，允许国有光伏企业对技术骨干和管理骨干实施期权等激励政策。完善光伏产业高层次人才的评价制度，形成多层次多形式的奖励机制。

节能政策对工业的影响研究

刘　昶*

　　节能减排是我国经济转变发展方式的重要措施之一。为完成"十一五"规划纲要提出的单位国内生产总值能耗降低 20% 左右的约束性指标，国家出台了大量节能政策和措施。本文通过考察节能政策的实施情况，分析了我国政府实施的节能政策对工业运行的影响。这些政策措施取得了积极的效果，单位增加值能耗显著降低，高耗能行业的增长和投资受到抑制。但节能政策的实施主要依靠行政手段强力推动，考核指标范围较窄，受到我国经济发展阶段、地方政府的激励不足的制约，节能政策的落实难度较大。"十一五"末期节能任务完成进度落后的地区，地方政府为突击完成任务采取限电、停产等短期措施，一些无差别的极端措施也在一定程度上影响了正常的生产生活秩序，部分高耗能产品价格上涨，经济运行出现了局部矛盾。"十一五"时期节能减排工作结束后，部分高耗能行业增速又出现了反弹。这些情况说明我国工业发展依赖高耗能重工业的模式短期缺乏改变的内在动力，节能政策效果的持续性面临较大压力。本文通过分析节能政策对工业运行的影响，揭示了政府政策对经济的实际影响，调研的数据和结果可以为政策效果评价、经济政策的制定提供一定的参考。

　　本文的主要内容如下。首先，本文分析了节能政策出台的国际背景、国内形势，回顾了国家节能政策的由来和发展历程，对节能政策进行了梳理，包括政策出台的背景、时间、目的和措施等。其次，利用实际数据分析了节能政策的实施和目标完成情况，评估了节能政策的整体效果，分析了各地区能源消耗的变化情况，指出了目前存在的问题，并运用计量模型对节能政策的影响因素进行了检验。再次，分析了节能政策对钢铁、电力

---

　　* 刘昶，中国社会科学院工业经济研究所助理研究员，研究方向为工业运行。

等重点行业的影响。最后是对进一步实施节能政策的建议。

一　国家节能政策的背景和内容

（一）国际背景

人类社会飞速发展依靠的化石能源，造成了温室气体的大量排放和全球气候的变化，影响了生态环境，威胁着所有生物的生存。政府间气候变化专门委员会（IPCC）的评估报告指出，近50年的全球气候变暖主要是由人类活动大量排放的二氧化碳、甲烷、氧化亚氮等温室气体的增温效应造成的。如何降低经济发展对环境的影响，使经济社会可持续发展是世界各国面临的难题。为了全面控制二氧化碳等温室气体排放，应对全球气候变暖给人类经济和社会带来的不利影响，多国举行气候变化政府间会议进行了多次气候变化公约的谈判。联合国大会于1992年通过了《联合国气候变化框架公约》，其目标是将大气中温室气体的浓度稳定在安全水平，减少温室气体排放，减少人为活动对气候系统的危害。公约确立的"共同但有区别的责任"原则区分了发达国家和发展中国家的不同义务。各缔约方在1997年通过的《京都议定书》规定全球主要工业国家在2008～2012年的工业二氧化碳排放量比1990年的排放量平均降低5.2%，并帮助脆弱地区应对变暖带来的灾害。框架公约各缔约方在2009年的哥本哈根世界气候大会上讨论了《京都议定书》第一承诺期到期即2012年后温室气体排放的约束方案，发达国家和发展中国家对减排义务激烈争论，但会议没有达成具有法律约束力的协议。这说明，经济的发展与限制能源消耗和温室气体排放存在着矛盾，通过节能减排限制人类活动对全球环境和气候的影响需要各国共同努力，但由于各国之间的利益冲突，这一目标实现起来很艰难。

近年来，各国都更加注重通过节能降低二氧化碳等温室气体和二氧化硫等污染物的排放。20世纪70年代，美国经历了严重的能源危机，美国政府推出了能源发展战略，以解决能源短缺问题，使美国摆脱对化石燃料的依赖，降低进口能源依存度，实现美国的能源安全。1979年美国启动了太阳能计划，计划在2000年之前美国将至少有20%的能源来自可再生能源。1980年的石油暴利税法案规定向石油公司征收50%的石油暴利税，以筹集用于新能源开发的经费。之后不久，美国政府从石油集团利益出发，将发展新能源视为经济负担，大幅缩减了新能源的研发经费，放弃了发展太阳能的目标。美国在 2005 年出台的《国家能源政策法案》、2007 年出台的《能源独立与安全法案》鼓励发展可再生能源和新能源。美国政府 2009 年推出《新能源发展计划》，设定了温室气体减排的长期目标和时间表，提出在全国对温室气体排放实施限额交易制度，并大幅投资于可再生能源、高级生物燃料及清洁能源技术的研发和推广。该计划在化石能源、可再生能源、电网建设、建筑和工业效率、交通运输 5 个领域提出了措施，包括产品供给、政府购买、税收、管制、碳的限额与交易制度。其目标是降低对国外能源的依赖、发展新能源和提高能源效率。

（二）国内形势

在世界各国联合遏制全球变暖的国际形势下，中国作为世界碳排放大国面临越来越大的碳减排压力。中国为了发展经济，承接了发达工业国家转移来的高能耗、高污染、低附加值的制造环节，中国替发达国家的消费者进行着大量碳密集型的生产制造，不可避免地将增加碳排放。发达国家将产业链中高排放的环节转移到中国，就是将碳排放"外包"给了中国，但美国等发达国家否认发达国家应该为其在工业化进程中累积造成的大气环境污染负责，认为制造和出口这些产品的国家应该承担减排的义务。未来发达国家可能会通过设置以碳关税为代表的低碳壁垒对中国的高碳产品出口制造限制。这给依赖重工业发展经济、拥有大量贫困人口的中国造成了巨大的低碳竞争和碳减排压力。根据《联合国气候变化框架公约》的规定，发展和改革委员会编制并于 2007 年 6 月颁布了《中国应对气候变化国家方案》，该方案分析了气候变化对我国的影响与挑战，提出了应对气候变化的指导思想、原则、目标、相关政策和措施，以及我国对气候变化若干问题的基本立场及国际合作需求。我国于 2009 年哥本哈根联合国气候变化大会召开前公布了控制温室气体排放的行动目标，到 2020 年全国单位 GDP 二氧化碳排放比 2005 年下降 40% ~ 45%，这个目标将作为约束性指标被分解纳入"十二五"时期和更长期的国民经济和社会发展规划。中国政府承诺将进一步完善国内统计、监测、考核办法，改进减排信息的披露方式，增加透明度。

改革开放以来，我国依靠传统的高能耗、高排放、低效率的粗放方式促进经济增长，资源利用率低，环境污染严重，经济的快速增长付出了巨大的资源和环境代价。我国的能源结构中原煤、焦炭、电力、柴油等能源效率低的能源用量所占比重很大，碳排放量大而能量低，天然气等能源效率高的能源用量很少，造成我国的碳排放量大。我国正处在工业化和城镇化加快发展的阶段，以重工业化为特征的工业结构导致能源消费增长迅速。近年来，经济的快速增长不断提高能源的需求。同时，我国的能源资源相对不足，人均拥有量远低于世界平均水平，经济发展与资源环境的矛盾日趋尖锐，面临的资源和环境形势十分严峻。我国的石油对外依存度也在逐年增加，2010 年石油对外依存度高达 55.2%，进口石油 2.4 亿吨。2011 年，在用电淡季全国许多地方出现电荒，全国有 11 个省市采取了"拉闸限电"措施。这都说明我国的能源供求不平衡，能源安全受到威胁。同时，国际能源价格快速上涨，中国面临能源紧张的强烈约束。

我国的节能减排工作任务艰巨。《"十一五"规划纲要》提出了"十一五"期间单位国内生产总值能耗降低 20% 左右、主要污染物排放总量减少 10% 的约束性指标。2006 年以来，全国加强了节能减排工作，政府制定了促进节能减排的一系列政策措施，各地区、各部门相继作出了工作部署。但是，我国处于重化工业发展阶段，受制于发展水平、技术水平等因素，完成节能减排目标与经济发展存在矛盾。节能减排政策限制发展的高耗能、高污染行业通常是经济落后地区发展所依赖的支柱产业，节能政策在落实的过程中有时并不到位。例如，一些地区不执行对高耗能行业的差别定价政策，擅自出台对高耗能行业的优惠电价，发改委多次重申明令禁止并展开全面督察，这说明在我国很多地区缺乏节能减排的内在动力，节能减排政策被当做经济发展的障碍。2006 年，全国没有实现年初确定的节能降耗和污染减排的目标，随后国际金融危机爆发和蔓延，国家转变了宏观调控的方向，出台了一系列保增长的政策，被初步遏制的高耗能行业的增长速度又有所加快，加大了"十一五"后期节能减排工作的难度。2010 年是完成节能减排目标的最后一年，2010 年一季度节能减排工作面临的形势十分严峻，不仅落后节能工作的进度，而且六大高耗能行业能耗还大幅反弹。为确保"十一五"节能减排目标的完成，政府在 2010 年加大节能减排工作的力度，部分省区限电限产，多个地方甚至限制非高耗能企业和居民生活用电。

（三）节能政策的发展

近年来，国家将节能减排工作作为调整经济结构、转变经济发展方式的突破口，为促进节能减排，出台了一系列政策措施，先后制定和修订了《节约能源法》《可再生能源法》《循环经济促进法》《清洁生产促进法》《民用建筑节能条例》等一系列法律法规，采取了经济、法律和必要的行政手段，限制高能耗、高污染的产业发展。为抑制高耗能行业盲目扩张，对电解铝、铁合金、电石、烧碱、水泥、钢铁、黄磷、锌冶炼等8个高耗能行业的淘汰类、限制类企业实行差别电价，并不断提高加价标准。推动淘汰高耗能、高污染的落后产能，严控高耗能、高排放行业盲目扩张，抑制部分行业产能过剩和重复建设。将节能减排目标分解到地方政府和重点企业，实施考核机制强化地方政府和重点企业的责任。实施十大重点节能工程和千家企业节能计划，在工业、交通、建筑等重点领域开展节能行动。出台支持节能的财政和税收优惠政策，对贷款实行差别定价，严格控制对高耗能、高污染企业的信贷投入；加大对环保企业和项目的信贷支持，改善环保领域的直接融资服务；大幅增加对节能减排的投入。推进循环经济试点，大力推广节能环保汽车，实施节能产品惠民工程。安排专项资金对工业废水、废气、固体排放物进行治理，减少对环境的损害。

节能政策经历了不断具体化的过程。早期的政策确定了政策的导向和基调，是后续一系列政策的指导，政策的适用期限较长，如《促进产业结构调整暂行规定（2005年）》《"十一五"规划纲要（2006年）》《关于加强节能工作的决定（2006年）》《节能减排综合性工作方案（2007年）》。后期的政策则在这些导向性政策确定的方向上制定了更加详细的措施，使节能的政策最终落到实处，会根据新情况进行调整，如遏制高耗能行业发展的差别定价政策、信贷控制政策、淘汰落后产能政策、节能惠民工程等。

1. "十一五"前期的节能政策

国务院在2004年通过了《能源中长期发展规划纲要（2004～2020）》（草案）。2004年发展和改革委员会发布了中国第一个《节能中长期专项规划》。2005年2月全国人大审议通过了《可再生能源法》，提出了包括总量目标制度、资源调查与发展规划、产业指导与技术支持、发电并网制度、价格管理与费用分摊制度、经济激励与监督管理等一系列政策和措施。2005年8月，国务院下发了《关于做好建设节约型社会近期重点工作的通知》和《关于加快发展循环经济的若干意见》，提出"以尽可能少的资源消耗和尽可能小的环境代价，取得最大的经济产出和最少的废物排放"。这一发展循环经济的意见成为编制"十一五"规划的指导。随后，发改委会同有关部门制定并于 2005 年 12 月发布实施了《促进产业结构调整暂行规定》，要求重点推进钢铁、有色、电力、石化、建筑、煤炭、建材、造纸等行业节能降耗技术改造，对消耗高、污染重、危及安全生产、技术落后的工艺和产品实施强制淘汰制度，关闭破坏环境的企业，调整高耗能、高污染产业规模，降低高耗能、高污染产业比重。

《"十一五"规划纲要》作为"十一五"期间经济社会发展的指导纲领，融入了发展循环经济、节约能源、环境保护、产业结构调整等政策思路，强化能源节约和高效利用的政策导向，抓好钢铁、有色、煤炭、电力、化工、建材等行业和耗能大户的节能工作，实施十大重点节能工程。《"十一五"规划纲要》将单位国内生产总值能源消耗降低 20% 左右作为资源利用效率显著提高的目标之一，第一次将能源消耗强度降低和主要污染物排放总量减少作为国民经济和社会发展的约束性指标，还对高能耗、高污染的原材料工业发展提出了控制总量、淘汰落后、加快重组、提升工艺水平的原则，要求加快调整原材料工业结构和布局，降低消耗，减少污染，提高产品档次、技术含量和产业集中度。《"十一五"规划纲要》确定了"十一五"时期国家节能工作和相关政策的方向。

为了实现《"十一五"规划纲要》提出的节能目标，一系列政策措施相继出台，政策和措施逐渐细化和具有针对性。国务院 2006 年 8 月发布了《关于加强节能工作的决定》，确定节能工作的主要目标是到"十一五"期末，万元国内生产总值（按 2005 年价格计算）能耗下降到 0.98 吨标准煤，比"十五"期末降低 20% 左右。主要措施包括调整产业结构、推动服务业加快发展、调整工业结构、发展高效清洁能源，抓好钢铁、有色金属、煤炭、电力、石油石化、化工、建材等重点耗能行业和企业的节能，加快先进节能技术、产品研发和推广应用，实施十大重点节能工程。

虽然 2006 年加强了节能减排工作，但 2006 年全国没有实现年初确定的节能减排目标，而且 2007 年第一季度，工业特别是高耗能、高污染行业增长过快，占全国工业能耗和二氧化硫排放近 70% 的电力、钢铁、有色、建材、石油加工、化工等六大行业增长同比大幅提高。国务院在 2007 年 5 月下发了《节能减排综合性工作方案》，进一步明确节能减排的目标任务，提出的具体措施包括控制高耗能、高污染行业过快增长，加大淘汰电力、钢铁、建材、电解铝、铁合金、电石、焦炭、煤炭、平板玻璃等行业落后产能的力度等。国务院要求把节能减排作为当前宏观调控重点，把节能减排各项工作目标和任务逐级分解到各地区和重点企业，把节能减排指标完成情况纳入各地经济社会发展综合评价体系，作为政府领导干部综合考核评价和企业负责人业绩考核的重要内容，实行"一票否决"制。国务院2007年11月下发了节能减排统计、监测及考核实施方案和办法，通过实行严格的问责制强化政府和企业责任，确保实现"十一五"节能减排目标。

2. "十一五"后期的节能政策

2006～2008年，节能减排取得了积极进展。全国单位GDP能耗逐年降低，2006年下降1.79%，2007年下降4.06%，2008年下降4.6%，3年累计下降10.45%，节能约2.9亿吨标准煤。随着国际金融危机对我国影响的加剧，2008年第四季度以来我国工业生产经营出现困难，国家及时调整宏观经济政策，在2009年初陆续出台了一系列扩大投资、刺激内需和经济增长的政策措施。按照"保增长、扩内需、调结构"的要求，出台了4万亿元投资计划和钢铁等十个重点产业调整与振兴规划，各地也相继出台了一些扶持产业发展的政策措施，保证了经济的平稳运行。在产业调整和振兴规划中提出了节能减排的目标。如《钢铁产业调整和振兴规划》提出的节能减排目标是重点大中型企业吨钢综合能耗不超过620千克标准煤，吨钢二氧化碳排放量低于1.8千克，二次能源基本实现100%回收利用等。《石化产业调整和振兴规划》的节能减排目标是到2011年，石化产业单位工业增加值能耗下降12%以上，污水、二氧化硫和粉尘等污染物排放量减少6%以上，行业特征污染物排放得到控制，综合能耗普遍降低。

随后一段时间内，政策效应逐渐显现，企业经营和产业发展向好。但部分高耗能行业也出现了复苏回暖，有的地方出现盲目上高耗能、高排放项目的苗头，有的地方擅自出台高耗能行业电价优惠政策，一些企业效益回落，影响节能减排重点工程的实施，这些情况的出现都与节能减排的目标不一致。"十一五"节能目标完成进度仍落后于时间进度，形势严峻。此后的节能政策主要目标是确保在"十一五"末期能够完成时点的目标，主要措施是对高耗能行业进行关停、限产等能产生立竿见影效果的短期措施。

工业和信息化部在2009年4月发布《关于遏制钢铁行业产量过快增长的紧急通报》，并要求遏制钢铁行业产量过快增长，加快淘汰落后产能。针对国际金融危机后节能减排出现的新问题，国务院在2009年7月下发了

《2009 年节能减排工作安排》，加强对各级政府完成节能目标的责任考核，加大对节能减排的资金支持力度，重点支持十大重点节能工程，实施"节能产品惠民工程"，修订《产业结构调整目录》，从严控制高耗能、高排放行业盲目扩张。

为了抑制钢铁、水泥等产能过剩传统产业盲目扩张的势头，发改委等部门在 2009 年 9 月提出《关于抑制部分行业产能过剩和重复建设引导产业健康发展若干意见》，要求严格控制产能过剩行业盲目扩张和重复建设，对钢铁、水泥等高耗能、高污染产业坚决控制总量、抑制产能过剩。随后，中国人民银行、银监会、证监会、保监会根据这一意见在 2009 年 12 月发布了《关于进一步做好金融服务支持重点产业调整振兴和抑制部分行业产能过剩的指导意见》，要求各金融机构抑制产能过剩和防范金融风险。

"十一五"前 4 年，全国单位 GDP 能耗下降了 14.38%，与"十一五"降低 20% 左右的节能目标有较大差距。2010 年是实现"十一五"节能减排目标的最后一年。更为严峻的是，2009 年第三季度以后，高耗能、高排放行业快速增长，一些已淘汰的落后产能死灰复燃，能源需求大幅增加，能耗强度、二氧化硫排放量下降速度放缓甚至由降转升。2010 年第一季度，电力、钢铁、有色、建材、石化、化工 6 大高耗能行业能耗大幅反弹，全国能耗同比上升 3.2%，12 个地区单位产值能耗由降转升，加大了 2010 年后 3 个季度节能工作的压力。为了完成"十一五"节能减排的约束性目标，节能减排和环境保护力度在 2010 年明显加大。国务院在 2 月下发《关于进一步加强淘汰落后产能工作的通知》，要求按期淘汰电力、煤炭、钢铁、水泥、有色金属、焦炭、造纸、制革、印染等行业的落后产能，并明确了重点行业淘汰落后产能的具体目标任务。国务院于 2010 年 5 月 4 日下发了《关于进一步加大工作力度确保实现"十一五"节能减排目标的通知》，具体措施包括强化节能减排目标责任，加大淘汰落后产能力度，严格控制"两高"和产能过剩行业新上项目，加快实施节能减排重点工程，加强用能管理，强化重点耗能单位节能管理，推动重点领域节能减排等。5 月 5 日，国务院召开全国节能减排工作电视电话会议，动员和部署加强节能减排工作。发改委、电监会、能源局 5 月 12 日下发《关于清理对高耗能企业优惠电价等问题的通知》，取消对高耗能企业优惠电价措施，禁止各地自行出台的优惠电价措施，加大差别电价政策实施力度，对超能耗产品实行惩罚性电价，并整顿电价秩序。随后在发改委等 6 部门全国电力价格大检查的督促下，22 个省、区、市自行出台的对高耗能企业电价优惠措施全部得以纠正。钢铁工业是节能减排潜力最大的行业，在节能减排工作中占有举足轻重的地位。国务院办公厅在 2010 年 6 月下发《关于进一步加大节能减排力度加快钢铁工业结构调整的若干意见》，制止钢铁行业盲目投资和重复建设，抑制钢铁产能过快增长。8 月 26 日，国务院组成 6 个督察组对河北等 18 个重点地区进行节能减排专项督察。9 月，发改委发布 1~7 月各地节能目标完成情况晴雨表，全国有 9 个地区节能形势十分严峻，8 个地区形势比较严峻。临近 2010 年底，少数地区为突击完成节能减排目标，采取限制企业正常生产特别是居民生活用电合理需求、强制性停止火电机组发电等做法，干扰了正常的生产生活秩序和电网安全稳定运行，造成了严重的不良影响。为此，国务院办公厅在 11 月 23 日下发《关于确保居民生活用电和正常发用电秩序的紧急通知》，立即禁止这种做法。

二 节能政策的实施效果

(一) 节能政策的成效

在全国的艰苦努力下，"十一五"时期，节能减排工作取得了显著成效。我国以能源消费年均 6.6% 的增速支撑了国民经济年均 11.2% 的增速，六大高耗能行业得到抑制，工业增加值发展速度明显减缓。在经济增速和能源消费大幅度超过规划预期的情况下，基本实现了"十一五"规划纲要确定的节能减排目标。全国单位国内生产总值能耗下降 19.06%，基本完成了下降 20% 左右的节能计划目标；二氧化硫、化学需氧量排放总量分别下降 14.29% 和 12.45%，远远高于 10% 的减排目标。"十一五"期间，淘汰落后产能取得了进展，全国累计关停小火电机组 7000 多万千瓦，提前一年半完成关闭 5000 万千瓦的任务；累计淘汰炼铁落后产能 11172 万吨、炼钢落后产能 6683 万吨、焦炭落后产能 10538 万吨、铁合金落后产能 663 万吨。通过实施十大节能重点工程形成节能能力 3.4 亿吨标准煤，全国节约了 6 亿多吨标准煤的能源，少排放二氧化碳 14.6 亿吨，能源消费弹性系数由"十五"时期的 1.04 下降到 0.59，扭转了"十五"后期单位国内生产总值能耗和主要污染物排放总量大幅上升的趋势，为应对全球气候变化作出了重要贡献，也为实现"十二五"节能减排目标奠定了坚实基础。

1. 工业行业能效提升和主要单位能耗明显下降

"十一五"以来，我国制定并实施了加快淘汰落后产能、加强重点用能企业节能管理、严控"两高"和产能过剩行业新上项目、实施工业投资项目节能评估、推进能效对标达标、加强节能降耗技术改造、强化节能减排监测预警和应急调控等一系列措施，推动工业节能与综合利用工作取得了显著成绩。全国规模以上工业单位增加值能耗从 2005 年的 2.59 吨标准煤下降到 2010 年的 1.92 吨标准煤，5 年累计下降 26%，以年均 7% 能耗增长支撑了年均 14.8% 的工业增长。

重点行业主要产品单位能耗均有较大幅度下降，能效整体水平得到提高。"十一五"期间，我国火电供电煤耗由 370 克标准煤/千瓦时降到 333 克标准煤/千瓦时，下降 10.0%；吨钢综合能耗由 694 千克标准煤降到 605 千克标准煤，下降 12.8%；水泥综合能耗下降 24.6%；乙烯综合能耗下降 11.6%；合成氨综合能耗下降 14.3%，能效水平得到大幅提高。2005 ～ 2009 年，工业总产值能耗降低了 43.60%，主要高耗能行业总产值能耗下降均超过 30% 以上（见表 1），其中，化学原料及化学制品制造业、非金属矿物制品业、有色金属冶炼及压延加工业总产值能耗下降超过 50%。

2. 促进了结构优化升级

重点行业先进生产能力比重明显提高，大型、高效装备得到推广应用。电力、钢铁和水泥等行业属于节能减排重点行业。通过结构优化升级和技术进步，这些行业加快淘汰高污染、高能耗企业，新建能效高、低排放工业装置，节能减排成效显著。2010 年与 2005 年相比，电力行业 300 兆瓦以上火电机组占火电装机容量比重由 47% 上升到 71%，钢铁行业 1000 立方米以上大型高炉比重由 21% 上升到 52%，建材行业新型干法水泥熟料产量比重由 39% 上升到 81%。钢铁行业干熄焦技术普及率由不足 30% 提高到 80% 以上，水泥行业低温余热回收发电技术由开始起步提高到 55%，烧碱行业离子膜法烧碱比重由 29.5% 提高到 84.3%。

"十一五"期间，各地区、有关部门采取了一系列强有力的政策措施，综合运用法律、经济、技术及必要的行政手段，大力推动落后产能淘汰工作，圆满完成了"十一五"确定的目标。上大压小、关停小火电机组 7682.5 万千瓦，淘汰落后炼铁产能 12000 万吨、炼钢产能 7200 万吨、水泥产能 3.7 亿吨等，在关闭造纸、化工、纺织、印染、酒精、味精、柠檬酸等重污染企业方面都取得积极进展。

表 1　2005～2010 年工业和主要高耗能行业能源消费强度

单位：吨标准煤/万元总产值

年　份	2005	2006	2007	2008	2009	2010
工业	0.67	0.55	0.47	0.41	0.40	0.33
黑色金属冶炼及压延加工业	1.68	1.69	1.42	1.16	1.32	1.11
有色金属冶炼及压延加工业	0.91	0.67	0.59	0.54	0.55	0.46
非金属矿物制品业	2.05	1.70	1.31	1.22	1.08	0.86
石油加工及炼焦业	0.99	0.82	0.74	0.61	0.71	0.57
化学原料及化学制品制造业	1.37	1.21	1.02	0.85	0.78	0.62
电力、煤气及水的生产和供应业	0.96	0.87	0.75	0.67	0.63	0.60

资料来源：中经数据库。

3. 高耗能行业增速减缓

"十一五"期间，我国高耗能行业工业生产总体呈现下降的态势。除化学原料及化学制品制造工业外，其他 5 个高耗能行业工业增加值增速均呈现下降的趋势。其中，有色金属冶炼及压延加工业工业增加值增速、黑色金属冶炼及压延加工业工业增加值增速、化学原料及化学制品制造业工业增加值增速分别下降了 10.6 个、7.7 个、4.5 个百分点。

2010 年是实现"十一五"节能减排目标任务的关键一年。2010 年第一季度，六大高耗能行业呈现加快增长的势头，全国单位国内生产总值能耗上升 3.2%，大大增加了后三个季度的工作压力。为此，国家采取了一系列强有力措施，高耗能行业生产和投资增长势头得以减缓。2010 年下半年六大高耗能行业工业增加值增速的平均值明显低于全部工业增加值增速（见图 1）。除了黑色金属冶炼及压延加工业之外，其他五大高耗能行业投资完成额的累计增速在 2010 年各月的值明显比 2006～2009 年同月的平均值低。受到金融危机的影响，全部制造业的投资完成额增速也比往年低，而高耗能行业比往年低的幅度大于全部制造业低的幅度。这说明，高耗能行业投资增速放缓的幅度要比全部工业大。其中，黑色金属冶炼及压延加工业工业增加值增速由 3 月的最高点 19.7%，降低至 10 月的 4.6%；投资增速由年初的 20% 以上，降至 6% 以下。

4. 高耗能行业产品产量增速下降

2010 年，在国家一系列抑制政策下，高耗能行业的产品产量出现明显下降。"十一五"结束后，2011 年初，高耗能行业的产品产量出现明显反

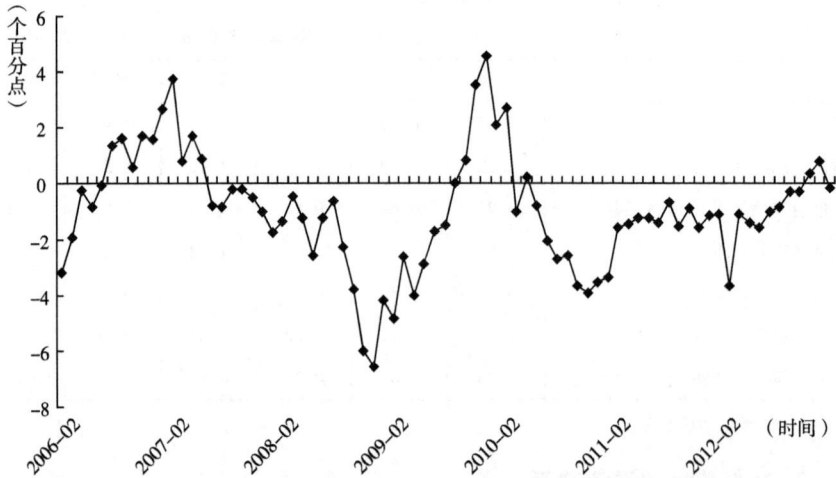

图1　六大高耗能行业工业增加值增速平均值与全部工业增加值增速的差异
资料来源：中经数据库。

弹。本文选择了粗钢、氧化铝、水泥、碳化钙（电石）、火电的产量和原油加工量作为高耗能行业产品的代表，计算了2010年各月的产量相对于2001~2009年同月平均值的增长倍数。具体方法是，用2010年某产品某月的当月产量除以2001~2009年同月产量的平均值，再减去1。采用这种方法的目的是控制行业的季节因素，并避免同比增速受金融危机影响剧烈波动不利于揭示本质现象的弊端。从图2可以看出，粗钢、氧化铝的产量在2010年特别是下半年呈快速下滑态势，这是国家加大节能减排力度的效果。粗钢的月产量在2010年初比2001~2009年同期的均值高1倍，在2010年末就只高了0.7倍。氧化铝的月产量在年初、年末分别比往年高1.9倍、1.2倍。"十一五"结束后，2011年初，高耗能行业产品的产量大幅增长。粗钢、氧化铝、水泥、碳化钙、火电的产量都比2010年12月有明显增长。2011年1月，粗钢、氧化铝、碳化钙的产量分别比2001~2009年的均值高1.3倍、2.1倍、1.0倍。随着全球经济复苏的放缓，高耗能产品的产量逐月下降，2011年10月的产量水平仍高于2010年末。

5. 部分高耗能行业产品价格上涨

高耗能行业产品产量的下降，导致产品价格上涨。图3列示了部分重点企业主要工业品在各月中旬末的出厂价格自2009年2月起的累计涨跌幅，可以看出，限产限电造成的产量锐减导致钢铁、水泥价格在2010年下半年呈现

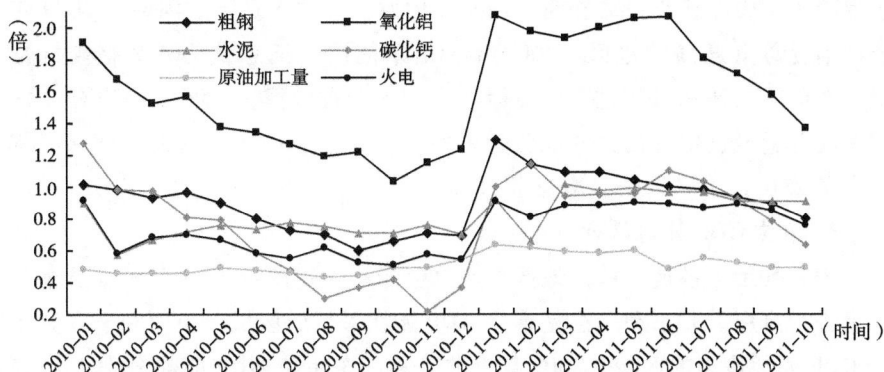

图 2 高耗能行业各月产品产量与 2001～2009 年同月平均值的差异
资料来源：中经数据库。

明显的上升趋势。高耗能行业大多属于重要的国民经济部门，限产限电将提高高耗能行业全行业的价格水平，导致相关产品价格波动，将对下游行业和整个国民经济造成影响。例如，建材行业价格持续上涨可能会对房地产市场产生波及，引起房地产市场价格的上涨，对经济平稳运行造成不利影响。

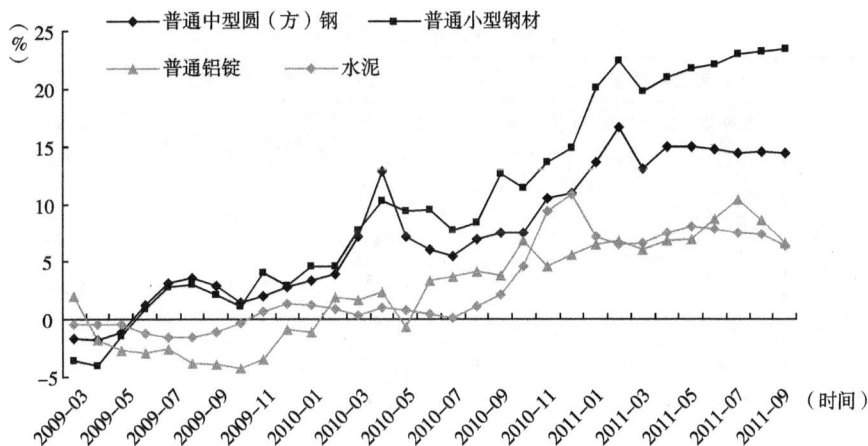

图 3 部分重点企业主要工业品各月中旬末出厂价格自 2009 年 2 月起的累计涨跌幅
资料来源：中经数据库。

（二）各地区能源消耗的变化

1. 能源消耗总量

2006～2009 年，我国能源消耗总量增长了 22.5%。能源消耗总量的增长反映了中国经济总量的提高。山东、山西、河北、辽宁、河南是 2009 年能源消耗总量最高的地区。2009 年，山东能源消耗总量为 4.8 亿吨标准煤。在能源消耗总量超过 2 亿吨标准煤的 8 个省份里，2006～2009 年，能源消耗总量增长幅度最大的地区是内蒙古、辽宁、山东、河北、河南，都增长了 25% 以上，内蒙古增长了 48%。

2. 单位 GDP 能源消耗

表 2 列示了各地区单位地区生产总值能耗，并按照 2009 年的能源消耗总量进行排序。北京和广东是单位 GDP 能耗最低的区域，山西和宁夏是单位 GDP 能耗最高的区域。2009 年，北京和广东单位 GDP 能耗分别为 0.46 和 0.51 吨标准煤/万元，而山西和宁夏单位 GDP 能耗分别为 4.10 和 3.58 吨标准煤/万元。从完成计划的情况来看，各地区基本都恰好完成了"十一五"时期能耗降低的计划。仅有北京、湖北、天津的实际完成情况明显高于计划目标，超过了 1 个百分点，其余所有省市都低于计划目标 1 个百分点。北京是"十一五"期间单位 GDP 能耗下降幅度最大的地区。单位 GDP 能耗下降幅度为 26.6%，远远超出了 20% 的预期目标。

表 2　各地区单位地区生产总值能耗

	能源消耗总量		单位地区生产总值能耗				
	2009 年 （亿吨 标准煤）	比 2006 年 增长 （%）	2005 年 （吨标准 煤/万元）	2010 年 （吨标准 煤/万元）	实际降低 （%）	计划降低 （%）	实际比 计划降低 （个百分点）
山　东	4.8	28	1.316	1.025	22.09	22	0.09
山　西	3.7	3	2.89	2.235	22.66	22	0.66
河　北	3.4	25	1.981	1.583	20.11	20	0.11
辽　宁	2.8	35	1.726	1.38	20.01	20	0.01
河　南	2.8	25	1.396	1.115	20.12	20	0.12
江　苏	2.7	19	0.92	0.734	20.45	20	0.45
内蒙古	2.5	48	2.475	1.915	22.62	22	0.62
广　东	2.3	2	0.794	0.664	16.42	16	0.42
浙　江	1.8	21	0.897	0.717	20.01	20	0.01
黑龙江	1.7	28	1.46	1.156	20.79	20	0.79
四　川	1.4	33	1.6	1.275	20.31	20	0.31
安　徽	1.4	36	1.216	0.969	20.36	20	0.36

续表

	能源消耗总量		单位地区生产总值能耗				
	2009 年（亿吨标准煤）	比 2006 年增长（%）	2005 年（吨标准煤/万元）	2010 年（吨标准煤/万元）	实际降低（%）	计划降低（%）	实际比计划降低（个百分点）
湖　北	1.3	14	1.51	1.183	21.67	20	1.67
上　海	1.2	−1	0.889	0.712	20	20	0
湖　南	1.2	11	1.472	1.17	20.43	20	0.43
陕　西	1.2	55	1.416	1.129	20.25	20	0.25
贵　州	1.1	17	2.813	2.248	20.06	20	0.06
吉　林	1.1	20	1.468	1.145	22.04	22	0.04
云　南	1.0	13	1.74	1.438	17.41	17	0.41
福　建	0.9	23	0.937	0.783	16.45	16	0.45
天　津	0.7	20	1.046	0.826	21	20	1
江　西	0.7	14	1.057	0.845	20.04	20	0.04
甘　肃	0.7	34	2.26	1.801	20.26	20	0.26
北　京	0.6	0	0.792	0.582	26.59	20	6.59
重　庆	0.6	42	1.425	1.127	20.95	20	0.95
广　西	0.6	11	1.222	1.036	15.22	15	0.22
宁　夏	0.6	53	4.14	3.308	20.09	20	0.09
海　南	0.2	122	0.92	0.808	12.14	12	0.14
青　海	0.2	65	3.074	2.55	17.04	17	0.04

资料来源：历年《中国统计年鉴》《中国能源统计年鉴》。

（三）节能政策的问题

节能减排工作在取得巨大成就的同时，也存在一些突出的问题。"十一五"期间节能政策的实施主要依靠行政手段强力推动，考核指标范围较窄，受我国经济发展阶段较低、地方政府激励不足的制约，节能政策的落实难度较大。"十一五"末期节能任务完成进度落后的地区，地方政府为突击完成任务采取限电、停产等短期措施，一些无差别的极端措施也在一定程度上影响了正常的生产生活秩序，部分高耗能产品价格上涨，经济运行出现了局部矛盾。"十一五"时期节能减排工作结束后，部分高耗能行业增速又出现了反弹。这些情况说明我国工业发展依赖高耗能重工业的模式短期缺乏改变的内在动力，节能政策效果的持续性面临较大压力。问题主要表现在激励和约束机制不健全，推进方式主要依靠行政手段，节能减排的长效机制尚未建立。

1. 推进方式主要依靠行政手段

"十一五"时期节能减排任务的实施依靠了大量行政手段，节能减排目标的完成依靠的是将节能减排目标和任务逐级分解到各地区和重点企业，并作为政府领导干部和企业负责人业绩考核的重要内容。利用政绩考核、问责制度，一级抓一级，层层抓落实，对未完成任务的地区、企业和行政不作为的部门，追究主要领导责任。依靠行政手段强迫各级政府、企业完成任务，可以在短期内达到目标，见效快，但不能从根本上遏制高能耗行业发展，在短期任务完成、行政措施缓和后会立刻反弹。例如，在差别电价政策的实施过程中，有些地区政府不执行国家政策，自行出台优惠电价支持高耗能企业，发改委等政府部门屡次发文纠正，并组织督察，却屡禁不止。"十一五"末期节能任务完成进度与目标仍有很大差距，高耗能行业反弹，为突击完成任务，多个地区采取限产限电的措施。这都说明高耗能行业有其生存发展的根源。钢铁等高耗能行业是很多地区经济发展的支柱，也是纳税大户，承担着解决就业等社会任务，当地政府并不愿意限制这些支柱行业的发展。以 GDP 为导向的政绩考核体系、税收利益和就业任务激励地方政府追求短期 GDP 增速，遏制经济增长的节能减排政策不能对地方政府起到激励作用，政策的落实遇到很大阻力。欠发达地区正处在能耗强度上升的重化工业阶段，单位 GDP 能耗强度下降潜力较小，节能减排和经济发展之间矛盾较为突出。

2. 政策执行过程中局部地区也出现了短期突击行为

2010 年是实现"十一五"节能减排指标的最后一年，形势十分严峻。要完成"十一五"期间单位 GDP 能耗比 2005 年降低 20% 的目标，2010年，单位 GDP 能耗至少要降低 5.6%。此外，为应对全球气候变化，我国政府承诺到 2020 年单位国内生产总值二氧化碳排放要比 2005 年下降 40% ~ 45%，节能提高能效的贡献率要达到 85% 以上，这也给节能减排工作带来巨大挑战。临近 2010 年底，面对节能减排的考核指标，地方政府进入了冲刺阶段。为了在剩下几个月时间内完成节能减排的指标任务，一些地方采取了一些非常规的限电措施，希望用断电的方式来实现目标任务。实际上，这种非常规手段并没有达到节能减排政策的初衷。一些被断电的企业采用效率更低、成本更高的自备柴油发电机发电，反而进一步加大了空气污染和能源浪费。南方数省 2000 余家民营加油站发生柴油荒，原因就在于企业发电用柴油需求的突发性上升。

"十一五"过后的 2011 年，地方政府为加快发展地方经济，对"两高"企业监管松动，2010 年一些被叫停的高耗能项目在 2011 年上半年又重新上马，高耗能行业反弹。2011 年前三季度，有色金属冶炼及压延加工业、黑色金属冶炼及压延加工业、非金属矿物制品业、电力热力的生产和供应业工业增加值同比增长分别为 13.1%、10%、18.9%、10.4%，增速分别比 1~2 月提高 3.9 个、1.4 个、1.1 个、0.7 个百分点。2011 年前三季度，有色金属冶炼及压延加工业，非金属矿物制品业，化学原料及化学制品制造业，黑色金属冶炼及压延加工业，电力、燃气及水的生产和供应业投资同比分别增长 33.2%、28.2%、23%、20%、3.7%，增速分别比 1~2 月提高 24.8 个、10.8 个、4.2 个、9.3 个、3.8 个百分点。

3. 目标确定和指标分配还需完善

目前考核机制具有短期性，各级政府只要完成数字指标即可，他们并不考虑完成的手段和质量。行政化、粗暴式的拉闸限电对这些官员来说，成为最理性的选择。有时甚至弄虚作假。而且，考核标准制定中存在不科学成分。当前的考核指标主要是单位 GDP 的能耗和排放，在一个基年的基础上确定节能减排的比例。这显然没有考虑到各地资源禀赋以及由此形成的产业结构差异，带有明显的行政"一刀切"特点。这就造成一些地方实现目标非常困难，于是拉闸限电就成为无奈之下的捷径。例如，温州以轻工业为主，单位 GDP 的排放大大低于邻近地区，却同样要完成 20% 的减排任务。于是一些企业在市场需求旺盛的情况下，不得不采取自备柴油发电机组发电来应对断电的影响。

4. 凭借短平快的手段完成任务

"十一五"时期，通过淘汰落后产能和传统产业的技术改造，节能减排工作取得了明显进展，容易淘汰的高耗能、高排放的小火电、小钢铁厂、小化工厂等落后设施已被各地纷纷淘汰。这意味着"十二五"时期，很难再通过淘汰落后产能这种成本小而效果明显的途径实现节能减排的目标，未来的节能减排工作难度将不断加大。同时，随着工业化、城镇化进程加快和消费结构持续升级，我国能源需求呈刚性增长，受国内资源保障能力和环境容量制约以及全球性能源安全和应对气候变化影响，资源环境约束日趋强化。节能减排的任务在"十二五"时期将更为艰巨。

（四）节能政策效果的影响因素检验

一个地区能源消耗和碳排放情况不仅仅取决于这些政策的落实情况，而且更加取决于该地区经济活动总量和产业结构。一般来讲，制造业占GDP比重较高的区域能源消耗和污染排放要高于制造业比重较低的区域；电力、钢铁、有色、水泥等重工业占全国比重较高的地区能源消耗和污染排放会高于重工业占全国比重较低的区域。考虑到各地区经济活动总量和产业结构基础，以及数据的可得性，将固定资产投资、技术改造投资、国家污染治理投资等因素放入模型，建立了节能减排政策分析的线性回归模型。采用2006~2009年各省面板数据对公式进行回归分析，结果如下。

表3　节能政策效果的影响因素检验结果

变量	系数	T统计量	显著性
截距	-1.26	-5.73	0.00
MAN	1.27	2.88	0.00
POWER	0.34	6.60	0.00
STEEL	0.14	3.86	0.00
CEM	-0.12	-1.75	0.08
METAL10	-0.03	-2.08	0.04
FIXINV	0.31	0.77	0.44
EQURPL	0.98	2.15	0.03
POLCON	131.40	5.70	0.00
R^2	0.74	F统计量	38.91
调整后 R^2	0.72	总体显著性	0.00

注：被解释变量为单位GDP能耗的对数；解释变量包括：MAN代表该地区制造业增加值占生产总值的比例；POWER代表该地区能源生产相对于工业整体的规模优势，等于该地区发电量占全国的比重与该地区工业增加值占全国比重之比；STEEL代表该地区钢材产量相对于工业整体的规模优势，等于该地区钢材产量占全国的比重与该地区工业增加值占全国比重之比；CEM代表该地区水泥产量相对于工业整体的规模优势，等于该地区水泥产量占全国的比重与该地区工业增加值占全国比重之比；METAL10代表该地区10种有色金属产量相对于工业整体的规模优势，等于该地区有色金属产量占全国的比重与该地区工业增加值占全国比重之比；FIXINV代表固定资产投资占GDP的比重；EQURPL代表该地区全社会设备、工器具购置投资占GDP的比重；POLCON代表地区污染治理投入占GDP的比重。

回归结果显示，调整后 R^2 为 0.72，F 值为 38.91，说明变量在较大程度上解释了单位 GDP 能耗变化的原因。FIXINV 和 CEM 的 T 检验显著性低于 5%，而 METAL10 的 T 值显著性也处于 5% 的临界点上。从回归结果来看，我们可以获得以下结论。

（1）制造业占 GDP 的比重高低直接影响了一个地区的单位 GDP 能耗。制造业占 GDP 比重每增加一个百分点，会导致单位 GDP 能耗增加 1.57 个百分点。北京等东部发达地区单位 GDP 能耗远远低于全国平均水平，在很大程度上是因为制造业占 GDP 的比重非常低，而服务业占比很高。

（2）电力、钢铁等高能耗的产业直接影响一个地区的单位 GDP 能耗。一般来讲，一个地区电力和钢铁产业是显示性比较优势指数（这里用市场占有率/工业增加值全国占比来衡量）。每增加 1 个单位，电力、钢铁单位 GDP 能耗会增加 0.24 个和 0.13 个百分点。

（3）从统计数据上看，技术改造投资和污染治理投资并没有有效降低单位 GDP 能耗，反而表现出一致性的关系，也就是说增加技术改造投资和污染治理投资反而增加了单位 GDP 能耗。

（4）固定资产投资增速与单位 GDP 能耗增长没有显著的相关性，也就是说中国投资的高速增长并不一定是单位 GDP 能耗增长的重要原因。

（5）受数据可得性的限制，我们无法有效地考察各地区落后产能淘汰、限制企业开工、经济政策调控、促进环保技术应用等其他手段对单位 GDP 的影响。因此，该回归结论仅可作为参考，仍具有较大的局限性。

三 节能政策对重点行业的影响

（一）节能政策对钢铁行业的影响

钢铁行业属于高耗能行业，能源利用效率较低，是节能减排的重点行业。"十一五"期间，国家针对钢铁行业颁布了一系列行业节能政策。国家为应对金融危机在 2009 年 3 月推出的《钢铁产业调整和振兴规划》提出了节能的目标，包括重点大中型企业吨钢综合能耗不超过 620 千克标准煤，吨钢二氧化碳排放量低于 1.8 千克，二次能源基本实现 100% 回收利用，提出严格实行节能减排、淘汰落后问责制，对未完成节能减排、淘汰落后任务的地区暂停项目的核准和审批。为了保证国家确定的"十一五"

节能减排目标能实现，国务院办公厅在 2010 年 6 月发布了《关于进一步加大节能减排力度加快钢铁工业结构调整的若干意见》，提出了加快钢铁工业结构调整的若干具体措施，包括节能减排要将控制总量、淘汰落后工艺设备、技术改造相结合等。工信部随后出台了《钢铁行业生产经营规范条件》，要求钢铁企业主要生产工序能源消耗指标须符合《粗钢生产主要工序单位产品能源消耗限额》（GB21256）和《焦炭单位产品能源消耗限额》（GB21342）的规定，钢铁行业实行严格的审批制度。

在一系列节能政策的推动下，我国钢铁行业节能减排效果显著。2006～2009 年我国重点大中型钢铁企业主要技术经济指标如表 4 所示，从一定程度上反映了节能政策对我国钢铁行业的影响。

表 4　重点大中型钢铁企业主要技术经济指标

工序/指标	2006 年	2007 年	2008 年	2009 年
1. 单位能耗（千克标准煤/吨）	729	718	709	—
比上年增速（%）	−0.41	−1.51	−1.25	—
2. 烧结				
含铁原料消耗（千克/吨）	929.86	931.51	922.51	929.94
3. 转炉炼钢				
金属料消耗（千克/吨）	1106.44	1106.30	1104.79	1102.47
生铁消耗（千克/吨）	1008.20	1012.54	995.70	1006.77
废钢消耗（千克/吨）	73.47	74.05	79.61	65.08
合金料消耗（千克/吨）	17.40	17.34	17.67	17.92
4. 电炉炼钢				
金属料消耗（千克/吨）	1127.16	1133.48	1132.82	1121.52
生铁消耗（千克/吨）	503.31	444.79	454.75	542.25
废钢消耗（千克/吨）	570.56	602.37	629.15	520.35
合金料消耗（千克/吨）	50.91	49.13	51.20	68.56
冶炼电耗（千瓦时/吨）	352.51	354.66	361.98	342.16
电极消耗（千克/吨）	2.60	2.69	2.41	2.22

注："单位能耗"为大中型钢铁企业平均值。

资料来源：《中国能源统计年鉴（2010）》、《中国钢铁统计年鉴》（2007、2010）。

在我国节能政策等因素的作用下，我国钢铁行业的主要技术经济指标受到影响，表现为以下几个方面的特点。

1. 单位能耗持续降低

2006~2008 年，我国大中型钢铁企业的单位能耗逐年降低。从单位能耗的数值上来看，2006 年单位能耗为 729 千克标准煤/吨，2007 年单位能耗降至 718 千克标准煤/吨，2008 年继续下降至 709 千克标准煤/吨[①]。

2. 上游工序能耗整体稳步下降

2006~2009 年，我国重点大中型钢铁企业上游工序整体能耗稳步下降。首先，电炉炼钢单位产出的冶炼电耗在 2006~2008 年持续上升，而在 2009 年急剧下降，2006 年为 352.51 千瓦时/吨，2008 年上升至 361.98 千瓦时/吨，2009 年降为 342.16 千瓦时/吨[②]。电炉炼钢单位产出的电极消耗在 2007~2009 年持续下降，2007 年电炉炼钢单位产出的电极消耗为 2.69 千克/吨，2009 年下降至 2.22 千克/吨。

3. 单位能耗高于发达国家水平，但差距正在缩小

从钢可比能耗来看，我国钢可比能耗自 1990 年以来持续下降。我国钢铁行业单位能耗高于日本，但受我国节能政策的影响，近年来我国钢铁行业单位能耗持续降低，两国钢铁行业单位能耗的差距显著缩小。1990 年，我国大中型钢铁企业单位能耗为 997 千克标准煤/吨，日本仅为 629 千克标准煤/吨，我国钢可比能耗是日本的 1.59 倍。2000 年，我国大中型钢铁企业单位能耗大幅度下降为 784 千克标准煤/吨，日本则略微上升为 646 千克标准煤/吨，我国钢可比能耗降至日本的 1.21 倍，比 1990 年有明显改善。2000~2008 年我国大中型钢铁企业单位能耗逐年下降，但幅度不大，2008 年降至 709 千克标准煤/吨，日本为 626 千克标准煤/吨，我国钢可比能耗降至日本的 1.13 倍（见图 4）。

（二）节能政策对电力行业的影响

电力行业为国民经济的发展提供重要的动力支撑，是我国开展节能减排工作中压力大、潜力大的重点行业之一。"十一五"以来，节能工作受到普遍关注，除了国家统一颁布的与节能工作相关的法律、法规、政策、标准之外，我国政府还针对电力行业的特点颁布了一系列行业节能政策。

---

① 单位能耗为大中型钢铁企业平均值。《中国能源统计年鉴（2010）》、《中国钢铁统计年鉴》（2007、2010）。

② 《中国能源统计年鉴（2010）》、《中国钢铁统计年鉴》（2007、2010）。

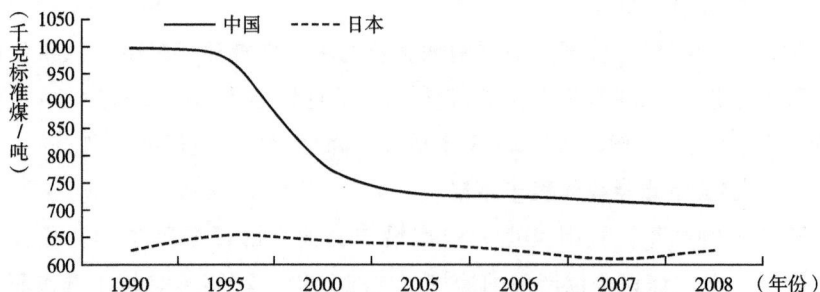

图4 主要年份中国和日本的钢可比能耗

说明：中国数据为大中型钢铁企业平均值；日本2005~2008年数据为根据日本能源学会志钢产量和能源消费量估算。

资料来源：《中国能源统计年鉴（2010）》。

为了实现"十一五"期间节能降耗的目标，2006年4月发改委等八部委发布了《关于加快电力工业结构调整促进健康有序发展有关工作的通知》，提出"十一五"期间要关停5万千瓦及以下凝汽式燃煤小机组1500万千瓦、关停老小燃油机组700万千瓦的目标。电力行业节能降耗的重点之一是关停小火电机组。为了确保实现"十一五"小火电机组的关停目标，完成电力工业能源消耗降低和污染减排的各项任务，发改委、能源办在2007年1月发布了《关于加快关停小火电机组若干意见的通知》，要求制定关停小火电机组的工作意见并贯彻实行。2007年4月，发改委《关于降低小火电机组上网电价促进小火电机组关停工作的通知》要求加快关停小火电机组，并提出了限定降低小火电机组上网电价的范围，鼓励小火电机组向高效率机组转让发电量指标等具体措施。《关于进一步加强电力行业节能减排监管工作的通知》要求进一步推进电力行业节能减排工作，促进电力工业又好又快发展，加大电力监管力度，切实保证国家节能减排政策落到实处，努力转变发展方式，切实落实企业节能减排责任。

在一系列节能政策的推动下，我国电力行业节能减排效果主要表现如下。

1. 关停小火电成效显著

"十一五"期间，我国关停小火电机组共计7728万千瓦，比原定目标5000万千瓦超出了2728万千瓦，超额比例达到54.6%，为实现"十一五"全国节能减排目标发挥了重要作用。2006~2010年我国关停小火电机组分别为314万、1438万、1669万、2617万、1690万千瓦。从关停小火电机组的增速来看，2007年增速最高，而2010年最低。

2. 单位能耗持续下降

2006～2010 年我国发电单位能耗持续下降。全国 6000 千瓦及以上发电厂供电标准煤耗从 2006～2010 年持续下降，2006 年全国 6000 千瓦及以上发电厂供电标准煤耗为 379 克标准煤/千瓦时，2007～2009 年分别降至 357、345、340 克标准煤/千瓦时，2010 年降为 335 克标准煤/千瓦时（见图 5）。

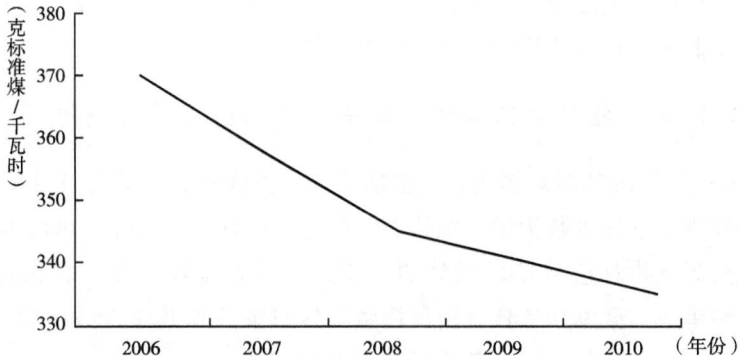

图 5　6000 千瓦及以上发电厂供电标准煤耗

资料来源：国家发改委。

四　政策建议

（一）发挥市场机制，减少行政手段

"十一五"时期节能减排任务的完成依靠了大量行政手段，短期的行政手段不能解决节能减排和经济发展之间矛盾的根本问题，需要建立标本兼治的长效机制。实现节能目标可以通过市场机制完成，不仅减少了管制成本，缓解了节能减排与经济增长的矛盾关系，还能有效促进节能领域的技术进步。例如，运用排放权交易的市场机制，政府将节能目标转化为许可证，将许可证分配给多个企业，并允许企业之间进行交易，节能成本较高的企业可以购买许可证，成本较低的企业可以出售许可证，企业之间的许可证交易使得节能目标实现的同时，社会整体的节能成本也降至最低。节能潜力大的企业能通过出售许可证获利，因此有强烈的动机通过技术创新进行节能，提高了企业研发节能技术的积极性。国际上相关的实践有美

国二氧化硫排放限额与交易系统、欧洲的温室气体排放限额与交易系统等。发挥市场的资源配置机制，由市场中的投资者根据各自的信息判断商业价值进行投资。由于市场中参与者众多，信息更充分，资源配置的最终结果能充分反映市场中的所有可得信息。与整个市场相比，政府的信息存在局限性，还有各级政府利益冲突、政府利益与社会利益不一致的问题，因此政府配置资源的效率不如市场高。政府的作用应该是制定目标、完善企业经营环境、促进市场竞争，以促进生产力提高和产业升级，而不是集体研发扭曲公平竞争环境的补贴和保护政策。

（二）完善指标体系和考核方法，正确引导节能减排

"十一五"的节能减排指标只包括单位产值能耗、化学需氧量排放量、二氧化硫排放量等少数指标，统计、监测及考核方法也是针对单位 GDP 能耗、主要污染物总量减排而设计的，覆盖的指标范围狭窄，目标过于单一。这种单一的激励和考核方法促使各地区只关注这几个少数指标，为了达到单位产值能耗的目标，各地区有夸大 GDP 数字的动机，而且不会关注考核范围之外的节能减排问题。结果是被纳入考核范围的节能减排指标达标，而未被纳入考核范围的节能减排指标呈现恶化趋势。例如，"十一五"期间氨氮和氮氧化物高排放抵消了化学需氧量和二氧化硫的减排效果，环境污染问题依然严重，因此《"十二五"规划纲要》除了化学需氧量排放量和二氧化硫排放量这两个原有指标外，还新增了氨氮和氮氧化物的减排目标。但指标范围仍然较少，需要进一步完善节能减排指标体系，健全节能减排统计、监测和考核体系，对全部耗能单位和污染源进行调查摸底，扩大考核指标的范围，注重各指标之间的关联，联合企业、行业协会、科研机构等共同制定出系统、合理的指标体系，建立健全涵盖全社会的能源生产、流通、消费、区域间流入流出及利用效率的统计指标体系和调查体系，才能正确引导各地方政府和各耗能企业的行动，真正达到节能减排和保护环境的目的。

（三）调整优化能源结构，发展低碳能源和可再生能源

我国在一次能源消费中煤炭所占的比重远远高于全球平均水平，是世界上少数几个以煤为主的国家之一，造成我国能源消费的二氧化碳排放强度也相对较高。而且我国非化石能源比重低，2010 年我国非化石能源占一

次能源消费总量比重为 8.3%，远低于全球平均水平。通过调整能源结构，降低碳排放量大、污染严重的煤炭在能源消费中的比重，提高水能、风能等可再生能源的比重，可以降低碳排放量，减少污染。近年来，我国通过国家政策引导和资金投入，加强了水能、核能、石油、天然气和煤层气的开发与利用，支持在农村、边远地区和条件适宜地区开发利用生物质能、太阳能、地热、风能等新型可再生能源，优质清洁能源比重有所提高。以煤为主的能源资源和消费结构在未来相当长的一段时间将不会发生根本性的改变，这使得我国降低单位能源二氧化碳排放强度较难实现。

新能源替代传统的化石能源是必然趋势。化石能源的使用对生态环境和气候造成了影响，而且化石能源的储量有限，枯竭不可避免。我国的能源供应紧张，石油对外依存度很高。气候变化和能源安全问题迫切需要开发和利用新能源。新能源可再生和循环使用、污染少、储量丰富，可以补充甚至替代传统的化石能源，缓解能源和环境的压力。世界多个国家近年来也大力发展新能源，将新能源产业作为新的经济增长点，利用新能源技术对传统产业进行改造。美国 2009 年的《新能源发展计划》提出大力发展可再生能源和清洁能源，未来 10 年投资 1500 亿美元用于太阳能、风能、生物燃料和其他清洁可替代能源项目的研发和推广，并在未来 10 年创造500 万个就业岗位。欧盟和日本也提出发展清洁能源的战略，力争抢占新能源和低碳技术产业的市场。我国在 2005 年 2 月颁布了《可再生能源法》，促进风能、太阳能、水能、生物质能、地热能、海洋能等非化石能源的开发利用。我国的《"十二五"规划纲要》提出"十二五"时期能源结构调整的目标是非化石能源占一次能源消费比重达到 11.4%。《"十二五"节能减排综合性工作方案》提出的调整能源结构措施是，发展水电、核电，加快发展天然气，因地制宜大力发展风能、太阳能、生物质能、地热能等可再生能源。我国要把发展水电作为促进能源结构向清洁低碳化方向发展的重要措施，合理开发和利用丰富的水力资源，加快水电开发步伐。在其他清洁能源方面，要积极扶持生物质、风能、太阳能、地热能、海洋能等的开发和利用，加大先进适用技术开发和推广力度，提高新能源和可再生能源开发与利用技术的自主创新能力。

（四）调整产业结构，转变粗放的经济增长方式

改革开放以来，我国依靠粗放型发展模式实现了经济的快速发展，依

赖比较优势发展的低端资源密集、劳动密集传统产业，在全球产业链中处于附加值低的劣势地位，附加值不高制约了经济增加值的增长。产业结构的重型化使能源消耗和碳排放量大。国家通过实施一系列产业政策，加快第三产业发展，调整第二产业内部结构，使产业结构发生了显著变化。第一产业的比重持续下降，服务业尤其是现代服务业快速发展，通过实施促进传统产业升级和重点产业振兴，大力发展先进制造业，实施重点产业调整和技术改造专项，兼并重组、淘汰落后产能力度加大，第二产业内部结构发生了明显变化，机械、信息、电子等行业的迅速发展提高了高附加值产品的比重，工业整体素质明显提高，这种产业结构的变化带来了较大的节能效益。实践表明产业结构调整，限制高耗能产业，大力发展先进制造业、现代服务业和战略性新兴产业，能有效降低能源消耗。

（五）激励中小企业参与节能减排

"十一五"时期的节能减排任务主要是依靠政府的行政命令推动少数国有大型企业完成的。一方面国有大型企业受政府的直接监管，行政命令对国有企业最有效；另一方面高耗能、高污染的企业通常是资本密集的，多为国有。因此，国有企业成为节能减排工作的排头兵，而中小企业的作用较弱。中小企业数量多，其节能减排的整体潜力是巨大的，如果能调动中小企业节能减排的积极性，能显著提高节能减排的效果。而且中小企业在技术创新和新兴产业方面有优势，与目前规模较大的企业和依靠传统技术成长起来的企业，具有对新技术的敏感嗅觉和适应新兴技术的组织结构与管理制度，因此在新技术的应用上拥有竞争优势，创新更可能来自缺乏传统技术的新企业。

城乡建设

城乡统筹发展中的土地问题

杨一介[*]

为推进城乡统筹发展，各地方从其社会经济条件的具体情况出发，积极推行土地制度改革。一方面，通过土地制度改革而建立的地方性规则突破了现有的立法框架；另一方面，这种地方性规则又体现了其正当性和现实需要。

由于受户籍制度、农民集体成员权、农村集体经济组织等因素的制约和影响，以及土地整治和土地规划的实施有待进一步完善，城乡统筹发展背景下的土地制度改革面临巨大的挑战。

一 农村地权与户籍制度

户籍决定地权、户籍决定户籍持有人对集体经济组织资产的享有是一种假象。我们可以将产生这种假象的基本原因归结为在地权的形成和地权制度的发展过程中，为达到控制地权的目的，而将社会管理制度导入地权制度中，试图通过行使社会管理职能，以行政力量对地权进行调整和分配。而在社会管理资源中，户籍管理因其优越性而胜出，成为利益相关方都乐于接受的地权调整和分配的工具。

从法理上讲，户籍与地权是两个不同的范畴，户籍不是地权的法律基础，地权也不是户籍的必然体现。长期以来，由于农村社会管理对户籍制度的依赖，户籍制度成为支配农村社会经济生活的基础性制度。这一基础性制度的实施后果之一是，无户籍则无地权成为一条通行规则。无户籍则无地权，不仅改变了户籍制度的设立目的，而且通过户籍削弱了地权的法律地位，为侵犯地权提供了制度支持。户籍与地权相互依存局面的改变，

---

[*] 杨一介，中国社会科学院农村发展研究所副研究员，研究方向为土地法、民法。

其实践意义在于，涉及户籍的事项，由户籍制度调整；涉及地权的事项，由地权法规范。

农村居民从原农村社区退出，转为城镇居民，其户籍从农村户籍转变为城镇户籍，而其土地承包经营权和宅基地使用权得以保留。其转户后的户籍与土地承包经营权或宅基地使用权分离的做法，既是对地权以户籍为基础的否定，也是对地权的物权性的肯定。长期以来的实践奉行地权以户籍为基础的原则，尽管可以在某种程度上保证农民集体社区内部的地权平等，但这种缺乏科学法理基础的地权分配制度，改变了地权的基础性规则。同时，以户籍为基础的地权制度，还加剧了地权的冲突。这种冲突主要体现在：地权规则与户籍管理规则存在本质区别，在涉及地权问题的处理时却以户籍为基础，势必影响地权交易的安全性；户籍变更后，地权随之变动，削弱了地权的稳定性。

1. 户籍与地权取得和土地流转

在一些地方实践中，户籍变更后保留土地承包经营权和宅基地使用权的积极意义在于，农民身份和市民身份的区分不再以农村户籍和城镇户籍的二元划分为标准。土地承包人变更户籍后，如果仍然在承包土地上生产经营，其身份仍然是农民。农民的认定标准是其所从事的职业，而不是其所持的户籍。同理，土地承包人变更其农村户籍后，离村进城从事工商业，而以其仍然享有的土地权利进入市场交易并取得收益的，可以称为"不在地主"。其户籍和职业的变化，不影响其对地权的享有，户籍与职业不再具有必然联系。户籍的现实意义在于户籍是政府行使社会管理职能的一种方式，而不再成为决定地权是否丧失的基础。

尽管鼓励土地流转进而实现土地的规模经营是一项较好的土地政策，但土地流转的实现程度最终不是取决于政府的决心和推动力量，而是土地市场的成长发育状况以及土地权利人对土地支配力的强弱。由政府来推行土地流转仅是一种政策的倡导，而不是土地流转的决定力量。在户籍决定地权的情形下，户籍的持有或变更对地权分配会产生直接的影响。如果无户籍则无地权，而权利人又无其他谋生之道，放弃地权是一项极具风险的选择，因为这意味着生活来源的丧失，特别是在缺乏基本社会保障的情况下。而无户籍仍继续享有地权，户籍的变更对其不会产生负面的影响。户籍变更后，如其仍享有地权，其对土地的支配力未受削弱，在权利不丧失的情况下仍然可以改变其职业，且这种改变有制度的保障，其移转权利的激励自然容易产生。

从本质上看，宅基地是农民的社会保障与宅基地使用权属于用益物权的范畴，两者不能相互兼容。立法一方面承认宅基地使用权是用益物权，而另一方面又对这种用益物权设置了一些强制性规定的原因，实际上是基于宅基地是农民的社会保障的考虑。户籍与宅基地使用权分离，实际上是承认了宅基地使用权的取得和持有不以户籍为前提。宅基地使用权的取得，是物权的取得。物权取得的理论和立法都不能为以户籍为基础的宅基地使用权制度提供充分的支持。户籍成为宅基地使用权取得的决定性因素，是作为社会管理方式的户籍制度被过度适用的结果。农村居民转户后，仍然享有保留其原来已享有的宅基地使用权及宅基地上建筑物的权利，使得这些权利的物权性得以体现和彰显，而不是因户籍的变更而丧失或被剥夺。进一步说，农村居民户籍变更后，无论其是否继续在原来的宅基地上居住和生活，其原享有的权利并不因户籍变更而消灭。

户籍变更后，无论是土地承包经营权，还是宅基地及宅基地上建筑物的权利，都不因户籍的变更而消灭。户籍不再是地权的基础，而是政府行使社会管理职能或公共管理职能的一种手段。户籍的变更并不意味着原户籍持有人身份或职业的必然改变。原户籍持有人变更户籍后所从事的职业，既可以是原来的职业，也可以去从事工商业，还可以兼业。持有城镇居民户籍，不影响其从事农业生产经营，户籍不构成其从事农业生产经营的阻却事由。如果一方面鼓励土地流转，另一方面又对土地流转的受让人的身份加以限制，又推又拉地倡导土地流转，其结果只能是政府在土地流转中的作用日益增强，并可能成为土地流转中的一方当事人。

扩大土地流转中的融资和信贷，也需要通过户籍与地权的分离来支持。农村土地市场缺乏融资功能的一个原因是土地交易当事人的身份受到限制，土地流转的封闭性使得土地几乎不可能成为融资手段。一些禁止性法律规则不支持以土地融资，如不得以家庭承包方式取得的土地承包经营权作抵押，也不得以宅基地使用权作抵押，它们表面上是维护和保障农民的合法权益，实质上是维护土地流转的封闭性，而土地流转的封闭性因缺乏市场配置资源的因素，其结果要么是使市场交易意义上的土地流转成为不可能，要么是为通过行政力量配置市场要素提供可能。

2. 户籍与农民集体成员权

将户籍引入地权制度，导致农民集体成员资格的识别标准不统一，或识别标准缺乏科学的法理基础。民事法确立了农民集体成员享有取得土地承包经营权的权利，意味着取得土地承包经营权前提的成员资格，应当根据民事法律制度的基本规则来识别和确定。将户籍引入地权制度以前，农民集体成员资格的认定标准在缺乏相应依据的情况下，户籍成为识别农民集体成员资格的标准。有户籍则有成员权，无户籍则无成员权。尽管这种制度安排不支持农村社区内一部分新增人口取得地权，但是又必须为新增人口取得地权提供支持，原有的地权分配格局被打破，以维持地权分配的平均主义。于是，户籍在地权分配中取得了决定性的支配力量。

地权与户籍分离后，以户籍决定地权的通行规则失去了基础，也使以户籍作为地权取得的基础的普遍做法丧失政策支持。在此情形下，如果仍然需要维持农民集体成员权制度，那么这种成员权制度只能通过民事法规则来建立。虽然现行立法对以户籍作为农民集体成员权取得的基础没有确立具体的规则，但事实上这种制度安排的本质是通过广泛的、长期的实践，确立了通过行政管理设立成员权的规则。在识别成员资格和认定成员权时，以民事法规则取代行政管理规则，符合成员权制度的基本法理，将成员权制度建立在科学法理的基础上。农民集体的成员，从农村社区迁往城市后，即使丧失了原所属农村社区的户籍，其仍然享有地权的理由是其仍然属于该农村社区的成员，而这种成员资格得以保留和持有的原因，在于他们在该社区长期生产生活实践中，与该社区之间形成的"合意"，而不在于原户籍的持有或消灭。同时，在农村社区中仍然保留原有的户籍而没有迁往城镇的居民，其成员资格的取得和成员权的享有，同样是源于"合意"，而不是户籍。

3. 农民集体成员权制度建设的内在矛盾——以成都为例

成都的农村产权改革，超越土地承包经营权的范围，试图从制度上实现农民地权的长久不变。其农村产权改革中的"还权赋能"，一方面将应当属于农民的财产权还给农民，另一方面通过改革彰显财产权的各项权能。从"还权赋能"出发，建立"归属清晰，权责明确，保护严格，流转顺畅"的产权制度，加快农村资产资本化的步伐。

通过土地确权登记与集体资产量化等工作，进一步明确了集体经济组织成员资格的取得及其权利的享有。在确权过程中，农民集体一般回避了确权后农村社区内新增人口是否享有成员权的问题，或根据社区内原有成员的协商和合意对社区内新增人口的成员权予以有限度的承认，即将这种成员权的享有限定在特定的范围，而基本上不与土地确权登记时界定的成员资格之间形成直接的冲突。

实践中，对于集体经济组织成员资格的取得和成员权的享有，不同的社区并未遵循统一的标准或规则，而是由不同的社区根据村民的协商和合意来确定。调查表明，与经济发展程度相关，在农业收益稳定且缺乏土地流转意愿的社区，其成员资格取得和成员权享有的标准或规则，与农业收益不稳定、土地流转意愿强烈社区成员资格取得和成员权享有的标准和规则之间存在程度不同的差异。如双流县兴隆镇瓦窑村，在2008年土地确权后，新增人口成员资格的取得和成员权的享有，以其出生时间为基础采取不同的标准。2008年确权后，到2009年5月31日之间，社区内新增人口只享有集体财产收益的分配权利，而自2009年6月1日起，新增人口不再享有参与集体财产收益分配的权利，但享有继承和受让的权利。与双流县兴隆镇瓦窑村的成员权规则不同，双流县普兴镇柳江村的成员权取得的规则是：集体经济组织成员去世后，其份额由集体经济组织内的新增人口享有。土地确权后的面积和位置已经确定，因此地权的再分配只能根据份额来移转，成员去世后其份额由新增人口享有，而不是在集体经济组织成员间的再分配。当原成员去世后转移出去的份额少于新增人口应当享有的份额时，新增人口根据先后顺序取得其份额，先到者先得。在期待利益较为明显的情形下，社区内的成员更趋向于利益均分的安排，而对地权的继承或转让和受让持一种排斥的态度。

双流县兴隆镇瓦窑村成员资格的高低与成员权享有范围的大小，以其成员的出生时间来决定。土地确权时已出生的成员，是当然成员，享有最充分的成员权；土地确权后的新增人口，也能取得成员资格，享有成员权，但其权利的享有范围已受到限制，而且这种限制还因成为某社区成员时间点的区别而受到区别对待。尽管某一时点后新成员的继承权和受让权得到社区（或集体经济组织）的承认，另一时点后新成员的继承权和受让权却不予承认和认可。以上三种情形的适用效果，是同一社区（或集体经济组织）内，成员资格的识别标准不统一，成员权范围的大小受到成员资格取得时间的制约。这种复杂的识别机制和认定标准，保证了社区（或集体经济组织）内的人口，无论新旧，都具有成员资格，享有成员权，另外却划分了不同类别成员的等级和权利范围。这种机制的复杂性还在于，对成员权取得的限定，修改了地权继承和受让的一般规则，使得地权继承和受让的一般规则与社区（或集体经济组织）的地方性规则相冲突。

双流县普兴镇柳江村的成员权制度的立足点是维持社区内的公平。土地确权后地权分配的基本规则是先到先得。尽管这种保障机制得到其成员的一致同意，但当其成员的异质性增强的时候，社区内的地权冲突同样不可避免。一方面是土地确权时土地的面积和位置已经确定，另一方面是地权再分配的对象是份额，而权利份额的存在需要一定的载体。如果某成员应享有的地权份额缺乏相应的载体来体现，这样的份额有何现实意义？土地承包经营权的取得和享有是以户为单位的，农户内部家庭成员之间对权利的享有是一种共有关系。如果要承认土地承包经营权的长久性，则要承认农户对家庭外的社区成员或组织对其权利的妨害或侵犯进行抗辩的正当性。在社区内，死者的份额由新增人口根据先后顺序享有的后果，仍然是地权的不稳定和土地的不断调整。

4. 户籍与地权关系中的地方性制度与国家立法的冲突

在《农村土地承包法》颁行之前，为贯彻国家政策和立法对农村地权施加的种种限制，需在这些限制性规定中导入户籍这一因素，将户籍作为限制性规定发生效力的条件。这些限制性规定在地方性实践中得到了广泛体现。

通过立法规定土地承包经营权与户籍的关系，以《农村土地承包法》为标志。该法第二十六条规定："承包期内，发包方不得收回承包地。承包期内，全家迁入小城镇落户的，应当按照承包方的意愿，保留其土地承包经营权或延续其依法进行土地承包经营权流转。承包期内，承包方全家迁入设区的市，转为非农业户口的，应当将承包的耕地和草地交回发包方。承包方不交回的，发包方可以收回承包的耕地和草地。承包期内，承包方交回承包地或者发包方依法收回承包地时，承包方对其承包地上投入而提高土地生产能力的，有权获得相应的补偿。"将户籍划分为农业户口和非农业户口，农业户口变更为非农业户口后，原农业户口的持有人不再享有土地承包经营权。

当前一些地方正在进行户籍制度改革的一个核心内容是，农村居民转户后，其原享有的地权基于地权的其他权利或继续保留或放弃，取决于其意思表示。对其补偿是基于其自愿的意思表示而放弃权利的当然结果，而不是因其丧失原户籍而强制其放弃或剥夺其权利的结果。当事人选择保留地权，其对地权的行使或处分，只要不违反土地管制的要求，则应贯彻意思自治的原则。国家立法中设置的地权转让需经社区成员多数决条款，其目的在于维护如上所述土地流转的封闭性。如果承认权利人行使或处分权利的独立性，而对此具有独立性权利的行使或处分又施加社区成员多数决条款，其结果仍然是致力于维护农村社区内部地权分配的平均主义，而不是促进农村土地市场的形成。进一步说，户籍与地权分离的地方性制度的实施，其效果为削弱了国家立法中限制性条款的效力，或使这些限制性条款失去效力。

因地权与户籍的分离，地权的行使或处分具有了开放性。地权的受让人是否持有出让人原属社区的户籍，均不成为影响其权利受让的因素。因此，在清除影响地权的户籍这一因素后，地权是否仍由原权利人享有，以及何人可以受让该权利，将由市场交易规则来调整。基于此认识，还可以说，能否在土地上设定抵押，以及设定抵押后抵押人不能履行债务而由抵押权人实现其抵押权时，土地将流入何人之手，将根据抵押制度来调整。禁止土地承包经营权和宅基地使用权的抵押，同样是试图维护土地流转的封闭性。地权行使或处分的开放性与目前国家立法禁止农村土地抵押的强制性条款不兼容。一方面推动地权与户籍相分离，承认地权与户籍不具有关联性；另一方面又想维持禁止土地抵押的强制性制度，这只能加剧地权冲突。

二　农村地权与集体经济组织重建

1. 土地确权登记与集体经济组织

土地产权界定和确权颁证中，将农民集体土地确权为集体经济组织所有，在权利证书上载明所有权人为集体经济组织的做法，不可能达到预期的改革效果。在其法律基础还没有建立起来的时候，还不能从法理上来解释集体经济组织究竟是一个什么样的组织的时候，土地确权颁证可能会加大地权冲突的风险。可能有人要辩解，说这种确权已经有可操作性，比如已经由合作社享有所有权，合作社是集体经济组织的表现形式，怎么能说主体不明确呢？问题在于，合作社成员的资格在还是通过社会管理方式来确定的情况下，以此成立的组织体是否是可以从法律意义上来讨论的经济组织？接下来还可以问，当这种集体经济组织以外的人或其他组织对该集体经济组织名下的所有权提出异议，或主张所有权时，裁判规则或争端解决机制是什么？

从设立民商事主体的法理要求出发，农村集体经济组织设立的法律基础应当由特定的主体来实施。其基本逻辑是，由一定的主体根据相关法律要求设立集体经济组织，并制定相应的章程。这种集体经济组织的组织构造与其他民商事主体大致相同。其设立的主体是该组织体的当然成员。原成员的退出和新成员的加入依据章程和法律的强制性规定。鉴于不同组织体的法律关系混乱不清，由农村基层组织如群众性自治组织设立集体经济组织时，应当明确它仅仅是设立的发起人，而不是等同于设立后的集体经济组织。

上述集体经济组织设立机制对地权与户籍分离后权利人权益保障的影响体现在：在权利人丧失原属社区的户籍而仍然享有或持有权利时，将其权利量化为股权并将其入股到村社内已设立的经济组织，仅仅是实现和保障其权利的一种方式。权利人既可以此股权加入该集体经济组织而享有相应的成员权，也可以不加入该集体经济组织，还可以作为设立人之一与其他设立人一道建立其他的集体经济组织，而在此新设立的经济组织内享有相应的成员权。在某一社区内，某一特定主体能否成为某个民商事法意义上的经济组织成员，不是通过政府或政府授权的组织来决定的，而是通过该主体与其他主体之间的合意进入该组织后，取得了成员资格，才享有了该组织的成员权。这种制度安排的优越性在于，只要不违反法律的强制性规定，地权的行使和享有以及如何行使和享有，由权利人自行选择，而无需由其他的组织为其决定和安排。即使为其决定和安排，也应经过其授权，通过代理或信托机制来实现其权利。如果地权与户籍分离后，除户籍变更外，地权行使和处分仍然受制于相互混同的组织体，其结果可能是通过户籍改革制造更多的失地者，通过社区内的多数决程序剥夺权利人的权利。地权与户籍分离，只是进一步保障地权的一个步骤，而不可能是地权实现和保障的最终标志。为实现和保障地权的制度建设又一次处在新的起点上。

符合法理的集体经济组织的成立，集体经济组织中成员权的取得和消灭，村社成员与原户籍属于该村社成员之间的关系，村社居民转户后其地权保障的基本原则等，都应当通过立法来确立相对完善的制度。地方政策，甚至中央政策、地方性法规或地方规章，在实践中其可操作性和引导功能较强，并被人们广泛接受和遵循，但如果无国家法意义上的统一规则，当争端发生时，因无统一的裁判规则，同一事由的裁决结果不相同的现象会时有发生。这种局面的风险，一是受追求经济增长的驱动，积极推行农业人口转为城镇居民后，以城镇化的名义将集体土地国有化；二是司法的无序化，公平正义无从体现。

农村集体经济组织立法的出发点之一，是为符合科学法理和基本法律规则的经济组织在农村的成长和发育提供法律支持，而不是另行创设与民事规则或商事规则相冲突的"新规则"。实践中农民专业合作社的发展，在某种程度上是得益于农民专业合作社立法的结果。如果需要制定专门的农村集体经济组织法，其立足点是明确农村集体经济组织设立、变更和消灭的基本原则，并谋求如何实现这些经济组织的法律规则与其他民商事组织的法律规则的衔接。制定专门的农村集体经济组织法，应达到这样的效果：农村集体经济组织设立、变更和终止或消灭的规则，与一般的民事主体或商事主体设立、变更和终止或消灭的一般规则大致相同，从社会政策或经济政策考虑而对这些经济组织施加的限制或禁止性规范仅仅是对一般规则的补充，而不是与一般规则相冲突；其成员资格取得和成员权享有的依据，是组织章程和相关法律，而不是身份，如农业户籍。这样的集体经济组织，才是与农村基本经济制度相契合的经济组织。无制度基础的集体经济组织不可能体现"统分结合"的本质要求，而只可能演变为名为集体经济实为由少数人掌控的私人经济。在这样的集体经济组织框架下，其成员对其权利的享有和处分，不再受服务于社会管理规则的支配和制约，如户籍制度。与此逻辑相对应，集体经济组织的设立及其成员资格的取得，与户籍无关，也可能与职业无关，只需不违反强制性法律规则，即满足集体经济组织设立的基本要求。

2. 不具备科学法理基础的集体经济组织制度将会进一步加剧地权冲突

集体经济组织的组织架构缺乏相应的组织法的支持。推行股份制的地方所建立的集体经济组织，因其成员的集合在一些情形下既不具备人合的特征、也不具备资合的特征，而致其运行中的冲突和问题越来越突出。即使推行集体经济组织中的股份合作，以解决户籍与地权分离后的地权归属及收益分配问题，但如果对集体经济组织及其成员之间关系的调整缺乏符合基本法理的制度，推行股份合作后的集体经济组织能否保障其成员的权益，仍然面临诸多问题。已经面临或将来可能面临的问题是，当因成员资格或成员权发生争端时，解决此争端的法律基础是什么？

如果缺乏解决争端的法律基础，这类争端能通过何种途径解决？这样说是因为，当争端发生时，需要解决两个基本问题，一是权利的主张者是否是该集体经济组织的成员；二是如果权利主张者是该集体经济组织的成员，其与该集体经济组织之间的权利义务关系的约定是否符合基本的法律规则。

在面临这样棘手的问题，而我们将眼光移向农村集体经济组织的制度起源时，会发现这里所谓的集体经济组织与其他的农村基层组织之间的关系没有认真厘清过。实际上，在土地的所有权人不能确定，由多个组织体（主要是村民委员会和集体经济组织）代为行使所有权，而所有权的行使又缺乏权利行使的代理或信托机制时，地权争端的种子便已种下。以股份合作形式或集体资产管理公司形式建立集体经济组织，其实质更多的是一种行政管理方式，而不是现代财产法意义上的财产聚合和财产权行使的方式。

农村土地整治项目实施中设立新的投资主体——资产管理公司和土地股份合作社，形式上是农民集体经济组织的新形式，问题是当项目实施完成后，投资主体因其创设目的已完成而消灭或终止时，这样的农民集体经济组织已经丧失其本来的意义。从这个意义上看，土地整治项目实施中创设的农民集体的资产管理公司和农户的土地股份合作社，实际上是基层政府通过农民集体创设的项目公司或项目组织，是政府完成土地整治任务和"生产"建设用地增减挂钩指标与耕地占补平衡指标的有效途径。

在户籍与地权分离的地方实践中，村民退出承包地需向村民委员会提出申请，退出宅基地需向乡镇一级政府提出申请，实质是将群众的自治组织或基层政府作为土地所有权的主体。这种做法的后果是农村集体经济组织可能被其他主体取代。

同样，农村社区内农业合作社和村民小组之间的关系也没有从制度安排上进行界定。可以将农业合作社视为集体经济组织，而村民小组是村民自治的一种组织形式，而不是一种经济组织。将农业合作社和村民小组混为一谈（无论是故意还是过失）的后果，是农民的经济组织未能有效运行，而村民的自治组织承担了自治组织不应承担的职责和功能。

与农业合作社和村民小组的关系未能清楚界定一样，农民集体经济组织和农民集体也常常混同使用。根据政府的操作规程，农村社区内的某些事项的决定或决议，既可以由农民集体承担，也可以由农民集体经济组织承担。农民集体是一定数量的农民的集合，其意志或意愿可以通过村民会议或村民代表会议来实现，而农民集体经济组织则应当是一定数量的农民为从事经济活动，根据相应规则而设立的经济组织，其因组织结构的不同而可以有不同的组织形式。

因此，农村集体经济组织产权制度改革首先需要解决的不是资产量化、股权设置和股权界定等问题，而是农村集体经济组织如何设立的问题。如果集体经济组织如何设立的问题还没有解决，就来实施集体经济组织的资产量化和股权界定，实在是一种本末倒置的做法。另外，即使欲先解决集体经济组织设立的问题，而这种设立不符合基本的法理，或仍然与其他社会组织相混同，不清楚界定它们之间的法律关系，这种经济组织迟早会侵害其成员的权益。

从文义上讲，农村集体经济组织是农村一定数量的人集聚后形成的组织体。这种组织体因其组织结构的差异而可以有不同的表现形式。在农村社区，人们可以设立合作社和合伙企业，也可以设立有限公司和股份公司，甚至还可以设立其他的商事组织。只要这些组织体的设立符合相应的法律规则的基本要求，不违反相应的强制性规定，其表现形式由当事人自主选择，而无需由其他组织为其选择，其他组织如政府在其中的作用就主要是引导和倡导，以及提供必要的政策支持。政府推行土地向合作经济组织集中，是一种政策引导，而不应当是强制性约束。土地权利人认为合作经济组织不利于其权利的享有和实现，或不愿意选择这种模式的经济组织时，可以选择其他的组织形式。

将农村集体经济组织视为一种社会治理方式时，农村社区内的人被组织起来后的"组织成员"的身份认同，将会缺乏相应的法律规则和组织章程的支持和制约。人们习惯于将农村社区的经济组织称为农村集体经济组织，现在却没有人将在城市设立的数量十分庞大的经济组织体（合伙企业、有限公司、股份公司等）称为城市集体经济组织，没有人会认为在城市区域内的某一项财产由城市集体经济组织所有，也没有人会提出城市不动产登记的权利人是城市集体经济组织。在计划经济或指令经济时代的城市和城镇，也出现了数量庞大的集体经济组织，但经济体制改革后，这些集体经济组织或解体，或转制，被具有法律意义的不同形式的经济组织取代。改革前城市集体经济组织的命运和结局应为农村集体经济组织提供镜鉴。

3. 通过成员权制度解决集体经济组织财产权制度的内在冲突

农村居民转户后，仍享有集体经济组织资产收益的分配权，这同样说明了转户居民对其原所属集体经济组织收益享有的分配权与户籍没有关系。他们对集体经济组织资产所有权和收益分配权享有的基础，不在于其户籍，而在于具有转户前所属集体经济组织的成员资格，并享有成员权。这种成员权取得的基础仍然是他们与该集体经济组织之间的"合意"。基于此"合意"而产生的成员权，其继续享有或退出，应由权利人自己作出选择。以户籍否定权利人对其权利的保有或放弃的权利，不仅否定了这种权利本来具有的法律性质，而且将户籍置于与这种权利同等的地位上。坚持户籍与原户籍持有人对原属集体经济组织资产享有权利的分离，其效果是这种权利将依据民事法的规则来享有和行使，而不是根据行政管理规则来决定其享有或丧失。尽管在遵循新的规则来调整集体经济组织资产中的权利归属时，会遇到新旧规则之间冲突的问题，但解决此冲突的途径和方法不应再回到原来的规则上，而应当通过完善权利归属的规则来克服。以股份合作或集体资产管理公司的形式来保障转户居民对原属集体经济组织资产的享有，其出发点应当是建立具有可操作性的成员权制度。

在已推行股份制的地方，因其实践中产生种种矛盾和问题而质疑股份制的合理性和正当性的根源，在于这种制度安排仍然没有解决成员权的问题。股份制开始推行时，对其组织内部成员资格的取得进行界定的同时，又在其中设定与股份合作不兼容的成员资格的取得规则，如事先设定社区内部一部分新增人口仍享有成员权，必然会使该组织的成员处于不确定的状态。在权利人不能确定，或成员的进入或退出缺乏统一规则的情形下，该组织内的成员对将来资产归属和收益分配缺乏合理的预期，权利冲突不可避免。也许可以说，股份制实践中产生问题的一个原因，仍然应当归结到成员权问题上来。这个教训的现实意义是，股份合作组织的建立，首先要解决合作组织的成员权问题。只有在成员权取得和消灭符合财产共有关系的基本规则的前提下，才可能实现股份合作组织中成员与财产之间的关系符合财产权制度的基本要求。成员的退出或成员权的消灭，乃至合作组织的变更或终止，以财产共有规则为基本依据，而不再将不符合成员权取得和丧失的法理的"地方性规则"融入财产权制度中。

三　城乡建设用地增减挂钩是解决土地供需矛盾的权宜之计，而不是根本之策

1. 建设用地增减挂钩机制

为解决城乡统筹发展中的土地供需矛盾，国土资源部于 2008 年制定了《城乡建设用地增减挂钩试点管理办法》。根据此管理办法，所谓城乡建设用地增减挂钩，指的是依据土地利用总体规划，将若干拟整理复垦为耕地的农村建设用地地块（拆旧地块）和拟用于城镇建设的地块（建新地块）等面积共同组成建新拆旧项目区，通过建新拆旧和土地整理复垦等措施，在保证项目区内各类土地面积平衡的基础上，最终实现增加耕地有效面积、提高耕地质量、节约集约利用建设用地、城乡用地布局更合理的目标。与建设用地增减挂钩相关联的两个核心概念，一是建设用地指标，二是耕地占补平衡指标。

建设用地指标指的是实施农村土地综合整治项目，将农村建设用地复垦为耕地，经验收合格后结余的建设用地面积所产生的指标。对该结余的建设用地指标，按照申请、审核、确认的程序登记注册，由国土资源管理部门发放建设用地指标证书。耕地占补平衡指标指的是在一定行政区域内实施的农用地、未利用地整理项目，经国土资源管理部门验收合格并备案确认后，可用于建设用地申报征收的指标。实施建设用地增减挂钩的目的，在于通过土地整理和复垦"生产"建设用地指标，通过建设用地指标的交易满足土地需用人的需要。

根据规划立法的要求，某一行政区域内土地利用规划制定后，不得随意修改，其修改须经法定程序，未经法定程序而对土地利用规划进行修改或变更将构成违法。通过土地整治、复垦等措施而"生产"的建设用地指标和耕地占补平衡指标的使用，将导致土地整治、复垦项目区内一些地块的用途发生变化。原为集体建设用地的，可能已变更为耕地，而原为耕地的地块，通过建设用地指标和耕地占补平衡指标的交易和建设用地的申报征收，转变为建设用地。建设用地增减挂钩机制的实施效果，可能会改变土地利用规划，进而导致土地利用规划目的落空。这正如《城乡建设用地增减挂钩试点管理办法》第九条规定的："挂钩试点县（区、市）应依据专项调查和挂钩试点专项规划，编制项目区实施规划，统筹确定城镇建设

用地增加和农村建设用地撤并的规模、范围和布局，合理安排建新区城镇村建设用地的比例，优先保证被拆迁农民安置和农村公共设施建设用地，并为当地农村集体经济发展预留。"

2. 建设用地增减挂钩与农村土地整治

实施建设用地增减挂钩的目的应当主要体现在两个方面。一方面是应对城市化和工业化对土地的需求，缓解城市和城镇建设用地压力；另一方面是通过建设用地增减挂钩实现农村土地资源的高效配置和利用，保障农民地权的充分实现，同时通过集体建设用地的整治，集中建立居民社区，在新建的居民社区配备基础公共服务设施，将分散的农民集中起来，使其成为城镇居民。

通过农村宅基地和村庄整理而节约的土地，首先要复垦为耕地，调剂为建设用地的必须符合土地利用规划、纳入年度建设用地计划，并优先满足集体建设用地。在土地利用规划确定的城镇建设用地范围外，经批准占用农村集体土地建设非公益性项目，允许农民依法通过各种方式开发经营并保障其合法权益。逐步建立城乡统一的建设用地市场，对依法取得的农村集体经营性建设用地，必须通过统一有形的土地市场，以公开的方式转让土地使用权，在符合规划的前提下与国有土地享有平等权益。因此，增减挂钩不仅仅是用地周转指标的空间转移和指标出让收益的收缴，而且是通过增减挂钩实现集体土地和国有土地的同权、同利和同价。

对地权状况的衡量是一件十分复杂的事。通过土地整理和土地复垦，农用地的生产条件一般会得到改善，因此土地权利人对土地整理和复垦的参与意愿会较强。而对土地整理和复垦后的宅基地退出的评价，不可能采用与农用地一样的标准。为解决农民的居住问题，宅基地退出的后果是农民的迁居和集中居住区的建设。农民集中居住区建成后，对农民地权状况的分析和判断的标准，既不能仅以土地面积的增减为标准，也不能以宅基地退出后的现金收入为标准。

土地退出涉及土地的重新利用问题。客观地看，土地规划多少带有想象的因素和成分。怀着良好愿望、本着科学精神的土地规划的实施，其效果可能与原来的期待相距甚远。其中问题的复杂性还在于，实践证明，由于城市化和工业化对土地的刚性需求，土地规划的稳定性和长久性在很多情形下不可能实现。

土地复垦和土地退出的过程，本来就包含着对土地规划不同程度的修改。通过土地复垦和退出，宅基地变成了农田，而通过建设用地增减挂钩机制，可以将农田变更为建设用地。因此，受土地复垦和退出机制以及建设用地增减挂钩机制的影响，土地规划的稳定性受到削弱。在很多地方，在很多情形下，村庄规划的不稳定性已经导致村庄建设的无序扩张。如果允许土地利用规划始终处于不断调整的状态，规划已失去其本来意义。

可以通过土地整治中的整村推进进一步说明此问题。一方面，土地整治的立项以农户自愿参与为前提，另一方面则要求土地整治项目要整村推进。其中的悖论是，如果一部分村民不愿意参与，整村推进能否实现？如果一部分村民不愿意参与土地整治，而为实现整村推进，能否强制该部分村民参与土地整治？在强制该部分村民参与土地整治与农民的自愿参与相冲突的情形下，强制与自愿的关系如何调整？土地确权和登记是产权的制度基础，但如果该部分村民的土地已经过确权和登记，而他们又拒绝参与时，能否以确权、登记和颁证是土地整治的基础，他们已申请确权和登记且政府已为其产权颁证为由，推定其已同意参与土地整治，否定土地整治的自愿性？在这些问题不能得以解决的时候，村民自愿参与和整村推进的冲突始终无法调和。

土地整治不是军事动员或军事行动，因而无需像军事动员或军事行动那样，需要得到人们的一致遵循。在军事动员或军事行动的时候，人们不能保持一致行动，终归难逃败局。而土地整治则与此不同。作为一种重新利用土地资源的方式，其不仅需要考虑资源重新配置的效率，而且至少与效率同样重要的是，在重新利用土地资源的过程中，应当考虑地权变动会对权利人产生什么样的影响，地权变动后对权利人的影响是否违背了公平正义的基本要求。在土地整治中，土地权利人拒绝参与或自愿参与，都不过是行使权利的一种方式。如果土地整治需要社区内所有成员的一致同意，而有的成员对此持否定的意见并拒绝参加，致使土地整治项目不能进行，其后果仅仅是地权未发生变动。

很多村庄的形成，是世代居住在那里的人们长期生产生活实践的结果，而不是行政规划的结果。在不同的地区或区域，农业现代化、工业化和城市化对村庄布局和土地利用方式的影响，不可能也不应该仅仅体现为村民的搬迁，不可能以城市或城镇为参照标准建设统一规划的农民集中居住小区。农民搬迁到集中居住小区，并不意味着那里城市化的完成，也不意味着那里农业现代化的实现。农民搬迁到新建城镇后，尽管在户籍统计簿上，将其统计为城镇人口，但其职业未改变，仍然以农为生，或者既不能从事农业，也不能在城市或城镇就业，这样的统计只不过具有数字上的意义，而缺乏实质性的内容。在一个农业大国，在工业化和城市化的水平还相对较低的情况下，通过土地整治而实现的农民集体居住区建设，或者村庄合并、撤村迁居等，将会对土地制度和农村的社会经济状况产生什么样的影响，在一个很短的时段内，试图来做一个非常长远的判断，可能还为时过早。

3. 实施建设用地增减挂钩，农民权益保障不充分

为避免增减挂钩的负面影响，应进一步明确实施增减挂钩试点的重点首先是整治低效利用的建设用地，并在此基础上实现农业资源的综合整治。检验增减挂钩实施效果的标准之一是农村土地利用效率是否得到提高，现代农业规模化经营是否得到有效推进。从法律关系上讲，增减挂钩的主要法律后果是土地权利的变动。因此，检验增减挂钩实施效果的另一标准是土地权利变动与农民权益保障之间是否能实现基本的平衡，以及对农民权益的保障是否体现了公平正义的基本原则。

增减挂钩试点中农民的权益保障不充分，主要体现为农民作为产权主体的法律地位未得到充分体现，及由此而来的市场交易权和收益分配权的实现未能从根本上得到保障。土地制度中的规划和权利保障是一个问题的两个方面。一方面，为确定项目区而制定规划十分必要；另一方面，由于项目区内集体土地的产权界定本来就不甚清晰，农民资产的有效保障缺乏必要的制度基础。尽管在制度层面上已开始强调建立和完善土地收益的分配机制，但在实践中，土地收益更多地用于新区建设和拆旧区的资金平衡。

在推行建设用地增减挂钩试点的过程中，推动宅基地配置和退出的主要因素是部门规章、地方政策和地方土地管理制度，用益物权制度的调整功能不明显，土地行政和用益物权制度在其中的交互作用也得不到应有的体现。长期以来，由于受到宅基地是农民社会保障的理念及其实践的影响，宅基地没有被视为农民的一项非常重要的财产，也基本上没有将其列为财产权制度的主要内容，而是将其作为土地行政管理的对象。尽管物权立法明确规定了宅基地使用权属于用益物权，但近年来的实践表明，这一物权制度在实践中尚未产生明显的效果。另外，增减挂钩对土地承包经营权影响的主要体现是，土地承包经营权流转的可行性增强。其中的一个原因在于，农户居住点空间位置的变化，使得土地承包经营权集中的可能性

增强，基层政府对承包地控制的可能性增大，农户对承包地直接支配和控制能力受到削弱。

四 土地制度改革的立足点，在于完善土地征收制度，建立城乡统一的土地市场

工业化和城市化中的土地利用，长期依赖于地方政策和部门规章，这不仅造成国家法与地方性规则或部门规则的冲突，而且进一步加剧地权冲突。为避免这些冲突，应尽快完善土地征收制度，进而建立城乡统一的土地市场，以适应工业化和城市化的需要，保障和维护农民地权，使其地权不被非法剥夺，正当利益不受侵害。

1. 集体建设用地流转试点与现行土地法律制度的冲突

根据现行土地法律制度的规定，农村集体建设用地的用途只限于宅基地、乡镇企业用地和农村公益性项目用地。各类市政设施和经营性建设用地需用农村集体土地的，须先将该集体土地征收，将其变为国有土地后，按照国有土地使用权移转的规则进行移转。

推行集体建设用地流转试点，首先面临的问题是这种做法与国家法律的强制性规定相冲突。另外，集体建设用地参照国有土地出让规则流转后，集体经济组织以及集体建设用地的受让人在受让期限内的权利应当受到保障。这种局面所导致的后果是，当需要征收已流转的集体建设用地时，被征收人不仅仅是集体建设用地的所有权人，集体建设用地的受让人也是被征收人。这意味着，土地征收不仅要补偿建设用地的所有权人，还要补偿集体建设用地的受让人。而如果征收已流转的集体建设用地，集体经济组织将丧失稳定的长期收益，从而引发新的矛盾和冲突。

2. 土地征收法的制定

对土地征收的基础——公共利益和公正补偿，在学理上已经没有太大的分歧，而在实践中，人们对公共利益的衡量标准和公正补偿的机制的认识尚不统一，土地征收的实施也主要依赖于地方政策和部门规章。实践证明，解决地权冲突，不可能通过局部的政策调整来实现。在缺乏具有可行性的统一规则的情况下，不同地区或区域的规则和标准的差异，不仅导致人们对现有规则的任意解释，而且消解了现有规则的效力，增加了制定统一规则的难度。

从人类的实践经验和认知能力来看，权利保障和维护的方式和途径具有多样性，而唯有通过立法制定具有可操作性的统一规则才有可能达到最好的效果。财产被征收人权益的保障和维护也不例外。实际上，土地征收实践所积累的经验已经足以为立法提供坚实的实践基础。其中的关键问题是，如何衡量利益冲突，以及是否有决心来解决利益冲突，使立法经得起实践和时间的检验。

土地征收与土地市场的建立不是相互排斥的关系。在土地征收制度相对完善的情况下，土地征收不影响土地市场的发展，其中的主要原因在于土地征收是以土地市场价格为基础的。在土地征收缺乏市场价格机制为参照的情况下，对土地需用人来说，为了减少交易成本，倾向于通过土地征收而不是市场交易来取得土地。进一步可以说，土地征收制度的完善，可以推动土地市场的发展。如果土地征收不能通过制度安排体现其公平和公正，土地市场的发育也可能是扭曲的。

3. 废除或修改现行立法中的不正当条款

建设城乡统一的土地市场，既需要制定符合市场交易需要的基本规则，同时应当对正在实施中的法律法规或其中的一些条款进行修改或废止。

土地流转中，因土地用途存在差异而需要对不同用途土地的市场交易制定不同的规则，这是由不同用途土地交易的需要决定的。农用地和建设用地的交易规则存在差异是由土地用途所决定的，而建设用地的交易则因土地所有权性质的不同而适用不同的交易规则。这不仅阻碍了建设用地市场的发育，而且事实上对不同性质的土地所有权进行了等级划分。实践中地方性的建设用地市场在一些地区或区域是存在的。地区性的建设用地市场的存在和发展不仅源于市场需求，还源于行政力量对土地资源的配置。地区性的统一的建设用地市场在地区范围内可能是有效的，特别是在得到地方政策支持的情况下，但这种有效的建设用地市场在面临地权冲突时，仍然无法有效解决冲突，因为它缺乏解决冲突的统一规则。

为建立和发展统一的土地市场，首先需要清理土地立法中不符合法理的管制。这里所说的管制与现代土地制度中的土地管制不同，后者主要是与土地规划相联系，是为实施土地规划而建立的。在当前的土地立法体系中，对农户承包地和宅基地使用权转让的限制，不仅妨碍了市场交易，而且已经与当前城乡统筹发展中的制度改革不相容。户籍与地权分离的改革实践，正在使农民集体成员权制度和似是而非的农村集体经济组织制度发生实质性的变化。这种变化已影响到地权转让的一些强制性条款继续存在的正当性和必要性。对此，可能有人要问，如果将这些限制废除，如何保障农民地权？其实，即使有那么多地权限制条款，也说不上农民地权的保障就很充分。既然土地确权和登记即将全面完成，地权保障基础要件已具备，担忧从何而来？目前地权限制的强制性条款的主要功能在于维护农村社区的封闭性，这与开放的土地市场不兼容。户籍与地权分离的现实需要和发展方向，以及集体经济组织制度和农民集体成员权制度重建的探索，已使地权限制的一些强制性条款丧失现实基础。

4. 小产权房政策和以集体建设用地建设公租房试点

实践中，建设用地市场面临的一个突出问题是对小产权房的处理。小产权房的实质是农村集体建设用地直接进入市场的问题。当前的土地政策，一方面是希望建立统一的建设用地市场，而另一方面却是在制度上对小产权房采取严格的强制性禁止措施。

小产权房禁而不止的动力，在于它满足了交易双方的需求，而规避了强制性规范的约束，进而形成了低交易成本的隐形地产市场。社会资本参与农村集体建设用地开发的地方实践，可以为我们提供的经验之一是农村集体建设用地开发与政府的目标不相冲突。通过制度建设，允许集体建设用地使用权直接进入市场，不仅可以保证政府从中征收相应的税费而达到增加财政收入的目的，而且将会有利于缓解地权冲突，遏制隐形地产市场，从而逐步实现地同权同价。试图采取一刀切的方式，禁止或取缔小产权房的做法不可能达到预期的治理效果。

制约和影响利用集体建设用地建租赁房的因素主要体现在两个方面，一是集体建设用地流转，二是工业用地的需求。在集体建设用地流转市场开始发育的背景下，在工业用地的刚性需求日益明显的条件制约下，如果坚持以市场为资源配置的基础，集体建设用地上建设租赁房的用地需求，将与前两者的用地需求展开竞争，而且三者竞争的结果将会有利于出价最高者。以这样的假设为前提，如果要追求集体建设用地上建设租赁房政策的顺利实施，还需要政府制定其他的配套政策和措施，以吸引农民愿意以其存量建设用地建设租赁房，来满足外来务工人员的居住需要。

如果农民集体作为市场交易主体的地位能够得到保障，政府在其中只起倡导的作用，他们会根据收益最大化的原则作出选择和判断。如果农民集体选择了集体建设用地流转以实现其收益，而不是选择由其自己作为建设主体建设租赁房以实现土地收益，利用集体建设用地建租赁房政策的实施将会受到影响。

实践表明，现实中的房地产交易，为规避法律的强制性规定，而以以租代售的方式达到交易目的的情况不同程度地存在。为规避法律的强制性规定而形成的房地产交易规则，在得到当事人普遍遵循的情形下，这些交易规则不仅损害了法律的权威性，而且会形成一种明确的导向，使这些规则成为事实上的"法律"。另外，即使相关政策明确规定集体建设用地上的租赁房不得整体转让和分割销售，但这样的禁止性规定目前还缺乏相应的立法安排来为其提供支持。

五　土地流转与工商业资本进入农村土地市场

1. 土地流转与土地确权

土地确权为土地流转服务的观点及其宣传，既违背确权的本来含义，还成为以行政力量推行土地流转的理由。客观上讲，土地确权对土地流转具有正面的、积极的意义。由于土地确权为地权的享有和行使提供了基础性的制度支持，土地流转的保障机制将更加有效。以土地确权为基础的土地交易机制的建立，为农村土地进入市场交易提供了制度保障，而且有利于土地市场的发育。问题在于，土地确权不仅仅是为土地流转服务的。以土地确权和土地登记为基础的地权移转能够为交易提供更充分的安全保障，但土地能否流转并不取决于土地确权和登记，而是取决于土地市场的供需关系以及权利人的意愿。人们不能因土地确权和登记的实施而以强制性手段推行土地流转。土地确权和登记是财产权保障的基础性措施。土地能否流转、以什么方式流转，与土地确权和登记之间不具有因果关系。土地确权和登记是土地流转的基础性保障的说法是成立的，但土地确权和登记是为土地流转服务的说法则不能成立。政府履行不动产确权和登记的职能，主要体现在保障不动产权利人的权利和市场交易安全。政府履行不动产确权和登记职能时，不能以此要求权利人应按照其要求流转土地，更不能将不动产确权和登记宣传为它是为流转服务的。

2. 工商业资本进入农村土地市场

人们对农村土地市场的一个担忧是工商业资本进入农业、投资农村对农民权利的剥夺和侵害。这个担忧的前提是工商业资本不受制约而引发农村的动荡。客观地看，追求利润是资本的天性，无利润即无资本。工商业资本进入农业、投资农村的后果和影响具有两面性。从立法上对它与农村土地市场的结合进行必要的限制，而且这种限制主要着眼于设立土地管制及收益分配的强制性规范，在实践中应当能够产生积极的效果。农民在市场交易中处于弱势地位不是否定农村土地市场的理由，农民不善于市场交易的说法在理论上和实践中都缺乏足够的证据来支持。鉴于近年来因拆迁和土地征收而引发的地权冲突，对土地兼并的防范，主要应当着眼于以暴力或其他违背农民意愿的方式掠夺或占有土地资源。政府在土地流转中承担行政管理的职责，而不是市场交易的当事人。

六 结语

在城乡统筹发展的进程中，如果不从制度建设上谋求可行的解决之道，因地权冲突引发的社会动荡可能出现。在修改或制定土地法律的时候，多考虑一些影响土地制度的基础性问题，将会对土地制度建设具有积极的意义。

城乡统筹发展中的农村土地制度改革，其实践意义首先在于恢复地权制度的本来面目。另外，地方政府通过其地方性政策及其实践，制定了地方性的土地规则。地方性规则在体现较强的执行力的同时，也削弱了国家法的效力，进一步加剧了地权冲突。地方性规则的推行，可能使地权争端的解决不再具有法律基础，地权争端丧失救济途径。

在坚持城市化道路和城乡统筹发展时，人们应当充分吸取历史上因盲目自信的土地规划、土地利用所造成的灾难的教训，而不应当根据简单的逻辑推论或方法实施土地规划。土地制度的历史表明，土地制度的形成，在很多情形下基本上不可能按原来的期望发展，其背离或部分背离设计者和规划者的预期是常态。对土地规划和农村人口迁居持盲目自信的态度，本身即背离了土地制度的逻辑。如果我们不能及时解决土地制度改革中已出现的问题，并使之符合科学法理的基本要求，城乡统筹发展中的地权冲突便无法克服。

为建立符合市场交易规则的农村土地市场，同时为减少城乡一体化的制度壁垒，人们逐渐认识到户籍对地权的不利影响。消除这种不利影响的根本途径在于通过制度建设实现户籍与地权的分离，进而建立符合科学法理基础的农村地权制度。户籍本来是政府行使社会管理职能的一种制度。地权持有人在选择继续保留或移转其权利时，政府和其他组织都不能以权利人已丧失户籍为由进行干预。

土地确权和登记可以促进土地市场的建立和发展。为适应现代农业产业的发展及工业化和城市化对土地的需求，土地流转终归是由市场供需关系决定的。基于土地确权和登记的土地流转将使出让人的权利得到更为可靠的保障。同时，基于土地确权和登记，权利人可以不参与土地流转，而由其自己持有和行使权利。土地确权和登记的任务，首先在于为权利人提供保障，而不是通过确权和登记来推行土地流转。

城市化发展的延伸：新型农村社区建设

——河南省新型农村社区建设考察报告*

张　军**

在中国城镇化浪潮的不断推动下，长期以农业为主要生产活动对象和以村庄为主要居住地的农民，不仅职业发生了巨大改变，大量农业劳动力脱离农业生产领域进入非农生产领域就业，而且伴随着职业改变，大量农村劳动力和人口进入城镇，实现了从农村居民到城镇居民的身份转变，这其中，新型农村社区建设发挥了重要作用，已成为中国城镇化发展的重要组成部分。新型农村社区建设在引领工业化、城镇化和农业现代化协调发展方面的作用日益显现。

一　河南省建设新型农村社区的背景

1978 年实行改革开放以来，河南省经济社会发展取得了显著成就。2011 年，河南省国民生产总值在全国 31 个省区市中排第六位，但受城乡二元结构发展体制影响，河南省城乡经济社会发展之间存在的差距依然突出，城乡之间、居民之间在分享经济社会发展成果上的差异依然显著，其主要特征表现如下。

1. 城乡居民收入差距没有明显缩小

居民人均收入支出水平是衡量经济发展的重要指标。河南省城乡居民收入差距一直较大。改革开放初期，河南省城乡居民收入差距曾经一度缩

---

* 河南省提出"三化协调发展、新型城镇引领发展"的新思路在全国引起了广泛关注，课题组通过对河南省郑州市、许昌市、平顶山市、新乡市和鹤壁市新型农村社区考察并在考察基础上撰写的这篇考察报告，仅仅是一个阶段性成果。

** 张军，中国社会科学院农村发展研究所农村区域与产业研究室副主任、研究员，研究方向为农村金融、农村城市化、农村产业发展。

小，但自 1985 年以来，城乡居民收入差距又呈现扩大趋势。特别是 2000 年以来，城乡居民收入差距呈现进一步扩大的态势（见图 1）。2000 年河南省城乡居民收入之比为 2.4:1，但是到了 2011 年，河南省城乡居民收入之比则上升到了 2.75:1，与全国城乡居民收入之比，尤其是 2005 年以来全国城乡居民收入之比呈缩小趋势相比，河南省城乡居民收入之比的扩大显得尤其突出。

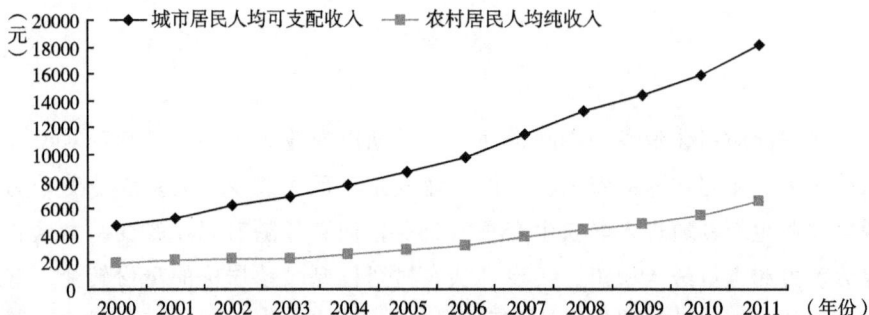

图 1　2000～2011 年河南省城乡居民人均收入变化情况

资料来源：根据《河南统计年鉴（2012）》数据绘图，中国统计出版社，2012。

2. 城镇化发展严重滞后于工业化发展

按照工业化国家城市化发展的一般规律，城市化进程一般与非农产业的发展呈正相关性，且保持在一个比较合理的范围，两者互动互促。改革开放以来我国城市化进程虽取得了显著发展，但从城镇化率与国民经济三次产业的非农化比较情况看，城镇化发展滞后工业化发展的现象十分突出。2010 年，我国按人口计算的城镇化率达到 49.95%，当年非农产业在国民经济三次产业中的比重已经达到 89.9%，两者相差 39.95 个百分点。此外，根据中国社会科学院工业经济研究所一项关于我国工业化发展的研究成果看，2010 年我国整体已经进入工业化中期的后半阶段，并接近进入工业化后期，但城镇化率则处在工业化中期的前半阶段。①

河南省城镇化发展滞后工业化发展的现象更为突出。2010 年河南省按人口计算的城镇化率为 38.8%，比全国的平均水平低了 11.15 个百分点（见图 2），在全国 31 个省区市中排第 27 位（见图 3）。2010 年河南省国民

---

①　陈佳贵、黄群慧、吕铁、李晓华等：《中国工业化进程报告（1995～2010）》，《学术动态》2012 年第 32 期，第 7 页、第 12 页。

经济三次产业中非农产业所占比重达到 85.9%，高于城镇化率 47.1 个百分点。城镇化滞后工业化发展的情况比全国平均水平更为严重。我们用中国社会科学院工业经济研究所的工业结构指标评价体系来衡量 2010 年河南省工业化发展所处的阶段，当年河南省已经进入后工业化发展阶段；但是用城镇化水平的评价指标体系来衡量河南省的城镇化发展所处的阶段，当年河南省城镇化仅处于工业化初期的前半发展阶段，① 河南省城镇化发展滞后工业化发展的情况十分突出。

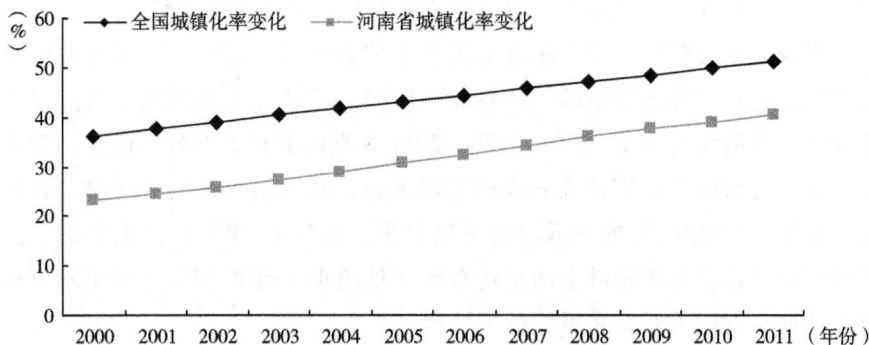

图 2　2000 ~ 2011 年全国和河南省城镇化率发展情况

资料来源：根据《中国统计年鉴（2012）》数据绘图，中国统计出版社，2012。

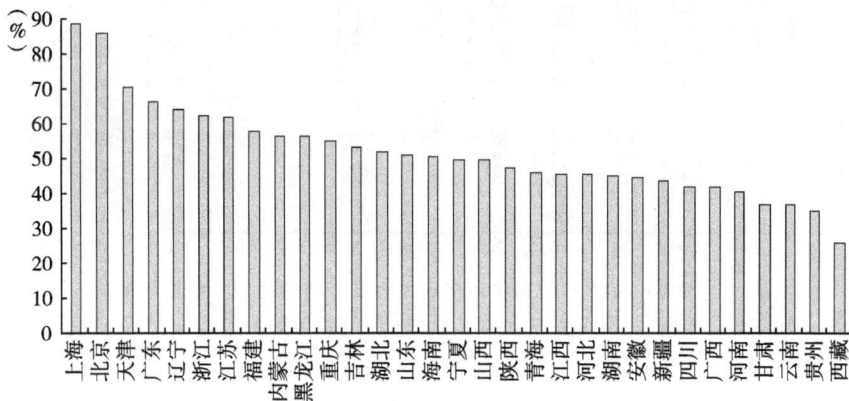

图 3　2011 年河南省与各省区市城镇化率排名

资料来源：根据《中国统计年鉴（2012）》数据绘图，中国统计出版社，2012。

---

① 陈佳贵、黄群慧、吕铁、李晓华等：《中国工业化进程报告（1995 ~ 2010）》，《学术动态》2012 年第 32 期，第 12 页、第 13 页。

3. 工农关系不协调现象依然突出

美国经济学家库茨涅兹对世界上众多国家，尤其是发展中国家现代化进程的研究发现，农业与非农业之间的人均 GDP 关系可以反映工业部门与农业部门之间的内在发展差距，由此创建了工农业二元反差系数指标，以反映工农业发展关系是否协调。工农业二元反差系数指标强度大，一方面说明农业比较生产率及比较收益率低，农业剩余劳动力转移缓慢以及农产品价值被低估；另一方面也充分说明工业化发展忽视了工农关系和城乡关系的协调发展要求，其结果必然是工农业和城乡发展严重失衡。

工农关系失衡是城市化滞后于工业化的重要原因之一。库茨涅兹的统计研究发现，世界上除中国外的发展中国家，反映工农关系的工农业二元结构强度值最大为 4.09 倍[①]。2000~2011 年期间的绝大多数年份里，我国工农业二元结构强度值呈现波浪式变化走势，基本趋势是先升后降，且数值都高于 4.09 倍的发展中国家的平均水平。在这 11 年里，河南省的二元结构强度指标有 8 年超过全国平均水平（见图 4），说明河南省的工农发展关系和城乡发展关系存在严重的不协调。

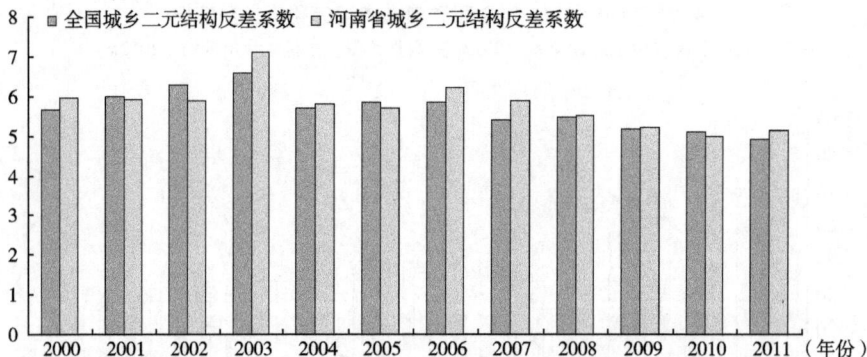

图 4　2000~2011 年全国和河南省城乡二元结构强度指标变化情况

资料来源：根据《中国统计年鉴（2012）》和《河南统计年鉴（2012）》数据绘图，中国统计出版社，2012。

4. 城乡公共基础设施建设和公共服务发展差距十分明显

与经济发展的城乡失衡相比，公共基础设施建设和社会事业发展的城乡失衡状况更明显。在城乡二元结构发展体制下，河南省农村公共基础设

---

① 刘炜、黄忠伟：《统筹城乡社会发展的战略选择及制度构建》，《改革》2004 年第 4 期，第 12 页。

施建设和社会事业，如文化、教育、医疗卫生、就业和社会保障发展缓慢，城乡之间存在较大差距。

在公共基础设施建设方面：由于城市公共基础设施建设主要靠政府财政投资，资金投入有保障，公共基础设施不仅完善而且有质量保障。农村基础设施建设，如路、电、水、气、邮、污水和垃圾集中收集与处理等基础设施建设，主要依靠县乡政府或者村庄集体经济组织投资建设，国家只给予适当补助。虽然农村公共基础设施建设需求越来越大，但受县乡政府和村庄集体经济组织财政收入有限的影响，公共基础设施建设资金筹集能力弱，不仅不能满足农村经济社会发展的要求，而且与城市发展的差距越拉越大。

在文化教育医疗卫生发展方面：农村居民文化消费水平低，消费内容和结构单一；教育方面尽管解决了九年义务教育的全覆盖问题，但农村适龄儿童的辍学率高于城市，小升初和初升高的比率低于城市，幼儿学前教育发展更是落后于城市。此外，城乡之间的教育质量差距因教育资源配置向城市倾斜的问题没有得到根本性扭转而差距越来越大；大病统筹和新型合作医疗建设虽然在某种程度上缓解了农村看病难、看病贵的问题，但城乡医疗卫生服务质量、水平和可及性的差距依然突出。

在就业保障方面：城乡居民在就业政策、就业服务、就业投入、就业管理等方面，也存在较大的不公平和差距。由于没有建立统一的城乡劳动就业市场，计划经济时期制定的一些限制农村劳动力就业的歧视性政策仍在发挥作用，农村劳动力就业弱势地位未得到根本改变。

在社会保障发展方面：改革开放以来，经过各级政府的不懈努力，初步建立了农村居民社会保障体系，社会保障覆盖面、社会保障水平都取得了较为显著的发展和提高，但城乡居民社会保障依然存在较大差距。一是农村居民的社会保障体制还需要完善，农村社会保障还没有实现全覆盖；二是社会保障水平低于城市。

河南省发展过程中出现的上述发展失衡问题，在很大程度上是工业化、城镇化和农业现代化三者发展不同步的具体体现。由于城镇化发展滞后，城镇不能为工业大规模集中生产提供良好的空间载体，不能为农村人口转移提供空间并形成不断增长的消费品市场，形成拉动经济增长的引擎，因而阻碍了新型工业化发展；不能为第三产业发展，尤其是新兴服务业发展创造市场空间，推升产业结构升级的作用无法体现。同时，农村劳动力和农村人口无法实现居住身份和职业身份的转变，也就很难与城镇居民一样平等地享受经济社会发展成果，而只能滞留在农业和农村，这样一来又影响河南从农业大省向农业强省的转变，影响河南农业现代化和农村现代化的发展。

根据刘易斯的"二元结构"转换模型，城镇化、工业化和农业现代化能否实现协调发展，主要受土地、资本、劳动力等生产要素在空间和产业分工中采取的配置方向影响。在刘易斯二元结构向一元结构转换的发展模型中，由于工业生产部门劳动生产率高于农业，因而土地、资本和劳动力向工业集中能产生较高收入，从而吸引农村劳动力转移到工业部门，工业化成为这一时期"三化"发展的重点。由于工业主要集中在城镇地区，工业化发展推动了城镇的出现和带来了城镇的繁荣，从这点说，城镇是工业化发展的结果。但是，随着城镇规模的不断扩大，人口和产业集中程度的不断提高，城镇对推动工业结构调整和升级的作用日益显现，对新兴产业的产生与发展的支撑作用不断加强，土地、资本和劳动力开始向城镇集中，城镇化对工业化和农业现代发展的逆向支撑作用成为"三化"协调发展的主要方面，并促进和推动工业化和农业现代化发展，进而使工业化、城镇化和农业现代化由不协调发展进入协调发展。

针对工业化发展所处的较高阶段，以及工业化、城镇化和农业现代化发展存在的不协调状况，河南省提出的"三化协调发展、新型城镇化引领"，以及将新型农村社区建设作为新型城镇化发展的重要举措，不仅有利于推动解决"三化"协调发展中城镇化发展短板的问题，还顺应了河南必须实现土地、资本和劳动力集约与更有效率配置的要求，顺应了城镇化对工业化和农业现代逆向发展支撑的要求，因而抓住了解决河南省城镇化和农业现代化发展与工业化发展不相适应矛盾的主要方面。

二 新型农村社区建设的河南实践

河南省新型农村社区建设过程中，涌现出一批具有代表性的典型社区。这些典型社区的建设模式和建设经验，可以为正在或将要进行社区建设的地区提供借鉴或参考。

（一）新型农村社区建设的河南实践

河南省内不仅各市县经济社会发展水平不同，而且就村庄的发展来说差异也十分显著，因此在新型农村社区建设上，不可能采用一种模式或者一种方法。从河南省新型农村社区建设的典型实践看，以建设主体为划分依据的新型农村社区建设，可以归纳为以下四种模式。

1. "刘庄"模式

刘庄社区是依托刘庄村经济发展起来的新型农村社区。在长期的经济社会发展过程中，刘庄村不仅集体财富积累相当雄厚，而且农村居民家庭收入和资产积累水平也较高。由于集体经济较发达，社区基础设施建设主要由集体经济组织承担。不仅如此，社区还为具有刘庄村户籍的社区居民提供了较高的福利待遇，例如住房、幼儿及义务教育、就业、养老、医疗卫生和文化事业等，甚至定期向社区居民发放日常食用的肉、奶和油等商品，这是一般社区不可比拟的。

刘庄村集体经济组织较发达，村级行政组织较稳定和有较高的权威，因此在刘庄村基础上发展起来的刘庄社区，不仅具有较稳定和权威的社区行政架构，而且社区日常运行经费也有可靠保障，不需要社区居民负担，也不需要政府给予较多支持。其存在的问题是，独特的集体经济组织实力和福利待遇影响社区开放程度，因此不具备广泛学习和复制条件。

2. "裴寨"模式

裴寨社区是在裴寨村基础上，采取"村级组织＋企业＋政府"三方联建的形式建立起来的新型农村社区。其主要做法是企业负责社区土地平整和居民房屋建设，以及为社区劳动力提供农业和非农就业，并为进入社区的每户居民提供一定额度的建房贴息贷款及旧房拆迁补助，拆迁节约出来的集体建设用地用于企业发展；村庄行政组织负责社区的日常行政管理与提供部分公共服务；乡镇政府负责社区道路、公共管网、电力和燃气等基础设施建设。

裴寨社区建设的特点主要表现在以下六个方面。一是党政合一、村企合一共建。通过企业主要负责人出任村庄党支部书记和村委会主任的方式，赋予个体企业以集体经济功能，介入社区建设，解决社区建设资金来源问题。二是明确政府在社区建设中的职责，形成政府、村庄、企业各司其职的合理分工。三是为社区居民提供"宜农则农、宜工则工、宜商则商"的就业保障。四是社区行政组织架构较为稳定，主要以裴寨村党支部和村委会为主体形成的社区行政机构具有较为广泛的群众基础，有利于社区日常行政工作的开展。五是社区日常行政管理经费可以通过集体经济组织收入和企业补助获得保障。六是社区边界较为开放，二期建设将辐射周边 11 个行政村。

3. "中鹤"模式

鹤壁市浚县中鹤社区是以农业产业化龙头企业中鹤集团投资建设集中居住区，并提供非农就业，企业与农业生产大户共同组建农机服务专业合作社从事农业规模化生产，农民通过旧房置换搬迁入住社区新居，政府负责社区基础设施建设和提供公共服务方式建立起来的新型农村社区。

中鹤社区建设的特点是，政府、公司、专业合作组织各司其职。政府负责基础设施建设和提供公共服务；公司提供社区居民住房建设资金及完成相应的住房建设，并转交给当地政府，由政府提供给实行房屋置换的农户。公司不参加社区行政管理，也不向社区提供运行经费，但有吸纳社区居民就业的义务。此外，公司还根据自身生产发展需要，通过股份制形式，与当地农业生产大户共同组建"鹤飞农机服务专业合作社"，在土地流转基础上实现规模化、集约化、专业化、产业化生产，符合工业向园区集中、居民向社区集中、耕地向现代经营主体集中的发展要求。

中鹤社区是一个开放程度很高、人口规模很大的社区，因此无论在公共基础设施和公共服务供给上，还是在维持社区正常运转方面，仅仅依靠社区自身力量不足以维持社区的正常运转，需要有政府的强力保障。因此，与上述两种社区建设模式相比，政府参与建设的程度与要求较高。

4. "西泰山"模式

洛阳市汝阳县西泰山社区的建设形式是充分利用自然资源禀赋条件，发挥政府扶贫开发与农户脱贫致富的两个积极性，一方面政府通过深化改革，整合农村各种扶贫资金，在旅游资源丰富、基础设施条件和公共服务较好的地区建设规模较大的居民集中居住社区，通过为搬迁农户提供住房的形式实现农村居民集中化居住，改善居民生产和生活环境，降低公共服务成本；另一方面社区居民通过开展农家乐等经济活动，实现就业和增加收入。

西泰山社区建设的特点是，政府在社区居民住房和基础设施建设、公共服务供给及社区正常运转开支保障上介入的程度较深，作用较大，但在发展经济上的压力较少；社区居民发展经济的环境条件较好，自主性、独立性较高，对政府依赖较少，政府和社区居民在基础设施、公共服务供给、发展经济方面的分工较明确。受资源禀赋条件制约，西泰山社区的人口边界有限，建设条件约束性较强。

（二）新型农村社区的主要特征

从河南社区建设的实践过程来看，新型农村社区定义可以概括为具有一定血缘、地缘、业缘关系的农村人口群体，为了一个或多个共同关心的诉求，在空间上聚集居住形成的共同体。这个共同体既与传统的农村社区不同，也与城市社区不同，它具有以下特征。

1. 新型农村社区具有开放性特征

与传统农村社区相比，新型农村社区延续了传统农村社区固有的血缘、地缘和业缘关系特征，但其发展又突破了传统村庄的固有边界，是多个村庄经济社会的组合，因而不再像传统村庄社区那样封闭，而是一个开放程度较高的社会系统。

2. 新型农村社区具有多样化功能

与传统农村社区单一功能相比，新型农村社区具有多样化功能。不仅能够满足农村居民改善生活条件和环境的诉求，也可以满足他们在就业、公共服务和文化方面的诉求。

3. 新型农村社区建设主体多元化

与传统农村社区建设主体单一化表现为家族或者村庄成员相比，新型农村社区的建设主体，既有以血缘、地缘为主的村庄成员或者家族成员，也有政府、村民自治组织、企业等。

4. 新型农村社区成员联系更紧密

与城市社区成员在血缘、地缘、业缘上的松散联系相比，新型农村社区除了具有以血缘、地缘关系为纽带的密切联系外，由于新型农村社区居民在同一个产业聚集区工作，业缘关系也把新型农村社区成员更紧密地联系在一起，使社区成员的利益具有趋同性，在社区成员利益诉求上容易达成一致。

三 社区发展的国际经验

自从德国社会学家滕尼斯在《社区与社会》一书中提出社区概念以来，社区在全世界不同国家的现代化发展过程中得到高度重视和快速发展。社区发展理论与社区建设实践，成为推动经济和社会不断发展的重要源泉与动力。

（一）社区定义与内涵

最早提出社区概念的是德国社会学家滕尼斯（F. J. Tonnies），他认为社区是由具有共同的习俗和价值观念的同质人口组成的、关系密切的社会团体或共同体。在滕尼斯看来，社区具有自生、同质、封闭、自给自足、单一价值取向以及人们类似感情和身份的特征，社区代表着传统的乡村社会。与社区相对应的是社会，社会是工业化和城镇化的产物。如果说社会变迁的总体趋势是从传统村庄向现代城市转变，那么也可以认为是从社区向社会的变迁过程。

滕尼斯之后的学者对社区的定义各有不同，但希勒里（Hillery）提出的社区具有地域、共同关系和社会互动性的概念得到了广泛认同。2000年11月，中共中央办公厅、国务院转发的《民政部关于在全国推进城市社区建设的意见》中，对社区作了如下定义：社区是居住在一定地域范围内人们社会生活的共同体。

综合社区的不同概念和定义，以及结合社区的现实发展，我们大致可以认为，社区内涵主要包括以下五方面内容：一是有一定数量的人口；二是有比较明确的边界；三是有一定类型的经济活动或生产活动；四是有一定规模的基础设施；五是有能够代表社区的文化特征。

（二）社区发展理论

最早的社区发展研究是以农村为对象，因而当现代城市形成以后，出现了农村社区和城市社区两个截然不同的社区发展类型。关于农村社区的定义，一般认为是指以从事农业生产活动为主的人们所组成的地域性社会生活共同体。

在工业化和城镇化发展推动下，人们开始根据自身发展需要的内容，如购物、学校、教会、邮局、新闻报纸、企业共同社会、近邻、政治、农场、图书馆、娱乐来建构不同的关心共同圈，以血缘、业缘和地缘组成的、具有很强封闭性特征的传统农村社区，开始向开放的、以追求共同关心的、不断增长的物质和文化生活需要发展为主的现代社区转型。这些关心共同圈在空间范围上与社会组织制度重叠，由此形成新型的、与传统农村社区不同的社区。社区可以是单一功能的社区，如在美国有以宗教为主的社区，在日本有以学（校）区为主的社区，在中国有以建立25分钟车程公共服务区为标准的社区，以及以文化体育服务为主题的社区；也可以是多功能的社区。多功能社区主要具有经济功能、生活功能、公共服务功能、文化功能和社会交往功能。从这个意义上说，传统农村社区向现代社区转变形成的新型农村社区建设，最低限度也要具备以上五种功能。

关于社区的行政架构和治理历来存在两种不同的理论。一种理论认为要通过政府的干预来建设社区和对社区进行强有力的治理；另一种理论则认为社区是自制组织，应当由社区居民自治来实现社区的管理。两种理论在现实的社区建设与发展中均有成功的案例。尽管马克思没有对社区的作用做过具体论述，但是马克思关于现代化发展过程中公民社会的建设，以及社会中介组织的发育和发展的论述，在很大程度上符合社区建设要求。目前在理论上得到广泛认同的是，社区建设和治理离不开社区建设和发展的阶段环境，在不同的建设和发展阶段上，经济力量、政府力量和社会力量深入社区建设和发展的作用不同，使上述三种力量在影响社区建设与发展上出现不同的排列组合，从而对社区建设与发展产生影响，因而简单说依靠哪一种力量进行社区建设与治理都可能存在片面性，也不符合现实中社区发展的实际情况。

（三）社区建设与治理的国际经验

从世界范围内的社区发展情况来看，社区建设与治理大致可以归纳出以美日为首且自治程度较高的社区民主自治模式、以欧洲（主要是北欧）为首的社区政府自治模式、以新加坡为首的政府指导下的社区居民自治模式等三种。这三种模式既有区别，也存在共同的地方，主要表现在以下四个方面。

1. 社区实行自治

在三种类型的社区自治中，美国社区居民自治程度最高，社区组织和各种非政府组织是社区治理主力军，居民在社区治理方面享有充分民主和基本权利。日本采取的是社区为主、政府为辅的治理模式。政府作用仅表现在规划、指导和提供必要的经费方面，很少对社区治理进行干预。社区治理主要由社区自治组织"町内会"负责。北欧主要实行社区政府自治。社区居民通过民主选举程序选举产生社区政府，并由社区政府对社区进行管理。由于产生了政府，非政府组织作用受到一定程度限制。新加坡实行政府指导下的居民自治。在新加坡的社区中，政府设立了一些派出机构，因而社区发展的政府干预行为在上述几种模式中最突出。

2. 社区发展得到政府各种支持

美国和日本的社区自治程度都较高，但美国政府和日本政府依然对社区发展规划提供指导，并提供相应资金支持。北欧国家的政府不仅对社区发展提供财政支持，而且也提供培训、信息、法律、文化和技术交流等服务。在新加坡，政府对社区的物质和资金支持就更直接。

3. 社区自治和发展有法律保障

为了保障社区民主自治的顺利进行，防止政府直接行政干预，即使是在政府直接干预程度较高的新加坡，也都出台了各种法律条文，对社区自治制度建设、政府干预、社区管理，以及社区财政资金使用、社区基础设施建设等方面，作了较为详细的规定，以保障社区能够在法制框架下顺利、健康发展。

4. 社区人口规模

从世界各国的社区发展情况看，城市社区和农村社区的人口有很大差异。比如美国纽约城市社区，人口规模一般在11万~18万人。新加坡城市社区人口规模在13万人左右。农村社区人口规模要比城市社区小，比如韩国农村社区人口规模一般在2万~5万人；日本农村社区人口规模在2万人左右。在日本，如果以学校为参照标准的话，2万人的农村社区人口对应有一所中学，因此以校区为中心建设农村社区是日本农村社区建设的特点。

四　新型农村社区建设的重要作用和意义

新型农村社区建设不仅解决了河南省工业化、城镇化和农业现代化协调发展的重大瓶颈问题，而且从工业化—城镇化—农业现代化的理论和城镇结构体系上，创新和发展了现有的城镇化理论和城镇结构体系，其对理论和实践产生的意义十分重大。

（一）新型农村社区是新型城镇化的重要组成部分

从城镇化过程中产业区域集聚演变、居民收入增长层次发展、人口流动规律的角度看，新型农村社区建设对城镇化发展具有重要支撑作用，是新型城镇化的重要组成部分。

1. 新型农村社区是产业、人口和社会服务功能聚集不可或缺的重要载体

根据国家统计局关于城乡划分的定义，城包括城区和镇区，乡包括乡中心区和村庄，[①] 因此将城镇界定为城市，乡定义为农村。空间上的产业聚集和人口集中是城市形成和发展的基础，因此城市化是部门和地区经济发展、工业聚集、人口集中的必然结果。[②] 聚集可以产生正效应，也可以产生负效应。在正聚集效应推动下，小规模的产业和人口聚集可以发展成为中等规模和大规模、特大规模的产业和人口聚集，形成不同规模的城市。产业在空间上的聚集要遵循一定规律，并不是所有产业都适合进入中等规模和大规模、特大规模城市，况且城市发展到一定规模后，在负的聚集效应推动下，某些产业和人口会向中小城市和镇转移。因此，大城市和特大城市的出现，并不意味着小城镇与农村的消失。相反，城市产业和交换关系向乡村转移，将促使村庄发展分化。一些村庄脱离传统村庄的单一发展轨迹，逐渐具有工农结合、城乡结合的纽带与桥梁作用，成为农村地区除小城镇之外产业聚集、人口聚集和社会服务功能聚集的新载体——新型农村社区。新型农村社区具有的"二结合、三聚集"功能实质上是城市功能向下延伸的结果，它打破了传统的非城即乡城镇化发展模式，是传统村庄不具备而城镇体系和功能建设亟待加强与完善的地方，因而对城镇功能和体系是一种补充。尽管新型农村社区还没有纳入现行城镇体系制度范畴，但它既不同于城镇又不是农村，在城镇化过程中扮演着连接城乡和工农的纽带与桥梁作用，将传统乡村—城镇的城镇化发展模式，变为乡村—新型农村社区—城镇的新型城镇化发展模式。从这个角度看，新型农村社区建设是新型城镇化发展的重要组成部分，也是区别传统城镇化的实质所在。

2. 新型农村社区是农村居民消费需求多层次实现不可或缺的重要载体

现代化是一个不断推进和演变的发展过程，受此影响，居民收入增长以及在收入增长基础上实现的消费，表现出多层次和阶段性特征。消费需求层次性表明居民在不同收入增长阶段对不同空间类型消费品具有不同的需求层级，而消费品市场域的分析又表明不同聚集规模的城市会导致不同

---

① 《关于对〈关于统计上划分城乡的暂行规定〉和〈国家统计局统计上划分城乡工作管理办法〉的说明》。
② 谭崇台主编《发展经济学》，山西经济出版社，2001，第355页。

类型消费品具有不同的市场域特征从而产生不同的聚集消费效应，因此不同的收入增长阶段也就对应着不同的聚集消费效应。[1]

从消费品供给的角度看，不同层级的城市由于产业聚集的类型和规模不同，消费品生产和服务供给结构有较大差异，这一方面是不同层级城市所对应的消费需求群体的消费和服务需求不同；另一方面是不同层级城市消费品生产和服务供给结构也存在较大差异。一般说较低层级城市提供与人们日常生活和工作密切相关的普通消费品和服务，而层级较高城市可以提供高档次消费品和高水平、专业化服务。从消费品和服务需求的角度看，受收入增长变化的影响，尽管居民收入表现为不断增长的态势，但在一定时期内具有相对稳定的特性，因此居民消费和服务需求具有多元化和阶段性差异。居民消费品和服务需求升级，以及城镇消费品生产和服务供给之间的耦合成为推动城镇化发展的动力。但正如城镇化发展是一个动态的循序渐进过程一样，居民消费和服务需求升级也是一个循序渐进的动态变化过程。经济发展虽然为农村居民进入城镇实现消费和服务升级创造了条件，但并不意味着所有具备消费和服务需求升级意愿的农村居民都会或者都要进入城镇。一部分农村居民收入虽然增长了，也存在消费和服务需求升级的意愿，村庄已经不能提供他们所需要的消费和服务，但受收入增长条件限制或者就业限制，还达不到进入城镇实现消费和服务升级的要求，因此需要有一个介于村庄和城镇之间的载体来实现他们的消费和服务升级。这个空间载体虽然不是城镇，但从人口规模、就业和公共服务等方面具备了城镇功能，解决了村庄不能满足居民消费和服务需求升级的问题，在农村与城镇之间形成了一个新的消费和服务需求市场域及消费聚集效应，与这个市场域和消费聚集效应相对应形成了新的聚集空间域——新型农村社区。新型农村社区建设弱化了传统城镇化非城即乡的消费和公共服务需求升级的对立发展，满足了城镇化发展过程中部分农村居民消费和服务需求升级的愿望。

3. 新型农村社区是农村人口多层次流动和聚集不可或缺的重要载体

城市化是农村人口逐步转变为城市人口以及城市文化、生活方式和价值观念向农村扩散的过程；从空间结构变迁看，城市化是各种生产要素和

---

[1] 李恩平：《韩国城市化的路径选择与发展绩效——一个后发经济体成败案例的考察》，中国商务出版社，2006，第47页。

产业活动向城市地区聚集以及聚集后的再分散过程。① 农村人口向城镇流动是乡—城广度城镇化的表现，但农村人口向何种规模的城镇流动则受到一定地域范围内，相互关联、起各种职能作用不同等级城镇的空间布局总况的影响。不同等级城镇空间布局形成了城镇体系。城镇体系将随着国家的社会经济发展和技术条件进步而不断演变，并不断加以调整。② 城镇体系的不断变化直接引发城镇之间的人口流动，出现了城—城之间人口流动的深度城镇化。③

城镇人口由较小规模和较低等级城市向较大规模和较高等级城市流动，受两个条件约束：一是较大规模和较高等级城市要具备吸纳人口和劳动力就业以及提供较高水平和专业化的公共服务能力。就城市发展来说吸纳就业和人口迁移，以及提供较高公共服务水平与能力，有一个与经济发展水平相匹配的水涨船高逐渐发展的过程。二是迁移人口和劳动力要能承担进入城市的各种成本，实际上这取决于经济收入状况。受此影响，一部分低收入农村人口，或者没有完全断绝与农村千丝万缕关系的人口，在城市化过程中选择"蛙跳"的方式进行迁移，即根据收入情况先进入较低层级的城镇或地区，然后逐级迁移和流动。新型农村社区作为城镇化的一个新载体，可以满足这部分人口城镇化迁移要求。

（二）新型农村社区建设的重要作用

从河南省新型农村社区建设的实践结果看，新型农村社区建设的重要作用主要表现在以下六个方面。

1. 促进生产要素城乡一体化配置

城乡二元结构体制下形成的生产要素城乡二元配置，带来了城乡发展上的严重失衡。在市场经济体制下解决城乡发展严重失衡问题，首先要破除生产要素城乡二元配置体制机制，实现城市生产要素下乡、农村生产要素进城的城乡生产要素融合与一体化配置。

城乡生产要素融合与配置在空间选择上有一定要求，要遵循生产要素配置的基本经济规律。受人口规模、交通条件和区位状况制约，绝大多数

---

① 魏后凯主编《现代区域经济学》，经济管理出版社，2006，第307页。
② 魏后凯主编《现代区域经济学》，经济管理出版社，2006，第320~321页。
③ 李恩平：《韩国城市化的路径选择与发展绩效——一个后发经济体成败案例的考察》，中国商务出版社，2006，第47页。

村庄不具备成为城乡生产要素融合与一体化配置载体的条件，或者不具有城乡生产要素可持续融合与一体化配置的条件。新型农村社区的出现，从人口规模、交通条件和区位条件等方面，弥补了村庄在城乡生产要素融合与一体化配置上规模不经济等问题，而且新型农村社区既连着农业也连着工商业，既连着农村也连着城市，既可以为城市生产要素下乡提供渠道，也可以为农村生产要素进城架起桥梁，因此在空间上解决了城乡生产要素融合与一体化配置载体问题，促进了生产要素城乡流动，为解决城乡一体化发展创造了条件。

2. 推动公共服务城乡一体化发展

针对我国城乡二元结构造成的城乡公共服务发展差距过大问题，2008年中共十七届三中全会通过的《关于推进农村改革发展若干重大问题的决定》指出，加快发展农村公共事业，促进农村社会全面进步，使广大农民学有所教、劳有所得、病有所医、老有所养、住有所居。在各项改革推动下，城乡一体化的公共服务体制机制逐步建立。但是农村公共服务在实践中遇到了两方面制约，一方面由于农村居民居住较为分散，且规模过小，政府向农村居民提供公共服务的成本较高；另一方面农村居民在享受公共服务时也要花费一定的成本，从而使公共服务的效率大打折扣。

建立新型农村社区，不仅可以通过人口聚集产生规模效应，降低公共服务供给成本，也可以减少农村居民享受公共服务时额外支出的成本，提高公共服务效率。更重要的是可以通过建立新型农村社区，实现城乡公共服务一体化的体制机制接轨，为一体化的管理机构落地和实行一体化管理提供载体，推动公共服务城乡均等化发展。

3. 优化城镇体系与发展结构

中国农村人口众多。在城镇化过程中数量庞大的农村人口是进入大城市，还是进入中等城市抑或小城镇，便成为人们讨论的焦点。农村人口进入城镇是完成居民身份和职业身份转换，平等享受政府提供的各项公共服务和福利待遇，并最大限度追求高工资收入诉求的一种表现和要求。

新型农村社区建设采取的是社区、产业和公共服务配套建设的模式，进入新型农村社区的居民，不仅在新型农村社区的产业园区找到非农就业机会，在农业产业化企业找到从事农业生产工作的机会，还可以通过设在新型农村社区内的政府公共服务机构，全面、便捷地享受到政府提供的各项公共服务。因此，新型农村社区建设受到农民认可，成为城镇化发展过程中农村人口流向的新载体。新型农村社区既不同于传统村庄也不是城镇，是取消村庄形成城镇—社区的城镇体系，还是依然保留村庄，形成城镇—社区—村庄的城镇体系，还有待于发展来决定。但可以肯定的是，新型农村社区对丰富城镇—村体系是一个创新和进步，对未来村庄发展，对工业化、城镇化、农业现代化发展将产生深远影响。

4. 改善农村居民生活条件与环境

新农村建设虽然在改路、改水、改灶、改厕、改房方面取得了一定成效，从而在一定程度上改善了农村居民生活条件与环境，但并未彻底解决饮用安全水、使用清洁能源、实现农村污水雨水和垃圾集中收集、集中处理等问题。造成这些问题不能得到有效解决，或者根本解决的重要原因就在于村庄人口聚集规模小、居住分散，建设成本高，缺少规模效应。

新型农村社区从建设开始，就从居民居住条件的设计上，引进天然气，对污水和雨水实行管网分离、集中收集处理，对生活垃圾实行集中收集、集中处理，社区内部实现了道路硬化、绿化、美化、亮化，彻底改变了原来居住脏乱差的环境，使社区居民享受到与城市居民一样的居住条件与环境。

5. 实现农村居民身份与就业转变

对国家来说，现代化过程就是从农业国向工业国的转变；对农村来说，就是从传统村庄向现代城市的转变；对农民来说，就是从农业生产者向工商业生产者和市民身份的转变。新型农村社区虽然在国家行政体制架构上没有给予制度接纳，也很难被称作城市或者城镇，但是它与传统村庄不同，能够在事实上完成社区居民身份和就业转变，这主要体现在以下两个方面。第一，绝大多数社区居民进入与社区配套建设的产业聚集区从事非农就业，与城市居民一样开始获得稳定的工资性收入，或者从事旅游服务业，彻底脱离农业生产或者彻底割断与土地收入的联系。第二，尽管社区在城与乡上的定位有待明确，但社区居民已经与城市居民一样，普遍享受到政府提供的各项公共服务，而这些公共服务无论是从数量上还是从质量上，都远比村庄时有了明显进步，与城市居民的差别有了显著缩小。

6. 提高农村居民收入和福利水平

新型农村社区在提高农村居民收入和福利待遇水平上的作用十分明显。从收入的多样性来看，新型农村社区居民收入中既有工资性收入，也有租金收入，还有股金收入。从收入水平情况看，农户进入社区后的收入水平要高于未进社区前的收入水平。以鲁山县东竹园社区为例，在没进行新型农村社区建设以前，东竹园村是省定贫困村，2010 年人均收入只有3272 元。经过两年的新型农村社区建设，尤其是结合当地旅游资源开发，把新型农村社区建设与发展农家乐旅游结合起来，预计 2012 年人均收入超过 4500 元。从社区居民福利待遇看，进入社区后的福利待遇要远远超过未进入社区前的福利待遇。例如社区提供物业管理，但免收物业费、电费和供暖费等费用。

（三）新型农村社区建设的重要意义

从河南省新型农村社区建设的实践效果看，它的重要意义主要表现在以下四个方面。

1. 丰富"三化"协调发展理论

2011 年中央农村工作会议提出在工业化、城镇化深入发展中同步推进农业现代化的"三化协调"发展要求。在全面贯彻中央农村工作会议精神的基础上，河南省根据自身发展的新情况、新特点，及时地提出了建设新型农村社区的发展战略举措，并取得一定成效。新型农村社区建设不仅对城镇化发展理论有突破，而且通过新型农村社区建设，为"三化协调"发展提供了来自实践的支撑。主要表现在以下两个方面。

第一，城镇化发展理论上的突破与创新。根据发展经济学的一般原理和逻辑，工业化是城镇化的推动力，城镇化是工业化的结果；农业现代化只有在工业化和城镇化大量吸纳农业劳动力和农村人口的背景下，才有可能通过机械替代劳动和广泛采用科学技术实现。这样一来，工业化、城镇化和农业现代化在时间发展上就存在一个先后次序和因果关系问题。而且从已有的发展经验看，这样一种先后次序的发展逻辑也被证明带有普遍性。新型农村社区建设打破了工业化、城镇化和农业现代化的因果关系逻辑，把原先在时间发展序列上有着先后发展次序和因果关系的工业化、城镇化和农业现代化，放在同一个时间节点上同时推进发展，这本身就是对现有城镇化理论的一种突破与创新。

第二，区域发展理论上的突破与创新。对一个国家或地区来说，工业化和城镇化过程实际上就是落后农业向先进工业、凋敝村庄向现代城市转变的过程。这一转变过程在空间上通常会造成区域发展的不平衡，即现代化城市与落后村庄并存。而且经济理论通常认为这种在发展上出现的区域不平衡现象带有普遍性。在空间上采用居民生活社区、产业聚集区、公共服务区配套共建的新型农村社区，避免了以往工业化、城镇化产生的区域发展不平衡问题，因而对区域发展理论是一种突破和创新。

2. 创新"三化"协调发展模式

由于经济社会发展的主客观环境不同，工业化、城镇化和农业现代化协调发展的形式和采取的模式各有差异。河南省在实践"三化协调发展、城镇化引领"发展过程中，突出旧村整体搬迁—土地置换—建设新型农村社区和配套建设产业聚集区与公共服务区—农村人口进入社区生活与工作—农村耕地实行流转—实现农业规模化生产的新型农村社区建设，并根据新型农村社区建设的主客观环境条件，给予新型农村社区建设较大的建设弹性和空间，调动建设主体积极性，实现建设主体互补，因地制宜创新出各具特色的新型农村社区建设模式。

3. 提供"三化"协调发展经验

河南省通过建立新型农村社区对如何促进"三化"协调发展进行了有益探索，积累了一些经验。这些经验主要表现在以下三个方面。

第一，建设用地存量变增量是推动"三化"协调发展的前提。通过旧村改造搬迁和建设新型农村社区，将节约出来的集体建设用地用于城镇和产业发展，不仅盘活了存量集体建设用地，在确保农业耕地不减少的基础上，解决了城镇化和工业化发展缺少土地的瓶颈，同时利用城镇和产业提供的就业岗位安排农业劳动力和农村人口，促进了耕地流转，实现了农业生产的规模化、专业化、集约化、标准化，实现了社区建设、工业化和农业现代化的良性互动发展。

第二，新型农村社区建设是"三化协调发展、城镇化引领"的基础。新型农村社区建设对"三化协调发展、城镇化引领"的基础性作用主要表现在社区建设和稳定发展是建设用地存量变增量的前提。新型农村社区能否稳定可持续发展，在很大程度上取决于新型农村社区能否为居民提供充分的就业机会，能否提供全方位和高质量的公共服务，能否提供必要且不断提高的社会保障。将新型农村社区、产业聚集区和公共服务区有机结合统筹建设，是河南新型农村社区成功建设的特点，也是新型农村社区得以健康发展的保障。

第三，深化体制机制改革是"三化"协调发展的保障。河南省新型农村社区建设离不开改革的推动。如果没有在集体建设用地使用上对现有体制的突破，没有在房屋产权上对现有体制的突破，没有在耕地流转上对现有体制的突破，就不会有河南新型农村社区的顺利建设。从这个意义上说，深化体制机制改革是河南省新型农村社区建设和"三化"协调发展的保障。

4. 找到"三化"协调发展改革的突破口

新型农村社区建设符合工业化、城镇化发展要求，因而是未来农村城镇化发展的主要方向之一。从河南省新型农村社区建设与发展的实际情况看，围绕"三化"协调发展产生的集体建设用地使用、转让、出让以及相关收益的合理分配，耕地流转，房屋产权明晰，政府提供的用于农村、农户发展生产和生活的专项资金能否继续使用，公共服务如何与新型农村社区接轨，新型农村社区行政架构定位和社区发展缺少制度性资金保障等问题，是新型农村社区这一新发展方式与旧有体制机制碰撞的结果，是旧有体制机制不适应新型农村社区发展需要的一种反映。这样一来，深化农村体制机制改革的主战场，就由村庄转移到社区，社区成为新发展阶段下农村经济体制机制改革的焦点。因此我们可以说，"三化"能否协调发展，城镇化能否引领"三化"协调发展，关键就取决于围绕着新型农村社区展开的一系列改革能否取得实际成效。从这个意义上说，新型农村社区建设找到了"三化"协调发展改革的突破口。

五　河南新型农村社区建设应注意解决的十个问题

新型农村社区建设给河南省经济社会发展带来了前所未有的变化，它在推动经济和社会发展的同时，也暴露出以下一些问题。这些问题如果不能得到及时解决，将有可能影响到新型农村建设的可持续发展。

（一）健全推动机制，尊重群众意愿

推动城镇化的主导力量是市场，虽然政府可以加快这一进程，但是运动式地推进城镇化也不能脱离城镇化的内在规律。新型社区建设是对传统城镇化道路的发展，同样要遵循城镇化的规律。遵循城镇化规律，就是既要强调行政力量的推动力，更要坚持以农民内在需求为基本动力。具体来说，社区建设不仅仅是居住形式的变化，既要有内在需求的驱动，也要有创新的管理体制来保障，这一过程必须与经济结构、农业生产方式、社会关系和社会管理等的转变相协调。首先，生活方式依赖于经济基础，需要

将社区建设与非农就业机会的增长、现代农业生产方式的建立相结合，只有这样农村人口才可以脱离农业、脱离对传统分散村落生活的依赖；其次，经济增长与收入提高能促进农村人口对现代社会生活、高品质公共服务的需求，这种需求成为农民自发推动新型农村社区建设的内在动力，因为新型农村社区建设是当前环境下满足这种需求的有效途径；最后，新型农村社区建设并不必然能够满足农民对城镇化生活的需求，只有将集中居住形式与现代社区管理方式相结合，才能提升新型农村社区建设的质量，也才能激发农民的进一步需求。所以，在新型农村社区建设过程中，应充分尊重农民群众意愿，探索建立更加健全的民主推进机制。

（二）构建公平利益分配格局，探索多元补偿形式

探索建立更加合理的利益分配格局，是新型农村社区建设过程中充分调动市、县、乡政府与村集体、企业、农民积极性的基础。新型社区建设节约出来的建设用地指标，通过"漂移"实现增值是客观存在的，对增值收益的分配要尊重群众的知情权、参与权和受益权。就农民来说，可能的补偿范围包括拆旧房补偿、建新房补偿、附属物补偿、先拆后建农户的过渡期住房补贴、节约的建设用地补偿等。从社区建设的实际开展情况来看，各地、各社区的利益分配方式都不尽相同，甚至可以说存在很大差距。在拆旧方面，个别社区做到了一户一评估，分别确定补偿标准，部分社区能够按照砖瓦房、砖混平房、砖混楼房等类别给予农户统一标准的补偿，而更多的社区则完全没有补偿。拆迁后节约出来的集体建设用地指标，可以通过"漂移"实现增值，能否让农民分享土地"漂移"产生的增值收益，是贯彻统筹城乡发展精神的关键。在个别社区，对节约出来的集体建设用地的补偿可以高达每亩30万元，但在其他大多数社区农民没有享受到这部分补偿，对增值也毫不知情。因为补偿方案存在差异，个别地方的农民几乎可以零成本入住新社区，而在大多数地方农民则得不到任何补偿，集中居住的成本完全由农民负担。从政府角度看，新型农村社区建设是土地资源优化配置的途径，实现的是公共利益，那么成本显然不能由农民负担。构建更加合理、更加规范的利益分配格局，用利益去引导社区建设，将有利于避免新型农村社区建设中出现的政府与农民、村集体与农民之间的矛盾，也有利于克服社区建设中出现的其他矛盾与困难，真正体现以人为本建设社区。

（三）多举措推动拆旧建新，将耕地增量落到实处

在新型社区建设过程中，节约出的建设用地指标与"漂移"的指标通常是等量的，使中央一再强调的耕地保护数量难以实现。客观来说，这是由于中央政策文件自身含糊其辞，使得耕地数量"有增加"缺乏约束力。例如，国务院〔2010〕47号文要求"项目区内建设用地总量有减少、布局更合理，耕地面积有增加、质量有提高……整治腾出的农村建设用地，首先要复垦为耕地，在优先满足农村各种发展建设用地后，经批准将节约的指标少量调剂给城镇使用"。国土资源部〔2008〕138号文也有类似规定。但是，138号文同时规定，用于归还挂钩周转指标的复垦耕地面积"不得少于下达的挂钩周转指标""项目区内拆旧地块整理的耕地面积，大于建新占用的耕地，可用于建设占用耕地占补平衡"。这些规定的存在使得耕地数量"有增加"在实践中难以得到保证。

拆旧复垦不到位使得耕地数量的保持面临进一步挑战。新型农村社区建设就是拆旧建新、集中居住的过程。建新顺应了农民需求，基本上所有农户都愿意，仅有一些农户受能力限制而放弃建新。拆旧复垦才是决定"三化"能否协调发展的关键环节，但也是大多数农户所不愿意的。拆旧不能完成，复垦也就实现不了，至少对于增减挂钩项目来说，在完成拆旧复垦前，项目区的耕地数量不但没有增加，反而会减少，出现新的土地浪费。制约拆旧复垦顺利到位的因素很多，首要的是补偿问题，其次还涉及观念问题、老人养老问题、一户多宅问题、无能力建新房的困难户问题、从事农业生产的需要问题等。

因此，当前需要通过加大拆旧补偿力度、妥善解决老年人安置、为困难户提供资金融通等多种举措，推动社区建设，特别是确保拆旧复垦目标的完成，避免耕地数量的绝对减少。所以，在河南省新型农村社区建设过程中，要明确节约指标与"漂移"指标的比例关系，确保耕地数量的绝对增加。

（四）发展现代农业，强化耕地用途管制

新型农村社区建设往往伴随着耕地流转，以及耕地利用方式与农业生产方式的转变。在此过程中，个别地方出现了"非粮化""非农化"加速发展的趋势，也出现了对家庭承包经营制度与发展现代农业关系的

质疑。对第一个问题，要强化耕地用途管制，明确土地效益最大化与耕地用途管制的关系，不能让新型农村社区建设成为"非粮化""非农化"问题的加速器，影响粮食安全。对第二个问题，需要在保护农户利益的基础上，健全耕地流转机制，促进耕地流转，实现适度规模经营，提升农业竞争力。

（五）因地制宜多种模式建设

从河南省新型农村社区建设的典型案例看，各自都有自身的优势和特点，也存在不足和需要改进的地方。因此，不能采用一刀切的方式，即采用统一模式或标准来建设农村新型社区，这样不利于发挥各自的优势。社区建设模式的选择，既要符合河南省各地区经济社会实际发展表现出的多样化、多层次特征，也要遵循市场经济发展规律。因此，在农村新型社区建设的初期阶段，应该允许多种建设模式并存，给不同社区建设以较大试验、改革和发展空间。

（六）各司其职、功能互补进行建设

在农村新型社区建设上，既要鼓励像刘庄这样有能力的村庄自主进行社区建设，但更多的是要采取政府、村级行政组织、企业、专业生产合作组织和村民各司其职、功能互补多主体建设形式。多主体进行社区建设，可以较好地解决政府想建但不能大包大揽建设、村庄想建但基础设施建设和公共服务供给能力较弱、企业想建又不想承担某些应当由政府和村庄承担的职能、村民想建但个人或个人联合体能力有限等问题。多主体进行社区建设，不仅可以实现建设主体的能力互补，还可以较好地将政府行为与市场经济手段结合起来，提高建设效率。

社区基础设施建设和公共服务供给是社区建设的重要内容，是社区居民生产、生活条件改善的前提，政府必须承担起这方面的建设职责，即使像刘庄社区这样经济实力雄厚、基础设施建设和公共服务供给自主性很强的社区，政府也应当给予支持。这不仅是因为基础设施建设和公共服务供给没有办法通过市场化的途径解决，更重要的是它还关系打破基础设施建设和公共服务供给的城乡二元结构，实现基础设施建设的城乡一体化，以及城乡公共服务均等化等。

（七）实行社区、产业和公共服务配套共同建设

社区是实现村民到居民身份转变、农民到工商业者职业转变的重要载体，是城乡公共服务一体化的重要平台。社区、产业和公共服务配套建设，可以满足农村居民上述三个方面的发展要求，因而是农村居民愿意向社区集中的根本性动因。鲜亮的楼房虽然改善了村民的居住条件和环境，但是如果没有产业发展，没有就业保障和公共服务全覆盖，这样的社区也就失去了建设基础与建设意义。从以上社区发展的实际效果看，坚持社区、产业、公共服务配套建设，是农村新型社区建设和发展取得成功的重要保障，也是"三化"协调发展的要求。

与此同时，社区建设不是越大越好。社区建设规模大了，对基础设施建设、公共服务质量、社区运行和各种保障都会提出更高的要求。从当前河南省农村新型社区建设的具体情况看，很难满足建大社区的条件。因此，结合国外社区发展的情况，农村新型社区建设不宜追求大，社区适度人口规模控制在1万~2万人，一般不应超过3万人。

（八）政府指导社区建设

从国际经验看，尽管社区都实行自治模式，但依然离不开政府指导和财政支持，即使像美、日这样奉行民主和社区高度自治的国家，政府也或多或少介入社区建设与发展过程。因此，在河南省这样经济不太发达的省份，新型农村社区建设应采取政府指导与社区自治相结合的模式。政府的作用在于弥补社区建设与发展过程中社区行政组织能力不足的问题，但政府不能代替社区行政组织做所有的事情，政府要做到建设不越位、支持全到位。

（九）依法保障社区建设

依法进行社区建设和治理是社区建设得以顺利进行和健康发展的保障。河南省在农村新型社区建设过程中，应及时总结经验，制定相应的社区建设与治理法规和政策，保障社区居民有效行使自治权力，鼓励社区居民参与社区建设与管理，发展社会中间组织和各种非政府组织，保障他们在社区自治中的活动空间，使农村新型社区能够在法律保障下不断发展。

（十）有序推进社区建设

新型农村社区建设不仅对河南省，而且对中国农村来说，都是一个崭新课题。在新型农村社区建设过程中，如何建，谁来建，怎样建，建设什么样的社区，都需要"摸着石头过河"。因此，为了让社区建设的群众基础更扎实，尽量减少失误和少走弯路，特别是在避免进行运动式社区建设方面，有必要在社区建设伊始，从负担不增加、就业有保障、收入有增长、公共服务有提高、耕地能流转以及节地率和群众支持率等方面制定必要的建设准入标准，防止盲目和不顾条件要求进行社区建设，使河南省新型农村社区建设有序、稳步推进，真正体现新型城镇化在"引领三化协调发展"方面的作用。

新疆畜牧业向现代转型面临的
制度瓶颈及应采取的政策措施

——新疆维吾尔自治区畜牧业发展考察报告

蒋 尉[*]

近年来，新疆各级畜牧部门坚持以科学发展观为指导，认真落实国家和自治区强牧惠牧政策，积极推进"畜禽良种繁殖体系、饲草料生产加工体系、动物疫病防控体系、畜牧业科技支撑体系、畜牧业产业化经营体系、畜牧业执法体系"等六大体系建设，在促进传统畜牧业向现代畜牧业转变方面取得了较大进展。但是，由于畜牧业的现代化起步相对较晚以及相关的制度缺陷，新疆畜牧业发展目前面临较严重的瓶颈制约；并且在新疆从事畜牧业生产的主要还是维吾尔族、哈萨克族、蒙古族和塔吉克族等少数民族，因此，新疆畜牧业的发展，不仅是新疆实现农业产业化的突破口和农牧民增收的重要途径，而且对于增进民族团结、维护国家和谐稳定、促进地区平衡发展更有特殊的重要性。各级政府必须高度重视新疆现代畜牧业发展面临的困难和问题，并采取切实有力的措施予以解决。

一 新疆畜牧业发展的基本情况

新疆地域辽阔，全区面积占全国六分之一，是全国五大牧区之一，有天然草原 8.6 亿亩，耕地 6180 万亩，人均耕地面积是内地省区的两倍以上。其中天然草原可利用面积 7.2 亿亩，占全国可利用草原面积的14.5%，居全国第三位，是耕地的 13 倍，是森林的 93 倍。

新疆牧区主要包括 37 个牧业县和半农半牧业县、农业县中的牧业乡镇

---

* 蒋尉，中国社会科学院世界经济与政治研究所博士，研究方向为气候变化经济学、可持续发展与非技术创新系统。

及 123 个国有牧场，牧区面积占全区国土面积的 62%。牧区有草原面积 5.6 亿亩，占全区草原面积的 65%。据统计，全区牧民总户数为 32 万余户，其中有 12.43 万户牧民已实现了定居。

2011 年末，新疆牲畜存栏 4800 万头（只），较上年减少 1.9%，其中奶牛存栏 270 万头（荷斯坦牛 63.4 万头、西门塔尔牛 51.5 万头、新疆褐牛 63.5 万头）；牲畜出栏 4870 万头（只），增长 2.27%，其中出栏牛 310 万头、羊 3850 万只；肉类总产量 230 万吨，增长 9.44%，其中羊肉 74.5 万吨，增长 5.43%；牛肉 50 万吨，增长 9.77%；人均牛肉、羊肉占有量分别达到 21.5 公斤和 34.4 公斤；猪肉 58.85 万吨，增长 13.33%；禽肉 37.23 万吨，增长 11.52%；牛奶产量 275 万吨，增长 2.79%；禽蛋产量 38.93 万吨，增长 10.99%；绵羊毛产量 8.65 万吨，增长 4.37%。畜牧业总产值 407 亿元，增长 8.3%。畜禽养殖效益明显提高，农牧民增收明显加快，畜牧业在农村经济中的支柱地位和促进农牧民增收的作用进一步凸显。2011 年全区农牧民人均纯收入 5442 元，较 2010 年增加 799 元，畜牧业是牧民的主要收入来源。

2011 年，新疆共实施牲畜品种改良、草原和牧区建设、动物防疫、农业综合开发、科技兴牧等方面的项目 46 类，投入财政资金 41.7 亿元，其中中央财政资金 32.15 亿元，自治区财政资金 9.55 亿元。定居兴牧、国有牧场危旧房改造、草原生态保护补助奖励机制和退牧还草等重点民生工程建设扎实推进，牧区生产、生活等基础设施条件得到重大改善。2012 年，新疆维吾尔自治区启动实施了自治区新增肉羊行动示范工程，切实提高肉羊综合生产能力，同时启动、深入推进畜牧业政策性保险工作，加快推进生猪产业发展，培育外向型畜牧业增长点。

二　新疆畜牧业发展的进展状况

通过对五个市州的调查和访谈，考察组看到了新疆各级畜牧兽医部门认真落实中央扶持畜牧业发展的各项政策措施，围绕"牧区发展、牧业增效、农牧民增收"这一核心，始终以"抓稳定、促发展、助民富、保生态"为工作的出发点和落脚点，以"民生建设年"为主题，取得了明显的进展。

1. 畜产品生产持续健康发展

近年来，新疆在畜产品的持续发展方面进展明显。一是突出抓好标准化养殖小区建设、良种补贴和牛羊肉生产提质增效等工作，2011年全区新建规模养殖场（小区）219个，补贴各类活体种公畜51681头（只），采购冻精239.6万剂，补贴项目已覆盖全区所有县（市）。二是实施"新疆多胎肉羊杂交生产体系建设行动计划"，在全区扶持44个多胎羊繁育场建设，引进基础母羊1.7万只。三是补贴能繁母猪37.56万头，有效促进了生猪生产平稳发展。四是启动实施自治区新增肉羊行动示范工程，在全面落实5000万元国家绵羊良种补贴资金的基础上，安排落实4500万元自治区财政专项资金和2800万元财政贷款贴息资金，积极推进肉羊示范工程建设。五是积极开展地方特色畜牧业政策性保险试点工作，在昌吉回族自治州玛纳斯县、阿勒泰地区吉木乃县、伊犁州直察布查尔县3个县开展了畜牧业政策性保险试点工作，不断扩大政策性保险的覆盖面。并召开自治区（南疆片区）畜牧业政策性保险推进会议，全面深入推进畜牧业政策性保险工作，进一步完善畜牧业政策性保险运行机制，逐步建立符合新疆现代畜牧业发展要求的政策性保险体系。

2. 游牧民定居和国有牧场危旧房改造等基础设施工程进展明显

一是推进游牧民定居工程建设。2011年，国家安排新疆维吾尔自治区游牧民定居15850户，投资11.55亿元。实际开工建设17499户，开工率110%；完工15855户，完工率100%；完成定居房建筑面积121.46万平方米，圈舍建筑面积83.62万平方米，完成投资15.62亿元，完成投资率达135%。二是做好配套人工草料地建设。自治区27座定居兴牧水源骨干工程于2011年4月全部开工建设，其中9座已下闸蓄水。其中自治区畜牧厅落实建设资金2.8亿元，用于骨干水利工程配套的27.79万亩人工草料地建设。三是做好国有牧场危旧房改造工程建设工作。拨付国家和自治区国有牧场危旧房改造补助款5.2亿元，累计开工31829户，完成年度计划的90%，累计完工28280户，累计竣工12685户。

3. 草原生态保护补助奖励机制的实施效果显著

一是成立了"自治区草原生态保护补助奖励机制及定居兴牧工程建设领导小组"，下设3个工作组，制定下发了多项指导性文件和配套法规。二是自治区于2011年6月在全国率先召开草原生态保护补助奖励机制启动会议。三是强化工作经费落实和基础信息采集录入工作。自治区财政先期拿出500万元用于工作经费，根据工作进展情况，分两批下拨奖励资金16.57亿元，占控制额度的90%。全区牧户基础信息采集录入工作基本完成，13 个地（州、市）级部门的实施方案通过自治区审核。四是全面落实草原生态保护补助奖励政策。2011 年，全区累计完成草原禁牧面积 1.5 亿亩、草畜平衡区划 5.4 亿亩，核减 399 万只羊，牧草良种补贴面积 578 万亩，活体种公畜补贴 6.46 万头（只），牧民生产资料综合补贴达 27.58 万户，圆满完成计划任务。

4. 切实加强草原保护和防灾体系建设

一是编制完成了退牧还草"十二五"规划，进一步完善退牧还草政策，增加了人工饲草料地和牲畜棚圈建设内容，提高了中央投资补助标准和比例，实现了退牧还草工程与草原补奖机制的有机结合。二是完成了 2008 年退牧还草工程验收工作，对 2009 年退牧还草工程建设情况进行了督察。三是全面落实 2010 年退牧还草工程建设任务，完成草原围栏面积 1058 万亩（其中禁牧 517 万亩、休牧 541 万亩），草原补播 62 万亩，新（改）建人工饲草料地 13 万亩，草原生态环境恶化的趋势得到初步扭转。四是将 2011 年退牧还草工程投资计划下达各地执行，下拨各年度退牧还草工程饲料粮补助资金 3.36 亿元。五是启动实施了畜牧业防灾体系建设，新建成防灾草料储备库 19 座，防灾草料储备达到 2.6 万吨，春季牲畜转场机械化率达到 26.5%。六是加强草原生物灾害和草原火灾防控工作，完成草原虫鼠害防治 3919 万亩。

5. 扎实开展动物疫病防控、动物防疫体系建设和畜产品质量安全监管工作

一是深入开展"重大动物疫病防控技术服务年"活动，加强动物疫病免疫和疫情监测工作，强化部门间、区域间、兵地间重大动物疫病联防联控协作机制。2011 年，全区累计免疫各类家畜 1.2 亿头（只）次、各类家禽 2.75 亿只次，免疫率达到 95% 以上，重大动物疫病平均免疫抗体监测合格率达到 80% 以上。2011 年全区仅发生 1 起重大动物疫情，疫情发生起数和扑杀经济损失较上年大幅下降，重大动物疫病防控成效显著。二是结合"学生饮用奶计划"的实施和"学生饮用奶"奶源基地的评审认定，进一步加大了奶牛布病、结核病检疫净化工作力度，完成家畜布鲁氏菌病血清学样品监测 28.47 万份，检出家畜布鲁氏菌病阳性血清样品 1946 份（含牛样品 1015 份、羊样品 931 份），牛、羊布鲁氏菌病检测阳性率分别为 0.57%、0.87%；完成牛结核病检疫 21.55 万头，检出结核病阳性牛 2313 头，牛结核病检测阳性率为 1.07%。三是积极推进畜禽标志及疫病可追溯体系和畜牧业综合信息平台建设，强化动物卫生监督执法工作，全区基本形成"以检疫监督促防疫、以防疫保安全"的动物防疫工作新格局，县级以上定点屠宰检疫率达到100%。四是强化畜产品质量安全监管。抓好生鲜乳收购站和生鲜乳运输车辆的监督管理。2011年，全区共完成饲料安全监测2766批次、兽药监测1039批次、生鲜乳监测1360批次、畜产品药物残留监测1275批次、畜产品监测3300批次、饲料产品监测4000批次、"瘦肉精"快速检测5900批次，查处了一批违法案件，全年未发生重大畜产品质量安全事件。在农业部对全国农产品质量安全状态进行的4次例行监测中，新疆维吾尔自治区畜产品全年平均合格率100%，居全国前列。五是大力推进动物防疫体系项目建设工作，2011年下达中央和自治区预算内动物防疫体系建设项目资金5071万元，组织实施了1个省际公路动物检疫检查站项目、7个地（州）级动物防疫检疫监督设施建设项目、51个县的552个乡镇兽医站续建和改扩建项目。

6. 加快完善畜牧业产业化经营体系建设

一是天山畜牧生物工程股份有限公司通过证监会创业板发审委的审核，已于2012年4月上市。西域春、巴口香、泰昆集团等改制上市工作积极推进，产业带动能力进一步增强。二是国有牧场改制工作、厅直属国有企业学校移交工作稳步推进，土地确权发证率达到了41%，较上年提高11%。三是饲料工业持续健康发展，全疆工业饲料总产量达140.8万吨。

7. 努力推动畜牧业科技工作取得新进展

一是2011年组织实施各类畜牧业科技项目90个，制（修）订国家和农业部标准6项，发布地方标准23项，开展无公害畜产品产地认定10个，为发展标准化、规模化和集约化畜牧业提供了有力的支撑。二是举办各类畜牧业培训班313期，培训2.06万人次。

8. 强化基础，拓展现代畜牧业发展平台

一是积极开展了畜牧业地方法规的制（修）订工作，《自治区草原法实施办法》《自治区奶业条例》通过自治区人大审议并颁布实施。二是畜牧执法人员培训工作全面完成，查处畜牧业违法案件1200多起。三是成功举办了首届中国·新疆畜牧水产博览会，参展单位450多家，参展人数5万多人次，签约金额达到36亿元，全区反响强烈。四是畜牧业综合信息平台建设第一期运行良好，第二期建设顺利启动，为实现新疆畜牧业信息化管理奠定了坚实基础。昌吉回族自治州作为试点地州，动物防疫数据实现了即时上传，完

成了 17 个屠宰场和 1 个活畜交易市场的视频监控，有 92 个奶站、60 辆运输车实现了视频监控，州、县两级畜牧兽医局全部实现视频会议功能。

三 新疆畜牧业向现代畜牧业发展过程中存在的困难和问题

新疆地域面积占全国的六分之一，有天然草场 8.6 亿亩，其作为全国畜牧业生产基地和五大牧区之一，资源禀赋优越。但与全国一些省区相比，无论从畜牧业总体规模看，还是发展水平看都有比较大的差距，主要表现在如下方面。

1. 畜牧产出与当地资源不相称，具体表现为总量偏低，增速缓慢

2010 年新疆畜牧业产值居全国第 20 位，仅占全国畜牧业总产值 1.8%，与全国五大牧区之一的称号极不相符；1990～2009 年新疆畜牧业总产值年均增速为 7.3%，比全国平均水平低 1.1 个百分点。与此相应的是，新疆农牧民收入与全国平均收入的差距不断扩大：1978 年新疆农牧民人均纯收入比全国平均水平仅低 15 元，而 2010 年比全国平均水平低 1276 元，在全国居第 24 位。

2. 结构不合理，新疆畜牧业在农业结构中的比重与全国的发展趋势相反

与 1978 年相比，2010 年新疆种植业比重提高 2.0 个百分点，畜牧业比重下降 2.6 个百分点；而全国种植业比重下降 24.7 个百分点，畜牧业比重提高 16.2 个百分点，新疆与全国的趋势完全相反。2011 年，全疆畜牧业产值为 415 亿元，在农牧民人均 5432 元收入中，来自畜牧业增收部分仅 177.7 元，低于林果和劳务性收入。

3. 市场失灵，供求关系趋于紧张

由于宗教信仰和消费习俗的原因，在新疆居民消费结构中，对牛羊肉的消费具有一定的刚性需求和不可替代性，因此近年来牛羊肉价格的大幅上涨应该带来投资增加和产量提高，但截然相反的是，牛羊肉价格加速上涨的同时，却是投资、从业人数及畜养量的轻微下降。价格信号和供求关系丧失了引导资源配置的作用。此外，各级政府与企业、农牧民与企业、农牧民与市场之间缺乏快速传递信息的渠道，使畜牧业生产、管理、经营、服务存在很大的盲目性。

4. 生态恶化，生产经营方式落后，人、草、畜冲突日益严重

"靠天养畜"的传统畜牧业依然占据着主导地位，游牧粗放经营表现

出诸多弊端：生态恶化，人、畜、草矛盾日益突出，牧民受教育机会少，公用事业发展困难等。当地畜产品龙头企业数量少，龙头企业和农户之间利益分配机制尚不健全完善，企业与农牧民无法结成风险共担、利益共享的共同体。其后果是，畜牧业生产萎缩，产品加工能力弱，产业链条短，产品附加值低，畜牧业带动不了牧民收入的增加。

考察中还发现，种植业在人均收入较高县的比例明显高于人均收入偏低的县，当地人也认为提高收入的途径是要更多地发展种植业而非畜牧业。

四 新疆发展现代畜牧业的制度瓶颈

新疆从传统畜牧业向现代畜牧业转变面临着多种困境，如自然环境制约、人口增长与有限资源的矛盾、科技水平限制以及农牧民受教育程度普遍偏低等非制度因素。

（一）新疆发展现代畜牧业的非制度因素

1. 自然环境因素的制约

自然环境和气候条件是制约畜牧业发展的一个重要因素。新疆草地荒漠化、草地生产力下降、水资源分布不均衡、生态环境恶化、灾害频发以及交通的瓶颈都制约着新疆畜牧业生产的发展。近年来，新疆灾害频繁，干旱、洪涝、风雪、鼠虫灾害时有发生，尤其近三年新疆连续遭受干旱、风雪等自然灾害，如2008年遭受75年来的特大旱灾，2009年冬和2010年春又遭遇了60年不遇的强降雪气候，一家一户的饲养方式难以抵御自然灾害。新疆虽然草原牧草资源丰富，但目前85%的天然草地处于退化之中，其中严重退化面积已占到30%以上，草地生态日益恶化。传统畜牧生产方式也加速了自然环境的恶化，超载过牧、开垦草原以及滥挖草原野生药用植物都引起了新疆天然草原退化，牲畜头数的大量增加超过了草原承载力，草场得不到休养生息；新疆的耕地面积由1949年的1814.55万亩增加到6186.84万亩，增长2.4倍，而开垦的荒地基本上是天然草原；滥挖草原野生药用植物也直接破坏了草原植被。

2. 人口增长与有限资源的矛盾日益突出

1952年新疆人口为465.17万人，到2010年人口达到2181.33万人，人均拥有牧草地面积由2000年的41.7亩下降到2010年的35.1亩。在工业和服务业不发达的情况下，大量人口滞留在农牧区（2009 年乡村人口占总人口的 60.1%），资源承载的负荷加大，加速了生态环境的退化和恶化。虽然近年来改良草场的投入状况有所改善，但草原基础建设的速度仍赶不上沙化退化速度，投入供需矛盾仍十分突出。草畜矛盾、人口增长与有限资源的矛盾已成为阻碍畜牧业发展的主要问题。

3. 科技水平的制约

一是科技投入不足。二是科技人员作用发挥不充分。目前新疆从事农牧业科技人员不少，但真正在生产一线的科技人员要明显少于统计数据。三是科技服务体系不健全。全疆已建成乡镇推广中心和农技服务站虽然不少，达到相应标准的却为数不多。

4. 农牧民受教育程度的局限

目前，全疆农牧民家庭劳动力中文盲比例达到 9% 左右，小学文化程度者占 41% 左右，初中文化程度者占 34% 左右，以这样的素质去实行集约化经营是十分困难的。更为重要的是农村信息不通畅，文化科技传播途径有限，导致农牧民观念陈旧，思想保守，科学管理和科技养殖难以实现。同时，由于素质低下，缺乏从事非农产业的职业技能；缺乏对市场经济规律的了解，使得外出就业竞争力越来越弱，收入空间越来越窄。

（二）新疆畜牧业发展困境的症结更重要的在于制度因素

1. 草场产权制度的不完善

公共草场在缺乏有效约束时，便会引发"免费搭车"问题，新疆草原的退化、沙化，过度农耕和超载过牧，其真正深层次的原因在于草原产权制度的不完善。尽管新疆目前 70% 的草场已经承包到户，但相关制度很不完善，其弊端明显地体现在以下方面。

第一，缺乏明晰的所有权、使用权及其操作规范和程序。由于草场产权模糊，很多违规行为有了可乘之机。如有的地方以政府指令的方式获得对集体草场的分配或控制权力，甚至为短期的既得利益，出租开垦草场。还有的地方甚至不顾草原生态安全，以种饲草料为名不断开垦草原，种植树木，其目的是得到"退耕还林"的补助款，使"退耕还林"的政策变相为"退草还林"。在草场产权缺乏制度保障的条件下，牧民又缺少自我保护意识，不习惯用长远的眼光去衡量权益，面对草场征用，他们往往陷入"一无所有"的困境。

第二，缺乏规范的草场流转制度。由于草场的无偿使用和基本上的无偿转包以及缺乏稳定的预期，牧户之间的转包十分有限，而集体组织的调整因为缺乏经济机制，也难以得到牧民的认可。所有权的模糊使得牧户实际上几乎没有资产，使得抵押贷款几无可能。

第三，草场产权制度的不完善还造成了公共设施建设的真空，即一些本应由所有者提供的公共品资源，如牧区水利工程、灌溉渠道、交通道路等无人负责。产权制度问题如果得不到妥善解决，制度的激励作用就会受到限制，而且难以保证其持久稳定。

2. 畜牧业政策的内部差异性带来的不均衡

国家在生猪生产、奶牛养殖和种植业等方面出台了一系列扶持政策，但适用于肉牛、肉羊等相关产业发展的政策很少。猪的生殖以及存活率远高于牛、羊以及马，如一只母羊一年一般生产一胎羊羔，极少双胞胎，并且存活率也不及猪，这使得牛羊畜牧业的收入有限。这直接造成两种结果：非穆斯林农牧民更多地投入饲养猪，而有条件的穆斯林农牧民则转向种植业。这就是在牛羊肉市场价格不断上升的情况下，全疆肉牛、肉羊养殖业生产能力却下降的重要原因。目前，甚至出现了甘肃、青海、内蒙古等省区向新疆调入活羊、羊肉的"羊回流"现象。可以说，畜牧业扶持政策的内部差异性带来的不均衡是新疆牛、羊生产发展缓慢的一大原因。

3. 畜牧业融资问题

因无牛羊养殖业专项贷款，尽管农牧民面对当前良好的牛羊肉市场行情，虽有发展生产的意愿，但自我积累能力弱，缺乏资金支持，扩大养殖生产能力受阻。农牧民手中几无任何可以做贷款抵押物的资产，金融部门发放的小额信贷贷款周期短，而且门槛高、限制条件多、信贷资金少，手续繁琐，资金到位率低。

对此，新疆曾经有过"10户联保"的办法以及"畜牧业担保公司"的出现，但是前者因其明显的"相互株连"的漏洞（只要一户出现问题，其他九户就无法获得贷款）而被弃用，后者则是明显提高了农牧民的贷款但实际利率高而难以被接受。

4. 部门之间的协调问题

现代畜牧业的发展是一个系统的综合工程体系，远不是单靠一个畜牧厅就能实现的，而需要各部门的合作、协调和沟通，否则将引发部门之间的矛盾和冲突，最终影响产业的发展。由于代表不同群体的利益，不同部门之间往往各自为政，难以协调。最突出的部门矛盾就是林业和牧业，在新疆，主要是山区更新造林与畜牧业生产的矛盾。新疆不少草场已经被林业部门以"植树造林"的名义"挪用为林地"，地势低的草场逐渐被蚕食鲸吞的方式"挪为种植用地"。另外，在国家对种植业补贴政策的刺激下，一些牧区为提高土地短期收益，将茂盛的水浇草场改为"粮"田，使得饲草料价格不断上涨，仔畜价格也大幅度上涨，养殖成本上升。这种状况严重影响了畜牧业的发展、草原的建设保护和农牧民的权益。

5. 政策实施存在障碍

在访谈中发现，当地干部都承认国家层面的政策很好，如草原生态保护奖励补助机制等，但是具体到每个地方之后，如何传达、细化和实施却是个难题。

一是传达难题。在一个不同少数民族聚居的地方，对于农牧民，尤其是游牧民的政策宣传指导，因受其语言、教育水平和工作生活性质所限，必须要求精通多种少数民族语言和方言的专门人员来完成该项工作，这对人员素质提出了很高的要求。

二是本地化和细化难题。政策需要当地附以具体实施条例和细则，否则很难具有实际操作性。然而根据现存的不成文规定，谁出台条例，谁负责执行经费，因此，因执行经费的原因，条例和细则经常是悬而不决。

三是执行到位的问题。以怎样的方式确定责任分工，如何通过行政考核制度促进政策的实施，目前还没有付诸清晰有效的方法。

五　解决的思路和对策：创新机制是新疆现代畜牧业的唯一出路

鉴于上述问题及制度瓶颈，新疆发展现代畜牧业不仅要靠国家宏观经济政策的引导和扶持，更重要的是制度创新和完善。

1. 创新机制、完善产权制度，实现规模化养殖、标准化生产和产业化经营

完善草原产权制度，延长草原承包期，明晰产权，使牧民对草原真正具有使用权、收益权和处置权。同时完善草原流转机制，并建立草原退出机制。在此基础上，发展现代畜牧业。

一是探索"合作社"的模式，引导和扶持采取牧民联户经营、参与式管理、牧业协会等多种组织形式，走联合发展之路，提高抵御市场风险能力，克服目前分散经营的生产方式和牧民整体素质不高与现代畜牧业发展之间的不适应。

二是在完善草原流转机制的前提下，逐渐实现规模化养殖、标准化生产和产业化经营，提升畜牧产品质量和推动产品多样化，延伸产业链，提高附加值。

三是鼓励组建龙头企业集团，对现有畜牧相关企业进行资产重组，同时要求龙头企业与农户等各利益主体之间结成风险共担、利益均沾的共同体。加强对外部市场的研究，实现由局部小市场向国内国际大市场拓展，提高畜产品市场竞争力和占有率，从而引导生产和配套服务等功能。

2. 依靠科技创新，转变发展模式，提高现代畜牧业发展水平

首先，要构建体现新疆地区特点的产业技术创新和服务体系，加强与科研院校的合作，建立具有区域特色的产业技术创新体系，形成以畜种优化和畜产品研究开发为主线的首席科学家负责、岗位科学家为骨干的稳定的科技队伍，建立科技创新基地，提高牲畜良种化水平和病疫防控能力。

其次，加强科技队伍与各牧区科技服务站点的连接，注重科技示范和培训，加大技术推广力度，加速科技成果向现实生产力的转化，推进畜牧业科技创新平台和服务建设的规范化和有效性。充分发挥龙头企业、科技示范园区、科技示范户的辐射带动作用。

3. 调整畜牧业扶持政策，关注畜牧业内部的平衡发展、增进效率与公平

一方面要加快发展畜牧业，提升畜牧业产值比重，使新疆畜牧业由"副业"转为"主业"；另一方面要注重畜牧业内部的平衡发展。将对生猪饲养的一系列政策扶持，包括贷款、能繁母猪补贴、能繁母猪保险等也延伸到用于羊、牛和马的畜养。此外，还要重视对牧区公共基础设施进行必要的补贴，如标准暖棚舍、人工饲草料种植储藏、兽防设施、能源供应、生产和生活环境、道路交通等。

4. 建立有效的部门协调机制

现代畜牧业的发展是一个全局意义的巨大综合型工程，不同部门的权限和义务交织，因此，必须打破区域分割和部门界限，自治区要从全局的高度，明确各部门的责、权，建立一个统一的、规范的部门沟通、协调机制。在此框架下纵向正确传导、解释国家政策到州、县、村直至农牧民，横向理顺和协调各部门之间的责权利冲突，保证政策的实施到位。

5. 增强品牌意识，提高畜产品市场竞争力

新疆牧区具有得天独厚的"绿色生态"优势，应从"绿色"和"无

公害"入手，实施优质名牌战略，逐步形成一批在国内外市场具有高附加值、高知名度和较强市场竞争力的畜产品。完善相关的制度体系：一是建立无公害饲草饲料生产基地；二是组织制定农区无公害、绿色饲草饲料生产技术规程和标准；三是建立无公害、绿色畜牧业产品及饲料饲草质量认证、标志管理、市场准入制度。

6. 加强建立生态评估体系及畜牧业环境影响评价体系，推进行业优化整合

针对新疆草场退化和沙化等生态环境问题，亟须提高生态监测与绩效评估能力建设，建立健全涵盖各种环境要素的生态环境监测机构与网络，完善生态建设考核评估指标体系，开展生态环境质量监测与评估，及时跟踪和全面反映全区生态环境状况及变化趋势，建立环境统计与信息网络，完善环境信息公开制度。

开展对全区牧区的生态评估，进行科学的功能分区，正确权衡生态效益和经济效益。坚持因地制宜、分类指导的原则，宜林则林，宜草则草，坚持草原生态保护和建设并举，积极发展人工饲草料地置换天然草地，推广草原先进实用技术，推广以草定畜、划区轮牧、封育围栏、减牧休牧等措施，严格控制草原载畜量，实现草原生态和畜牧业可持续发展。

7. 加大教育和培训的力度

牧民定居、扶贫开发等惠民工程要更多地注入对牧民的教育与培训，提高牧民的素质，帮助牧区的富余劳动力走出草场，减少畜牧业从业人口，有效增加牧民群众收入，缓解人、草、畜矛盾。对于农牧民的教育和培训，要以长远的眼光来选择教育和培训的内容：既要有基本的文化知识普及，更要注重因地制宜，与推广畜牧业科技知识和当地适用技术培训紧密结合，并且有针对性地对特定的群体开展转岗培训工作，为畜牧劳动力转移做好铺垫。

8. 规范和提高一线工作人员的待遇

最后需要指出的是，有必要拨财政专款用于规范和提高基层一线畜牧业管理人员的待遇。在考察过程中发现，我们碰到的众多坚守畜牧一线的干部群众，常年在濒临雪线的草原上执行任务，因新疆地域广，上班地点和家往往是几百公里之遥，工作量大，条件极其艰苦，收入与付出严重不符，草原警察连统一的服装都没有。他们依然对草原、对牧民、对工作充满了热情，但光讲奉献不给予回报显然是不可持续的。

陕西丹凤国情考察报告

郜亮亮 *

一 丹凤扶贫开发情况

丹凤县的扶贫开发工作是在整个陕西省扶贫开发工作思路框架下进行的，所以本文先介绍陕西省扶贫开发情况，然后介绍丹凤县的具体情况，最后再对丹凤县的扶贫开发情况进行分析。

（一）陕西省扶贫开发概况

陕西省紧紧围绕科学发展、富民强省的主题和加快转变经济发展方式的主线开展扶贫工作。我们调查发现，与经济社会发展的总体形势一样，陕西的扶贫开发工作在各中央部委和扶贫顾问的关心支持下，在国务院扶贫办的精心指导下，大力实施"六大扶贫工程"，扶贫开发取得了新的进展。

1. 目前扶贫工作情况

第一，扶贫开发投入大幅度增加。全省 2011 年共投入各类扶贫资金74.5 亿元。其中，中央、陕西省投入专项财政扶贫资金 17 亿元，比上年增长 46.6%；市县投入专项财政资金 14 亿元，比上年增长 367%；各行业部门投入移民搬迁、整村推进项目配套资金 7.8 亿元；投入扶贫贴息贷款29.7 亿元；世行五期扶贫投入 1 亿元；社会扶贫投入 5 亿元。同时，扶贫资金管理使用工作也不断加强，在全国 2010 年财政扶贫资金绩效考评中，陕西省再次荣获最高等级 A 级，并获得 2500 万元的资金奖励。

第二，大规模移民搬迁开局良好。为从根本上解决贫困群众的生存和

＊ 郜亮亮，中国社会科学院农村发展研究所助理研究员，研究方向为土地制度、计量分析。

发展条件，陕西省把实施大规模移民搬迁作为推进扶贫开发、推动城乡统筹发展的头等大事，制定规划，出台政策，强力推进。一年来，省政府印发了《陕南地区移民搬迁安置总体规划》等文件。按照省委、省政府的决策部署，政府把移民搬迁作为扶贫开发的头等大事，全力以赴组织实施陕北移民搬迁，积极配合搞好陕南搬迁工作，统筹实施面上"千村贫困人口搬迁工程"，全省扶贫移民搬迁取得重大进展。特别是陕北移民搬迁，省政府先后印发了《白于山区扶贫移民搬迁规划》和《黄河沿岸土石山区（洛河峡谷地带）扶贫移民搬迁规划》，出台了《陕北移民搬迁安置若干政策规定》，成立了陕北移民搬迁安置领导小组，与延安、榆林两市政府签订目标责任书，赵正永省长亲自调研并主持召开座谈会，全面落实了移民搬迁的任务和责任。省办牵头组建了由省级相关部门参加的陕北移民搬迁工作指挥部，建立了处室抓点和派驻督导员制度，安排专人进驻一线督察指导。各地抓住机遇，创新思路，搬迁工作各具特色、有效推进。商洛市开展旅游扶贫行动，将景区群众搬迁出来，建设了旅游扶贫移民小区。西安市采取"村企结合、资源置换"方式，既解决了搬迁建设的费用，又解决了就业增收问题，还将搬迁群众纳入社保范围。宝鸡市实施了农村"三无户"安全住房建设工程，帮助无依赖力量、无可靠收入、无安全住房的特困群众彻底解决住房问题。2011 年，全省搬迁贫困人口 5.33 万户 22.1 万人，是上年的两倍，其中，陕北搬迁 1.8 万户 7.8 万人，陕南搬迁 2.75 万户 11 万人，渭北旱塬及秦岭北麓搬迁 0.78 万户 3.3 万人。

第三，整村推进力度加大。为加快改变贫困村的落后面貌，提高持续发展能力，陕西大幅提高了整村推进扶贫项目的投资标准，将原每村 25 万~30 万元的投资大幅增加到每村 100 万元，并按照 5:3:2 的比例用于贫困户增收产业、改善基础条件和公共服务设施，极大地缓解了贫困村投入不足矛盾，有效地提升了整村推进综合建设成效。全省投入专项资金 18.79 亿元，其中中央、陕西省投入财政扶贫资金 3.99 亿元，市县投入财政资金 0.88 亿元，整合部门资金 6.80 亿元，群众自筹 7.12 亿元。新启动实施整村推进项目村 412 个，新修乡村道路 1270 公里，建设引水工程 89 处，解决了 32 万人的安全饮水问题，扶持 3.2 万户贫困户改厕、改圈、改灶等，发展种植业 1.79 万亩、养殖业 5.15 万只（头），项目村的落后面貌正在发生深刻变化。

第四，产业扶贫不断加强。针对贫困群众发展生产资金不足的问题，陕西采取资金直补、建立互助资金组织、贷款贴息等多种方式，扶持贫困户因地制宜发展增收产业项目。安排财政资金 2.31 亿元，对 2.6 万贫困户发展种养业、农副产品加工业及其他增收产业所需建设的设施、种苗、种畜等购买费用进行补助。每村安排 15 万～20 万元的财政资金，帮助贫困村建立互助资金协会，新安排项目村 269 个，互助资金总规模达到 3.85 亿元，累计发放解困资金 4.41 亿元，扶持 10 万户群众发展生产。安排小额到户扶贫贷款贴息资金 4320 万元，已投放扶贫贷款 8.7 亿元，扶持 16 万农户发展特色种养业；推荐龙头企业贷款项目 199 个，落实贷款 10 亿元，有效地带动了贫困地区群众增收。

第五，"雨露计划"培训取得新进展。为提高贫困群众的就业、创业能力，陕西安排中央、省上财政扶贫资金 8490 万元，对 5 万名贫困人口劳动力进行了技能培训，达到了培训一人、就业一人、脱贫一户的目标。按照国务院扶贫办部署，在靖边、山阳等 8 个县积极开展了"雨露计划"培训实施方式改革试点工作。新启动了农村贫困家庭大学生助学试点项目，安排中央、省上财政扶贫资金 2700 万元，资助贫困家庭大学生 6552 人，有效缓解了贫困家庭子女上大学的费用问题，得到了社会各方面的高度关注和充分肯定。

第六，社会力量帮扶活动有效开展。在继续搞好中央部委赴陕定点扶贫和省级"两联一包"扶贫工作的基础上，深入推进"千企千村扶助行动"，有 2687 家企业到 2830 个村开展帮扶工作，累计实施帮扶项目 1570 个，投入资金 2.94 亿元。在协调搞好中央部委来陕定点扶贫的同时，继续抓好省级"两联一包"扶贫工作，各参扶单位向帮扶地区投入各类资金 2.06 亿元，其中引进资金 1.4 亿元，实施扶贫项目 800 多个。安排启动了"富县帮穷县"活动，榆林、延安、咸阳等市的各县之间帮扶工作深入开展、成效显著。全面启动实施了世行五期扶贫项目，年内完成投资 1 亿元，在 215 个村实施了社区基础设施和公共服务项目，在 96 个村实施了社区发展资金项目，在 50 个村实施全球环境基金项目。社会资金和外资成为扶贫开发的重要资金来源，也为扶贫开发工作注入了强大活力。

2. 中央部委来陕定点扶贫和陕西扶贫顾问工作情况

1997 年以来，陕西省先后有 22 个中央部委和单位派出挂职扶贫干部 700 多人次，在陕西 36 个国家贫困县开展了定点扶贫。据不完全统计，中央部委通过各种渠道为陕西省贫困地区投入各类扶贫资金 12.7 亿元，实施扶贫项目 1600 多个，帮助引进人才 200 多名，引进技术 270 多项，帮助劳务输出 2700 多人次，资助贫困学生 1.5 万多名，举办各类培训班 2000 多期，培训各类人员近 30 万人次，有力加快了陕西省贫困地区脱贫致富步伐。调查座谈中发现，中央部委的定点扶贫至少有以下几个好处：第一，有效改善了帮扶地区的水电路等基础条件；第二，有力促进了帮扶地区的特色产业发展；第三，大大加快了帮扶地区教育、医疗、文化等社会事业发展步伐；第四，让帮扶地区群众及时感受到了来自首都的温暖和爱心。

例如，中组部在蓝田县开展定点扶贫 4 年，直接投入扶贫资金 400 多万元，引进资金 4000 多万元。中联部投入资金 200 多万元，引进资金 2700 多万元，帮助彬县改善了教育医疗条件。中国银行投入资金 2700 多万元，引进资金 3.3 亿元，在咸阳市实施了移民搬迁等项目。国家邮政局和中国邮政集团公司投资 1800 万元，在商州、洛南实施了 200 多个扶贫项目。科技部投入 1600 多万元，引进资金 5000 多万元，引进人才 134 人，引进技术 99 项，举办培训班 393 期，培训 6 万多人次。中国盐业总公司投入资金 538 万元，引进 80 万元，为定边县实施扶贫项目 7 个，帮助发展盐业生产。中国人民银行投入资金 1800 多万元，帮助引进资金 1.48 亿元，资助贫困生 400 多名。中宣部投入资金 1000 多万元，帮助引进资金 5500 多万元，建设了照金革命根据地纪念馆等一批项目。国家核电技术公司从 2010 年到陕西省柞水县扶贫以来，多次来陕考察，确定投资 2000 多万元，实施了移民搬迁、劳务输出等项目。北京钢铁研究总院投入资金 260 多万元，为山阳县建设希望小学等项目，发动职工捐款资助农村贫困大学生 600 多名。

特别需要注意的是，中国社会科学院投入资金 700 多万元，引进资金 500 多万元，在丹凤县等地实施了一批产业发展项目，有力促进了当地的特色产业发展。与此同时，中央各部委还开展了形式多样的扶贫帮困、献爱心活动。国防科工委在投入 80 多万元为略阳、宁强两县修桥、发展产业和教育事业的同时，还积极资助贫困生 65 名。长城资产管理公司动员员工开展助学活动，每年资助 40 名高中贫困学生。

3. 未来扶贫思路

按照中央扶贫开发工作会议和国家新十年扶贫《纲要》精神，今后十年，陕西扶贫开发工作的基本思路是：按照统筹城乡发展的要求，围绕增加贫困人口收入和增强自我发展能力，抓住一个突破口（即以大规模移民搬迁为突破口），实施三大战略（即片区攻坚、整村推进、扶贫到户战略），实现六个同步（即贫困村农民新居、基础设施、公共服务、产业开发、发展能力、生态环境等同步推进），从根本上改变贫困地区的生存发展条件，加快贫困群众脱贫致富步伐，为建设西部强省和全面小康社会奠定坚实基础。

今后一个时期，陕西省将重点做好以下几个方面的工作。

第一，扎实推进专项扶贫工作。继续实施好大规模扶贫移民搬迁工程，按照"建设小城镇、发展现代农业和避灾扶贫搬迁"三位一体的思路，完成30万户、118.6万贫困人口的搬迁任务。高标准实施好整村推进扶贫，以改善生态环境为重点，尽快帮助4705个低收入村脱贫致富。全方位推进产业扶贫，按照工作到村、扶贫到户、投资于人的思路，采取多种形式，促进贫困群众增加收入，帮助贫困村建立经济发展的长效机制。着力加强贫困人口能力建设，继续实施"雨露计划"培训、贫困家庭大学生资助、农民使用技术培训、科技扶贫示范等项目，不断提高群众的自我发展能力。

第二，积极发挥行业扶贫作用。落实行业部门扶贫责任，制定行业扶贫考核办法，统筹整个资源，以连片特困地区为主战场，引导有关部门在安排农村民生工程等项目、资金时尽可能向贫困地区倾斜，集中实施一批基础设施、产业开发、公共服务等重大项目，着力解决制约发展的瓶颈问题，从根本上改变连片特困地区落后面貌。

第三，深入开展社会扶贫活动。配合中央部委搞好在陕定点扶贫工作，组织好省内党政机关事业单位包村扶贫工作，深入开展"千企千村扶助行动"，实施好"富县帮穷县"工程，做好苏陕对口帮扶，实施好五期世行扶贫项目，营造扶贫开发良好的社会氛围，促进共同富裕。

第四，不断创新完善扶贫开发机制。指定出台《陕西省农村扶贫开发条例》，建立和完善扶贫开发工作考核机制，加强扶贫资金管理使用绩效考评，完善贫困户识别和动态管理机制，探索扶贫开发引资融资方式，努力提高扶贫开发工作水平和成效。

（二）丹凤县情概况

1. 自然情况

丹凤县位于陕西东南部、秦岭东段南麓，处于北纬33°21′32″~33°57′4″、东经110°7′49″~110°49′33″，东西长62.1公里，南北宽65.5公里，总面积 2438 平方公里，因县城南临丹江、北依凤冠山而得名。县城所在地龙驹寨距省会西安 170 公里，西合铁路和 "312" 国道东西横贯全境。

全县辖 20 个乡镇，208 个村，1823 个村民小组，75653 户，301582 人，农业人口 276518 人，县城龙驹寨人口 6 万多人。该县以农林业为主，总耕地面积约 23 万亩，人均约 0.80 亩，2009 年度县粮食总产量 17.75 万吨，农民人均纯收入 5418 元。

丹凤县地连秦楚，物兼南北，山高清明，水流秀长，资源富盈，人文蔚起。处于亚热带半湿润与东部季风暖温带过渡性气候区，年日照时间约 2056 小时，平均气温约 13.80℃，降雨量 687.40 毫米，无霜期 217 天。冬无严寒，夏无酷暑，适宜各类作物生长。地势西北部较高，东南部偏低，河谷相间，地貌整体呈 "掌" 状，是一个 "九山半水半分田" 的土石山区县。

2. 经济社会发展情况

丹凤县历史悠久，文化底蕴深厚，文物旅游资源丰富。在县城东冯家涧发现的仰韶文化遗址证明，六千年前，丹凤这片土地上就有人类辛勤劳作、生息繁衍。它是秦国政治家商鞅的封地，是鄂豫陕革命根据地，也是著名作家贾平凹的故乡。这片土地因其深厚的文化底蕴，显得更加神秘、庄严肃穆，也获取了众多值得世人停留的资本。

丹凤县委县政府在中央、省、市联县扶贫单位的无私援助和大力支持下，坚持以邓小平理论和 "三个代表" 重要思想为指导，以科学发展观为统领，以突破发展、和谐稳定为主题，围绕 "经济发展、城乡繁荣、社会和谐" 三大目标，实施 "项目带动、城镇带动、开放带动" 三大战略，突出 "工业提速、农业增效、旅游升级、城镇扩容、招商引资" 五大重点，以产业化带动工业化，以工业化推进城镇化，经济建设和社会事业取得了较快发展。到 2009 年底，全县完成生产总值 27.44 亿元，是 2000 年底 5.19 亿元的 5.3 倍；财政总收入 1.2 亿元，其中地方财政一般预算收入 7553 万元，是 10 年前的 6 倍。

特别是近年来，丹凤县紧紧抓住西部大开发和丹凤融入关中—天水经济区、商丹循环工业经济园区的历史机遇，立足资源优势，狠抓工业项目，突出农业产业，加快城乡建设，发展社会事业，经济社会得到了长足发展。一是工业经济突破发展。具有百年品牌的丹凤葡萄酒厂恢复生产，华贸牧业、龙桥百万吨水泥、豪盛钒矿、宏岩铁矿等一批支柱工业企业相继建成投产，工业经济实现了从体制改革转型到恢复性增长的新跨越，2009 年，全县实现工业总产值 15.5 亿元，其中规模以上工业实现产值 5.7 亿元。二是农村经济快速发展。以扶贫开发重点村为平台，按照"党委领导、政府主导，部门扶持、乡镇负责，群众主体、各方配合"的思路，采取"整合项目、捆绑资金、突出重点、整村推进"的办法，全面实施产业基地、基础设施、生活环境、公益事业和基层组织"五大建设"，每年整合项目、捆绑资金 1 亿元，通过实施"五大建设"，涌现了一批产业发展、环境优美、设施改善、基层班子合力增强的新农村建设典型。这些做法得到了群众的支持和拥护，受到了省市的充分肯定。与此同时，狠抓"畜、药、果、菜、劳"五大产业基地建设，建成 28 万亩优质核桃、10 万亩山茱萸、千万只生态肉鸡、万头肉牛、60 万头生猪基地，发展中药材 4 万亩、设施蔬菜 3000 亩，每年劳务输出 6.5 万人。2009 年，实现农业总产值 13.2 亿元，农民人均纯收入达 3051 元。三是城乡面貌极大改善。积极实施城区江南江北新区、老城改造，农村水、电、路、视、讯等基础设施建设，仅 2009 年全县就完成固定资产投资 23.8 万元。目前，全县实现了户户通电、90% 的村通水泥路、80% 的自然村用上安全卫生的自来水、80% 的村接通有线电视、100% 的村通了电话。四是旅游开发成效凸显。紧扣"山水文化生态"旅游定位，积极实施旅游开发工程，重点抓好丹江漂流、冠山景区、四皓碑林园等景区建设。近几年，丹凤以其独特的山水生态自然风光吸引着众多的中外游客。五是社会大局和谐稳定。积极实施民生八大工程，教育、卫生、文化等社会事业协调健康发展；深入开展"平安丹凤"创建活动，加大社会治安综合治理力度，落实安全防范措施，健全安全防范机制，全县社会大局稳定。六是党的建设不断加强。深入开展以"富民和谐"为主题的"商山深处党旗红"党建工程，扎实开展村级党组织"升级晋档"活动，全面实施"一侧两聚四会"制度，党的建设全面加强。

目前，丹凤县经济发展、社会和谐稳定、人民安居乐业。但无论如何，丹凤是一个"九山半水半分田"的土石山区，是国家 592 个扶贫开发工作重点县之一，全县有扶贫开发重点村 145 个，目前尚有贫困人口 4.9 万人。调研过程中，我们发现丹凤社会经济发展依然存在不少的困难和问题。

纵向看来丹凤在发展，横向比较丹凤与别人的差距在拉大。经济社会发展面临突出的困难和问题：一是生态环境脆弱。丹凤地处秦巴山区，暴雨洪水等地质灾害发生频繁。例如 2007 年 7 月 28 日，一场百年不遇的特大暴雨使 21 个乡镇、162 个村的 21 万人口受灾，重灾的铁峪铺等 8 个乡镇 46 个村多年来的建设成果毁于一旦，当年返贫人口达到 2.1 万人。一些村的基础社会设施和基本农田至今尚未完全恢复。二是县域经济缺乏强势产业支撑。农业生产距离现代农业的要求差距很大，还没有完全摆脱出售初级产品的局面，农民持续增收空间有限，工业结构不尽合理，整体竞争力不强，骨干税源偏少，财政增收乏力。三是建设资金短缺，发展环境改善缓慢。一些部门和行业提高对贫困地区项目建设的准入门槛，贫困地区获得资金和项目的难度越来越大。四是资源分布不均，社会事业整体水平不高。山区学校生源减少，校点撤并与寄宿设施建设不同步，给学校和家长带来了双重压力；村级卫生设施与农村合作医疗的推广不同步，村民就医负担减轻，但就医条件改善依然缓慢。这些困难和问题无疑是影响丹凤社会经济发展的主要障碍。这样的现实约束就需要更科学地开展当地的扶贫开发工作。

（三）丹凤县扶贫开发情况

我们调研发现，近年来，丹凤认真贯彻《中国农村扶贫开发纲要》，始终坚持以扶贫开发总揽农村工作全局，以实现贫困人口稳定脱贫为目标，按照"政府统筹、资金捆绑、综合开发、整村推进"的思路，以重点村为主战场，突出工作重点，注重机制创新，狠抓任务落实，扶贫开发工作取得了显著成效，全县贫困人口由 2000 年的 9.9 万人减少到 2009 年的 4.9 万人。

第一，积极实施整村推进，扶贫重点村社会经济长足发展。近年来，全县共启动扶贫重点村建设 145 个，累计完成投资 4343.5 万元，新修改造乡村组公路 320 条 1547.8 公里，桥涵 360 座（个），重点村的交通条件得到较大改善；修建蓄水池 980 个 6200 立方米，埋设引水管道 58 万米，解决了 5820 户 9.9 万人的饮水困难问题；改造农电线路 110 杆公里，架设电话线路 55 杆公里，重点村的电力、通信条件显著改观。新建经济林 3.8 万亩，发展商品畜 5.2 万头（只），发展中药材 17200 亩，以优质核桃、山茱萸、瘦肉型猪和特色药材为主导的种养业得到长足发展。新建改建村办学校 35 所、村卫生室 62 所、村办公室 30 处，贫困群众关注的就学难、就医难问题明显缓解。

第二，稳步推进移民扶贫，贫困人口生活条件显著改善。坚持"政府引导、群众自愿、政策扶持、异地开发"的原则，按照群众申请、村组评议、乡镇审查、扶贫部门审批的程序，采取县内安置与县外安置相结合、集中安置与分散安置相结合的方式，2001年以来累计完成财政投资2283万元，搬迁贫困户2555户11190人，使生存环境恶劣的贫困人口的生产生活条件得到有效改善。

第三，多形式开展科技培训，科技扶贫有了新突破。积极争取国家科技扶贫综合试点项目，累计投资130万元，推广良种20个，推广农业实用技术10项；每年组织农口专业技术人员，巡回21个乡镇的扶贫重点村开展实用技术培训，培训农民14.8万人次，与市县职教单位（商洛技校、新潮学院等）配合，对贫困户子女进行劳务技能培训，使3000多人实现了转移就业，极大地提高了贫困户的科技素质。

第四，关注难点，高寒边远贫困山区基础设施建设初见成效。针对高寒边远贫困村群众行路难、用电难、饮水难、求学难、就医难的问题，丹凤县成立机构，指定规划，明确任务，夯实责任，突出抓好高寒边远贫困村的基础设施建设，使这些村的行路难、饮水难等问题得到有效解决。

第五，突出重点，信贷扶贫持续开展。围绕优势产业，采取扶户与扶企相结合的办法，组织扶贫、财政、信用社等部门，按照中央、陕西省要求积极开展信贷扶贫工作，累计投入信贷资金25834.5万元，其中项目扶持信贷资金8510万元，到户信贷资金17324.5万元，扶持农户63277户次，解决了贫困户产业发展资金难题。

第六，广泛动员社会力量参与扶贫，全社会关心支持扶贫开发的氛围日益浓厚。积极配合23个中央、省联县扶贫单位开展"两联一包"工作，组织县上80个单位包扶贫困村，多方位为贫困人口脱贫提供项目、资金、技术、信息服务，有力地推动了扶贫开发工作。

二 中国社会科学院在丹凤的扶贫工作

本节主要目的是简要介绍中国社会科学院在丹凤的扶贫工作，为此从历史渊源、扶贫历史和现在工作几个方面进行。

（一）渊源历史

中国社会科学院从 1987 年起在商洛地区开展扶贫工作，1993 年在丹凤县定点扶贫。二十年来特别是到丹凤定点扶贫以来，中国社科院的领导班子虽然换了一届又一届，但支持、帮助丹凤工作的决策一刻也没有动摇过；无论国家扶贫政策怎么调整，中国社科院帮扶丹凤贫困老区人民脱贫致富的工作一刻也没有停止过，始终坚持和实践着"三个代表"重要思想，始终把丹凤老区人民的冷暖放在心上，始终把帮助贫困地区脱贫致富作为自己义不容辞的责任，帮助当地人民转变观念、理清思路，争取项目，引进资金，培训技术，在扶贫帮困、救灾重建方面办了大量的实事、好事，深受丹凤及商洛人民的感谢。

从 1993 年开始，社科院每年都会组织不同院所、不同学科的研究人员前往丹凤考察，为丹凤的经济社会发展把脉建言、提供帮助。

在丹凤扶贫攻坚的关键时刻，社科院在对丹凤经济发展现状进行调研论证提出建议意见的同时，还于 20 世纪 90 年代中期引进了"孟加拉扶贫模式"率先在丹凤试点并获得成功。这一做法不仅得到了党中央、国务院的肯定，而且在全国推广，有力地推动了丹凤乃至全国的扶贫开发工作，为丹凤实现中央提出的到 2000 年整体越过温饱线打下了坚实的基础。

在丹凤为扶贫缺项目、少资金而发愁的时候，社科院发挥其联系面广的优势，千方百计帮助丹凤争取项目投资、联系有志之士捐资，引进外资 3600 万元，用于 312 国道丹凤段拓宽改造和龙潭公路大桥建设，有力地支持了丹凤基础设施建设和经济发展。

在丹凤发展教育卫生事业遇到困难的时候，社科院帮助丹凤建立了县乡村医生培训中心和妇幼保健培训基地，为丹凤培养乡村医生、妇幼保健专业人员 5000 多人次；建立县职业教育培训中心，培训农村实用技术人才 3.1 万人次，为丹凤农村经济发展培养了用得上、留得住的永久型人才；组织 1.2 万劳动力岗前培训，为增加贫困人口的收入奠定了基础。同时，还资助了一批在校大学生完成学业，为社会培养高素质人才。引进、投入资金修缮、新建及修建 42 所希望小学，建起 3 所乡卫生院和 19 所村卫生室，极大地改善了山区的办学条件，解决了边远山区农民群众看病难的问题。

在丹凤遭受自然灾害的时候，社科院也总是积极地站出来帮助解决相关问题。在 1998 年、2007 年、2010 年，丹凤分别遭遇了三次特大暴雨洪灾。灾害发生后，社科院在第一时间作出反应，组织职工为丹凤捐资捐物。当丹凤分别于 1998 年 7 月 9 日和 2007 年 7 月 28 日遭受洪水灾害的关键时刻，社科院发动全院干部职工累计为丹凤捐资 792 万元，捐物 4565 件（折价 255 万元），维修中小学水毁校舍 38 所。另外，据中国社会科学院工会常务副主席、院扶贫领导小组成员钟代胜介绍，2010 年 7 月 23 日丹凤特大洪灾爆发后，社科院于 7 月 26 日致丹凤县委、县政府和全县人民慰问信，代表全院干部职工对丹凤遭受洪水灾害表示深切的同情和关心，向受灾群众和全县人民表示亲切的慰问，并捐赠 30 万元用于受灾乡镇的道路修建和受灾户的房屋修缮。这些都极大地鼓舞了丹凤县灾民恢复重建的信心和斗志。

在定点扶贫期间，一批又一批社科院的领导和同志们把丹凤作为自己的第二故乡，把扶贫作为自己义不容辞的责任，无私奉献，为丹凤脱贫致富乃至经济社会发展作出了不懈的努力。社科院秘书长、院扶贫领导小组组长黄浩涛、原秘书长郭永才、农发所离休老干部黄毅、长期在丹凤挂职的副县长钟代胜及院扶贫办等同志，不辞劳苦，任劳任怨，以身作则，率先垂范，帮助困难群众修建路桥、拉电引水、组织"三下乡"、救助特困学生，为丹凤县贫困乡村办了举不胜举的好事、实事。以其党性强、作风实、干实事赢得了全县干部群众一致好评。

2012 年陕西扶贫办 1 号文件总结了 2001～2011 年陕西省农村扶贫成绩，并公布了扶贫开发工作先进集体名单，其中就有中国社会科学院。

（二）目前工作

定点扶贫是一个动态过程。社科院和当地政府一直进行着很好的互动，对政策需求、资金需求、项目需求、智力需求等各种信息进行了交流，提高了扶贫资源的配置效率。目前正在进行的几个项目就是丹凤政府根据自己的具体情况，提出了非常具体的扶贫请求，这也是目前社科院正在开展的扶贫工作。

1. 协助实施基础建设项目

2009 年以来，丹凤县政府按照"党委领导、政府主导，部门扶持、乡镇负责，群众主体、各方配合"的思路，采取"整合项目、捆绑资金、突出重点、整村推进"的办法，在每个乡镇尝试性地实施以"基础设施、村容村貌、公益事业、组织建设"为内容的扶贫开发试点示范工程。工程实施以来，共整合涉农项目 20 个，捆绑资金 3700 万元，撬动社会和民间资金 7000 多万元，实施了 21 个村以扶贫开发为重点的新农村示范村建设，形成了国家项目引导、群众投资投劳、抓点示范带动、集中力量攻坚、整村推进提高、基础建设和产业发展并重的新局面，取得了扶贫开发新进展和新农村建设新突破。丹凤县政府计划每年实施 21 个村，用 5～10 年时间，把全县的村全覆盖。这种办法尽管取得了好的效果，但由于农村基础条件差，实施周期长，基础建设资金缺口较大，丹凤县政府请求社科院通过联系广泛优势，对当地以扶贫开发为主要内容的新农村示范村建设给予资金扶持，特别是对农村道路、学校、卫生室、文化站等公益事业给予资金支持。

2. 丹凤县千万只生态鸡养殖加工项目

丹凤县千万只生态鸡养殖加工项目由陕西省劳动模范、全国"三八"红旗手张丹英承担，计划投资 3 亿元，建成集父母代种鸡厂、孵化育种厂、商品代肉鸡养殖基地、饲料厂、肉联厂、熟食品加工厂、有机肥厂、污水处理站、产品研发中心 9 部分为一体，养殖、加工、销售能力达亿只鸡以上，年产值达 10 亿元的现代化涉农龙头企业。

项目从 2008 年 10 月动工建设，目前一期工程已经完成。投入资金 5000 多万元（其中土建工程、设备购置 3000 万元，养殖基地建设投资 2000 多万元），建成标准化养殖基地 20 个，发展养殖大户 150 户，已建成标准大棚 200 个，孵化厂、饲料厂、肉联厂已投产，生产饲料 1000 吨，孵化鸡苗 60 万只，回收加工基地商品肉鸡 60 万只，产品已全部销往西北市场。但由于项目投资大，张丹英本人原始积累较少，融资额度有限，请求社科院给予扶持。在具体办法上，一是扶持养殖户发展大棚，扩大基地建设。目前，建一个标准化大棚农户需投资近 5 万元，如果每个大棚扶持 1 万～2 万元，按 200 个大棚计算，需资金 400 万～500 万元。二是扶企带户。帮助筹集 500 万～1000 万元资金，投放到企业，作为"扶企带户"、企业带动农户的周转资金。

3. 协助解决旅游产业发展资金——龙驹寨老街改造项目

实施龙驹古寨文化旅游区项目，是丹凤建设"文化旅游名县"、改善县城老街及周边人居环境、实现群众脱贫致富的有效途径。龙驹古寨自古便为军事、商业要地，系"北通秦晋、南连吴楚"，"水趋襄汉，陆入关辅"的水陆交通枢纽，三更有市，声誉南北。据悉，龙驹寨厘金局卡征收银两占全陕西省财政总局二成多。厘金数目的征收多寡，直接反映了商品流转的活跃程度。因征收的厘金远远高于该省其他卡局，龙驹寨在晚清陕西省的税收中有着举足轻重的地位。随着陆路交通的飞速发展，昔日水旱码头，如今已萧条败落，古老的建筑被岁月的风尘消磨了曾经的风采，街道泥泞，排水落后，没有路灯等道路配套设施，且群众房屋多为危房。为了展示龙驹古寨文化，扭转老城脏乱差状况，重现龙驹古寨码头的鼎盛与繁荣，将老街与丹江漂流形成统一的对外旅游景点群，提高丹凤对外知名度和增加旅游收入，丹凤政府拟开发改造老街花庙路至广场南路段，将其建成丹凤县城的商业文化步行街，通过挖掘古寨身后的文化内涵，打造龙驹古寨文化旅游品牌。

丹凤县龙驹寨老街改造项目东起广场南路，西至花庙路（西环路），全长780米，设计改造宽度5~8米（现状改造）。设计投入资金814万元，其中路面改造投资340万元，房屋改造投资474万元。建设规模为路面结构采用花岗岩毛石板铺地，间距30米设置仿古景观灯；排水按照雨污分流设计，雨水路南，埋设800毫米钢筋砼管，污水路北，埋设500毫米钢筋砼管；在道路两侧宽敞处，分别设计小型点状绿化；房屋改造按照现有青瓦白墙、木格门窗的建筑风格，局部添加一些徽派民居和四川民居。

老街改造计划采取"统一规划、分户实施、基础先行、突出特色"的办法实施。具体运作过程分三步走，第一步，由县城基建部门根据《丹凤县城总体规划》和老街现状，按照"修旧如旧"的原则，对老街改造项目制定详细实施规划和施工方案；第二步，由县政府筹集资金，配套实施老街下水、路面、路灯等基础设施；第三步，由各户群众按照城建部门制定的房屋改造规划自行改造房屋，县政府适当予以补贴。由于丹凤县财政困难，请求社科院对老街改造项目给予补助。

三 中国社会科学院在丹凤扶贫工作的经验总结

据统计，20多年来，社科院通过各种渠道引进项目280个，投入和实施扶贫项目资金累计过亿元。可以说，丹凤县扶贫开发成绩的取得、经济社会事业的进步发展，都浸透着社科院扶贫干部的心血和汗水，都饱含着社科院领导和同志们的深情与厚意。通过这些点点滴滴、方方面面的扶贫工作，我们总结了几点扶贫工作的经验。这些扶贫工作可以概括为"三予"：一是"予智"，即关于发展观念、理念等才"智"方面的扶贫；二是"予资"，即直接缓解金融约束，用"资"本进行扶贫；三是"予育"，即通过办学来培"育"未来的人才，从而达到永久脱贫的目的。下面我们通过一些典型的实事来反映这些扶贫经验。

（一）予智

丹凤扶贫需要大量资金，而中国社会科学院是国家财政全额拨款的事业单位。"穷帮穷"——这是时任中国社会科学院党组副书记、常务副院长王伟光考察丹凤时，对二者帮扶关系的诙谐比喻。王伟光还说道，社科院虽然是个"穷单位"，但是有 37 个研究所、4000 多名职工，有丰富的人才优势、"智"力优势和社会资源，可以发挥自己所长，为丹凤人民脱贫致富、社会发展做些力所能及的工作。

20 多年的定点扶贫期间，一批又一批社科院的领导和同志们把丹凤作为自己的第二故乡，把扶贫作为自己义不容辞的责任，无私奉献，为丹凤脱贫致富乃至经济社会发展作出了不懈的努力。社科院原秘书长郭永才、离休老干部黄毅、长期在丹凤挂职的副县长钟代胜及院扶贫办等同志，不辞劳苦，任劳任怨，以身作则，率先垂范，帮助困难群众修建路桥、拉电引水、组织"三下乡"、救助特困学生，为丹凤县贫困乡村办了举不胜举的好事、实事。这些同志深入丹凤工作本质上来讲就是一种"智"力支持，属于予智扶贫。

丹凤县属国家扶贫工作重点县。县内基础条件差，贫困面大。1996 年中央召开扶贫开发工作会时，国家扶贫主要采取扶体带户的办法。但在丹凤这样的贫困地区，能够承担带户任务的扶贫实体太少。绝大多数村级集体经济组织只有土地、山林，不具备带动扶持贫困户的条件。针对丹凤县的扶贫实际，中国社会科学院决定借鉴孟加拉国小额信贷扶贫模式，在丹凤进行"扶贫社"试点。当年冬天，应社科院邀请，一批扶贫专家、学者到丹凤办起了孟加拉小额信贷培训班，百余名贫困户妇女接受了这种扶贫模式培训。这同样是予智扶贫。很快，在丹凤县的毛里岗、大峪、资峪等贫困乡村开始有了一种新的扶贫方式。从 1996 年到 1999 年，丹凤县共组建"扶贫社"26 个、中心 1088 个、小组 4925 个，投放扶贫资金 2295 万元，扶持贫困户 25589 户 101620 人发展种养业、各类小型加工业和商贸、饮食服务业，实现了由点到面的新突破，开创了扶贫工作新路子，使全县贫困户、贫困人口由 1995 年的 23583 户 95706 人降为 1999 年底的 6151 户 26572 人，为 2000 年全县越过贫困线作出了巨大贡献。后来，这种"丹凤模式"的小额信贷扶贫到户形式，被国家扶贫办在全国 13 个省市推广。

在这些工作的基础上，社科院为了进一步改变当地民众的观念，还举办 30 余场农业实用技术讲座和 11 期孟加拉小额信贷培训班；给全县 327 个村赠送《庭园开发技术与经济丛书》500 套、11500 册；与县广电局联合开办《农村实用科技》栏目，利用大众传媒向广大农民传授农业技术。

社科院还举办县区乡三级干部商品经济知识培训班；参与召开陕南"秦巴山区扶贫开发研讨会"；进行丹凤县水土综合利用研究；撰写《商洛地区发展道路选择报告》《关于丹凤县（1994～2000 年）扶贫攻坚的基本思路》《丹凤县农村脱贫标准与途径》《关于援助丹凤县，创建扶贫示范县的总体设计》；编制《丹凤县万湾村旅游发展总体规划》；出版《摆脱贫困的探索——陕南秦巴山区扶贫开发研究》论文集、《摆脱贫困之路——丹凤县脱贫思路探索》。这些工作都为当地经济的发展打下了坚实的"智"力基础。

（二）予资

经济增长的重要因素之一就是资本。社科院在对丹凤定点扶贫的过程中，对急需资本支持的项目、企业进行了必要的资助。

华茂牧业科技发展有限责任公司是丹凤县的涉农龙头扶贫企业。2010 年，华茂公司的"亿只生态鸡养殖加工"项目进行至第二期时，出现了较大的资金缺口。中国社会科学院在进行实地调研、听取相关汇报后，认为该项目的"公司＋基地＋农户"模式，确实能够通过生态养鸡帮助农户脱贫致富。于是，由社科院出面，通过中国农业银行总行协调陕西省、市、县农业银行，1000 万元优惠贷款在两个月之内到达华茂公司的账面上。扶贫贷款到账 2 天后，丹凤县"7·23"特大洪水灾害发生，华茂公司直接经济损失达 800 多万元，受灾农户房屋和养鸡大棚被冲毁。贷款的到账解决了他们燃眉之急。用公司董事长张丹英的话来讲，"这 1000 万真是救命钱"！这属于"予资"扶贫。

20 多年来，社科院通过各种渠道引进项目 280 个，投入和实施扶贫项目资金累计过亿元，取得了非常好的扶贫效果。

（三）予育

长期在丹凤挂职工作的钟代胜同志在多年的调研考察中发现这样一个现象：文盲的致贫率是高中毕业生的 10 倍，而小学文化程度的人致贫率是大学毕业生的 15 倍。他常讲，贫困地区贫困的根源在于农民文化素质低下，告别贫困的希望和出路在教育。

治穷先治愚，治愚靠教育。自 1993 年在丹凤县定点扶贫以来，中国社科院极其重视丹凤的教育事业，援建各类中小学校、职业技术培训学校、卫生学校共 40 余所、资金达 500 万元。这些扶贫方式属于"予育"扶贫。

丹凤县教育局副局长李余本告诉我们，同某些扶贫单位喜欢在马路旁边搞项目的做法不同，中国社会科学院为丹凤援建的各类学校，大多建在大山深处，建在村民最需要的地方。在丹凤县的 21 个乡镇、208 个村里，最新、最漂亮的建筑往往是学校校舍。而这其中的不少校舍，是由社科院援建的。

丹凤城东的鹿池小学建于 1949 年。这所与新中国同龄的学校，在 20 世纪 90 年代，因校舍陈旧、面积狭小，面临着诸多办学困境。中国社会科学院知悉情况后，于 1996 年投入 20 万元建教学楼并于次年落成投入使用；1997 年，时任中国社科院党委书记的王忍之为其题写"社科希望小学"校名；1997 年 9 月，社科院捐书 2000 册，并建立了由时任院长胡绳题写匾名的"希望书屋"；2010 年 5 月 11 日，院党组副书记、常务副院长王伟光和院党组成员、秘书长黄浩涛在考察该校时，决定捐资 10 万元建立"社科育才基金"，王伟光还于 5 月 18 日亲书其名。丹凤社科希望小学现有学生 265 人、教师 18 人、教室 36 间，并配有电子备课室、多媒体教室、仪器实验室、图书阅览室等，教学质量、教学设备和校园环境在全县小学中达到一流水平。

如今，从商山腹地铁庙村到银花河畔的马浦滩，从丹江南岸的职教中心到蟒岭深处的何家店，白墙红瓦的校舍成为丹凤山区的靓丽风景，琅琅读书声在林间回荡。在社科院的帮助下，丹凤县基础教育的就学环境、教学设施、教师办公居住环境等取得了很大进步，为教育事业的长足发展打下了基础。

中国社会科学院还资助了 30 多名品学兼优、家境贫困的丹凤籍在读大学生。其中，一些受资助学生在完成学业之后选择了回乡任教，用自身知识反哺大山、反哺丹凤。2012 年 5 月 24 日，由中国社会科学院农村发展研究所副所长、院扶贫开发办公室主任权兆能带队的调研组考察了希望小学，并赠送新华字典等学习用具。在相关的座谈会上，权兆能十分欣慰地说："社科院扶贫的目的不仅仅是帮助丹凤摆脱贫困，更重要的是培养出丹凤自己的人才。你们是使丹凤脱贫的生力军。"

四　华茂牧业科技发展有限责任公司

本次调研的一个重要内容是与丹凤县华茂牧业科技发展有限责任公司有关人员进行座谈，对该公司的发展情况、发展思路等进行讨论，这里对讨论内容（一个是华茂牧业亿只生态鸡产业化建设项目情况，另一个是华茂牧业食品安全控制体系）进行了整理，以期对其他农业公司的发展提供借鉴。

（一）亿只生态鸡产业化建设

1. 企业概况

丹凤县华茂牧业科技发展有限责任公司（以下简称华茂牧业），地处丹凤县城江滨北段产业园区，于 2008 年 6 月实施建设"亿只生态鸡养殖深加工项目"，占地面积 175 亩，注册资金 2800 万元，拥有固定资产 6800 万元，员工 456 人。是集父母代种鸡繁育、鸡苗孵化、饲料生产、商品代肉鸡养殖、屠宰加工、有机肥生产等为一体的农业产业化重点龙头企业，目前主打产品是"商凤牌"白条鸡。

丹凤县华茂牧业是在各级党委、政府和各界朋友高度重视和大力支持下成长起来的以肉鸡系列产品为主要内容的畜牧龙头企业，华茂牧业的每一步前行都凝聚着各级领导的关心与支持，每一点成绩的取得都倾注着各界朋友的心血与汗水！先后有中国社会科学院党组副书记、副院长王伟光，国务院扶贫办主任范小建，副省长娄勤俭，省农业厅厅长王宏等领导前来公司视察，对公司经营业绩和发展道路给予了充分肯定。华茂养殖专业合作社被省农业厅认定为"陕西省农民专业合作社百强示范社"，被省政府认定为"陕西省华茂农业现代产业示范园"，被省农业厅认定为"陕西省农业产业化重点龙头企业"等。丹凤县华茂牧业科技发展有限责任公司董事长为张丹英女士。

2. 企业经营状况

自项目实施以来，合作社从养殖基地建设到生产加工，从市场销售到新产品研发，始终坚持以农民得利、合作社利润员工受益、社会效益为宗旨，以延长产业链条和推进农业产业化进程为主攻方向，带动肉鸡产业形成区域化布局、规模化发展、标准化生产、产业化经营，实现了肉鸡品种良种化、养殖设施标准化、防疫程序制度化、生产流程规范化、粪污处理无害化、监督管理常态化。推行了"公司＋合作社＋农户"的模式，采取了"八统一"（统一设计鸡舍、统一供应鸡苗、统一供应饲料、统一程序免疫、统一技术标准、统一保价回收产品、统一加工销售、统一合作方式）管理办法，使养殖户把风险降到最低，实现了养殖户稳步增收、合作社快速发展的良好态势。在各级政府高度重视和大力支持下，合作社牢牢把握肉鸡产业在丹凤县发展的"四大优势"，按照华茂既定的5年实施"三步走"发展战略，大胆探索，全力以赴，克难攻坚，共同成功地打造了华茂模式。华茂"商凤牌"无公害肉鸡已通过产地认定、产品认证，系列产品已通过QS认证，在陕西、甘肃、宁夏、西宁等省、市设立了36个销售网点，成功跻身华润万家超市；华茂"商凤牌"三黄鸡鸡肉产品已占据全省80%的市场份额，成为全省肉鸡规模最大的百强合作社。华茂"八统一"管理模式被陕西省农业厅在全省推广。

三年来，合作社围绕肉鸡，形成10万套种父母代种鸡场、年入孵种蛋3000万枚鸡苗孵化厂，年产10万吨饲料厂，在全县发展标准化养殖基地50个，建一次存栏1万只鸡大棚653个，年出栏肉鸡达3000万只肉鸡养殖规模、年屠宰加工3000万只白鸡生产线。2011年，全年加工3000万只肉鸡，实现销售收入3.1亿元，利润总额3100万元。农民纯收入3200万元。自2009年产品投放市场以来，赢得了消费者的好评，一直供不应求。

另外，我们还考察了公司相关场地情况。这包括：①父母代种鸡场（项目总投资1000万元，在商镇麻池村占地面积40亩，建设现代化父母代种鸡舍6栋，育雏育成舍2栋，存栏父母代肉种鸡10万套，年产种蛋2500多万枚）；②孵化厂（投资1600万元，在商镇麻池村占地面积10亩，购置全自动电脑自控N9020型孵化机20台、出雏机5台，并配套冲洗消毒机、照蛋器、疫苗连续注射器、中央空调等设备，年孵鸡苗3000万只）；③饲料厂（投资2300万元，建成年产10万吨颗粒系列饲料）；④屠宰厂（投资2500万元，建起每小时加工8000只鸡屠宰线、储藏量1500吨冷库及日处理 500 吨污水处理站）；⑤肉鸡养殖基地（以政府扶持、农民投资、企业引导的方式，总投资 3600 万元，在丹凤县 14 个镇及山阳、洛南、商州建成养殖基地 58 个，发展农民养殖户 600 户，建标准化肉鸡大棚 663 个，年底出栏毛鸡 3000 万只）。

3. 2012 年新上项目现状

2012 年是华茂牧业发展的关键时期。为确保华茂牧业沿着既定"三步走"的发展方向健康发展，公司结合目前企业发展现状、市场前景、养殖基地发展速度，特制订了二期扩建规划，总投资 6600 万元，新建年产 20 万吨颗粒饲料生产线，目前已完成选址、立项、环评、设计及建设资金的筹备等前期准备工作，土地征用手续正在办理，生产线设备正在招标。2012 年，计划发展 400 个标准化养殖大棚建设全面铺开，政府采取养殖户贷款建棚，政府贴息、畜牧基金、大棚保险等政策扶持，已建成标准化养殖大棚 201 个，再建 199 个。预计到 2013 年底，养殖加工规模将达 5000 万只以上，实现产值达 5 亿元，利润总额 5000 万元。发展养殖户 1000 户，带动 1 万人从事养殖行业，农民纯收入 5000 万元。

4. 新建项目建设存在问题

资金紧缺是影响新上项目建设的瓶颈。现有 10 万吨饲料生产线压力很大，已超负荷生产，一旦设备发生故障，饲料停产，大棚鸡无料可供，养殖户必然受损，带来的经营问题是可怕的，所以年产 20 万吨颗粒饲料生产线急需建设。该项目计划总投资 6600 万元（固定资产投资 3000 万元，流动资金投资 3600 万元），目前企业自筹资金 3600 万元，缺口 3000 万元，该款项计划向银行争取固定资产贷款。

（二）食品安全控制体系

丹凤县华茂牧业公司目前是陕西最大的肉鸡养殖加工企业，公司围绕肉鸡形成种鸡繁育、鸡苗孵化、饲料生产、商品代肉鸡养殖、屠宰加工完整的一条龙生产体系。2011 年被省政府认定为"陕西省（华茂）现代农业示范园"、省农业厅认定为"陕西省农业产业化重点龙头企业"。

1. 源头建设食品安全控制体系

饲养环节是鸡肉产品的源头，是确保产品质量安全的重中之重。2009 年以来，公司在县畜牧中心指导下，针对千家万户散养不利于防疫、用药控制难度大等问题，通过公司统一规划养殖基地，采取一沟一基地、一山一隔离方式，通过政府扶持，在全县 14 个乡镇建标准化养殖基地 50 个，批次出栏 1 万只鸡大棚 563 个，年提供 3000 万只肉鸡。为了便于防疫，公司严格实行"八统一"管理，实行全进全出，封闭饲养，成活率达到 96%。为了搞好疾病药残控制，公司建立了公司技术部、畜牧中心、住厂兽医三级防疫控制体系，由公司统一配送合格药品、统一用药防疫程序，并落实到饲养各个环节。

2. 建立饲料质量控制

公司建立了专门的质检机构，配备了一套符合一定规格的分析化验室和专门化验人员，对原料进厂的蛋白、脂肪、农残、钙等和出厂产品各环节进行质量检测分析。要把好"三关"：第一关是生产前期的质量关，建立了原料采购标准、审批制度、检验制度、储存制度；第二关是生产过程中的质量关，建立了进料、粉碎、称量、混合、制粒的质量标准；第三关是生产后端的质量关，建立了成品的检验、生产线冲洗、售后服务、市场调研。

3. 产品加工卫生

目前，公司有 3000 只鸡/小时的屠宰线一条，屠宰过程由畜牧中心驻厂员全程监管，按工艺流程全程控制，整个工艺在卫生、干净、整洁的环境内规范操作。公司建立了专门的质检机构，配备了一套产品微生物分析化验室，对厂内无法检验的指标，由西北农林科技大学动物医学院随机抽检和公司送检。建立产品可追溯体系，实现从冷藏车—加工厂—外包装—内包装—养殖场—班组质量追溯，发现问题，及时纠正。

为了保证产品质量安全，2012 年 9 月，公司计划筹资 2000 万元与西北农林科技大学合作，在丹凤建设"陕西省肉鸡技术中心"。中心设立有畜禽保健中心、产品研发中心、饲料研发中心、疾病防控中心共四大部分。届时将有张彦明、王晶钰等 8 位教授、专家入驻中心，主持科研工作。

五 一些思考

扶贫开发是党中央、国务院全面建设小康社会的重大战略部署。作为党中央、国务院的智囊团，坚定不移地贯彻中央的部署，深入推进扶贫开发工作，更是社科院义不容辞的责任。在此次调研考察中，我们深深体会到在丹凤扶贫是对科研人员的教育和培养，扶贫过程既是了解丹凤县情、感受丹凤发展的过程，也是学习和接受教育的过程。只有深入践行"走、转、改"才能真正看清现实，把握实际问题，也才能真正瞄准问题，最后解决问题。

通过这次调研考察，我们对丹凤接下来的扶贫开发工作也有所思考。

目前，贫困现象呈现明显的片区分布特征。由于处于跨省交界地带，远离中心城市，长期以来单一发展，自然条件差，发展基础薄弱，一些连片区域集中了主要的贫困人口，贫困问题凸显。为适应新阶段扶贫开发形势的变化，中央适时调整了扶贫开发思路，在全国圈定了一批集中连片特困地区。其中涉及陕西省的有秦巴山区、六盘山区、吕梁山区等3个国家片区。同时，陕西省又结合当地实际，将白于山区和黄河沿岸土石山区确定为省级片区。据统计，陕西省这五大片区中农民人均纯收入在1600元以下的人口有376万，占到该水平下农村人口的67%。因此，连片特困地区成为我们今后扶贫开发工作的主战场和重点。

在完成片区规划编制任务的基础上，扶贫工作要把握以下几个问题。

第一，要牢固树立"大扶贫"的理念。进一步巩固和发展"大扶贫"的工作格局，不断完善和创新"大扶贫"工作机制，协调各个方面、聚合多种政策、整合多方力量，使各行业、各部门的资源向贫困地区和贫困人口倾斜。同时，广泛动员社会力量参与，引导更多的社会资源投向连片特困地区，共同做好扶贫开发工作。专项扶贫要重点支持贫困地区产业发展和提高贫困人口素质，防止把"特惠政策"变成"普惠政策"。

第二，要始终坚持"雪中送炭、突出重点"。在任何时候，都要特别关注对片区内最困难地区和最困难群体的扶持。紧紧围绕新纲要提出的"两不愁、三保障"的目标任务，集中力量、集中精力、集中资源，把片区内贫困人口发展最突出的矛盾、最主要的制约因素、最迫切需要解决的问题作为扶贫攻坚的重点，确保贫困地区人民与全国人民同步实现小康。

第三，要深入调查研究。要深入基层、深入实际、深入群众，了解和掌握第一手资料，认真听取各方面意见，找准贫困地区干部群众最关心的问题，充分反映群众意愿，使规划真正成为片区区域发展和贫困群众脱贫致富的行动指南。

第四，要坚持基层干部群众的主体地位。要动员片区内各级干部群众，激发他们的创造力和积极性，广泛参与规划的编制和实施，引导他们在国家规划和政策指导下，自力更生，自强不息，不断改善生产生活条件，不断提高自我发展能力。

第五，要解放思想、大胆探索。片区扶贫攻坚是新阶段扶贫开发战略的重大调整，要以开放的思想、改革的精神，敢于突破、敢于创新。各市县要结合本地实际，在建立扶贫攻坚与跨区域合作协同机制、扶贫攻坚与生态建设共赢机制、"大扶贫"合力攻坚机制、扶贫投入增长机制、扶贫攻坚瞄准机制等方面进行大胆探索。

"西部少数民族地区社会变迁"
国情调研考察报告

郑少雄　罗红光　鲍　江　吴　乔*

2013 年 5 月，中国社科院社会学所组织了名为"西部少数民族地区社会变迁研究"的国情调研活动，社会人类学室成员积极参与到这一活动中来，并且考虑到人类学这个学科田野工作的特性，决定一是将本室调研重心集中在广西金秀县大瑶山地区；二是适度延长调研时间（多出七天）；三是结合社会文化人类学研究中心近年来举办夏令营的传统，为发动更多的青年学子来共同完成调研任务，组织了"2013 年广西大瑶山人类学田野工作营"。这一动议得到所领导和行政部门的大力支持和配合，通过上述三个举措，本室出色完成了 2013 年度国情调研人类学篇的工作。

六巷乡，原属柳州府象县，称东南乡。1942 年（民国 31 年）以前为金秀设治局与象县双重管辖，1952 年 5 月划入大瑶山瑶族自治区（县级）长垌区，1953 年 3 月由长垌区分设长垌区和六巷区，1958 年 8 月改称红星人民公社，1984 年 10 月撤销公社体制建立乡村体制改称六巷乡。六巷乡以乡政府驻地六巷村得名，位于金秀县城西南部 96 公里处，是瑶山聚居地之一，地处大瑶山脉五指山下。全乡总面积 203.1 平方公里，森林覆盖率达 89.9%。乡政府下辖六巷、青山、大岭、门头、王钳 5 个村委，48 个自然屯，总人口 5776 人，其中瑶族人口占 56%，有盘瑶、坳瑶、山子瑶和花蓝瑶四个支系，因各个支系的语言、服饰、习俗和文化不同而形成浓郁的民族风情，素有"瑶中瑶"之美誉，又因与费孝通先生深厚的渊源而备

---

* 郑少雄，中国社会科学院社会学研究所社会人类学研究室助理研究员，研究方向为社会人类学；罗红光，中国社会科学院社会学研究所社会人类学研究室主任、研究员，研究方向为社会文化人类学；鲍江，中国社会科学院社会学研究所社会人类学研究室副研究员，研究方向为影视人类学；吴乔，中国社会科学院社会学研究所社会人类学研究室副主任、副研究员，研究方向为社会人类学。

受社会各界的关注。

金秀大瑶山是中国社会学、人类学前辈费孝通学术生涯的第一个田野研究地点，1935 年他偕新婚妻子王同惠女士到此进行"特种民族"调查，不慎身负重伤，王同惠则献出了年轻的生命。后费孝通在王同惠调查材料的基础上，编写了《花蓝瑶社会组织》一书，成为该地区最早的研究专著之一，而这一地区也成为社会科学研究的热门地点，近八十年间重访和再研究成果层出不穷。社会人类学室将国情调研的重心集中在金秀大瑶山，既是向学术前辈致敬，也试图通过多角度的调查，了解掌握西部少数民族地区社会变迁的第一手鲜活资料。

鉴于参与田野工作营的青年学子和社会人士共达到 40 人，为提高研究质量和工作效率，我们将其分为四个小组，每组设定不同的研究主题，各配备一名全程指导教师，分别是：

一组：关于"家庭结构变迁及生活关系"的入户访谈（罗红光研究员指导）；

二组：村落共同体博物馆的影视人类学感知、对话与呈现（鲍江博士指导）；

三组：宗教人类学影视记录——展示、互动与深度重访（吴乔博士指导）；

四组：石牌头人的人生史、权威与法律成长（郑少雄博士指导）。

根据研究主题不同，在田野工作营开营之前，每组已经各自公布了参考文献，包括前人相关研究和历史调查材料，要求营员预先阅读，这个做法让营员们建立起自己的问题意识，也提前熟悉了该地区的历史文化背景，使得较短时间的田野调查收到良好的效果。

一 六巷村与古卜村亲属制度及其变迁调查报告

（一）研究设计

目的：重访半个多世纪后的大瑶山田野，观察生活状况的变化

性质：国情调研（人类学田野）

人员：社会人士、学生、研究者

时间：四月二十九日至五月十日

地点：广西金秀县六巷乡六巷村和古卜村

调研内容

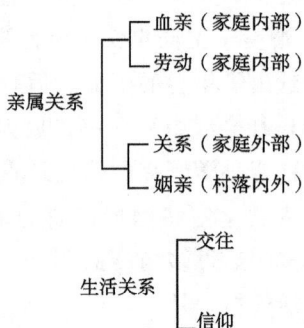

关注焦点

1. 亲属称谓及其结构

2. 婚姻关系及其变化

3. 生活关系及其社会基本结构：通过有意义的关系素检验社会基本结构的密度和等级。

首先进行结构分析，即从有意义的关系素入手，建立结构分析的平台，然后通过人们日常生活的实践检验该社区的关系结构频率和等级，从而解释结构的动力。

（二）调查大纲

1. 三种关系：亲属、劳动和生活关系

（1）地域范围：本村；邻村；外地

（2）集体活动中的人际交往：婚丧嫁娶、节庆农作

2. 结婚对象的选择

（1）地域范围：本村

邻村（大樟、古陈、古卜等）

外地（湖南、四川）

（2）民族：瑶、汉、壮

（3）恋爱形式：自由恋爱；打工认识；父母介绍

3. 婚礼仪式变迁

（1）变迁中的关键人物与事件

（2）集体行为形成的社会文化因素

（3）变迁中代际的人际交往差异

4. 身份的确立

（1）本村、本族人的区分

（2）怎么体现

（3）关系网（经济互助、集体活动）

通过人们的日常生活检验社会基本结构的密度、意义及其变化的动力。

（三）有意义的亲属关系

1. 六巷村基本状况

六巷村和古卜村两屯都是花蓝瑶村屯。六巷乡六巷村委六巷屯共有 16 姓 57 户 190 人，分别是姓蓝 38 户 133 人、姓林 1 户 2 人、姓相 2 户 7 人、姓李 1 户 4 人、姓谢 1 户 2 人、姓韦 4 户 13 人、姓赵 2 户 5 人、姓胡 1 户 3 人、姓覃 0 户 2 人、姓黄 0 户 1 人、姓韩 0 户 1 人、姓吴 2 户 4 人、姓余 1 户 1 人、姓张 0 户 2 人、姓谭 0 户 1 人、姓盘 4 户 9 人。

表 1　六巷村、古卜村姓氏一览

六巷村	户	人口	古卜村	户	人口
蓝	38	133	相	18	55
林	1	2	李	0	2
相	2	7	胡	1	6
李	1	4	林	0	3
谢	1	2	赵	0	4
韦	4	13	余	0	1
赵	2	5	冯	0	1
胡	1	3			
覃	0	2			
黄	0	1			
吴	2	4			
余	1	1			
张	0	2			
谭	0	1			
盘	4	9			
韩	0	1			
16 姓	57	190	7 姓	19	72

根据同姓不同户原则，划分出以下诸多家庭生活的基本单位，每个生活单位构成一个基本"关系素"。然后根据姻亲关系构成一个最基本的社会单位。左边指外嫁（授）女儿，右边是娶亲（受），通过姻亲示意图表

述在姻亲方面的授受关系。通过图1、表2可以清楚地看到姻亲方面的关系密度。我们通过当地的文化理性，通过日常生活的实践来考察该结构的意义，以便给结构以文化解释学意义上的分析。

从图1可以得知，除蓝姓与蓝姓（同姓同族不同家的婚姻）、蓝姓与吴姓、蓝姓与韦姓（同族不同姓的婚姻）以外，花蓝瑶与外族人通婚十分普遍了。这意味着与汉人、壮族人等的通婚逐渐被另一种价值观所取代。其中人口流动、网络社会是其外部原因，内部原因有待进一步研究。

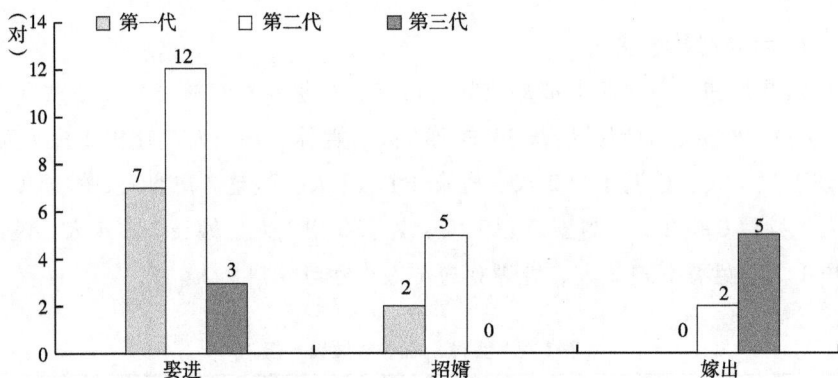

图1　六巷乡古卜村三代嫁娶关系比较（2013年5月4日）

2. 古卜新村三代嫁娶关系分析

六巷乡六巷村委古卜屯共有7姓19户72人，分别是姓林0户3人、姓相18户55人、姓李0户2人、姓胡1户6人、姓赵0户4人、姓余0户1人、姓冯0户1人。

古卜新村第一代共有9对夫妇，这些夫妇的组合形式如下：

本村男方×外地女方——7对（娶进）；

本村女方×外地男方——2对（招婿）；

外地男方×本村女方——0对（嫁出）；

其中，娶进的女性均为花蓝瑶，来自门头、六巷、大橙及本村；招婿进来的男性均为山子瑶，来自罗香。

第一代，属于族内通婚。它指本村花蓝瑶不与外族通婚，其中包括不与瑶族其他分支通婚。

第二代，出现了瑶族不同分支之间的通婚。

第三代，出现了与外族通婚关系，其中包括1户越南籍新娘（但未办婚礼）。

表2　六巷村古卜村代际婚姻关系的比较（2013年5月4日）

	娶　进	招　婿	嫁　出
第一代	7（花蓝）	2（山子）	0
第二代	12（7花蓝、2汉、1山子、2盘）	5（1山子、1盘、2半瑶汉、1坳）	2（1汉1壮）
第三代	3（1汉、1茶山、1花蓝）	0	5（4汉1盘）

以古卜村族内通婚的相家为例：从人口数和影响力来说，该户为本村最大户。第一代岁数在70岁左右，第二代在50岁左右，第三代在25岁左右。

（四）人际交往密度、范围与频率

研究围绕结婚对象的选择、仪式变迁、生活关系三个维度进行了调研。

表3　六巷村蓝志军孙女"满月酒"仪式礼单

单位：元

姓名	礼金	村落	姓名	礼金	村落	姓名	礼金	村落
蓝胜明	100		相　智	100		赵进荣	70	
蓝光玉	100		余　锋	50		李　广	100	
蓝秋梅	100		蓝　波	200		蓝成贵	100	六巷
赵德官	100		蓝志峰	100		蓝金平	100	
黄　平	70		蓝　艳	200		蓝成光	200	
蓝扶生	100		赵德保	100		篮庆华	400	六巷，背带一条，包被一套，小衣一套，帽一只
余康松	100		韦奇山	100		盘国辉	100	
蓝丽琼	100		盘兰刚	100		盘玉兰	50	
赵攀森	100		蓝奇兵	200		吴　成	100	
盘永乐	50		蓝奇峰	200		蓝建明	100	
张文广	100	六巷	林雍球	200	六巷	蓝志生	100	
赵进汉	100		蓝凤祥	100		李彩香	100	
韦奇超	100		吴辉光	100		蓝扶佐	100	
韩福才	100		赵富华	100		蓝坚成	100	六巷
蓝秋明	50		蓝永奇	100		余呸德	100	
韦世强	100		蓝智荣	200		蓝志强	200	
余　周	100		蓝志林	120		蓝林衡	100	
蓝培芳	100		蓝义珍	100		蓝志华	100	
蓝　敏	100		蓝义敏	100		蓝赵忠	100	
蓝建昌	50		蓝义坚	100		蓝妹任	100	
蓝扶明	100		蓝志学	100q		蓝志锋	100	
赵进富	100		张庭友	100		蓝桂花	100	六巷（鸡一只）

续表

姓名	礼金	村落	姓名	礼金	村落	姓名	礼金	村落
胡烈才	120		赵木群	100		盘国兴	60	
胡烈运	100		赵现强	100	罗秀	盘英明	60	
胡万德	60		赵金焕	100		李高标	60	帮家
胡烈安	60	门头	相勇军	100		李振华	60	
胡菊花	60		相勇华	100		李高峰	60	
胡能才	60		相勇斌	80		赵丽华	70	
胡万平	60		相志斌	70	古卜	李高斌	100	
盘世明	100		相 勇	100		谢周强	100	
盘世荣	100	上古陈	相海斌	70		盘振学	100	
盘志才	100		相海坚	70		盘继明	50	
相振元	100		胡金成	100		盘谚富	50	下古陈
相桂花	50		胡慧光	60		盘有新	50	
相海珍	50		胡金安	100		盘义忠	60	
黄元周	60		李家岭	100	王桑	盘义勇	100	
相元忠	50		李高辉	100		李方才	100	
相桂珍	50		胡贤龙	100		李永富	100	
相金玲	50	大橙	胡金胜	100		李方德	100	
相金宝	50		胡贤能	100		黄元保	50	
相志安	50		冯春香	60	架梯	李方友	100	
相金堂	30		赵有福	50	泗水	张茂金	100	
相明升	50		黄元忠	60	泗水	冯金学	40	大岭
蒋贵斌	60		工作营第一组	300		李天安	50	
罗稳山	100	桐木	广西摄影协会	100		冯三妹	30	
张民金	100	大?						
合计					18550			

资料来源：陈支越副教授制表，2013 年 5 月 18 日。

（五）小结

综上所述，在亲属关系方面，除了传统的"两边顶"（夫妇共同抚养双方老人）、子女可分别取父母的姓、婚葬嫁娶的基本信仰与仪式以外，六巷村所见如下。

（1）婚姻关系：由原来的族内通婚经过三代明显地表现出瑶族女子可以外嫁，男子可以娶外族女子为妻。

（2）亲属结构基本保持了传统的生育两个孩子并三或四代同堂的习

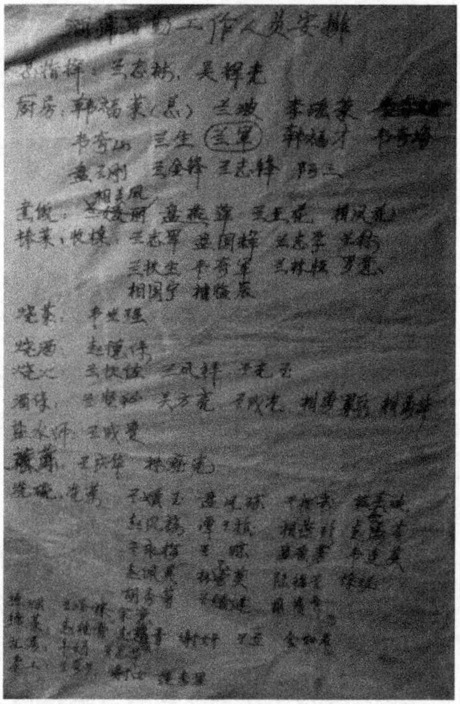

图 2　蓝崎峰（阿里）女儿婚礼仪式分工榜（2013 年 3 月）

俗；作为最为基本的社会结构延伸到劳动关系和生活关系，它的变化取决于亲属关系之外还有可言说的德性。

（3）进而我们可以说：劳动关系和生活关系可以给既定的亲属关系赋予文化意义，外地人的介入，无疑对当地文化价值的判断产生了不可忽视的影响，与此同时，外地人对本地人社会生活的介入程度也被作为内外有别的重要指标。相比之下，集市上的个别商人则浮游在当地文化之上，而没有根基。

二　村落文化脉络里的博物馆——以大瑶山下古陈村　"金秀坳瑶生态博物馆"为例

按德国社会学家斐迪南·滕尼斯的"社区"与"社会"二分概念，社区是指基于共同感和共享纽带的群体。以有别于资本主义原发地的西方世界，在非西方世界，社区与社会的关系并非截然两立，而是相互渗透，社区不乏被其成员工具化利用的情况，社会也不完全隔绝人情味。对村落博物馆的考察，有助于我们对村落文化的理解。

"金秀坳瑶生态博物馆"坐落在下古陈村。下古陈村是一个自然村落，亦社区亦是微型社会。一方面，它以鸡犬相闻的聚落生活、亲属关系、全村共同参与的祭祀仪式、共同的村落历史记忆，凸显其社区意义；另一方面，现代国家体系下，它以"村民小组"（下文简称"村组"）面目呈现其社会意义。

（一）背景："金秀坳瑶生态博物馆"是广西民族博物馆项目

"六枝梭嘎乡生态博物馆"是中国第一个冠"生态"名的博物馆。1995 年，由中国博物馆学会成员苏东海、安来顺，国际博协博物馆学委员会委员、挪威生态博物馆学家约翰·杰斯特龙（John Gjestrum）及贵州省文化厅胡朝相副处长组成课题组，写出《在贵州省梭嘎乡建立中国第一座生态博物馆的可行性研究报告》。1997 年，中挪两国政府签署该文化项目合作协定，任命苏东海为项目领导小组组长，杰斯特龙为顾问，胡朝相为地方政府代表，安来顺为项目协调人，中国第一座生态博物馆诞生。

广西民族博物馆是由地方财政全额拨款的公益文化事业单位，是一座自治区级、全民所有、公益性、专题性的民族文化博物馆。该馆官网说："2004 年，广西壮族自治区文化厅在充分吸取贵州、云南、内蒙古民族生态博物馆建设经验的基础上，拓展民族生态博物馆的建设思路与模式，以六枝原则为指导，从地域、民族及影响力、辐射力、效益、研究课题等方面综合考虑，采用以广西民族博物馆为核心，辐射广西各地的民族生态博物馆'1＋10'建设模式，将分布广西各地的民族生态博物馆和广西民族博物馆有效结合起来，各民族生态博物馆作为广西民族博物馆的工作站和研究基地，在业务和事业发展上与广西民族博物馆联为整体。分布广西各地的 10 座民族生态博物馆构成'1＋10'概念中的'10'，广西民族博物馆作为'1＋10'概念中的'1'，发挥龙头地位和作用，将民族生态博物馆的建设逐步建成收藏、保护、研究、传承与展示广西各民族传统文化的博物馆网络，探索性地建设具有广西特色的民族生态博物馆建设之路。""金秀坳瑶生态博物馆于 2011 年 5 月 26 日正式开馆。金秀坳瑶生态博物馆是广西民族生态博物馆建设'1＋10'工程之一，于 2008 年 10 月 20 日破土动工，总投资近 80 万元。保护范围为上古陈村和下古陈村，展示中心占地 800 平方米，建筑面积 467 平方米。一楼为展厅，展出《瑶山秘境——

金秀坳瑶文化陈列》，该展览分为'服饰''秘境生活''歌舞人生''信仰和绝技'及'心系大瑶山'等五个单元，展示金秀坳瑶的生产生活及民族文化；二楼为信息资料厅、文物库房、办公室、接待室。该馆的建成不仅使坳瑶原生态环境、民俗文化得到保护和传承，而且将成为我国乃至世界瑶族文化研究的重要基地。"

下古陈村"金秀坳瑶生态博物馆"／鲍江 摄

（二）村组与博物馆

广西民族博物馆进入下古陈村，走的是国家路径，自上而下，直达村组末端。下古陈村组这边，积极行动，争取"金秀坳瑶生态博物馆项目"落地在本村。金秀一县，坳瑶村落不止下古陈一处，广西民族博物馆有选择余地，所以下古陈村组做了积极的争取。博物馆选址时，当时的村支书盘振武与村主任盘义勇商量，两家都做点贡献，捐出建馆的土地。村主任盘义勇动员他二姐盘义爱女士，把旧宅基地大约200平方米无偿捐赠，用来建博物馆。其中，先是捐宅基地约187平方米，后来又捐宅基地外围菜地约13平方米。

调查期间，我们获悉大部分村民对博物馆的意见是跟自己没有关系。为此我们请教盘义勇的看法，他认为博物馆对后人有意义，这是博物馆的一项普遍价值。并且，他指出博物馆激活本土文化自觉的潜能："没有博物馆，你们也不会来这里，希望经常有专家带动，让外界知道。外界关注了，村里人也会琢磨关注的原因。像黄泥鼓舞，应邀到日本演出，被列为非物质文化遗产。这样子，村里人就琢磨这个事，也有年轻人开始学这个了。"

盘振武先生是沟通下古陈村内外的一位桥梁式人物。一方面他土生土长，熟悉本土文化；另一方面他受国家学校教育的时间比较长，普通话说得好。广西民族博物馆官网上有他的名字和联系电话，是金秀坳瑶生态博物馆联系人之一。实践中，他既是博物馆管理员又是解说员。我在下古陈村一周多时间，两次听他给两拨外面来的学者做解说。突出的印象有两点：一是解说内容丰富，他对博物馆里的每一件展品，包括实物和图片，都如数家珍，有问必答，滔滔不绝；二是解说带有批判，每次解说他都要指出展品中的几点错误。

盘振武先生在解说／鲍江　摄

（三）社区与博物馆

博物馆陈列的实物，多数就地取材，从下古陈村村民中征集来。盘振学、盘朝英夫妇一家贡献了许多，按他们的儿子盘世超的说法，"博物馆里 80% 的东西是我家的"。他们家有两处住宅，一处老宅和一处新宅。老宅在村上头"社公"神石下方，是全村最古老的一所房子，他们的爷爷辈都不知道是什么时候建的。新宅是 1987 年建的。当年，向他们征集文物的有三位来自金秀县城的馆长，分别姓盘、何、肖。那时，他们和孩子们已搬到新宅，老宅就盘朝英的舅舅一个人住，他无儿无女。博物馆来搬东西的那天，他们都不在场，舅舅给博物馆的人开门，所以具体搬走了些什么他们自己都不是十分清楚，那些东西都收在楼上，也不常用。他们家有收藏古物的家风。"文化大革命"期间，村里老东西破坏不少，但他们家老人守着门，不让破坏，保存了下来。盘朝英女士继承家风："祖上的东西，保存下来，可以将来给子孙们看。再穷也不卖！"她说，当时博物馆向她征集古物时，她只是担心要出保管费，自己没这个钱。现在她的担心是，这个博物馆哪天做不下去，倒闭了，祖上传下来的东西会流落到外边。

从右到左：盘朝英、盘玉兰（女儿）、盘振学、盘玉兰舅舅/鲍江　摄

盘振学先生展示家藏古物"竹编雨披"的使用方法/鲍江　摄

对于村民而言，博物馆的展品都是司空见惯的东西，没有吸引力。就博物馆与本村的关系，典型的看法是："除了丽萍和武哥，每年有三千多块钱，博物馆跟其他村民没有关系。"村民委员会推举相丽萍和盘振武管理博物馆，博物馆给他们每人每月300元，可以说算个兼职工作，平常闭

馆，有人来访时由他们负责接待。

20世纪上半叶以来乡土中国的现代革命，破除神权、绅权、族权，社区瓦解社会（集体公社）建立；70年代至今乡土中国的现代改革，实行"包干到户"，社会解体。社区与社会两弱是乡土中国的现状，乡土中国的社区与社会重建是个问题。80年代以来，全国各地传统信仰的复兴已经揭示出这一迫切要求。

在下古陈村，传统信仰仪式在民间自发的恢复，是社区重建的主要动力。社会重建则主要体现在村组上。村组的权力机构是村民委员会，由支书、村主任、妇女主任等构成。村民委员会实行一人一票的民主选举制度，但它的实际根基并非像西方国家那样作为社会构成元素的独一无二的个人，而是以亲属关系为纽带的数个微型社区，"选票投给自家亲戚"，诸微型社区各推自己的代表，博弈出一个相互牵制、力量对比大致均衡的村民委员会。从博物馆落地下古陈村的案例看，社会与社区对博物馆的态度都体现出前热后冷的特点，在开始阶段，不论村民委员会还是普通村民都捐地捐物，表现出对公共利益的关怀，建成开馆后就冷淡了。分析村民冷淡的原因，关键是时下博物馆的内容与他们的日常生活不发生关联。扩展博物馆的内涵，嵌入社区与社会的关怀，或不失为博物馆扎根乡土的一种可能路径。

本文的关注点不在博物馆学脉络里的博物馆，而在村落文化脉络里的博物馆。本文从村落的视角出发，提出嵌入社区与社会关怀的博物馆发展思路，属笔者怀抱的"乡土中国社区与社会重建"问题意向，结合下古陈村博物馆的人类学田野工作，阐发而成的想象。它的实践效果如何，需要更多村落与博物馆关系形态的经验研究个案来支撑，尤其是通过人类学与博物馆学的合作实践来具体展开。

三 下古陈村"坳瑶"宗教与仪式调查报告

（一）研究设计

目的：了解"坳瑶"支系的传统信仰的基本情况，用影视的手段描述其宗教和仪式

性质：国情调研（人类学田野）

人员：研究人员、相关专业在读本科和硕士生

时间：四月三十日至五月十日

地点：广西金秀县六巷乡上下古陈村（屯）

田野点选择和选题考虑：广西金秀号称"世界瑶都"，生活着五个瑶族支系（盘瑶、花蓝瑶、坳瑶、茶山瑶、山子瑶）。当年费孝通与王同惠的研究，起于花蓝瑶，终于坳瑶。其后迄今，三代人类学者对大瑶山进行过研究，其中有关坳瑶的传统信仰与仪式方面，发表的论文较多，著述颇详。本次国情调研第三组选择这个题目，可供参考的文献资料较多。坳瑶居住在六巷乡中部及邻近的罗香、大樟等处，纯粹坳瑶的村庄只有两个：上、下古陈村。其中下古陈村建有"坳瑶生态博物馆"，并有国家级非物质文化遗产（黄泥鼓舞）的传承人，有"师公"和"师父"两种传统宗教专业人士。出于以上考虑，本次调查的地点选择为：下古陈村为主，兼顾上古陈村。

（二）调研内容（问题系）

本次调查以了解坳瑶的宗教和仪式为主要目标，以实况拍摄和深度访谈为主要调查方法。访谈围绕"3 + 1"问题系展开。

1. 上、下古陈村的神谱

两村共有哪些神庙；供奉哪些神祇；这些神之间是什么关系；分别有何司职；对这些神各举行怎样的固定和不定期的祭祀仪式；祭祀中如何组织（庙祝、师公、舞者、歌者、村支书、村民等人如何分工合作）；神和神庙的传说与历史沿革。

2. 坳瑶的人生流程（人观与灵魂观）

出生之前，人的灵魂在何处，由什么神负责；母腹中的胎儿有无灵魂；胎儿是如何形成的，其性别是如何决定的；刚出生的婴儿是否有灵魂，灵魂是何时进入人的身体的；一个人有多少个灵魂；何种情况下人的灵魂会离开身体，会有什么后果，如何将其找回；从幼年到成年再到老年的过程中，一个人的灵魂有何变化，分别举行什么仪式；人死亡后，灵魂去了何处，怎么生活；葬礼上有什么针对灵魂的活动；人死后，灵魂是否还会回来享受子孙后代的供奉，如何供奉；人死后，其灵魂还会不会重新投生为人或者别的活物；等等。

3. 坳瑶的宇宙图景（村庄和周边地域的空间布局、人世和神鬼世界的空间图景）

坳瑶的创世神话、造人神话、迁徙神话；坳瑶"赎谷魂"的巡行路线，坳瑶与周边其他瑶族支系和其他民族群体的位置关系；坳瑶的"阴间"图景，及到达"阴间"的路途。

4. 宗教从业人员的个人口述史

请两个主要采访对象——师公和师父讲述其人生史，尤其是与教职相关的部分：是如何决定修学师公和师父的，师承如何，修习如何，经历过怎样的"度戒"仪式，自己传过哪些徒弟，未来发展如何，在新中国建立后、人民公社时期、"文化大革命"时期和改革开放后，宗教活动的境况如何。

（三）调查方式和进程

（1）在博物馆负责人兼"师父"盘振武带领下，参观坳瑶生态博物馆，并请其讲解瑶族文化与生活的基本知识。

（2）在国家级非物质文化遗产传承人兼"师公"盘振松带领下，走访并拍摄上下古陈村共有的分布在村外田野中的 7 座神庙，现场讲解神谱和各种祭祀仪式，以及村庄、神庙、山脉河流、坳瑶与其他瑶族支系和其他民族的位置和关系。

（3）分为两个小组，使用按照问题拟定的问题清单，分别采访并拍摄"师公"和"师父"，着重询问"人观""灵魂观""世界观"的问题，对所收集到的信息进行比对和复查。

（4）召开两次影视互动会，邀请师公、师父、庙祝、徒弟、村长等人一起观看此前拍摄的下古陈村春节期间"跳甘王"仪式的影片，讨论并请他们讲解仪式中各个步骤的含义。根据他们的建议对此影片进行再剪辑。拍摄影视互动会的现场录像，作为后期影片的素材之一。

（5）采访下古陈村的三位庙祝，以及师公十多名徒弟中的数人，请其讲述祭祀的组织方式、仪式和歌舞等非物质文化传承的情况，以及宗教从业者的个人口述史。

（四）调研成果

1. 影视

本次调查以"宗教人类学的影视表达"为主题，因此，影视成果为本次调研最主要的成果。调研期间共拍摄时长大约为 15 小时的高清素材，回京后开始后期制作。计划完成两部人类学纪录片：一是时长为 15 分钟的展示片《坳瑶师公的一天：神庙、神灵与神话》；二是时长约 3 小时的资料片《坳瑶传统信仰的基本内容》。

迄今，15 分钟展示片已完成并上传 Youku 网，网址参见 http：//v. youku. com/v_ show/id_ XNTYwODA5OTYw. html；3 小时资料片正在后期剪辑中，预计将在半月内完成。

2. 文本与图片

本次调查附带整理了大约 2 万字的内容，主要是神话传说、宗教从业人员口述史；有三张图表，分别是"诸神谱系""神庙、村屯、河流、龙脉方位图"和"坳瑶人生流程坐标图"，此外还有大量的照片。

3. 音频

本次调研收集的音频材料，主要为采访录音、民歌演唱两类。已经整理好的资料已上传网盘，网址参见 http：//pan. baidu. com/share/home？uk = 3523767905。

（五）小结

根据此次调查的情况，可作出以下总结。

1. 民间信仰在今天坳瑶的日常生活中仍然起着重要作用

在 47 户 192 人口的下古陈村，有 1 位经过正式"度戒"、可主持仪式的"师公"；1 位受汉族道教培训的"师傅"；3 位庙祝；有 12 个徒弟在跟着师公学习，包括师公三个儿子中的两个。徒弟中不乏二三十岁的年轻人。在人数差不多的上古陈村，有两位师公。上下古陈村共建有 7 座神庙（现在的庙宇均为"文化大革命"后重建，神像也是"文化大革命"后重雕），供奉数十位神祇。几乎每一两年，上下古陈村就会举行大规模的集体祭祀活动。例如 2013 年春节的"跳甘王"，历时数天，耗资数千元，多数款项由村民自筹，少部分为村上和乡政府资助。仪式由两村的三位师公及其十几个徒弟为主要表演者，提前多日就开始彩排和搭建舞台。仪式时，几乎全体村民参加和观看，大家对表演都津津乐道。又如，除集体祭祀外，现在坳瑶人的生活中也常常举行以个人和家庭为单位的小型仪式。如身体不适时的"赎魂"仪式，以及在固定节日的"祭祖"仪式等，在遭遇困难时进行"问卦"等。另外，传统宗教观念在人们的决策和行为中仍起作用。例如，坳瑶经常向各个主要的神祇许愿和还愿。2011 年，上古陈村想要申请政府资助其"三通"工程，于是村长组织全村人到盘王庙烧香许愿，求盘王保佑。后来政府真的批准了该村的"三通"工程，村支书就带领庙祝等人到盘王庙烧香祭拜和还愿，买供品的钱由全村集资。还需要请师公念唱，念的内容和往年"跳盘王"典礼时一样。也要跳黄泥鼓舞。又如，2012年下半年，下古陈村的公鸡常常不到凌晨就打鸣，人们认为这是一种信号，找卦师问卦后，认为是甘王要求享祭。所以在春节期间，举办了"跳甘王"仪式。

2. 民间信仰与瑶族的非物质文化传承结合紧密

与其他少数民族中常见的情况一样，坳瑶的非物质文化传承与其传统宗教结合非常紧密。例如，当地著名的国家级非物质文化遗产——瑶族长鼓舞中的"黄泥鼓舞①"，其传承人就是下古陈村70岁的"师公"盘振松。黄泥鼓舞是最重大的祭神仪式"跳盘王②"的核心内容，在其他隆重典礼上也会表演，瑶族人认为盘王和诸神看了歌舞会开心。鼓队通常由一面"母鼓"和四面"公鼓"组成，有多种固定套路的舞步和鼓乐，姿态优美、节奏分明、观赏性强。黄泥鼓舞不仅仅是一种娱神的仪式，也是瑶族独具特色的民族体育和艺术活动。下古陈村的师公传承了黄泥鼓的音乐和舞步，师公的一个师弟传承了制作黄泥鼓的手工艺。另外，在盘王祭奠上还要表演多人合唱的"盘王歌"。这是瑶族独有的长篇叙事史诗，讲述了天地开辟、人类创生，以及瑶族的祖先和各支系迁徙发展的故事。除盘王外，其他多个重要神祇也有各自对应的歌谣（唱段）、念诵词（嗒段）。师公继承了这一口头传承。由于师公上过小学，识汉字，他得以用汉字记录瑶话发音的方式，将历代口口相传的唱词和念诵词书写下来，并给徒弟们传抄。现在师公处有大约二十万字的这种歌本和词本。再有，瑶族仪式的一个重要内容是人们戴上代表各位神祇的面具，跳神舞。师公和他的一位徒弟传承了制作面具的技术。坳瑶的面具制作精良，绘制美观，体系完整，曾收入广西壮族自治区乃至日本的博物馆，也是当地有名的手工艺品之一。

3. 民间信仰与传统近年来受到外来文化和现代化趋势的影响日趋显著

虽然传统信仰体系仍然在坳瑶的生活中起作用，但调查发现，近年来外界的影响也日益显著。例如，瑶族的传统观念认为每个村屯都应该有经

---

① 所谓"黄泥鼓"，是用羊皮蒙在掏空的树干两头而制成的鼓。制作中，在羊皮上涂抹稀黄泥。随着黄泥水分蒸发干燥和收缩，鼓面被绷紧，鼓声更响亮。

② "盘王"又叫"盘瓠"，是瑶族各支系共同供奉的始祖神。在坳瑶的诸神中，盘王也是最重要的神。

过正式"度戒"的师公，这样不仅主持仪式方便，而且有助于村子的兴旺发达。现在上下古陈村的三位师公最年轻的52岁，最年长的70岁。他们当初都是自愿"度戒"成为师公的。现在的年轻人却鲜有愿意继承这一位置的。虽然有不少年轻徒弟跟着师公学习唱神歌和跳面具舞，但没有人表示愿意"度戒"成为正式的师公。究其原因，师公认为一方面是"度戒"仪式和随后的祝贺酒宴费用不菲，徒弟们现在都有"经济头脑"了，不愿破费。另一方面，度戒要守许多戒律，做了师公还有责任主持集体仪式，工作辛苦而报酬微薄，年轻人不想承担。一些过去的习俗，现在也日渐松散。例如盘王庆典过去每年必办，最近十多年却改为两三年才举行一次。一方面，近年来村寨平安无事，请神保佑的动机不强；另一方面，近年来退耕还林，田地少了许多，大量年轻人外出打工挣钱，种田不再是主要的经济来源。田地在坳瑶生活中的重要性大大降低，请神来"游田垌"保佑稻谷丰产的动力也降低了。再有，随着教育普及、资讯发达，电视和手机进入家家户户，瑶族人的娱乐方式丰富了许多，大家也不再倚重传统歌舞和祭奠的文娱功效。

四　六巷地区石牌法律制度变迁①

所谓石牌制，指的是瑶族人民在历史上为求得生存发展和社会安定而建立的具有自卫自治性质的法律制度和社会组织。它是一种民族习惯法，瑶人为了维护当地的生产和社会治安秩序，共同订立规约，并将之镌刻在石牌上或抄写在木板上，以便有法可依，共同遵守（莫金山的定义）。金秀大瑶山地区历史上"村有铭刻，寨有石牌"，本地俗语亦说"没有神仙管不到的鬼，没有石牌管不到的人"，表明了石牌制度在该地区的普遍性和威慑力。

（一）针对的问题

大瑶山地区民族习惯法传统如此深厚，其表现形式如此独特，究竟是

---

① 共有10人参加了郑少雄所指导的四组，分别是高美慧、余思毅、陈紫竹、李炎新、李荀泽、丁苏安、张云、郑玉、黄思静、黄子源，他们整理了所有的访谈资料。这一部分的写作基于我们共同的访谈和资料收集，但思路是执笔者自己形成的，文责自负。

什么原因造成的？瑶山习惯法传统是否遗留至今，对于现代法律精神的实施是起到了促进作用还是成为其绊脚石？法律多元主义对于少数民族社区治理的意义何在？针对上述问题，前人早有讨论，得出许多见解。其中关于石牌制度的研究，形成了几个比较明确的看法。

（1）石牌制度是大瑶山瑶人自治的工具，因此石牌法内容很大程度上是与朝廷法律相对立的"法外私法"，具有相当大的独立性和民族特征。

（2）石牌头人必须能说会道，办事公正，有军事领导能力，也即头人产生主要基于头人个体的品质。

（3）随着清末、民国年间国家政权相继进入大瑶山，石牌制度逐渐式微，在今天的社会生活中更是几乎不起任何作用了。

本次调研仅从以上三方面着手，试图在有限的时间内获得些许新鲜材料，提出可供进一步探讨的思考线索。

（二）地点、时间

金秀大瑶山历史上形成了6个石牌区域，这6个石牌区域组织后来也成为金秀县各乡村辖地划分的历史依据。六巷石牌区域是其中之一，本次四组调研对象包括下古陈、门头、六巷三个村，正是六巷石牌区的核心村屯。其中下古陈属于坳瑶支系，门头和六巷都是花蓝瑶支系，三地之间相距十到二十公里不等，有简易环山公路相连，费孝通和王同惠在三个村屯都曾居住过。

2013年4月30日，四组到达下古陈村，5月2日转移到门头村，5月3日转移到六巷村，5月5日营员离开田野地点。指导教师郑少雄继续进行补充采访到5月9日。

（三）调研方法

下古陈村已经没有石牌存在，村民的记忆中对石牌已经所知不详；门头村还保留两块石牌（非原物），立在村口的石牌议事坪边上，村民对原有的石牌议事规则所知不详；六巷村原来至少有清代和民国年间石牌各一，现在已经不知所踪，但是石牌内容被保存了下来，更重要的是，六巷村92岁的老人蓝扶布先生（生于1921年）民国年间曾经在石牌头人蓝扶宵、蓝济君的指导下，尝试学习成为石牌头人，现被自治区政府确定为"石牌文化传承人"，其对石牌制度实施还保留着一定的记忆。

由于田野工作时间所限，深度参与观察方法的实施存在诸多困难，本研究采取两个方法：一是开放性座谈，主要通过对蓝扶布先生的人生史采访，以及其他人士的访谈来了解大瑶山石牌法律制度的变化；二是文献法，主要借助已有的石刻录（包括抄录现有石牌）和前人的民族志材料来恢复石牌内容和石牌制度实施的历史场景。

（四）材料及分析

材料一：石牌录。以下是与田野调查地点直接相关的部分石牌内容，其中1、2、4录自《瑶族石刻录》和《广西瑶族社会历史调查》（第一册），3、5未见于上述二书，由四组队员在门头村口艰难辨认抄录，但后来发现"中国花蓝瑶博物馆"内已有整理。

1. 清代《六巷石牌》

　　公议五△律犯者罚。一议众水乡村矩犯，犯者罚钱四十两。一议买田知（之）人，当田不得言断田知（之）事，法（罚）钱四十两。一议卖田知道（之）人，断田不得言当田知（之）事，法（罚）钱四十两。

　　　　　　　　　　　　　道光十六年（1836年）八月十六日立

2. 民国《六巷石牌》

　　立字据保卫众村人丁，岁在庚午（1930年）六月初三日，起议开会议法律，费猪肉六千，安法治吾村坊，奸嫖、赌博、洋烟主（与）偷盗，这非事，一切解△，各宜照料修身。为后但敢某人不尊（遵）照料，再有行为如何非事，准十二月罚本（十）大元洗罪。

　　一条　不奸淫　扶秀　扶科

　　二条　不偷盗　十二　一条八日　△△　扶科　扶金　扶芋　扶
　　　　　所　△丁六△　头蓝兰仝△政　扶照　扶义

　　三条　不可禁△。扶金

　　四条　不可偷禾。扶照　扶义

　　瑶目：蓝致君书。

　　扶金

　　　　　　中华民国十九年（1930年）六月初三日，立此存照。

3. 七十三、八十四村规家规

　　第一条　瑶还瑶，汉还汉，水不交油，铜不交铁。

第二条　各村和各个人所有天地不能超界，谁有乱耕过界查清乱
　　　　耕罚东毫钱陆拾元。

第三条　本村有事应大事化为小事，小事化为无事。

第四条　有重大事不乱杀人，要通过石牌商量才可杀人。

第五条　任何村人有重大事情都不能拉汉族和他人扰乱，轻重可
　　　　全家杀光。

第六条　各村各户各人都不能窝匪通匪，若有这种的人与匪同罪。

第七条　不准嫖赌，违者看轻重罚钱重的杀人。

第八条　不准偷盗行为拦路打劫，如有违者重的杀人。

第九条　有事情严重，村以（与）村户以（与）户不能闯村进
　　　　家，要通过户老人调解，如不通过，石牌有权处理
　　　　杀死。

第十条　不准在石牌内任何人△樟（窝赃）通匪，违者杀头。

第十一条　在本石牌内外，不准乱暗杀人，违者罚钱，男三百陆
　　　　　拾元，女二百四十元东毫。

第十二条　土匪打村、抢人、牵牛，报到各村各户，任何村户都
　　　　　不能抗拒，如果那（哪）村那（哪）户不出去打土匪，
　　　　　那就以（与）土匪同罪。

第十三条　以上订十二条，通过众石牌共同守规。

　　　　　　　　　　　　　　　　　　　清雍正癸卯年七月二日

4. 门头、下灵、王桑三村石牌

　　三村立石牌，大事收为小事，小事收为全无。禾田不得则（铲）
田。有事用请里（理），事无（完）就莫播（翻）。三村有事，不用
挑人。三村有事，不用过介（界）请，若过介（界）请老，众罚银六
十两。外村石牌挑得三村，自犯罚银十两；外石牌人犯，罚银三百
两。请老不许食银，不许杀人。生易（意）不得卖病猪，从（重）
罚。不许播（放）鬼。

　　　　　　　　　　　　　　　道光二年（1822年）七月二十二日立

5. 门头村祖宗古训石牌

　　我瑶门头，四十二家，大大小小，对天讲过，
　　村旁四方，画（划）做众山，种木护村，做善积福，
　　毁木霸地，作恶招祸，天地有眼，会有报音（应），

好人好报，恶人恶报，子孙万代，要记在心。

　　　　　　　　　光绪七年（1881年）祭土地神公之吉日立

附：六巷花蓝瑶石牌料话

　　伏羲造来造下日，姐妹造行造天下。造下日，造虫蚁。造天下，造人丁。造虫蚁，满下日。造人丁，散下天。满下日，坐七乡，散下天，坐下里。坐七乡，汉仔上；坐下里，壮仔起。汉仔上，住不落；壮仔起，坐不甜。住不落进瑶山顶，坐不甜进瑶山根。进瑶山顶各造巷，进瑶山根各造村。各造巷，各立庙，各造村，各立神。各立庙，五代住；各立神，十代居。五代住，到今岁，十代居，到今年。到今岁，我边有地翻，到今年，我边有天乱。我边有地翻，住不落，我边有天乱，坐不甜。住不落，我寄信；坐不甜，我寄钱。我寄信，过瑶山顶；坐不甜，过瑶山根。过瑶山顶石牌起；过瑶山根石牌成。石牌是起到我巷，石牌是成通我村。来到我巷齐抽弓，来到我村齐放箭。齐齐抽弓守我巷，齐齐放箭守我村。守我巷，不使翻；守我村，不使乱。不使翻，住才落；不使乱，坐才甜。

　　六巷石牌区有"瑶还瑶汉还汉"之说，在其他地区的石牌律里也有"先立瑶后立朝""朝廷以立法为先，我辈瑶山以石牌为先"，"石牌大过天"的措辞，表明瑶山石牌的本意是在朝廷法律之外开辟另一套高度自治的本地法律系统。但是这个观察并不全面，大瑶山石牌的内容与瑶山之外的政治法律生活实际上有着千丝万缕的关系。且不说瑶山石牌无法解决的纠纷往往还是诉诸官府（见张冠梓、莫金山的论述），就以石牌立法形式本身而言，首先，石牌律几乎都是以汉文字书写，石牌上还出现"代笔人苏胜举，字丑不笑也"的字样，表明汉文字在瑶山社会生活中具有确定的法律规定性和内在的权威；其次，早期石牌即曾有以"今雍正乾隆盛世，天下太平"开始的立法背景修辞，而且几乎所有石牌的落款都是朝廷年号，表明瑶山以外部大型政治环境作为其立法依据，并且将瑶山纳入外部政治的时间秩序；最后也是最重要的，瑶山石牌制度从最初的"小事听村团，大事听石牌"，到后来的"小事听头人，大事听村团"，表明二元法律体系始终在同时起作用，而且，蓝扶布表示石牌头人蓝扶宵最喜欢穿清朝五品军功顶戴来判案，表明在外部政治体系中的位置往往是石牌头人权威的加强而非相反。

材料二：蓝扶布人生史访谈。石牌头人的产生基于以上述及的诸多个人品质，在蓝扶布的讲述中也多有涉及，这一点毋庸置疑。但是访谈中透露出来的其他信息也耐人寻味，比较重要的几点是：其一，石牌头人往往也是师公或道公，他们在世俗生活中的诸多禁忌（如关于饮食、居住方式等），以及通过天赋与后天学习而掌握的神秘宗教力量，使得他们成为社区最重要的精英分子；其二，除了个人天赋、后天学习外，担任石牌头人的瑶人往往也被认为与其所出身家庭的风水好有关，比如蓝扶布认为蓝扶宵父子都担任过石牌头人就是因为他们家"有龙脉"；其三，石牌头人所属的支系相对比较富有，在瑶山地区，当过大头人的几乎都是长毛瑶（山主），过山瑶（山丁）[①] 担任大头人的十分罕见；其四，官方委任也加强了石牌头人的权威，蓝扶宵是清代宣统年间任命的瑶山四个团总之一——六巷团总，据说他极为爱惜清朝的五品军功官服，在召开石牌头人大会、判案以及迎接官府人员时必定会穿上，死后亦要求穿着这一套官服入殓。

材料三：门头村的座谈资料。在从门头村走出的一位学者型官员胡德才的推动下，门头村从 2006 年就开始村寨建设总体规划，努力将门头村打造成广西的文化名村和民俗旅游村，通过胡德才的牵线搭桥，著名的洛克菲勒基金会还出资在村里建成了"中国花蓝瑶博物馆"。据村支书胡列富介绍，村寨整体规划涉及全村 50 多户、260 人的切身利益，也出现了许多不同的声音，在推进过程中，他们不但在寨门口重修了石牌坪和复制了两块老石牌（即前述材料一之 3、5），并且充分发挥石牌议事的传统习俗，最后通过的《门头瑶寨建设规划》获得全村所有家庭签字同意，并且勒石为记，成为门头村的新石牌。借助石牌议事传统，他们也通过了新的村规民约，使得村庄建设、管理和生态保护理念深入每家每户，今年有望成为自治区级的"文化名村"。

（五）小结

在一般的认识中，晚至 20 世纪 30 年代中期以后，大瑶山地区才正式

[①] 在瑶山五个支系中，茶山瑶、花蓝瑶、坳瑶拥有土地等主要生产资料，并且蓄长发，而被称为长毛瑶（山主），盘瑶和山子瑶主要通过向山主租种土地谋生，而被称为过山瑶（山丁）。

划入地方政府的行政法律体系之中，此前则是"化外之地"。此说并不完全正确。正如前述，首先，从明末清初大瑶山石牌法出现起，石牌制度就是在与外部法律政治体系的互动中生成并发展的，石牌法律既是排除外部不利影响的工具（如联合起来防范汉、壮"土匪"），也是维持与外部关系的有效机制（如确保外来商人在瑶山地区得到保护和招待）。其次，在看似与外部隔绝的封闭社区中，石牌头人的权威生成（也是习惯法之成长）的机制并不仅仅依赖于头人的个体"卡里斯马"，还结合了传统型权威（如头人本身也是宗教人士）与科层制权威（如头人在地方政府中的位置），这三种权威在头人身上并行不悖。最后，瑶山习惯法资源在今天的社会生活中得到一定程度的复兴，集体议事传统对于社区发展和基层民主建设也可以提供一定的借鉴作用。

上述田野调研所得尚未完善，许多材料还值得进一步挖掘下去，但不妨碍我们提出对大瑶山地区法律生活变迁的一些初步理解。

五　总结

上述四个主题在对象与方法上各有特点，也互相交织。从方法上看，一组、四组偏重传统式的田野观察与文化资料收集，而二组、三组则采用了影视（视觉）人类学的表达方法；从对象上看，一组偏重亲属制度和生活关系，二组关注外来新事物进入社区后引起的反应，三组对宗教生活的观念体系进行考察，四组探讨法律与权威。虽然看似不同，但一是四个主题都强调了变迁的维度，二是这些主题恰好是传统人类学所关注的亲属制度、宗教、经济、政治（法律）这几个最重要的侧面，几者结合构成了社区生活的整体性。本研究所见有以下四点。

第一，大瑶山瑶民仍然保留了"两头顶"这种家庭福利的习俗，这也证明人口政策对大瑶山瑶族的社会基本结构没有太大的影响。相比之下，人口流动则对人们择偶方式产生了重大影响。这一点有六巷村和古卜村的姻亲关系调查为证。

第二，社区博物馆其动议是增强当地人的文化意识，但是否增强了文化自觉值得怀疑。两个社区博物馆，一个来自政府投资建设，另一个来自洛克菲勒财团的资助得以实现。调研者发现，博物馆似乎悬浮在空中，没有真正扎根，或者说没有接到"地气"。它的功能基本上是满足外来游客的观光而已，人们在日常生活中虽然仍然有仪式，但与博物馆本身脱节。

第三，在一些诸如婚葬嫁娶等重大事件中，民间信仰及其仪式仍然存活，师公的角色与定位也清晰可见。随着国家对文化的重视，地方特色的非物质文化遗产发展也方兴未艾，就连如此偏僻的下古陈村也不例外。这里的仪式、黄泥舞、黄泥鼓等本来只在重大仪式上才能出现的东西，目前为了迎合旅游者的需求，转变成了非遗，并且供游客观赏。此外，查看当地神庙系统后发现，主流话语将其定位于"道教"，我们认为这种分类过于粗糙，实际上它停留在万物有灵的层面，甚至变化不大。

第四，石牌制是一个古老传统，它作为一种乡规民约曾经深度影响着人们的日常生活，但是目前已经基本只存活在人们的记忆中。所谓仅存的"石牌王"，也只是一位懂得石牌制的老人，他的真实身份是师公（法师）。石牌研究给我们提出了另一个问题亟待答复。从费孝通开始，传统的大瑶山研究中认为瑶族严格地实施族内通婚，这也是与外族不来往的有力证据。但是，石牌制虽然也有无字牌，但多数石牌上刻有汉字。我们则问：为什么使用汉字？何时使用汉字？使用汉字刻牌这一行为方式中，需要懂得汉字的人和会刻汉字的匠人，这些人是否很容易在日常生活中获得？这些问题的回答，可以证明瑶汉或瑶人和其他族人有过实质性的接触和互动。但是从我们已经获得和阅读的文献中无据可考。

金融安全

国内银行业理财产品市场调研报告[*]

殷剑峰　王增武[**]

国内财富管理市场已经进入"战国时代"。截至 2012 年底，银行、信托、券商、基金及保险五大财富管理机构的总资产管理规模达到 21 万亿元人民币，而银行理财的主导地位依然不可撼动。我们认为，全能型商业银行主导将成为我国财富管理市场发展的主基调。为此，本调研报告聚焦于银行理财产品市场。首先，我们全面分析了此市场在 2010～2012 年间的八大运行特点、发展趋势：产品数量飙升，规模增速放缓；资产池成主流运作模式；理财期限短期化，产品收益市场化；合作模式多样化以及销售渠道电子化等。随后，我们从更微观的角度剖析了银行理财市场的五大热点：另类银行理财产品运作模式、银行理财产品二级交易、银行理财产品"庞氏骗局"之争、银行理财市场"复婚"资本市场和银行理财市场是否可以预测主权债务危机。最后，我们对国内财富管理市场尤其是银行理财产品市场的未来发展趋势进行了预测，并针对当前银行理财市场存在的制度缺失和发展问题提出了八项建议。

一　银行理财产品主导国内财富管理市场

纵观各国，财富管理市场的发展均与利率市场化同步。以美国为例，针对个人投资者的财富管理产品起始于 20 世纪 30 年代美国的"保险销售"，但财富管理业真正的大发展是在 20 世纪七八十年代利率管制逐步放

[*] 部分内容取材于殷剑峰等主编的《影子银行与银行的影子——中国理财产品市场发展与评价（2010～2012）》，社会科学文献出版社，2013。

[**] 殷剑峰，中国社会科学院金融研究所副所长、研究员，研究方向为宏观经济、金融理论；王增武，中国社会科学院金融研究所结构金融研究室副主任，助理研究员，研究方向为结构金融，财富管理。

松、利率市场化步伐逐步加快的时期。观察日本也可发现类似的规律：日本财富管理行业的发展同样是与日元利率市场化同步的。在 20 世纪末和 21 世纪初，美国和日本的财富管理行业发展步入了成熟期。就我国而言，财富管理业一直以产品而非服务为导向。如果以产品（证券投资基金、信托产品和券商集合理财产品等）起源时间来考证，则我国财富管理行业发展的历史或可追溯至 20 世纪八九十年代。但是，财富管理市场大发展的序幕直至 2004～2006 年才一点点拉开，而拉开这个序幕的主角便是商业银行发售的个人理财产品。在经历了 2007～2009 年迅猛的发展之后，从 2010 年开始，以银行理财产品为代表的整个国内财富管理行业进入了一个考验期（见表 1）。

表 1　美国、日本和中国财富管理行业发展阶段概览

国　家	萌芽期	发展期	考验期	成熟期
美　国	20 世纪 30 年代	20 世纪 60 年代	20 世纪 80 年代	21 世纪
日　本	20 世纪 70 年代	20 世纪 80 年代	20 世纪 90 年代	21 世纪
中　国	2004～2006 年	2007～2009 年	2010 年至今	—

资料来源：中国社会科学院金融研究所财富管理研究中心整理。

（一）　国内财富管理市场迎来"战国时代"

在以产品为导向的国内财富管理市场中，当下的竞合格局可以用"战国时代"来形象地比喻：废井田，信托专属的通道业务和基础资产投资标的向券商、基金、保险全面开放；争霸急，争抢成为银行主通道；百家鸣，资产管理成为所有金融机构最响亮的口号；齐民化，信托制成为普惠制。

虽然商业银行发展个人零售产品起步较晚，其发展速度却异常惊人，并已形成主导我国财富管理市场之势。银行理财产品市场起步于 2004 年，当年 12 家商业银行发售了 133 款产品，募集资金规模不足 500 亿元人民币；2012 年，共有 116 家商业银行发售理财产品，累计约 2.91 万款，募集资金规模流量① 达 19.01 万亿元人民币，同比分别增长 45.40% 和 12.21%。作为国内新兴的财富管理工具，银行理财产品市场的流量规模已

---

①　据中国社会科学院金融研究所财富管理研究中心估计，具体估算方法及数据说明参见专栏 1-1。

远远超过国内同业如证券投资基金、券商集合理财产品和信托产品募资规模的总和。从规模存量来看，截至 2012 年底，银行理财、信托、券商、基金、保险五大主流财富管理机构的总资产管理规模约合 21 万亿元人民币，其中银行理财产品的资产管理规模居各类财富管理产品之首（见图 1）。

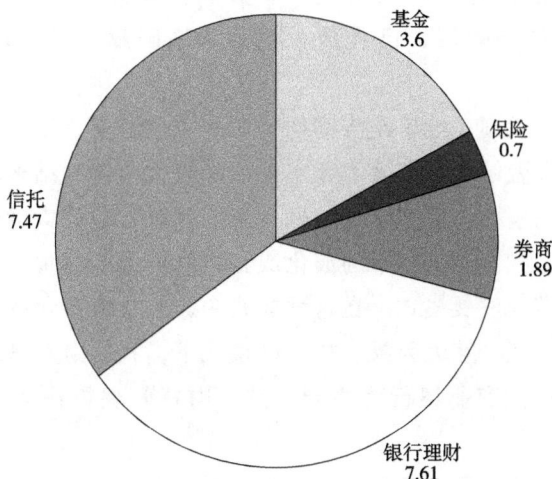

图 1　国内财富管理机构受托管理客户资产规模存量（万亿元）

说明：保险行业资产管理规模数据截止日期为 2012 年 6 月末，其他数据截至 2012 年底。

资料来源：银监会、证监会、信托业协会、中国社会科学院金融研究所财富管理研究中心。

无论是投资方向还是产品种类，抑或是产品的风险收益水平，银行理财产品市场无不彰显"行业老大"的霸气，其吞并覆盖之势显露无遗，主要原因有四：第一，商业银行物理网点的渠道优势；第二，商业银行的"国字"背景对其发售产品进行了无形的"信用增级"；第三，商业银行前期多数产品的"低风险、稳健收益"的风险收益特征与普罗大众的"低风险承受能力"完全吻合；第四，国内金融体系由商业银行主导，且商业银行拥有大量优质的金融资产。

简而言之，当前国内财富管理市场发展的主要特点是：其一，证券投资基金款均规模下降，发力产品创新，尤其是超短期理财基金的创新；其二，信托产品市场以信托之名行信贷之实，俨然是政策性的"官办"融资窗口，此外，政策和监管对信托业的限制、支持和服务不足；其三，券商集合理财产品市场大力发展创新业务，由经纪业务全面转向资产管理业务；其四，银行理财产品正处于调整前的黑暗期。

（二）全能商业银行主导是国内财富管理市场未来趋势

从国际经验来看，随着私人银行业的竞争日趋激烈，全能商业银行不断通过行业并购拓展业务领域和服务范围，全能模式下的财富管理业务借助全能商业银行在规模、资源和信誉方面的优势，充分发挥一体化集团的协同效用，已经成为推动未来国际财富管理市场发展的主导力量。

环顾国内，我国正处于经济结构转型的关键时期，以经营模式单一的银行为主导的金融结构存在着不容忽视的局限性。这种结构不仅束缚了金融机构的国际竞争力，还抑制了金融创新，并蕴含着巨大的金融风险。我们认为：未来，我国金融体系的演化或将走欧洲大陆的道路，即全能银行主导下的资本市场发展模式。在这种模式中，传统银行业的转型和资本市场的发展互相依托、互为因果。在这种模式下，我国财富管理市场的发展也必将形成"全能商业银行为主导，其他财富管理机构为辅助"的基本格局。

得出上述结论主要基于对我国金融体系格局、银行经营模式及当前财富管理市场竞争格局的几个基本判断。

第一，未来十年我国金融体系仍会维持以银行为主导的模式；

第二，银行经营模式将逐步由分业经营转向综合经营；

第三，发展财富管理业务有助于商业银行转变赢利模式，实现综合经营；

第四，商业银行主导财富管理市场具备客户资源、销售渠道等方面的先天优势。

二 2010～2012 年银行理财市场运行情况概览

国内银行理财产品市场起源于 2004 年。2007～2009 年，银行理财市场逐步迎来高速增长的发展期，主要表现有：发行数量持续攀升，资产管理规模屡创新高，产品创新层出不穷，银行理财业务监管框架不断完善等。与此同时，银行理财业务的负面效应也开始逐渐发酵，最值得关注的是：信贷资产的表外腾挪和零负收益事件的频繁发生。

2010～2012 年，作为财富管理行业的生力军，银行理财产品的数量和规模继续飙升，这主要得益于银行理财产品市场"一专多能"的特性：地方政府投融资平台的融资需求；商业银行"腾挪转让"信贷资产从而优化资产负债表；利率市场化改革的"实验田"；城镇居民财富管理的基础；负利率时代抗击通胀的利器……

然而，就整体而言，银行理财市场的运行并未逃离"重量轻质"的"莫比乌斯"曲线，产品法律定位不清、资金池产品风险隐患以及"影子银行"负面效应逐渐暴露。监管层针对银行理财产品的资金投向、产品期限、合规销售、管理模式等多方面进行全面整改。与此同时，泛资产管理时代，非银行金融机构资产管理业务的发展以及客户投资需求的持续升级也将倒逼商业银行加快理财业务的创新步伐。在国内财富管理由"同质化"向"差异化、专业化"、由"产品导向型"向"客户导向型"、由"普通个人理财"向"高端财富管理"转型的过程中，银行理财产品市场迎来了生死攸关的考验期。

接下来，我们将分别从发行规模、发行机构、资产类型、期限结构、收益类型等角度逐一揭示 2010～2012 年银行理财产品市场的主要变化特点及发展趋势。

（一）产品数量飙升，规模增速放缓

2010～2012 年，银行理财产品市场的发行数量和募集资金规模[①]表现出以下特点和趋势。

一是发行数量飙升，增速放缓。2012 年，银行理财产品发行数量达到 2.91 万款，同比增长 45.40%，较 2011 年 106.51% 的增速明显放缓。截至 2012 年底，尚处于存续期的银行理财产品共计约 1 万款。

二是资金规模持续增长，增速放缓。2012 年银行理财产品的流量规模达 19.01 万亿元人民币，同比增长 12.21%，较 2010 年和 2011 年超过两倍的增速已明显放缓。截至 2012 年底，银行理财产品存量规模为 4.83 万亿元，同比增长 32.15%，较 2011 年 161.63% 的增速也明显放缓。

三是款均流量规模走势逆转，进入下行通道。2010～2011 年，银行理财产品的款均流量规模持续增长，2011 年达到峰值 8.47 亿元；2012 年，

[①] 据中国社会科学院金融研究所财富管理研究中心估算。

该指标趋势逆转，下降至 6.54 亿元，同比减少 22.83%；截至 2012 年底，单款产品平均存量规模为 4.85%，同比减少 15.64%。

总体来看，2010～2012 年，银行理财产品市场的数量和规模屡创新高，但增速明显放缓，且款均规模呈现下降趋势，呈现增长乏力的迹象。在竞争加剧、监管强化以及需求升级的新环境下，银行理财产品市场的"粗放式"发展模式已经难以为继。

专栏1　资金规模统计方法

一、估算方法

一般情况下，第三方机构很难监测到银行理财产品的实际募集资金规模，部分商业银行会公布理财产品募集资金规模的上限或下限，所以我们遵从如下三点原则进行资金规模估计：

原则一：如果上下限之一明确，则直接采用上限或下限作为规模统计标准，但如果下限过低，且与发行银行历史募集资金规模严重不符，则按数据缺失的原则三处理。

原则二：如果上下限均明确，则用上下限的平均值作为规模统计标准。

原则三：如果上下限均不明确，则以该产品发售银行（或同类型银行）同类理财产品的历史募集规模的均值代替，在计算均值时，会考虑到理财产品的发行时间、资金门槛等其他因素。

二　样本量

根据上述方法，我们对 2004 年以来可获取的所有理财产品的募集资金规模进行了估算，并对 2010 年 1 月至 2012 年 12 月银行理财产品的月末存量规模加以估算。结果显示，截至 2012 年末，存续银行理财产品共计 9953 款，余额约为 4.8 万亿元。此数据与银监会公布的数据同样存在一定差距，原因有四：第一，前述规模估计方法相对保守，基本算是最低规模的统计口径；第二，对公数据和机构数据的可得性较低；第三，开放式产品即期的存量规模不可得，且在宏观经济影响下的数据波动性较大；第四，QDII 数据尚不在存量规模的统计样本之中。

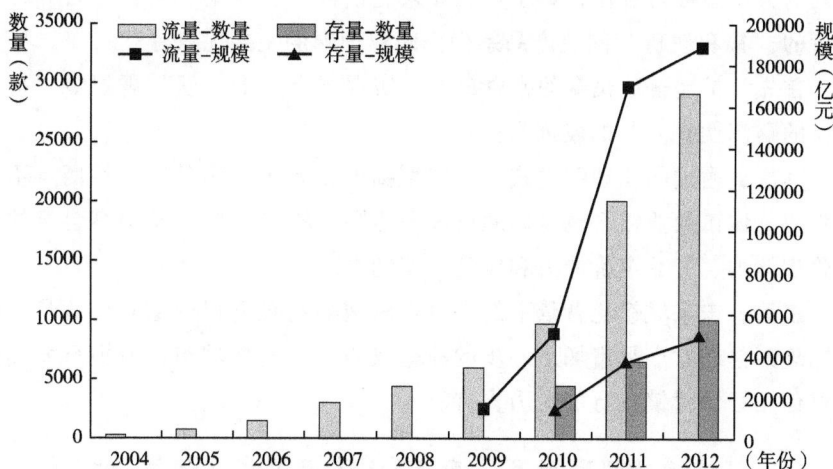

图2 2004～2012年银行理财产品发行数量和规模

资料来源：中国社会科学院金融研究所财富管理研究中心。

（二）城商行异军突起，同业理财模式拓展

自2004年起，工农中建交五大国有控股银行、股份制商业银行以及在华外资银行相继加入银行理财产品的发售行列。起初，国内银行主要采取与境外商业银行/投资银行合作的同业理财模式。以后，随着人民币理财产品的发展，国内银行业逐步摆脱外资银行，开始主导市场的发展。近年来，在政府"四万亿"的经济刺激计划、商业银行发展的战略转型以及中小城市财富管理需求增多等诸多因素推动下，城市商业银行相继加入银行理财产品的发售队列。

2010～2012年，城市商业银行理财业务异军突起，无论是参与机构数量还是理财产品发行量均大幅度提升。2010年仅有40家城商行发售理财产品，2012年参与理财业务的城商行增长至65家；城商行理财产品发行数量在全市场中的占比从2010年的8.86%激增至27.39%；2012年末，城商行理财产品余额为5033.22亿元，在全市场中占比为10.42%，而在2010年末该比例仅为1.65%。

除此之外，值得注意的是：农村商业银行也表现出强劲的增长动力，而外资银行理财业务的市场份额则显著下降。

受限于研究力量不足、技术系统落后等先天条件的制约，同业理财是城市商业银行发展理财业务的主要模式，即与先期进入银行理财产品发售

行列的大中型银行合作，典型案例如兴业银行的"银银"合作平台和招商银行的"银和理财"同业产品系列。同业理财的主要优点有三。

首先，扩展普通民众的投资渠道，实现国家"十二五"规划中"提高居民的财产性收入"的发展目标。

其次，通过同业理财模式，大中型商业银行可以弥补其农村网点不足的劣势，城市商业银行也可以通过大中型银行的"进场"来提高自身的资产管理能力、产品定价能力和风险管理能力。

最后，未来城镇化背景下的农村金融或农村理财以及老龄化背景下的养老理财是理财产品市场下一步的战略支点，这需要城市商业银行尤其是农村信用社等村镇银行的大力支持。

（三）信贷类理财产品"变脸"，资产池成主流运作模式

基础资产的"焦点轮换"是国内银行产品市场的一大特色，如何轮换受到宏观经济变化、金融市场波动、监管政策调节以及投资需求演变等多层面多因素的影响。我们曾在《2004～2009 中国理财产品市场发展与评价》一书中详细阐述过 2004～2009 年银行理财产品基础资产"焦点轮换"的动态过程：

2004 年，利率类银行理财产品一枝独秀；

2005 年，利率类银行理财产品为主，其他类型产品为辅；

2006 年，挂钩违约事件的信用类产品独具匠心；

2007 年，新股申购和 QDII 产品风靡一时；

2008 年，商品类银行理财产品抵御通胀；

2009 年，信贷类银行理财产品"惹是生非"。

2010 年以来，资产池类产品逐渐取代信贷类产品成为银行理财产品市场的新秀。

定义：所谓"资产池类产品"，指的是发行机构将理财产品募集资金构成的"资金池"与其自身构建的"资产池"采用"滚动发行、集合运作、期限错配、分离定价"等方式对接，而发行的理财产品。入池资产包括但不限于债券、票据、货币市场工具、信贷资产及股权等。"资金池产品""组合资产管理产品"与"资产池类产品"属于同一概念。

成因：2008 年末，全球金融危机全面爆发，各国政府陆续推出救市政策，中国政府推出了四万亿元经济刺激计划，在地方政府财政资金捉襟见

肘且不得不提供配套资金的情况下，地方政府融资平台只能依靠"银信政"合作模式来募集资金，这也将银行理财产品市场带入"信贷类"产品的高发期（2009年和2010年上半年）。随着监管机构对"贷款对倒""庞氏贷款"等方式加强监管，银行理财产品市场逐渐进入"资产池类产品"的上行通道（尤其是2011年以来）。信贷资产是入池资产之一，但投资比例不明确，所以资产池产品一定程度上替代了原有信贷类产品的功能。

表现：2009年，信用类产品（主要是信贷类产品）是银行理财市场的中流砥柱，发行数量占全市场的42.68%；2010～2012年，信用类产品发行量步步萎缩，而固定收益和资产池类产品占比持续攀升，成为银行理财市场的主导力量。2012年，资产池类产品累计发行9238款，全市场占比为31.78%，仅相当于固定收益类产品的半数；但其存量规模毫不逊色，截至2012年底，资产池类产品余额为2.26万亿元，全市场占比46.85%，几乎与固定收益类产品平分秋色。

争议：在优化银行传统业务结构、增加中间业务收入以及加快金融产品创新的同时，资产池模式集合运作、期限错配及信息不透明等特点导致产品的独立定价、单独核算、风险控制及有效监管难度都大大增加。2012年以来，资产池模式一度被推上风口浪尖，市场上关于"影子银行"和"庞氏骗局"的争议最为热烈。当下，资产池运作模式已经成为商业银行利用银行理财产品"规避监管，信用扩张"的主要手段。

专栏2　银行理财产品标的资产分类方法

按标的类型：可分为固定收益、资产池、信用、利率、汇率、商品、股票、混合与另类共九大类。

其中，固定收益是指投资方向为国债、央票、金融债以及银行同业拆借等固定收益工具的产品。

资产池是指投资方向为资产组合，采用期限错配的资产池方式运作的产品。

信用类产品是指产品收益主要挂钩于具有一定信用风险的基础资产的表现，如信贷资产、信用违约事件、风险债券等。

利率类产品是指产品收益主要挂钩于一个或多个利率类基础资产的表现，如LIBOR、SHIBOR等；汇率类产品是指产品收益与一个或多个汇率以及相关币种指数表现相挂钩，如澳元兑美元汇率、美元兑欧元汇率和美元指数等。

商品类产品是指产品收益与一个或多个商品现货和期货价格、商品指数以及商品基金的表现挂钩，如农产品价格、原油价格和能源价格等；股票类产品是指产品收益与一个或多个股票价格、股票指数以及股票基金的表现挂钩，如中石油股价、盈富基金和道琼斯指数等。

混合类产品是指产品收益与前述两类或两类以上基础资产的表现挂钩，比如挂钩于商品和股票。

标的类型为非传统投资资产（艺术品、奢侈品、饮品等）的产品定义为另类产品。

（四）理财期限短期化，产品收益市场化

2010~2012年，银行理财产品期限短期化的趋势得以延续。一方面缘于商业银行尤其是在存贷比考核的关键时点迫切需要发行短期理财产品吸收存款，另一方面短期理财产品也满足了投资者对高流动性的需求。

平均委托期限短期化趋势明显：自2004年发行以来，银行理财产品的平均委托期限逐渐缩短；2011年，商业银行发售的所有理财产品的平均委托期限仅为111天，较2009年和2010年分别缩短了59天和28天；进入2012年，平均委托期限略有延长，回升至118天，主要源于银监会叫停短期理财产品的发行。

超六成产品期限不足3个月：2011年，期限在一个月以内的理财产品占比曾高达32.18%，但在7月份银监会叫停30天以内的短期银行理财产品后，商业银行逐渐减少了期限在一个月以内的产品投放，期限1~3个月（含）产品成为市场主流，2012年占比为57%。

2012年以来，滚动型和开放式产品成为短期理财产品的有力补充。

银监会正式叫停30天以内的短期银行理财产品后，商业银行另辟蹊径发行开放式产品来替代短期或超短期理财产品的揽储功能。基金公司也乘虚而入，发售短期理财基金。随着短期理财市场竞争的加剧，商业银行开放式理财产品的形式出现了诸多新变化，逐渐走上"机构化"和"结构化"之路。

"机构化"主要体现在商业银行开始面向机构客户发行开放式理财产

品。浦发银行面向公司客户创新推出开放式理财产品——"现金管理1号"，7天封闭期过后，产品每天均可申购赎回，该产品集良好的流动性与收益性于一身，解决了企业超短期闲置资金的投资问题。

"结构化"主要体现在商业银行将开放式产品的触角延伸至结构化理财产品。法兴银行发售的开放式结构化产品便是典型代表。法兴银行"'法兴代客境外理财'系列之法兴指数挂钩美元结构性票据人民币3年期产品"，挂钩法兴全球财富效应指数，产品封闭期结束后，客户可于每周二的提前赎回申请日申请赎回部分或全部投资本金。

开放式的设计完善了银行理财产品的期限结构，破解了以往理财产品尤其是结构化理财产品投资期限长、流动性差的困境。与此同时，也对发行机构的资金管理能力提出了更高的要求。

2010～2012年银行理财产品收益率市场化特征明显。

期限结构平坦化，收益率曲线上移。总体来看，银行理财产品的期限结构呈上升型，投资期限越长，产品收益水平越高。2011年，受存款准备金上调和加息影响，银行理财产品的收益率曲线相对于2010年整体上移，2012年与2011年基本重合。值得关注的是：相对于2010年，2011年收益率曲线（尤其是中长期限范围，3个月至1年期）趋于平坦化。期限结构的斜率恰好正确地反映了市场对通货膨胀的预期：2010年，国内通胀预期升温，理财产品期限结构较为陡峭；2011年，在宏观调控作用下，通胀压力逐渐减弱，期限结构开始趋于平坦。

理财产品定价趋于市场化。一方面，保本型理财产品作为存款替代工具，定价突破了存款利率上限，成为存款利率市场化的先行尝试；另一方面，银行理财产品的收益率走势基本反映出了政策面、资金面以及资产运作等方面的状况，充分体现出其定价的"市场化"。

年末揽储效应显著。剔除基准利率变动影响（3个月产品平均收益率－3个月人民币定期存款利率）后，银行理财产品的年末效应清晰可见。临近年关，某些商业银行为吸收存款不计成本地开展"价格战"，导致理财产品利差持续攀升，存贷比考核过后则迅速回落。

（五）非保本产品占主导，表外扩张来势汹汹

从产品收益类型来看，银行理财产品（不包含结构化产品）由保本型向非保本型转变的趋势更加明显（见图3）。

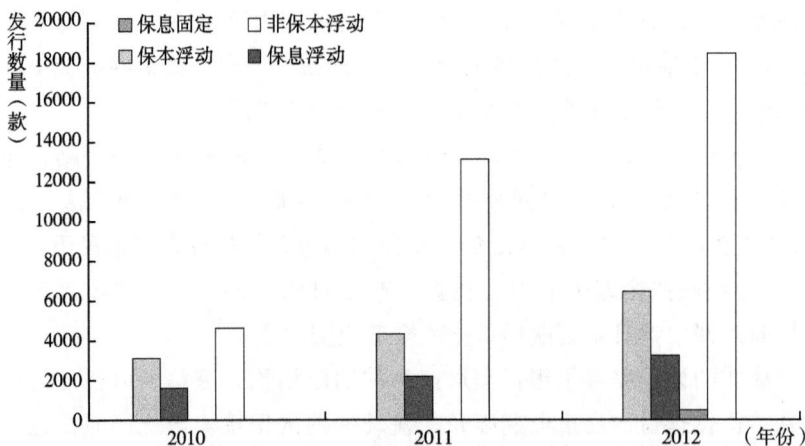

图3 2010~2012年银行理财产品收益类型分布（按发行数量流量统计）

资料来源：中国社会科学院金融研究所财富管理研究中心。

数量飙升：2012年，非保本型产品共发行约1.85万款，同比增长40%，相当于2010年非保本型产品的4倍。

占比上升：2010年，非保本型产品的占比为48%，2011年该比例上升至66%；但2012年占比下降为65%，可能缘于2011年11月银监会严禁通过发行短期理财产品变相高息揽储后，商业银行通过加大保本、保收益理财产品的发行来吸收存款。

非保本型和保本型产品的会计核算机制不同。针对保本型理财产品，银监会明确规定："银行应将理财资金及投资的资产纳入银行表内核算管理，并计提必要的风险拨备。"对于非保本型产品，因为银行不承担相应风险而计入表外。非保本型产品主导地位和发行数量的攀升进一步印证了近年来理财产品表外扩张态势加剧。

（六）通胀理财独具匠心，另类理财另辟蹊径

2011年，通货膨胀成为新兴经济体面临的最大风险。由于国内尚未推行通胀保护债券且金融衍生品市场尚不发达，通胀理财上升为居民财富管理中的难点和热点。商业银行及信托公司等财富管理机构借机推出通胀理财产品。建设银行推出"'乾元—特享型（跑赢CPI）'2011年第1期网银专享理财产品"，预期最高收益率①与CPI挂钩。农业银行和华夏银行则推

---

① 预期收益率＝（产品成立日前国家统计局发布的最近一期的 CPI－100＋0.02）/100。

出收益率与定期存款利率挂钩的加息保护产品。详见专栏3。

专栏3　华夏银行"加息保护产品"

华夏银行于2011年3月底推出加息保护产品——"增盈增强型1082号产品"，产品存续期内如遇中国人民银行基准利率调整，该产品将相应调整预期年化收益率。尽管加息保护产品与欧美国家通胀保护证券（TIPs）的构建机制不同，但都具备抵御通胀风险、保护投资者购买力的作用。该产品荣获2011年第四届中国最受尊敬银行暨最佳零售银行评选"2011年中国最佳银行理财产品"奖项以及中国第四届金理财奖评选"最佳银行产品收益奖"。

通胀理财产品一方面可以引导投资者合理投资，避免因投资者囤积、抢购、储蓄搬家、资产炒作等行为刺激物价上涨，进一步推高通胀；另一方面，可以满足投资者在通胀背景下的理财需求，实现资产的保值增值，避免因投资者情绪波动而可能引发的不良社会问题。

资料来源：公开资料，中国社会科学院金融研究所财富管理研究中心。

国内另类理财产品大约起源于2007年，而商业银行是该类产品的主要发行机构。一直以来，另类理财产品都凭借其稳健可观的高收益受到高端投资者的热烈追捧。2010～2012年，另类理财扩张另辟蹊径，白酒、油画、瓷器、高端手表甚至火腿都演变为另类理财的投资标的。总体来看，另类产品结构非常相似，以下仅以工商银行期酒产品为例略作说明。

2011年4月，工商银行推出期酒收益权信托理财产品。该产品依然采取了"实期结合"的设计方式，但相比以往的另类理财产品有两大特色：其一，采用组合资产管理方式，将部分募集资金用于购买沱牌股份持有的舍得30年年份酒的收益权，其余资金将投向符合监管机构要求的其他资产；其二，投资者可以选择部分实物行权，对于实物行权部分，客户除可获得收益权所对应的白酒外，还将获得预期年化收益率为6.7%的现金增值收益。

不管是火腿、瓷器理财产品还是入园凭证的资产证券化，其根本的形式都是将能够产生现金流的资产转化为可交易的金融产品。这符合资产证券化的本质。

优点：一方面，证券化模式拓宽了企业的融资渠道，让更多的资金可以进入艺术品、酒类及文化产业；另一方面，为投资者提供了多元化的投资方式，让普通投资者有机会参与另类投资。

缺点：证券化产品属于高风险投资领域，尤其是在当前我国有关证券化产品的法律法规和配套设施不完善、另类资产评估标准和体系缺失的情况下，普通投资者对该类产品应当持谨慎态度。首先，另类理财产品涉及领域专业性强，普通投资者对投资标的缺乏充分了解；其次，艺术品、红酒等另类资产缺乏统一的交易平台和价值衡量体系，投资者难以对其投资价值进行合理评估；最后，另类理财产品的流动性较差，标准化的金融产品二级交易市场缺失，国内投资者只能陷入"购买并持有"的困境。

（七）合作模式多样化

银行理财产品市场的合作模式遵循了引进、模仿和自主创新的演变路径。

2004～2005年，国内商业银行主要从境外机构引入理财产品或直接代销境外机构发售的理财产品，开创了境内金融机构与境外金融机构的同业理财合作模式。

2006～2007年，境内机构逐渐在"引进"中"模仿"境外金融机构，开始独立设计具有中国特色的理财产品。

2008～2009年，境内与境外的同业理财模式逐步推广至国内商业银行之间的同业理财模式。与此同时，国内商业银行与其他非银行金融机构的合作模式也逐渐发展起来，其中最早出现并居主导地位的便是商业银行与信托公司之间的"银信"合作模式，该模式曾成为商业银行腾挪转让信贷资产的主要手段。2009年下半年以来，监管部门不断加强银信合作产品的监管，倒逼商业银行开辟其他合作渠道，"银证""银基""银私""银租"等模式陆续被拓展。

2010年以来，"银信"合作模式遭遇挑战，银监会严控"银信"合作理财业务风险以及信托兑付风险的频发，证券、基金公司趁机打响"价格战"抢占银行通道业务。尤其是2012年以来，券商资产管理"新政"实施后，原先受到政策限制的银信合作信贷资产和票据资产转让业务，开始借道证券公司的"定向资产管理业务"和基金公司的"专项资产管理计划"广泛开展，"银信"合作理财业务模式逐渐被"银证"合作、"银基"合作模式挤占或取代。

泛资产管理时代，金融机构之间合作日趋紧密，金融产品的边界日益模糊，跨市场跨领域的现象层出不穷。交叉性金融产品满足了客户对高收益的渴望，对产品个性化、多样化的需求，促进了金融机构间的合作竞争，有利于财富管理市场的创新发展。但资产池模式运作机制下，金融产品之间、金融机构之间的交叉感染风险是不容忽视的，这一点给财富管理的监管机构提出了挑战，交叉性金融产品的法律定位、监管归属、信息披露、风险管理、合规销售等问题都是需要不遗余力去不断完善和解决的。

（八）销售渠道电子化

近年来，基于互联网及移动互联网技术的不断进步，电话银行、网上银行、手机银行等金融服务模式日新月异。伴随着互联网金融时代的来临，商业银行理财产品的销售渠道也由以往"人人交互"的柜台模式逐渐向"人机交互"的电子化模式转变。

2010～2012年，银行理财业务与互联网的融合更加紧密，网上银行、手机银行、理财终端等电子化销售渠道日益普遍。与此同时，交通银行的淘宝旗舰店、建设银行的"善融商务商城"更是拉开了电子商务金融服务平台的序幕。

电子化银行具有传统实体银行无法比拟的优势：一方面，电子化银行具有成本低、覆盖范围广、服务时间长的特点，可以为客户提供高效快捷及个性化的服务且并不受时间和距离的约束，很大程度上扩展了理财业务的经营和服务范围；另一方面，在金融分业经营的局势下，银行理财业务的合作模式日益多样化，电子化渠道使得金融机构之间的交叉销售更加便捷，电子化银行有利于加强金融机构间的合作，也有利于形成规模效益，实现客户信息共享，提升综合性金融服务能力。

据《2012年中国银行家调查报告》调查显示，77.9%的银行家将"扩大电子银行渠道所占比重"作为现阶段渠道建设的重点。未来，商业银行将通过网络渠道和物理网点渠道的共存和互补为客户提供全面、快捷的金融服务。因此，在未来业务的发展中，银行要加大新系统平台建设和资源投入的力度，尽快完成电子银行业务面向营销和服务的新体系建设。

专栏4　中国建设银行"善融商务商城"

善融商务是中国建设银行推出的以专业化金融服务为依托的电子商务平台，为从事电子商务的企业和个人客户提供产品信息发布、在线交易、支付结算、分期付款、融资贷款、资金托管、房地产交易等全方位的专业服务，其中融资服务是其最大亮点。

善融商务企业商城对融资贷款服务的体现尤其突出，相关产品包括：网络联贷联保、网络大买家供应商融资、网络速贷通、e点通等，客户可以网上提交贷款申请，查询贷款审批进度等。"网络联贷联保"是利用网络平台组建联保体，联保体成员之间互相担保，向建行联合申请贷款；"网络大买家供应商融资"则是由供应商以网上大买家的订单为依据，向建行申请贷款；"网络速贷通"需要凭借用户网络信用记录及有效的抵押、质押担保，向建行申请贷款。

善融商务个人商城为个人实名客户提供贷款申请、审批、签约、支用、查询等一系列全流程在线贷款服务。客户可根据自身资信及消费需求申请包括个人小额贷款、个人消费额度贷款、个人权利质押贷款、个人住房贷款、个人汽车贷款等多项产品。在商城购物时，可选择信用卡分期、贷款支付或组合支付等。

资料来源：中国建设银行、中国社会科学院金融研究所财富管理研究中心。

三　2010～2012年银行理财产品市场热点评析

以上，我们从多个层面梳理了2010～2012年银行理财产品市场的八大运行特点及发展趋势。以下将从更微观的视角，细致深入地剖析三年来银行理财产品市场中最引人入胜的四大热点：另类银行理财产品运作模式、银行理财产品二级交易、银行理财产品"庞氏骗局"之争、银行理财市场"复婚"资本市场，以及探讨银行理财市场是否可以预测主权债务危机。

（一）另类理财产品运作模式解读

当下，银行理财产品的投资标的已由传统的存款、债券、股票投资转向另类投资领域：饮品如红酒、白酒和普洱茶等；艺术品如国画、翡翠和玉石等；文化产业如电影和动漫产业等；气候衍生品如碳金融产品等。较传统投资产品而言，另类理财产品具有潜在收益高、与传统资产相关性弱、极端事件发生可能性高等三个主要特点。未来，另类理财产品在银行理财产品市场中的地位可能会愈发重要。为此，无论是对发行主体而言，还是对投资客户而言，我们都有必要了解一下此类产品的运作模式和利益分配方式。

下文我们以"中国建设银行——2011 年'乾元五号'第 1 期艺术品投资类人民币理财产品（优先级）"为例来剖析另类理财产品的运作模式。一般而言，产品运作需要有投资方、受托方、使用方、顾问方和担保方等五类参与主体，具体到建行的这款产品而言，投资方分别是建行上海分行的优先级投资客户和劣后投资者；受托方是中诚信托有限责任公司；使用方有可能是由受托方自行购买油画、存款和保本理财产品，也有可能是交由第三方使用；投资顾问方和担保方均由上海银通泰瑞投资管理有限责任公司担任。

产品运作共分三个环节完成。首先，资金募集和资金使用环节，优先投资者和劣后投资者将募集资金汇总后委托给受托方，受托方直接进行资金使用或交由第三方使用，其中上海银通泰瑞投资管理有限公司要求发挥资金使用的投资顾问功能，而且最后还要对未售出产品承诺受让，以保证承诺收益和固定费率的到期兑付。

其次，承诺收益和固定费率分配环节，期末投资产品全部售出或由受让方受让，则依次支付受托人 0.8% 的信托费，产品保管人、管理人、销售人建行上海分行 1.7% 的"三费"（保管费、管理费、销售费）之和，顾问方 1% 的投资顾问费，使用方 1.5% 的投资运营费用，优先级投资者本金和 6% 的承诺收益，次级投资者本金和 6% 的承诺收益。

最后，超额收益分配环节，超额收益的 10% 为投资顾问费，10% 为管理费用，35% 分配给优先级投资者，45% 分配给劣后级投资者。

至此，产品的资金募集、资金使用、承诺收益分配、费率分配和超额收益分配整理流程完成，产品运作结束。但在产品披露的基本信息中，从未提及劣后投资者。结合前期的调研工作，我们认为有一种可能是资金使用方和劣后投资者是同一家机构（与"国画"投资相关的第三方机构），即待募集资金交给受托方后，受托方再将其由资金使用方即劣后投资者使用。

如事实与上述情形相吻合，则就本款产品而言，资金使用方只需动用1000万元就可撬动5000万元的资金使用权，相当于五倍的杠杆投资。计算得知①，若募集资金的到期收益为50%，则劣后投资者的净收益为93.75%；若募集资金的到期收益为100%，则劣后投资者的净收益为206.25%；若募集资金的到期收益为200%，则劣后投资者的净收益为431.25%。

综观截至目前商业银行发售的另类理财产品，其运作模式并无二致，期望上述分析能为发行主体和投资客户提供些许帮助。

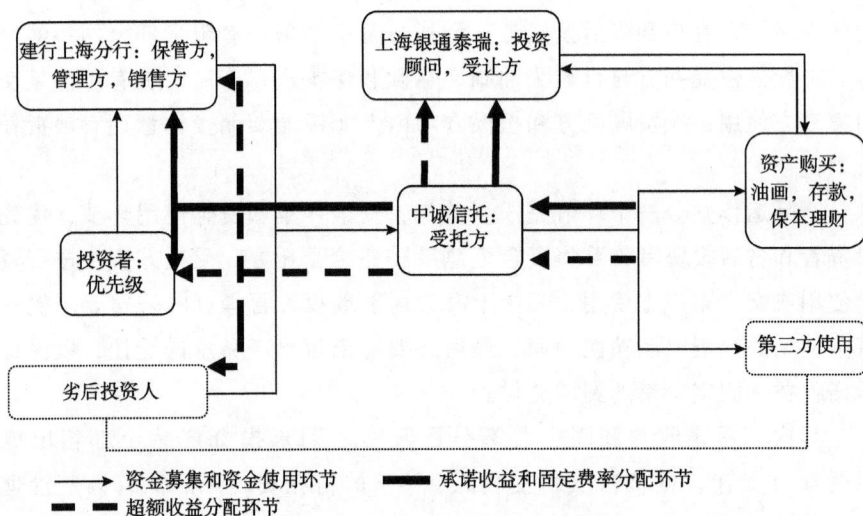

图4 另类理财产品运作模式示意

（二）银行理财产品首次实现可交易

建设银行深圳分行发行"乾元"2012年第135期固定期限资产组合人民币理财产品，该产品于7月19日在深圳前海金融资产交易所上市交易，

---

① 假定期末收益 x 大于等于承诺收益和固定费率，则期末总收益为 $5000x$，支付优先级投资者的投资收益为 $4000 \times 6\%$，固定费率支付额为 $5000 \times 5\%$，超额收益支出额为 $5000 \times (x - 11\%) \times 55\%$，所以劣后投资者的期末收益为：

$$\frac{5000x - 4000 \times 6\% - 5000 \times 5\% - 5000 \times (x - 11\%) \times 55\%}{1000}$$

即：$2.25x - 0.1875$。

成为国内首款可交易的银行理财产品，交易名称为"乾元01"。交易流程
参见图4。

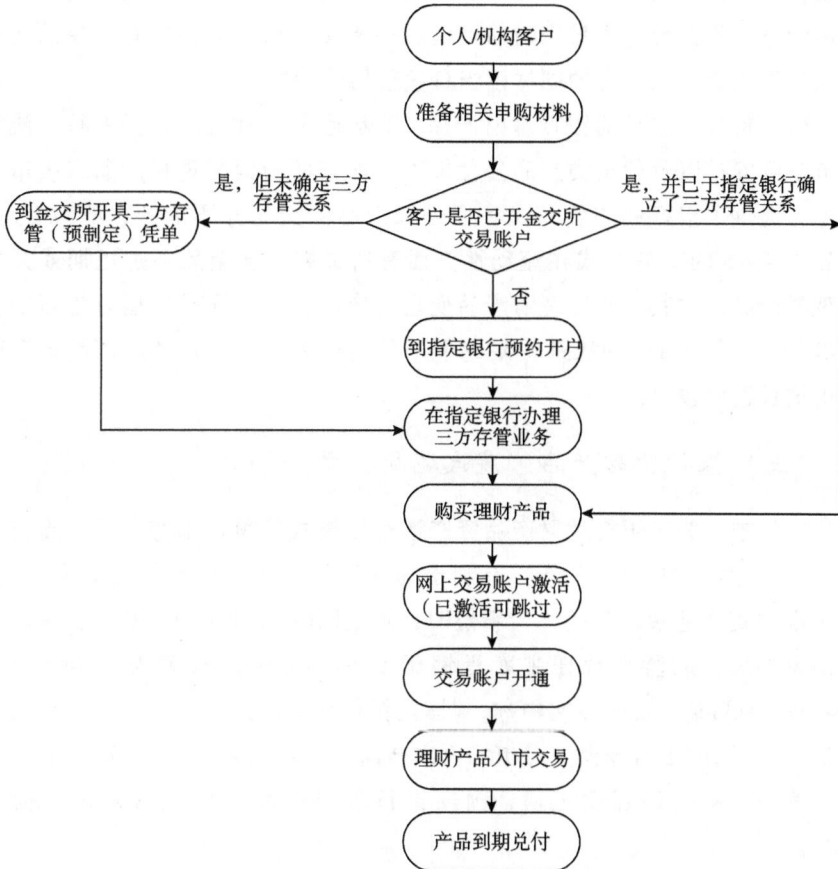

图5　深圳前海金融资产交易所银行理财计划交易业务流程

资料来源：深圳前海金融资产交易所、中国社会科学院金融研究所财富管理研究中心。

就业务指引而言，有如下几点可供后续银行理财产品借鉴：第一，买
入卖出机制安排，由于该交易为非标准化合约交易，买入时其账户余额必
须满足理财品种首次购买地点标准，卖出时不得超过其所持有的合约数量
和合约金额，不得将其所持有的合约分拆卖出；第二，申报下单机制安
排，交易申报单有本周期有效、永久有效和默认三种有效期形式，其中默
认有效期即本周期有效，本周期有效与永久有效的区别是前者受涨跌幅限
制，后者则不受此限制；第三，估值、涨跌幅限制、清算、配对机制等，

建行负责提供理财品种的每日估值，涨跌幅比例为1%，资金到账期安排为 T+1，二次交易期为 T+6，采取"价格优先、时间优先"的交易配对机制；第四，开盘价为当日理财品种的第一笔成交价，无成交以当日银行估值为准；收盘价为当日理财品种最后一笔交易前十分钟所有交易的成交量加权平均价，无成交的同样以当日银行估值为准。

作为首款可交易的银行理财产品，"乾元01"在理财产品发行、流转环节制度安排以及信贷类产品公允价值评估方面为银行理财产品二级市场的建立提供了很好的借鉴意义。但是该产品的交易并不活跃，原因有二：首先是 T+6 的交易模式在流动性方面有所欠缺，甚至敌不过短期或开放式理财产品，尤其对于有理财产品变现需求的客户，还是希望有更短的变现等待期；其次1%的涨跌幅限制了产品的获利空间，且理财产品本身的净值增长速度较慢。

（三）银行理财产品"庞氏骗局"之争

近年来，关于银行理财产品资产池运作模式的争议不绝于耳。支持者说"资产池模式是金融创新，有利于提升银行的主动资产管理能力"；反对者说"资产池短借长投，借新偿旧，暗藏风险"。2012年10月，中国银行前董事长、证监会现任主席肖钢于 *China Daily* 发表名为 "Regulating Shadow Banking" 要的短文中称，"国内银行理财产品市场本质是一个庞氏骗局"，将国内银行理财产品市场再次推向"风口浪尖"，主要观点有三：

第一，从某种程度上讲，国内银行理财产品本质上就是一个庞氏骗局。

第二，中国影子银行体系是复杂的，与正规银行系统和实体经济有密切但又不透明的关系。

第三，必须谨慎且灵活地解决影子银行问题，但无论如何必须解决这个问题。

几乎是同时，《华尔街日报》撰文称中国国内银行理财产品"短贷长投"类似于美国商业票据市场的翻版。危机期间，美国商业票据市场冻结，导致美资银行出现现金短缺现象。同时指出，历史表明，不透明的金融市场很容易被人滥用，而一缕阳光可以向市场提供急需的透明度，起到消毒的作用。无独有偶，IMF 在其《全球金融稳定报告》中明确提出：

第一，中国银行体系贷款总额占 GDP 比例为130%，而通过影子银行体系借贷总额占 GDP 约 40%，因此影子银行比重不容忽视，需加强风险防范。

第二，对中国非银行中介的信贷风险和道德风险提出警告，尤其是信托产品和理财产品的相关风险。

作为上述负面报道的回应，中国人民银行行长周小川在"十八大"金融系统记者招待会上明确表示我们"影子银行"的规模比发达国家的小得多。此外，中国绝大多数非银行金融机构的金融活动都处在严格的金融监管之下，而不是像有些国家那样完全脱离监管。尚福林对此作出补充，说目前市场上的信托、理财产品都在银监会的监管范围之内，银监会下一步也会立足实际，对"影子银行"的内涵、功能、规模、结构、风险等方面加强研究，加强对"影子银行"的杠杆率、并表风险等方面的监管，完善行业规则，打击不法行为。同时，还要促进银行改革创新，提供更好的、更安全的金融服务。

事实上，早在 2009 年，中国社科院金融所财富管理研究中心曾撰写短文称：循环贷款类理财产品的操作思路隐现"庞氏骗局"倾向，如某款产品的本息来源于贷款主体偿还的本金、新发理财计划的募集资金和信托贷款转让资金三个方面。部分产品曾出现到期收益打折现象，为息事宁人，前期有部分商业银行利用自有资金进行补偿或对产品进行展期。对少数问题产品，可以如此操作，试想如果出现一百笔、一千笔，甚至大面积的问题产品呢，商业银行应该如何是好？为此，该文建议如下。

第一，控制单笔产品的募集资金量，使其不要超过理财产品存续期内贷款主体的偿还额度。如此操作，投资者仅需承担贷款主体的信用风险，而非其他风险。

第二，共担风险，共享收益。应在产品设计中考虑引入伊斯兰金融机制，限制发行主体的无中生有，应要求发行主体承担贷款主体的部分风险，如考虑引入券商集合理财产品的自购约束，一旦贷款主体违约，发行主体需用自有资金进行补偿，在此基础上，才能共享收益。

时至今日，我们依然认同上述策略建议。

（四）银行理财产品市场"复婚"资本市场？

追溯银行理财产品市场发展历程，银行理财产品市场与资本市场"相知"于 2006 年，"热恋"于 2007 年，"争吵"于 2008 年，"离婚"于

2009 年。目前，"七年之"之际，人们再次热议银行理财产品市场与资本市场"复婚"事宜，谈何容易？

2007 年股票市场激流而下导致银行理财产品市场在 2008 年和 2009 年出现大量的零收益、负收益和高额亏损事件。为此，银监会发布的《中国银监会关于进一步规范商业银行个人理财业务投资管理有关问题的通知》（银监发〔2009〕65 号）中已经对银行理财资金投资股市问题作出规定，明确银行理财市场与资本市场的"门当户对"关系：理财资金不得投资于境内二级市场公开交易的股票或与其相关的证券投资基金，也不得投资未上市企业股权和上市公司非公开发行或交易的股份。同时规定，对于具有相关投资经验、风险承受能力较强的高净值资产客户，商业银行可通过私人银行服务满足其投资需求，不受上述投资限制。

进入 2012 年以来，国内股票市场发展低迷，银行理财产品市场发展爆棚，有关银行理财产品投资股票市场的议题再次被提上日程，标志性事件如下[①]。

- 2012 年 2 月，证监会主席助理吴利军在一次调研活动中明确表示要引导银行理财计划更多面向二级市场进行长期投资和价值投资。
- 2012 年 3 月，证监会主席郭树清表示关于引入银行理财产品等资金入市问题，证监会正在研究之中，其关键在于充分揭示风险，并让投资者自行选择判断。
- 2012 年 3 月，银监会主席助理阎庆民表示，银监会对于理财资金入市问题还要统筹研究，对进入资本市场的理财资金可能需要设定相应比例限制和制度限制，要控制好风险。
- 2012 年 5 月，证监会投资者保护局在答记者问时也提到银行理财资金入市问题。
- 2012 年 9 月，中登公司负责人表示，关于银行理财产品开立证券账户从事股票和债券交易，证监会和银监会正积极研究，稳步推进。

与之相呼应，银行理财产品投资股市的最新表现有二：第一，工商银行微调旗下产品投向，增加证券公司集合资产管理计划或定向资产管理计

---

① 详细报道参见：①《业界人士称 10 万亿理财资金开放入市在即》，《第一财经日报》2012 年 9 月 3 日；②《政策尚未明朗，银行理财产品曲线入市》，《证券时报》2012 年 9 月 17 日；③《银行理财资金入市是望梅止渴》，《天府早报》2012 年 9 月 8 日；④《十万亿入市在即，银行理财产品或与股市"复婚"》，《时代商报》2012 年 9 月 5 日。

划，基金管理公司特定资产管理计划和保险资产管理公司投资计划，合计投资比例不超过总资产的30%；第二，光大银行发售"阳光新股通"推出新股产品。

简而言之，银行理财产品市场在推动国内金融体系改革，尤其是推动资本市场改革、利率市场化改革以及资本项目走出去方面都将扮演重要角色。中国社科院金融所金融产品中心在其研究报告①中明确提出，银行理财产品市场推动资本市场发展的表现形式有二：其一，国内债券市场和股票市场是理财产品的主要投资方向。譬如，2009年至2011年4月国内债券和股票市场（二级市场交易、新股申购、未上市股权、股票型基金等）投向产品数量为3.28万款，募集资金规模为2.88万亿。其二，部分产品具有股票市场和债券市场的交易特征，如当前市场中热销的开放式产品和份额化交易机制或团购机制。

最后，银行理财产品市场与资本市场的目标互斥性也是资金入市的重要阻力之一，因为前者追求收益最大化，后者追求融资最大化以及融资成本最小化。我们的观点是银行理财产品资金入市问题需要谨慎处理，因为虽然商业努力发展基于资产管理的财富管理行业，但其资产管理能力值得商榷。再者，发展股票型银行理财产品的风险对冲工具匮乏。

（五）银行理财产品可以预测主权债务危机？

2009年8月18日，德意志银行在中国大陆发售挂钩希腊国债的结构性产品，投资币种为欧元，到期日为2011年3月20日，挂钩标的为希腊共和国的GR0110019214债券，产品收益计算方式是这样的：如果挂钩债券到期履约，客户将获得高于同期银行普通定期储蓄利率的投资利率，否则产品的收益不明。随着欧洲主权债务危机的暴露、演变与深化，回过头来看，这样的产品发售是蓄谋已久还是偶然巧合？

事实上，在2008年全球金融危机和欧洲主权债务危机的背后，我们都毫不例外地发现金融危机的影子。2010年2月5日，美联储主席在参议员银行委员会听证会上表示，联储将对数家华尔街企业涉及希腊政府债务违约掉期的传言进行调查，这是伯南克针对先前《纽约时报》的一篇报道作

---

① 《国家开发银行引入财富管理机制缓解信贷规模约束新型业务模式研究报告》，2012年10月。

出的以上回应，报道称包括高盛在内的几家华尔街企业大量买入基于希腊政府债务的信用违约掉期产品，如果希腊政府无法偿还债务，这些企业将会有丰厚回报。报道还称在之前的全球金融危机中，正是这类产品差点毁掉了美国国际集团。

为了更好地评析这一事件，让我们首先看看最近备受金融衍生品困扰的欧债主权债务国家是如何被金融衍生品"钓上钩"的。1999年，首批申请加入欧元区的希腊是唯一没有通过审核的国家，因为其财政赤字超过GDP的3%，公共债务超过GDP的100%，不符合欧盟《稳定和增长公约》中"加入欧元区国家其财政赤字不得超过当年GDP的3%，公共债务不得超过GDP的60%"的相关规定。随后的2001年，高盛为希腊政府提供上门服务，通过金融衍生品来掩盖其10亿欧元的债务。具体流程如下。

第一步，希腊政府发售100亿美元10～15年期的国债，募资100亿美元。

第二步，高盛通过以设定汇率而非市场汇率与希腊政府进行货币互换，提高希腊政府的欧元募资额。具体而言，如当时的市场汇率为1欧元＝1.35美元，则100亿美元可兑换74亿欧元；但高盛承诺可以1欧元＝1.19美元进行兑换，这样的话，100亿美元可兑换84亿欧元。

第三步，高盛与德国商业银行签订基于希腊政府的信用违约互换保险（CDS）。

如此操作的优点有三：其一，希腊政府将其财政赤字降低为GDP的1.5%，可以顺利加入欧元区；其二，高盛获得约为3亿美元的佣金，并向德国商业银行购买了CDS；其三，德国商业银行卖出CDS，获得保险费。高盛的如意算盘是通过美化希腊政府的资产负债表，压低CDS价格买入，然后再暴露希腊政府风险，推高CDS价格卖出。

如果我们再回顾一下德意志银行发售的希腊政府债券违约产品以及投资银行高盛与德国商业银行签订的基于希腊政府债务违约的CDS，我们还能说德意志发售的产品只是个偶然事件吗？2011年以来，我国也备受地方政府债务危机的困扰。巧合的是，德意志银行在2009年12月也曾发售挂钩"中国普天信息产业股份有限公司债券（债券代码100001218）"的债券信用挂钩结构性投资产品，产品到期日为2010年9月30日，如果未发生提前终止事件且到期履约，产品收益为3%，否则产品的收益不明。截至目前，普天信息产业公司运行良好，但 4 月 15 日山东海龙 4 亿元到期的人民币债务是否能如期履约？《华尔街日报》、境外投行、世行报告对国内理财产品市场"庞氏骗局"呼声越来越高的用意何在？期望德意志银行的这款产品并无其他的深层含义！

四 银行理财产品市场未来展望与策略建议

未来几年，国内财富管理市场竞争格局将更加激烈，银行理财产品市场和信托产品市场受到的"监管关注度"将会加大，证券投资基金市场和券商集合理财产品市场受到的"创新支持力度"将会加大，"一增一减"或将明显改变未来国内财富管理市场的总体格局。以下，我们仅就银行理财产品市场未来几年的总体运行情况给予预测并提出进一步发展的策略建议。

在假设国际国内政治、军事、经济形势平稳运行，国内监管部门尤其是银监会对银行理财的监管方向无重大调整以及国内财富管理行业竞争格局基本保持不变的条件下，我们预计未来三年内银行理财产品市场将呈现如下六个方面的运行特点。

其一，产品数量和资金规模居高不下，平均增速低于过去五年；

其二，银行理财产品收益率的市场化程度提高；

其三，短期银行理财产品向开放式、基金化转型；

其四，银行与其他金融机构的同业合作方式、范围及深度进一步拓展，银行理财业务与券商、基金的融合更为密切；

其五，理财服务全面升级，主要体现在：客户分层更加精细、投资渠道更为便捷、消费者权益保护日趋完善、产品和服务逐渐摆脱同质化等方面；

其六，在透明公开的监管思想指导下，表外的银行理财业务将得到更为有效的监管，单款银行理财产品的投资方向及核算机制将更加明确，"大资产池"模式有望被分类化、小型化、更具透明度的资产池取代。同时，透明与独立的监管制度也将"倒逼"商业银行提高投研能力，促使理财业务向真正的资产管理业务转型。

作为财富管理市场中的典型代表，银行理财产品市场发展不仅直接影响财富管理市场的发展，同时关系中国未来的金融体系改革。基于财富管理能够更充分发挥市场的积极作用等方面的考虑，我们期望银行理财产品市场可以在如下八个方面有所改进。

其一，厘清银行理财产品市场的法律关系。首先是要确定银行理财产品的法律定位，归属《物权法》或《担保法》的何种质押品种或进行重新界定，以促进银行理财产品的质押融资和二级市场交易发展；其次是要确定银行理财产品的法律属性，即是债权债务关系还是信托关系，抑或是其他关系。

其二，建立健全统计监测体系。有三件事情需要斟酌：一是统一的数据采集处理机制，可考虑建立由中国人民银行牵头、各分管监管部门（主要是"三会"）配合的架构；二是报告指标的界定，发行主体需要上报的具体指标，如投资方向、支付条款、收益类型和平盘模式等，需要明确；三是口径的统一，如对产品的收益类型而言，为更好地描述产品的风险收益水平，可将其分为非保本浮动收益型、保本浮动收益型和保息浮动收益型等三种主要类型。

其三，实施发行主体资金募集、资金管理和资金清算的三权分立制度。有别于国内较为成熟的证券投资基金市场，作为银行理财产品的发售机构，商业银行集产品的资金募集、资金管理和资金清算三权于一身，这就导致了两个潜在问题：一是降低了产品的信息透明度，当前市场中热销的组合管理类产品便是实例；二是滋生道德风险，形成产品说明书投向与实际投向脱节的"两张皮"现象，不仅容易导致产品的巨额亏损，而且可能吞噬监管机构的几乎所有努力。

其四，完善发行主体的分类监管和投资者的分级销售制度。结合商业银行过往发售产品的风险水平、收益水平和流动性信息确定商业银行新发产品的风险收益水平和流动性指标，避免发行主体资产管理能力与产品风险收益水平的错配。在加强投资者教育的同时逐步建立投资者风险承受能力的统一测评体系，避免产品风险收益水平与投资者风险承受能力的错配。目前，国内实施的对私人银行和个人零售银行的分类监管和分级销售具有很好的借鉴意义。

其五，构建"一行三会一部一委"的协同监管机制。银行理财产品中投资方向已涉及保险产品、证券投资基金、券商集合理财产品和私募股权投资等诸多领域，商业银行与基金公司、证券公司和阳光私募的合作也日益深化。为适应银行理财产品市场的监管需求，可考虑构建"一行三会一部一委"的协调配合机制，如金融产品服务机构的设立等，避免监管空白和监管叠加等监管异象。

其六，成立统一交易平台和二级市场。统一交易平台建立有利于丰富投资者的选择范围，避免发行主体仅发售本行产品的排他性销售策略。二级市场的建立可起到提高理财产品市场的流动性和形成理财产品的价格发生机制的双重作用。

其七，设立投资者保护机制。设立投资者保护协会，为投资者的投资决策和案件受理提供服务。建立投资者保护基金，防范"影子银行"阴影下的系统性风险，并对银行理财产品市场的亏损起到一定的缓冲作用。

其八，尽快建立第三方评级/评价机制，为市场提供揭示、分析、比较各种类型产品、各种理财机构信息的准公共品服务。在这种机制下，第三方评级/评价机构应该满足三个基本条件：第一，机构的宗旨是为金融消费者/投资者服务；第二，机构具有独立性，即独立于监管机构（以及监管机构实际管辖的各种行业协会）、发行机构；第三，具备完备翔实的评级/评价体系和全市场范围内的专业研究视角，并且，具有较长的评级/评价历史。

信托业务的影子银行性质考察报告

袁增霆[*]

引 言

（一）调研背景与目的

近年来，国内社会开始高度关注游离于货币信贷政策与金融监管之外并致其失灵的"影子银行"活动。尤其从 2011 年开始，影子银行概念在媒体报道中异常活跃，并具体指向了以"银信合作"理财业务为代表的一些金融活动。[①] 在 2011 年 5 月 6 日召开的银监会第 22 次常务扩大会上，时任主席刘明康则强调，"在防控'影子银行'风险上，要严格按照时间表做好银信合作表外转表内的工作，加强影子银行问题的调查研究，做好跟踪分析。"同年 8 月 17 日，《人民日报》又刊登了对他的专访文章《严防"影子银行"风险传递》，即指出资金供需矛盾催生了各类借道理财和所谓创新的影子银行活动。在此之前，银监会已经逐渐收紧甚至局部叫停了发展五年之久的银信合作理财业务。2011 年 12 月 16 日，中国社会科学院金融研究所《金融评论》编辑部针对这一时事热点问题甚至专门主办了"影子银行与宏观审慎政策"学术研讨会，来自国内监管部门、大学和研究机构、国际组织以及金融业界等一百多名参会者对此发表译论，看法不一。

---

* 袁增霆，中国社会科学院金融研究所金融实验研究室副主任、助理研究员，研究方向为结构金融，金融市场。

① 银信合作理财业务是"银行通过将客户理财资金委托给信托公司，由信托公司担任受托人并按照信托文件的约定进行管理、运用和处分，为客户提供新的投资通道和收益模式。"——中国国际经济咨询公司编著的《金融普惠、信托为民——2011 中国信托业调查报告》，第 16 页。

2012 年，在我们执行国情调研项目期间，关于国内影子银行活动的争议依然热度不减。除了大量国内外媒体的报道之外，2012 年 10 月国际货币基金组织（IMF）发布的《全球金融稳定报告》还专门描述了中国影子银行体系的状况，其中重点提及信息相对透明的信托公司及其类似贷款业务、民间放贷人（Informal Lenders）及其业务、银行理财业务等。[①] 相应的，《英国金融时报》中文网上的一篇文章甚至给出了似乎较为贴近现实的估计，[②] 截至 2012 年第三季度末，中国影子银行体系的存量规模高达 28.3 万亿元，相当于同期银行业金融资产的 22%，GDP 的 55%；前三个季度提供的资金规模达 3.87 万亿，相当于央行统计的社会融资总量的 30%；而且，目前该类业务资金提供方所获年息大多在 10% 左右，远高于一年期银行贷款 6% 的基准利率。在此之前，巴克莱资本（Barclays Capital）就曾估计 2011 年包括银行承兑汇票、信托贷款和委托贷款在内的银行表外贷款，即其所指的影子银行业务规模，约占银行表内贷款的 22%。[③]

然而，无论监管部门还是学术界，对于国内影子银行活动及其在信托业务中可能存在的现实，都还缺乏深入的调查研究。由于缺乏有力证据，这种境况不仅对于货币信贷政策和审慎性金融监管政策不利，也极其不利于信托公司资金信托业务的发展。

信托业务仍然是国内金融创新的重要试验田。现实的经济状况、金融监管体制和业务经营之间，本身经常蕴含着矛盾冲突。在这种复杂背景下，一些市场化的金融活动与政策干预之间的因果关系错综复杂。对于一些具有影子银行性质的信托业务，是否具有积极引导的政策价值非常值得深究。不同的行动，可能导致的结果相差悬殊。因此，考察它们是否真实存在，权衡它们存在的真实利弊，具有重要的政策含义。

（二）调研思路与方法

本次国情调研的目的在于用事实论证国内信托业务中是否蕴含影子银

---

① IMF, 2012, "Box 2. 7 Avoiding the Pitfalls of Financial Liberalization in China—Credit Risk, Liquidity Mismatches, and Moral Hazard in Nonbank Intermediation", *Global Financial Stability Report*, October.

② 沈建光：《影子银行：金融改革成果还是庞氏骗局?》，英国《金融时报》中文网（http://www.ftchinese.com），2012 年 12 月 11 日。

③ 《中国影子银行：下一个次贷危机?》，《华尔街日报》中文网（http://cn.wsj.com），2011 年 10 月 27 日。

行的实质，探究它们在多大程度上替代了传统的银行业务；并澄清其中的真实含义，探究它们在冲击传统体制下的政策执行与创新性化解现实金融矛盾之间的真实利弊关系，从而在矫正政策干预和引导信托公司发展方面提出有建设性的建议。

本次国情调研的对象是国内信托公司开展的资金信托业务运作情况，考察其中是否具备"影子银行"性质。调研的主要内容包括信托公司的主要资金信托业务类型、资金来源和运用方向、产品结构设计及同业合作状况。在汇集以上数据资料之后，进行专门分析和反馈。

关于调研地点的选择，我们主要考虑两个重要因素：一是信托公司资金信托业务的典型代表性，二是现实数据的可得性、可信度及比较分析价值。为此，根据我们以往跟信托业协会以及部分信托公司的良好合作关系以及对调研问题的经验认识，最终选择北京、上海、太原、济南等四个主要城市进行调研。这些城市大致代表了国内信托业相对集中且较为活跃的东部和中部地区。

调研过程包括如下几个主要步骤：首先，在理论逻辑方面，团队跟踪国内外在该领域中最新的学术研究进展，对影子银行概念在国外金融体制中的本质含义及关键特征进行明确界定，收集国内有关事实报道及已有证据。然后，在调研过程中，我们对各个样本城市及受访对象进行集中座谈和资料收集。原本设计的针对信托公司及客户的问卷调查由于反馈及回收情况较差，最终被取消。由于国情调研侧重于负面现实的验证、它本身的严肃性以及信托业务现实操作的私密性，受访对象普遍存在美化自己、回避现实或不愿反馈的倾向。这可能是导致问卷失败的一个重要原因。因此，调研方法转向采用现场座谈、资料收集、案例分析、侧面验证相结合的务实操作。最后，我们对汇集材料进行集中分析，对比国内的金融体制及运行背景，进行关键特征的识别。同时，参照国内金融体制改革及创新的趋势特征，采用案例方法对国内信托业务中的类似行为活动进行制度分析，从而判定国内信托业务中的影子银行性质、形式及特定国情环境下的真实含义。

（三）内容结构

调研报告的主要内容分为四个部分：第一部分梳理国内外的影子银行

研究文献，其中包括该领域的基本概念及原理，并简要阐述国外的发展背景及影子银行对货币政策和金融稳定的影响。

第二部分提炼出识别影子银行形式及实质的三条判据，即经营模式类似，具备传统银行业的信用、期限和流动性转换等关键功能特征，在金融监管体系之外；然后简要阐述它在国内的对应物。

第三部分专门考察中国信托公司资金信托业务中的影子银行实质，分别从三条判据相对应的经营模式、银行细节中的关键功能特征以及监管状况方面，通过现场考察、产品案例及样本统计分析，证实至少存在大量的贷款类以及以各种名义运行的具备较高程度抵押物设置的资金信托业务属于影子银行活动。

第四部分是结论和建议，首先确认了国内信托业务在一定范围内存在影子银行实质，然后建议监管部门建立信息机制，以实施有效的监管。

一　基本概念、原理与方法

影子银行通常被认为是从事类似于传统商业银行的信用创造，却游离在货币政策与金融安全网体制之外的金融活动。由于影子银行概念体系提出的时间较短且发展较快，仍存在一些不甚清晰的界定。这种情况对于理解该领域的事实、问题及分析观点构成了挑战。本报告在现有素材的基础上对影子银行概念及运行原理、判别方法做了较为谨慎的归纳和提炼，据此考察国内的对应现象。

（一）影子银行概念及本质概括

关于影子银行的提法来自一些非学术性的探讨。McCulley（2007）最早提出了影子银行系统（Shadow Banking System）的概念。当时它被描述性地定义为"由经营杠杆的非银行投资管道、工具及交易结构等用字母缩写词拼集而成的整体"。随后，Roubini（2008）评述了处在金融海啸风口浪尖上、以部分金融中介为代表的影子银行系统瓦解的命运。同期，还存在一些类似的概念。2008年4月，担任美国纽约联储行长的盖特纳在参议院"银行、住房和都市发展委员会"上的听证演讲中提出了一个相对于核心银行系统的平行系统，后来被正式表述为平行银行系统（Parallel Banking system）。① 类似的提法还包括国际货币基金组织（IMF）在同年 10 月份的全球金融稳定报告中提出的一组"类银行"（Near – Banks）概念，但主要被用于指向实体机构。②

此后，更为正式的表述是美联储的员工报告 Pozsar，Adrian，Ashcraft，Boesky（2010）。该报告将影子银行系统分解为影子信用中介（Shadow Credit Intermediation）、中介过程和工具。这里的影子信用中介，是相对于银行信用中介而言的。根据影子信用中介的参与机构类型，它又被分为政府发起、内部和外部三个子系统。平行银行系统在这里相当于外部子系统，指传统银行业金融机构之外的具有专业化和垂直分工等特征的实体和活动。同时，报告明确了银行业务和影子银行业务关键的共同特征，即能够从事流动性、期限和信用转换。这种特征概括在一定程度上回答了银行与银行业的区别以及后者的确切含义。

Gorton（2010）在界定和区分这两个基本概念方面表述更为深入，认为银行机构能够通过创造对信息不敏感的债务来创造流动性，而银行业则是创造此类债务的一个过程。这些信息不敏感的债务型金融工具，能够被用于债务抵押，支持金融机构进行再融资。这种表述突出了影子银行活动存在的背景因素和前提条件，对于后续研究颇有启发意义。

作为整套不成熟概念体系的一个最新概括，2009 年 6 月成立的全球金融稳定理事会（FSB）在 2011 年 4 月份发布了一个关于"影子银行问题考察——背景注解"的文件（FSB，2011）。该文一方面简称"影子银行系统可以被概括为在正规银行系统之外，包括实体和活动在内的信用中介"；另一方面又进一步提示不应当将考察范围仅限于信用中介，与此相关的诸多活动也应当被包括在内，监管的重点应放在"正规银行系统之外的实体和活动"。这些表述反映了当前阶段影子银行概念所具有的明显监管政策导向。同时反映出，面对大量的经验事实和观点，缺乏准确而精炼的概念界定，仍是该领域研究中不容回避的现实。

---

① Geithner T. F., "Actions by the New York Fed in Response to Liquidity Pressures in Financial Markets", Testimony before the U. S. Senate Committee on Banking, Housing and Urban Affairs, Washington, D. C. http：//www. newyorkfed. org/newsevents/speeches/2008/gei080403. html, April 3 2008.

② 见 IMF：Global Financial Stability Report（Oct 2008），Chapter 2。在该报告中，出现了"near – banks""near – bank""financial institutions""near-bank entities"等指向实体机构的名词。

从迄今关于影子银行系统概念的理解和运用情况来看，它的本质内涵不单指特定背景条件下具备独立法人资格的金融机构的活动和动机，还涵盖进一步细分的各种类似或替代传统银行业务的业务部门、金融工具和实现方法。简而言之，影子银行系统是由特定动机、工具、过程及参与机构构成的有机结合体。它的活动具有核心/传统银行业务的关键特征，如能够从事流动性、期限和信用转换服务。这些活动能够替代监管体制内的核心银行业务，却不在包括央行最后贷款人、存款保险和审慎监管在内的金融安全网保护之下。脱离"有机结合体"的范畴，单独定义影子银行实体，没有普遍意义。所谓的实体机构，只存在于特定背景条件之下。如果没有其他要素的配合，它们将不复存在。换言之，影子银行机构的提法只是在一定情境下对一些参与机构的形象比拟。

简单地将影子银行定义为从事类银行业务的非银行金融机构，就容易引起概念冲突和歧义。尽管在 2007 年美国次贷危机和 2008 年全球金融海啸中，诸如雷曼兄弟、贝尔斯登、美林等独立投资银行机构有时被称为影子银行，但仅仅是在特定时期深度卷入特定业务的条件下才有如此称谓的意义。在更长的历史时期内，它们仍然是证券经纪和交易商。事实上，在过去三四十年间，大量金融机构都经营多种业务，具有多样的产品线。而且，商业银行深陷影子银行活动，也不适宜再以整个机构的名义称之为影子银行。从政策应用来看，影子银行也无法以机构的名义在监管框架内存在。由于角色混乱，金融监管无法将影子银行、独立投行和商业银行机构放在同一层面上。面向机构的监管本来就在混业经营不断加强的历史趋势下削弱了效力，行业监管的分工已经较为明确，替代性的政策改进则是面向进一步细分业务或产品线的功能性监管。无论全球金融监管体制的改革和发展方向是进还是退，似乎都很难为影子银行找到机构层面上的位置。

（二）影子银行系统运行原理

影子银行系统与核心商业银行系统一样，基本的功能都是将全社会的储蓄者和借款人联系起来，但方式不同于商业银行的"吸收存款－发放贷款"机制，而是以与现代金融市场联系非常紧密的各种金融工具形式出现。它在现实运作中提供的储蓄－转化机制，相当于"证券发行－发放贷款"模式，只是在操作顺序上是先放贷，然后发行证券为其融资。关于影子银行系统在组织构架和工作流程方面的表现形式，这里我们采用 FSB

"信用中介业务链" 期限/流动性转换便利

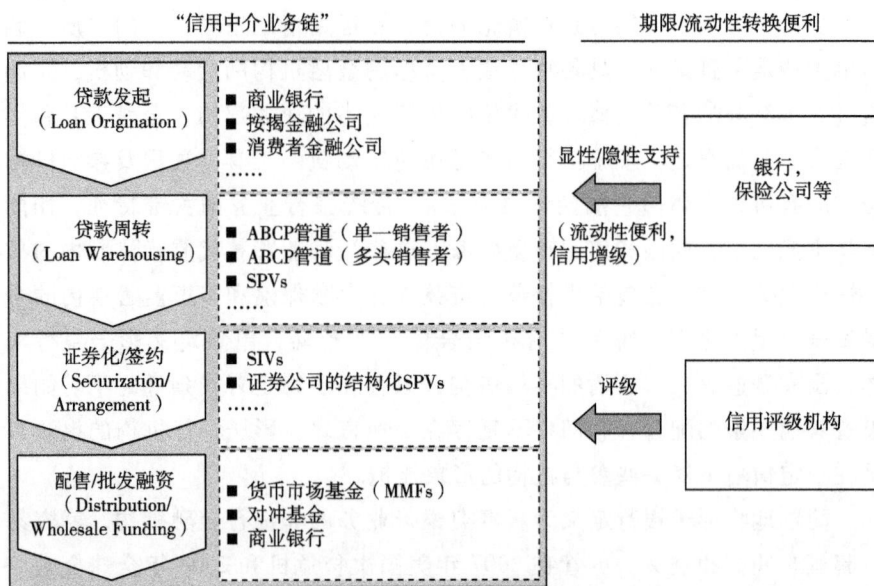

图 1　影子银行系统的运行原理示意

资料来源：FSB（2011），原图标题为"影子银行系统结构"。

（2011）中给出的一个简本来演示（见图 1）。

图 1 中的影子银行系统示范，几乎等同于贷款证券化的标准工作原理。[①] 除了没有明示具体操作的动机之外，它几乎涵盖了所有构成要素和关键特征。在欧美地区，影子银行系统的参与机构和金融工具都非常普遍。从金融工具的层面上看，该系统主要是建立在资产证券化、再证券化工具、回购、商业票据、衍生品等大型工具箱的基础上，由此自下而上地形成了产品线、业务部门、机构等产业组织。这些金融工具可以被不同角色的参与机构所运用，在彼此之间形成了复杂的对手方交易网络。在机构层面上，一些重要的参与者经常被称为"影子银行实体"，[②] 其中最有代表性的机构包括货币市场共同基金、金融公司、资产支持商业票据（ABCP）管道和结构性投资实体（SIVs）、证券经纪和交易商等。这些机构的资产

[①]　这里仅示范了一个简化的四步流程。在 Pozsar, Adrian, Ashcraft, Boesky（2010）中，更细致的流程可以分为七步，即"（1）loan origination，（2）loan warehousing，（3）ABS issuance，（4）ABS warehousing，（5）ABS CDO issuance，（6）ABS 'intermediation'，（7）wholesale funding"。而且，由于贷款发起机构和证券融资形式不同，流程细节也会有所不同。

[②]　FSB（2011）中提到的实体概念是"Shadow Banking Entities"，相当于此前流行的"Shadow Banks"。

负债表与传统的银行机构具有类似之处，资产方包括贷款或信贷支持证券，负债方包括为此融资以机构信用发行的短期证券。

（三）影子银行的货币及金融影响

2007 年美国次贷危机之后的事实表明，由于概念本质中内含的脆弱特征（没有安全网支持的流动性、期限和信用转换）以及不适宜的动机激励，影子银行活动具有内在的金融脆弱性，[①] 也很容易积聚系统性风险并最终酿成恶果。欧美地区的历史事实已经表明它们足以创造出巨量规模的金融工具，扭曲金融系统结构与功能。证券化融资已经上升为规模最大的融资渠道，且集中于房地产按揭贷款的证券化。有银行业深陷其中的债务性融资最终不可避免地出现了过度扩张。而且，事后人们开始发现这些活动中藏污纳垢，卷入了信贷市场纪律松弛或贷款欺诈、信息误导、掠夺性结构金融等诸多弊端；[②] 结构性融资业务中的道德风险及系统性风险、评级业的退化与误导也暴露出来；[③] Lancaster, Schultz and Fabozzi（2008）在次贷危机刚起时提示的结构性金融产品的四个风险因素，即评级机构偏误、发起人不尽责、投资人风险认识不足、风险转移与扩散失效，几乎全部应验。从事后的审慎监管政策来看，约束影子银行活动，很难在机构层面上找到政策着力点，更需要在微观层面上解决利益冲突（BIS, 2011），以规范金融机构行为和整顿行业秩序。

影子银行系统对货币和信贷供应的影响，是其备受瞩目的重要原因和概念基础。在这个系统中运行的部分货币市场工具，如回购协议和货币市场基金中的存款，都已经被列入广义货币供应量 M3 的统计口径。比此更广泛的工具，如回购交易中的三方回购和其他债券抵押借贷、金融商业票据等，也已经受到关注。在美国次贷危机发生前后，这些未必被放入 M3 的货币市场工具对金融机构的资产负债表扩张和收缩，社会资金和金融市场流动性状况的转变发挥了关键作用。此外，通过借助贷款证券化活动，该系统直接影响到银行系统的信贷供应。并且，在银行业机构与市场型机

---

① 见周丽萍（2010）。

② 见 Peteson（2007）和 IMF 在 2007 年 10 月发布的《全球金融稳定报告》GFSR（Oct 2007）中的第一章。

③ 见 Demyanyk and Hemert（2007）；Keys, Mukherjee, Seru, and Vig（2008）；Ashcraft and Schuermann（2008）；Sam, Tett and Davies（2008）等。

构之间，也存在资金的信贷供应关系。因此，按照货币银行学的分析方法，将中央银行、银行业机构和市场型金融机构的财务报表合并，可以看出该系统对于整个社会货币和信贷供应的影响力。[①]

Adrian and Shin（2008，2009，2010）重新阐述了量化工具的重要性，并用证据表明短期利率、市场型金融机构的资产负债表以及（金融部门内部的）信贷供应都是货币政策传导的重要渠道。他们的实证分析表明，早在美国次贷危机之前市场型中介资产负债表规模就与短期市场利率表现出负相关性，货币政策通过短期利率渠道对证券经纪交易商的报表规模产生了顺周期影响。它们还注意到短期利率与风险因素控制了市场型机构的杠杆成本。短期利率的重要性如前面所述，即市场型机构的资金来源越来越依赖于易受短期利率影响的货币市场工具，如金融商业票据、回购及其他证券借贷交易，风险因素则反映在期限息差或信用息差之中。基于这些事实，上述三种货币政策传导渠道及机制的存在就变得清晰可见。此外，还延伸出两个方面的货币政策含义，一是将这部分货币市场工具的规模更完整地纳入货币供应量统计，重启量化指标的工具地位；二是金融部门内部资金往来，尤其是面对市场型机构信贷供应中的摩擦，可能对它们的资产负债表规模波动产生放大效应。

二　影子银行判据及其在中国的对应物

影子银行概念在传入国内后，很快受到了高度关注。一些文献开始介绍和理解它，如周丽萍（2010）、袁增霆（2011）、龚明华、张晓朴、文华（2011）、李扬（2011）等。尤其在最近两年间，它也开始被用来充当批评国内金融问题的标靶。关于它在国内的定性和监管问题，同样混淆不清。一些观点甚至无条件地将信托公司和私募基金视为影子银行实体，或将一些金融工具视为它的专有工具。根据前面的分析，这些认识是不恰当的。考虑到过去一些年间中国金融体制和机制的深刻变化，应当说在国内探寻影子银行活动并不困难。自 2004 年以来，在银行业改制上市、利率和汇率改革、综合经营和全球化等重要背景因素的推动下，国内金融系统的结构

[①] 吴晓灵、朱晓明（2009）具体描述了由于资产证券化活动引起的美元信用创造乘数与以往传统金融体系下信用创造乘数之间的差异。

和功能特征也出现了一些类似国外情形的变化，比如管制放松与市场化融资倾向的加强。在此过程中，商业银行和信托公司表外金融创新以及金融监管体制之外的私募基金业都得到了蓬勃发展。

（一）影子银行判据

根据前面的概括，影子银行具有三个方面的本质特征或基本判据。

（1）影子银行系统是由特定动机、工具、过程及参与机构构成的有机结合体。

（2）它的活动具有核心/传统银行业务的关键特征，如能够从事流动性、期限和信用转换服务。

（3）这些活动能够替代监管体制内的核心银行业务，却不在包括央行最后贷款人、存款保险和审慎监管在内的金融安全网保护之下。

在判据的应用中，通常最受关注的特征因素还是类似于传统银行业务的三个转换特征，其次关注它是否在监管体制内以及真实的动机。关于国内影子银行系统的存在现实，不能直接参照国外版本按图索骥，在很大程度上只能在金融业务和工具的微观层面上对一些活动进行确认。

（二）中国影子银行规模谜题

在 2011～2012 年，关于中国影子银行活动的具体范围及规模是一个非常富有悬念、众说纷纭的议题。此类金融活动在中国的存在几乎没有异议，关键在于它的具体信息。这是该领域所有争议的焦点问题。野村证券的一份研究报告曾预计中国 2010 年的影子银行规模为 8.5 万亿元，[①] 相当于当年末 47.6 万亿元银行表内贷款存量的 18%。巴克莱资本则曾估计 2011 年包括银行承兑汇票、信托贷款和委托贷款在内的银行表外贷款，即其所指的影子银行业务规模，约占银行表内贷款的 22%。[②] 如果按此口径进行流量统计并根据中国人民银行发布的社会融资总量统计数据，2012 年前 11 个月，这些新增表内、表外贷款分别为 8.5 万亿元、2.9 万亿元，后者相当于前者的 34%。向后追溯，在 2006～2011 年，新增表外贷款与表

---

① 《"影子银行"谱系——游离在传统监管体系之外》，《国家财经周刊》2011 年 9 月。

② 《中国影子银行：下一个次贷危机？》《华尔街日报》中文网（http://cn.wsj.com），2011 年 10 月 27 日。

内贷款的比率，分别为 15%、29%、17%、15%、43%、31%。关于社会融资总量的规模及结构情况，如表 1 所示。

值得注意的是，中国人民银行统计的社会融资统计口径忽略了银行理财产品以及其他各类私募基金。IMF 在 2012 年 10 月发布的《全球金融稳定报告》中，认为截至当年三季度末的银行理财产品存量规模足有 8 万亿~9 万亿元，相当于存款规模的 10%。在 2011 年底，根据中国证监会主席郭树清关于"我们需要一个强大的财富管理行业"的讲话，[1] 银行理财产品的存量规模才为 4.57 万亿元。关于私募基金，曾有人估计各类创投与私募股权投资基金在 2011 年底的规模为 4.77 万亿元。[2]

表 1 中国社会融资规模及结构（2006~2012 年[a]）

单位：亿元人民币，%

年度	总量	本外币贷款	委托贷款	信托贷款	银行票据[b]	企业债券	股票融资[c]
2006	42696	32982	2695	825	1500	2310	1536
2007	59663	40187	3371	1702	6701	2284	4333
2008	69802	50988	4262	3144	1064	5523	3324
2009	139104	105207	6780	4364	4606	12367	3350
2010	140191	84306	8748	3865	23346	11063	5786
2011	128286	80427	12962	2034	10271	13658	4377
2012[a]	141542	85181	10760	10442	7854	20422	2373
占比							
2006	100	77.2	6.3	1.9	3.5	5.4	3.6
2007	100	67.4	5.7	2.9	11.2	3.8	7.3
2008	100	73.1	6.1	4.5	1.5	7.9	4.8
2009	100	75.7	4.9	3.1	3.3	8.9	2.4
2010	100	60.2	6.2	2.8	16.7	7.9	4.1
2011	100	62.7	10.1	1.6	8.0	10.6	3.4
2012[a]	100	77.2	7.6	7.4	5.5	14.4	1.7

注：a 指数据截至 2012 年 11 月份，b 指未贴现的银行承兑票据，c 指非金融企业境内股票融资。
资料来源：中国人民银行。

---

[1] http：//www.csrc.gov.cn/pub/newsite/bgt/xwdd/201206/t20120629_212080.htm.

[2] 中国证券业协会网站统计数据（http：//www.sac.net.cn/hysj/zqgsjysj/201204/t20120425_15012.html）。

如果按照类似的逻辑将各种理财产品和私募基金考虑在内，影子银行规模应当还要大得多。英国《金融时报》2011 年曾报道了里昂证券一位分析人士的估计，银行融资仅占中国融资总额的一半，其余部分来自各种信托公司、金融公司、租赁公司和地下银行；[①] 这意味着中国影子银行融资规模可能与银行表内贷款规模相当。这是当年最为激进的估计。如果按照后来更为流行的影子银行范围统计，从银行理财产品、所有资金信托业务及各类私募基金，推算出二十多万亿元的总规模是很有可能的。例如，英国《金融时报》给出了截至 2012 年三季度末，中国影子银行体系的存量规模高达 28.3 万亿元的估算。[②]

迄今为止，在中国影子银行统计口径及规模估算方面，已经呈现失控的局面。从最早被关注的银信理财业务合作到信托贷款、委托贷款、银行票据、银行理财产品、担保、租赁、典当、民间借贷，甚至将信托公司、小额贷款公司、地下钱庄及其他实体机构也纳入进去，捕风捉影般演绎下去。显然，无准则、不加判别地将国内一些活跃的金融活动及机构定性为影子银行是很不妥当的。这种混乱状况对于金融监管及政策分析也是极为不利的。

（三）国内对应物的审慎判别

接下来，我们将应用前面给出的影子银行判据，辨别国内最有代表性的影子银行活动及其中的参与机构。2012 年下半年开始重启的银行信贷资产证券化是最容易与国外类似情形对比和理解的影子银行活动。目前已经有国家开发银行、交通银行、中国银行等陆续开始参与业务发起，但是可以预见的市场规模也不过数百亿元。由于该领域的市场规模及影响力都尚为弱小，我们暂不予专门关注。这里仅就银行理财业务和所谓的中国版私募基金两个更重要、更复杂的典型代表进行简要分析。

1. 银行理财业务

国内商业银行自 2004 年以来不断推出的理财产品和服务，具备国外影子银行体系和活动的诸多典型特征。例如，一些货币型或利率型产品非常

---

① 《中国的"影子银行"》，英国《金融时报》（中文网）2011 年 4 月 8 日。

② 沈建光：《影子银行：金融改革成果还是庞氏骗局？》，英国《金融时报》中文网（http://www.ftchinese.com），2012 年 12 月 11 日。

类似于货币市场存款账户；大量挂钩型产品相当于结构化金融工具；曾经一度拥有庞大规模的银行信贷类产品以及通过银信合作操作的信贷类理财产品则相当于简易型的信贷资产支持票据；后来发展起来的信息模糊的"资金池"类理财产品则取决于资金的真实去向，其中流向非流动性的债务工具时则具有债务抵押证券或私募票据的性质。而且，银行机构与银行同业、信托、证券、基金、保险类机构之间的理财业务合作也已经全面展开。从总体上看，活跃于国外影子银行体系的金融工具与业务关系，在国内银行理财产品体系中几乎都可以找到简易型版本的对应。

2. 中国版的私募基金

从财富管理的视角来看，与以银行个人理财为代表的金融机构大众化理财业务相比，在面向中高端客户的财富管理业务中，包括商业银行旗下的私人银行业务、委托贷款业务、信托公司的资金信托计划以及金融监管体制之外的私募基金，就已经在一些业务领域或情形中被创新成为影子银行工具，发挥替代银行存款和信贷业务的功能。在国内财富管理机构的运营中，此类工具拥有私募信托型基金的形式，这里将其统称为"中国版的私募基金"。上述工具通常以金融机构隐性担保、明确机构担保、超额抵押、引入"回购条款"等形式实现安全性增强的私募基金，是非常有特点的本土化影子银行工具。它们在现实中实质性地发挥出替代银行存款和信贷业务，实现流动性、期限或信用转换的功能。

总体而言，具有影子银行特征的中国版私募基金活动的规模几乎是个黑洞，甚至很难找到可以间接推断的数据。从已有的粗略事实来看，横跨金融监管体制内外的交易"安全性"私募基金产品的整个中介服务链条已经形成。显然，这些活动会压缩政府部门调控普通物价、房地产价格和央行货币信贷调控的空间，甚至导致政府由于完全缺乏信息而致盲。

三 中国信托业务中的影子银行性质考察

自从影子银行概念传入中国以来，从银信合作理财到信托公司从事的大部分资金信托业务都被质疑为中国的影子银行业务。这让我们非常有必要对此进行深入的调查研究。当然，被质疑的对象不仅限于信托业务，通常还包括大部分的银行理财业务、银行票据、委托贷款、货币市场基金、私募基金、民间借贷等。即使在这些宽泛的对象中，信托公司的资金信托业务也是其中最典型的代表。

这里需要补充的是，在中国证监会监管下的基金管理公司属于营业信托机构，其管理的货币市场基金属于信托业务且具有影子银行活动的性质。在国外，货币市场基金是较为简单的影子银行机构及工具。因此，这里不再赘述。只是在中国，它具有信托业务的实质，却一般不被冠以信托业务的名义。这是由于国内特殊的金融监管体制造成的。根据晨星（Morningstar）的统计，2011 年底，中国货币市场基金的市场规模约为 2930 亿份。

接下来，我们专注于讨论国内信托公司资金信托业务中的影子银行活动。

（一）中国信托公司及其资金业务发展状况

自 2001～2002 年"一法两规"制度规范出台并结束第五次行业整顿以来，① 中国信托业的行业经营状况开始逐渐复苏。尤其自 2007 年以来，由信托公司群体构成的中国信托业进入了一段空前的繁荣期，如图 2 所示。标志性的事件是整个行业的受托资产规模在此期间实现了跨越式增长。从期初逼近万亿元门槛开始，它平均以每年超过 1 万亿元的步伐增长。相比此前五年（2002～2006 年），这个象征行业发展状况的总量指标数据已经提升了一个数量级。从 2012 年前三季度的情况来看，信托业经营规模的大踏步前进态势依然在延续。截至 2012 年第三季度末，受托资产存量规模高达 6.32 万亿元。在中国金融业中，信托业的总资产规模已经接近保险业，甚至将很快实现超越成为仅次于银行业的第二大行业。

中国信托业的快速成长与如下三个方面的驱动因素密切相关。首先，它得益于过去十年间中国经济与金融持续发展的宏观环境。其次，从行业所处的外部环境来看，中国财富管理行业在近些年间加速成长；同时银行融资渠道受到宏观调控与金融监管因素的抑制，为信托融资的补缺替代创造了条件。事实上，信托业最快速的成长发生在 2009 年银行业无力应对巨额社会融资需求之后。最后，在 2001～2002 年间出台的"一法两规"制度规范以及之前的行业整顿，为行业发展创造了内部条件，形成了制度红利。

---

① "一法两规"制度规范是指 2001 年出台的《信托法》、2002 年出台并在 2007 年修订的《信托公司管理办法》和《信托公司集合资金信托计划管理办法》。

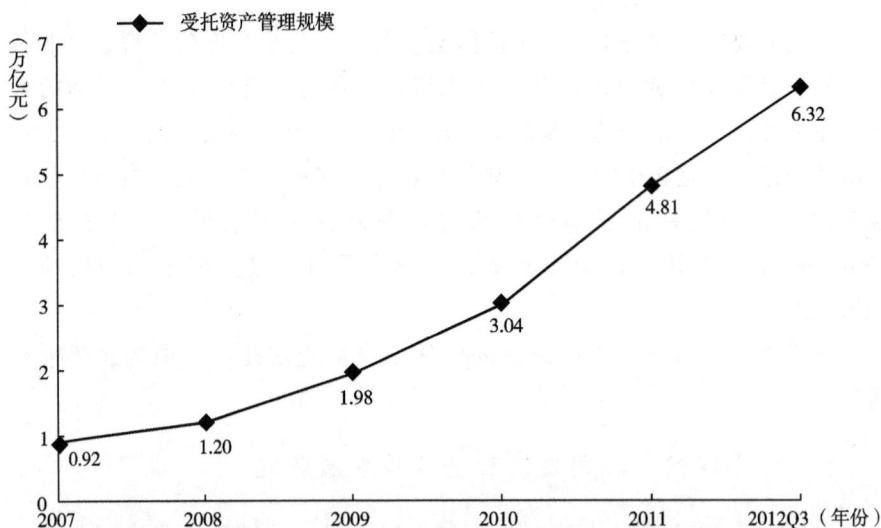

图 2　2007 至 2012 年第 3 季度中国信托公司的受托资产管理规模变化

当前由 66 家信托公司构成的中国信托业也开始面临挑战。从上述有利驱动因素的形势变化来看，部分因素已经开始消退或逆转。2011 年以来，宏观经济增速下滑和资产质量下降的不利现象变得更加突出。同时，国内财富管理行业开始面临过度竞争，信托融资遭遇新势力替代的不利局面。大约从 2009 年开始，商业银行、信托公司、证券公司、基金公司、保险公司、金融控股公司等争相发展各自的财富管理部门及业务，以在美国上市的诺亚财富为代表的第三方财富管理机构也开始崛起。这种来自新进入机构及业务的竞争以及以合伙制基金为代表的投资工具替代，将压迫信托业原来在财富管理领域较为宽松的发展空间。最后，持续推动行业变革与发展的制度红利也已经开始减弱。在目前阶段，信托公司在资金信托业务中的赢利模式还很不稳固，经常面临金融同业的同质化竞争。在监管环境方面，信托业与银行业的冲突也会出现激化，过去就时常面临诸如充当银行通道、负面的"影子银行"解读和限制性的监管干预。

值得注意的是，信托公司的赢利能力还是比较脆弱的。从 2007 年至 2011 年，随着资金信托业务，尤其是其中的集合类业务，在信托公司经营中占据绝对主导地位，受托资产管理规模成倍增长。然而，这并没有换来营业收入与利润总额的同步改善。这种特征反映了信托行业的赢利模式还很不稳固。在此期间，信托公司群体的平均信托报酬率从 1.29% 一路下滑到 0.69%。① 以这五年间期初、期末受托资金规模计算的行业营业收入应当从 118 亿元上升至 331 亿元，增长 1.8 倍，远小于大约 4.2 倍的资金信托业务规模增长幅度。

（二）调研方法、过程及内容

1. 关于调研方法的选择

自从银信合作理财业务或信托公司被大众媒体及国内各类专家有意或不经意间定性为中国的影子银行之后，在谈及信托业务的影子银行性质及细节验证时，几乎笼罩在一种非常负面的印象中。哪怕是一些相关度不高的细节，也非常容易引起信托公司中受访者的警觉。对于购买信托产品的客户，没有信托公司的配合也很难执行问卷调查。因此，我们的调研方法主要依赖于现场座谈、公司业务及产品资料收集，并补充对第三方财富管理机构及其他角色的间接验证。

2. 调研过程及内容

为考察信托公司资金信托业务中的影子银行活动及性质，根据课题组成员拥有的相关课题研究便利，我们的调研分为三个步骤。第一步，我们借助金融研究所在 2011 年底承接的中国信托业协会委托的"中国信托产业发展战略研究"课题及其在 2012 年 2 月底举办的研讨会的研究便利，与参会人员座谈并收集与本课题相关的研究资料。在此次参会研讨的行业专家和信托公司高管中，2 名来自监管部门（国务院法制办和中国银监会非银部），3 名来自法律部门（最高法院和律师事务所），2 名来自第三方财富管理机构（"恒天财富"），1 名来自商业银行（"民生银行"），16 名来自信托公司（包括中信信托、新华信托、中融信托、百瑞信托、英大信托、北京信托、对外经贸信托、长安信托、中诚信托、兴业信托、上海信托、平安信托和华宝信托）。参会的信托公司，基本上覆盖了本项调研事前选择的典型公司样本。例如，具有集团背景和创新业务突出的中信信托，财富管理业务突出的对外经贸和平安信托，房地产业务突出的北京信托等。座谈的问题集中于两个方面：一是信托公司的典型业务模式、成本效益、风险控制、未来发展空间；二是信托业务及产品的典型案例。

---

① 中国人民大学信托与基金研究所：《中国信托业发展报告（2012）》，中国经济出版社，2012，第 105 页。

第二步，从 2012 年 3 月开始，我们经信托业协会介绍分赴北京、上海、山东、山西等地的信托公司进行现场座谈和收集资料。调研的信托公司包括中信信托、对外经贸信托、中融信托，新华信托上海研究部，山东信托和山西信托。此外，在 4 月份，课题组成员参加了中铁信托在北京举办的"中铁信托第二届（2012 年）渠道合作研讨会"，借此与来自约 30 家第三方财富管理机构的参与人员中的部分代表进行座谈，了解信托公司与商业银行以及此类机构之间的合作情况。最后，我们利用其他课题研究便利，与上海的 1 家财富管理机构、云南昆明的 1 家房地产商进行调查印证；在国家开发银行"地方政府评级"项目组的帮助下，还对广西、吉林等地区的地方政府及其融资平台的相关人员座谈，了解当地的信托融资情况。

第三步，对上述调研过程中积累的座谈记录及资料收集进行汇总分析，与公开收集信息进行比较分析，并参考 2012 年 11 月信托业协会提供的行业内部专题研究报告，[①] 如对新华信托牵头的《信托公司向资产管理业务转型所需核心能力研究》、外经贸信托牵头的《财富管理定位下的信托公司发展战略》和平安信托牵头的《信托公司营销渠道建立及信托产品营销模式研究》，进行补充和验证。

（三）调研结果及分析

根据前文给出的影子银行判据，我们将调研资料及数据分析结合起来，验证和判断信托公司资金信托业务经营过程中的影子银行活动形式及实质。这里将分三个方面来验证判据：第一，通过考察信托公司的发展定位及其资金信托业务的经营模式来验证信托业态中可能与影子银行活动相似的由特定动机、工具、过程及参与机构构成的有机结合体；第二，通过考察信托产品——资金信托计划中的微观业务特征来验证其中可能包含的信用、期限和流动性转换等影子银行关键特征；第三，考察验证资金信托业务是否已经在有效的金融监管框架之内。

1. 信托公司的发展定位及经营模式

在资金信托业务中，信托公司的角色及经营模式，是否与国外银行业

---

① 在此对中国信托业协会专职副会长王丽娟女士、研发部杨杰宁女士、受访信托公司以及受参考信托行业专题研究报告撰写者提供的资料支持表示感谢。

或市场型金融机构一样充当发起人并按照"证券发行－发放贷款"模式从事影子银行活动？这是最具有经验或直观性的问题。在中国，信托公司在银监会的监管之下，却不属于银行业金融机构。按照美国的可比情形，它们似乎可以归属于市场型金融机构的类别。信托公司主要通过发行具有半公募半私募特征的资金信托计划，从购买客户即投资者那里筹集资金，并将资金运用于贷款、私募债权及权益性工具。这一点与美国市场型金融机构的私募或资产证券化操作具有类似之处。

在调研过程中我们了解到，在除了投向二级证券市场的阳光私募业务之外的资金信托业务的实际操作中，信托公司通常都是先获取项目，然后再发起信托计划。这种做法与美国市场型金融机构的证券化操作较为神似，也有别于通常先募集资金而后决定投资方向的传统资产管理业务。

当然，自2011年以来，中国信托公司群体一直热衷于探讨回归信托服务的本原业务，向资产管理机构或财富管理机构转型的发展定位及主营业务模式的战略性问题。2012年2底，我们参与信托业协会举办的研讨会，来自信托公司高管人员与相关部门专家的主要议题便是从各种角度探讨这种定位的可行性以及如何扫除障碍。为此，新华信托甚至在2012年度作为牵头单位调研并撰写了行业专题研究报告《信托公司向资产管理业务转型所需核心能力研究》。该报告指出，"信托应回归财富管理本源、向主动资产管理机构转型，已经成为信托全行业上下的一致共识。"同期，外经贸信托牵头的行业专题研究报告《财富管理定位下的信托公司发展战略》则指出："中国财富管理市场因快速增加的社会财富和客户需求而蕴含了巨大发展潜力……比较其他金融子行业，横跨多市场、多元化的产品供给或财务解决方案仍是信托行业的最大优势。……打造出财富管理行业的核心竞争力，是信托公司战略转型的关键所在。"

这里需要说明"资产管理"与"财富管理"之间的区别。从金融交易的角度理解，两者在多数情形中都指向同一交易过程。彼此之间的主要区别，就在于它们分别依次强调财产管理当事人之间的契约关系、财产管理的标的物和方法、客户需求和目标。有时，后两者的经营定位又分别侧重于信托产业链的上游（产品与服务的供给方）和下游（客户或需求方）。

针对新华信托和对外经贸信托的现场座谈与资料收集，在一定程度上可以证实这两家信托公司对资产管理或财富管理业务发展定位的理解与选择。相比较而言，新华信托擅长于上游的项目管理与产品研发，拥有相当庞大的研究及尽职调查部门；尤其在房地产业务方面，它拥有近二十年的持续介入和探索形成的历史积累。与其类似的公司还有中信信托。这类公司一般都具有较为丰富的项目资源、业务积累或有力的股东背景支持。

对外经贸信托在上游资产管理与下游财富管理业务的发展方面较为均衡，在信托同业中后者的发展更为突出。2011 年 2 月，外贸信托正式推出了"五行财富·财富管理"品牌，专注于为高净值客户提供财富管理及增值服务，发展自己的直销渠道。与其类似的公司还有平安信托和中融信托。中融信托甚至孵化出了第三方财富管理机构"恒天财富"。在 2012 的现场调研中，该公司仍在致力于按照独立实体的形式发展财富管理部门或销售渠道。

接下来的问题在于信托公司发展资产管理业务或财富管理业务，现实的经营模式究竟如何？与影子银行运作原理有何相通之处？这些问题的实质都取决于如何获取和运用资金以及整个操作过程是否体现出类似"证券发行－发放贷款"模式中的储蓄转化机制。

（1）在资金来源方面，信托业务动用了社会闲散的储蓄资金，只是还不够稳固。资金来源是信托公司开展资金信托业务的血液。信托公司定位或发展财富管理业务，根本目的在于建设销售渠道，获取稳定的资金来源。从这种角度来理解，银行理财业务合作体现了自 2005 年商业银行个人理财业务相关规定出台以来信托公司对银行销售渠道的渴求。借助银行渠道可以降低客户资金门槛，将客户群体拓展到大众理财客户。这类业务在 2009 ~ 2010 年达到顶峰，随后由于大幅度介入了商业银行贷款转移出表，为其充当通道，规避金融监管，部分业务被收紧或局部叫停。但是，在贷款名目之外的银信合作理财业务并没有终止。根据信托业协会的统计数据，截至 2012 年三季度末，银信合作理财业务规模仍高达 1.8 万亿元，在资金信托业务中占比 29%。

目前，大多数信托公司仍然在很大程度上依赖商业银行的销售渠道。我们调研过的山东信托和山西信托就是这样的例子，在此类公司中，银行渠道的销售占比通常在 90% 以上。另外，根据平安信托牵头的行业专题研究报告《信托公司营销渠道建立及信托产品营销模式研究》，目前，尽管约占 90% 的信托公司已经建立直销渠道；在拥有直销渠道的公司中，占比为 80% 的公司拥有销售人员在 30 人以下。银行代销渠道仍然占据主要地位。此外，除了直销、银行代销之外，信托公司也会寻找通过第三方财富管理机构进行分销。自从 2010 年诺亚财富在美国纽交所上市之后，国内的第三方财富管理机构的发展就犹如雨后春笋。伴随信托公司业务的快速发展，大量的此类机构依赖于信托公司的产品供应。但是，这种渠道还有待于市场考验，只有形成一定的产品和客户源积累以及销售能力之后，这类机构对于信托公司而言才具有合作价值。

（2）在资金运用方面，根据中国信托业协会发布的统计数据，在 2010~2012 年前三季度，具体资金运用方向为基础设施、工商企业、房地产以及其他一些没有进一步信息披露的领域。从明确披露的领域来看，这些信息基本上反映了过去一些年里银行融资渠道受到限制之后市场对信托融资的需求，同时也客观反映了实体经济的发展需要。此外，从资金信托业务的运用方式来看，贷款仍然是最主要的方式。这种方式在 2010 年、2011 年的运用占比分别为 54%、37%。关于 2012 年前三季度的统计数据，如表 2 所示。

表 2　中国信托公司资金信托业务统计（2012 年三季度末）

单位：万亿元,%

按照运用方式分类			按照投资方向分类		
	余额	占比		余额	占比
贷款	2.44	41.0	基础产业	1.39	23.3
交易性金融资产投资	0.52	8.8	房地产	0.68	11.3
可供出售及持有到期投资	1.01	17.0	证券市场（股票）	0.18	3.1
长期股权投资	0.69	11.6	证券市场（基金）	0.04	0.7
租赁	0.01	0.2	证券市场（债券）	0.45	7.5
买入返售	0.15	2.5	金融机构	0.66	11.0
存放同业	0.57	9.5	工商企业	1.49	25.1
其他	0.57	9.5	其他	1.07	18.0

资料来源：中国信托业协会。

在资金信托业务的资金运用方式中，贷款方式的真实占比可能远高于账面数据。这里需要回答一个值得考究的问题，即在信托业协会公布的统计数据中，除了贷款之外，其他方式究竟为何种方式？例如，除了"长期股权投资""租赁"与"存放同业"的范围较为清晰之外，其他各项的具体范围是非常模糊的。而且，股权投资名副其实吗？租赁是否"类贷款"都值得深究。针对以"权益投资"为名的集合资金信托计划，我们收集并考察了 2012 年前 10 个月发行的 243 个产品样本的情况。在这些产品中，最典型的操作是预先购入项目公司股权，在信托计划到期后由融资者回购。同时，所有这些样本产品都引入了以超额抵押为手段的信用增强措施，声明预期收益率。这证实了资金信托业务中的"名股实债"是确切存在且非常普遍的现象。后面还将对此类细节做更具体的描述。

（3）根据前文关于资金来源与运用的考察，在信托公司资金信托业务的经营模式中，确实存在类似国外影子银行运作原理的储蓄转化机制。一方面，信托公司通过集合或单一资金信托计划募集社会闲散资金，并在集合类计划中普遍声明预期收益率并运用各种信托增强措施来实现信托计划的半私募票据性质；另一方面，从资金运用情况来看，信托计划以贷款或固定收益类金融工具的形式运用于具体领域，类似于将贷款或具有相对稳定现金流的权益性金融资产装入基础资产池的证券化发起环节。从选择基础资产池或确定资金运用到信托公司以其正规金融机构的商业信誉发起信托计划向客户募资，整个操作过程始终处于连续的流水线作业状态。当资金运用于以贷款为代表的债务型金融工具时，此类过程与国外市场型金融机构从事的证券化操作形式及原理，就有很强的相似性。

而且，此类资金信托业务的赢利模式也与国外影子银行业务较为类似。在不断利用信用、期限和流动性转换工具将风险资产转换成安全资产，从获取资金来源到实现资金运用，体现了其与商业银行吸收创造存款、发放贷款的传统业务模式具有异曲同工之妙。在实际操作过程中，信托公司的收入来源通常以信托服务费或管理费、代理及咨询顾问费等名义出现。

2. 资金信托业务的细节考察

接下来，考察在具体产品运行的微观业务领域中，信托业务是否实现了替代传统银行业的关键功能特征，即实现了信用、流动性和期限转换。如果是简单的信托型私募投资基金，没有实现这些转换特征，就无法纳入影子银行范畴。集合资金信托计划是信托公司资金信托业务的具体产品形态及代表。这里，我们就选择市场信息较为充分的集合资金信托计划进行产品案例分析以及关于超额抵押状况样本统计分析。

（1）集合资金信托计划的案例分析

房地产信托是集合资金信托业务中的一个典型代表。2004 年以来，随着国内城镇化进程的持续推进，房地产市场价格也出现持续大幅度上涨势头，成为国内最活跃的投资领域。同时，近年来的房地产调控政策也迫使该领域的银行中介和金融市场融资渠道都受到抑制，从而导致它对信托融资及其他私募融资渠道的强大需求。这为房地产类信托业务的发展提供了基础支撑。而且，该领域的资金运用方式，包括信托贷款以及同样受到政策管制演变出来的"名股实债"型的债务型工具，与国外的房地产类信贷资产证券化具有相似之处。

用益信托发布的《2012年3季度房地产信托发展报告》，比较明确地指出了该领域资金运行方式的真实境况。这里直接引用报告原文："从房地产信托的投资方式来看，2012年三季度贷款占比继续增加，股权投资占比继续减少。股权投资其实很多都是'假股权、真债权'，一般都是附带回售条款的股权投资，本质上其实还是贷款。贷款类信托的门槛一般都高于股权投资类信托。这些带回售条款的股权投资项目一般都达不到贷款项目的门槛。最近一年，由于房地产信托控制得更加严格，而且新增规模也更少了，筛选之后，就出现了贷款占比增加、股权投资占比下降的现象。"

表3描述了一款声明以"权益投资"方式运用资金的信托产品案例。在这款产品中，1年期限的权益投资的实质是同等期限的贷款。首先，与绝大多数信托产品一样，它事先声明了预期年收益率"8.5%~9%"；真正的股权类投资除了历史业绩可供参照之外无法事先预计。

其次，从资金运用情况来看，股权投资只是障眼法，股权在信托到期后将被融资者回购，这是典型的"回购条款"，从而使得信托资金运用方式实质是一种以股权为质押的回购交易——一种债权，其中约定的回购溢价部分构成了利息来源。

再次，除了股权质押回购条款之外，信托机构还按照债务融资的逻辑继续进行引入信用增强措施。例如，低于50%的质押折扣率本身就存在超额抵押的倾向，信托计划还要求融资方为估值不够稳定的股权质押物提供担保，此外又额外设置了保证金机制，创造更安全的"超额抵押"。

最终，这只是一款较为安全的一年期贷款。

通过调研我们了解到，中铁信托在行业内一向以严格风险控制引以为傲，由上一案例便可见一斑。在这款产品中，信用转换是非常显然的。对于此类信托产品而言，期限和流动性的转换主要体现在滚动多期发行及TOT类产品的连续对接。

表3 一款"权益投资"类房地产信托产品

产品名称	丰利1210期新华联项目集合资金信托计划		
发行机构	中铁信托	产品类型：	集合信托
理财币种	人民币	投资管理类型：	自主管理
发行时间	2012年2月20日至2012年3月20日	发售对象：	所有
发行规模	至5500万元	投资门槛：	100万元
产品期限	至12月	期限类型：	单一期限
预期年收益率	8.5%~9%	收益类型：	固定型是否保本：否
投资方式	权益投资	资金投向：	房地产
成立日期	2012年2月27日	成立规模：	5500万元
发行地	成都		
资金运用情况	信托资金用于受让科瑞集团有限公司（以下简称科瑞集团）持有的新华联（股票代码：000620）2180万股股票之收益权，信托到期时由科瑞集团溢价回购，为受益人获取相应收益		
信用增级情况	1. 科瑞集团将其拥有的2180万股新华联股票质押给受托人，为其到期溢价回购我司受让的新华联股票之收益权的支付行为提供质押担保。本次融资对应新华联每股质押的价格为2.52元，截至2012年2月10日，新华联20日收盘均价为5.08元/股，质押率为49.66%，安全边际较高 2. 设置警戒线。警戒线设置为信托本金的1.4倍即7700万元；若融资期限内连续3个交易日质押股票收盘价折算市值跌破警戒线，则科瑞集团必须在第4个交易日当日追加保证金或追加质押股票，使得担保物价值不低于融资额的1.4倍；在科瑞集团依约追加了保证金或质押股票之日后，质押股票市值发生变动，其与保证金之和在次交易日仍小于7700万元的，则科瑞集团应于再次一个交易日内追加保证金或追加质押股票，以使质押股票加上保证金总价值不低于7700万元，以此类推。同时，科瑞集团实际控制人为科瑞集团到期溢价回购我司受让的新华联股票收益权的义务提供连带责任保证担保		
其他相关信息	1. 受益人预期年收益率：8.5%~9%。其中100万（含）~299万8.5%，300万（含）以上为9% 2. 信托收益分配：到期一次性返还本金和收益		

资料来源：用益信托网站（http://www.yanglee.com/）。

（2）关于"超额抵押"现象的样本统计分析

在资金信托业务中，经常出现的"超额抵押"现象是信托公司超出正常债务工具的信用保障措施，为保障其产品近似于银行存款的安全性而创造的最明显的信用增强转换措施。为此，我们专门收集了2012年前10月发行的 454 款具有明确抵押物设置的集合资金信托计划。根据用益信托网的统计，在此期间共发行 3941 款信托产品，约 6200 亿元规模。因此，有明确抵押物设置信息的样本数量可以支持该领域的大样本分析。

在样本群体中，共包括 50 家信托公司，其中，样本数量在 10 以上的信托公司有 18 家，按照资金运用分类的产品计数统计如表 4-a 所示。该表反映了不同信托公司在业务发展中运用抵押物提高产品信用的程度。

表 4-a 全部样本的计数统计：按信托公司和投向分类

	房地产	工商企业	基础设施	金融市场	其他	总计
长安信托	14	21	14	4	1	54
中铁信托	22	18	9	5		54
四川信托	16	8	2	3		29
新时代信托		10		19		29
中信信托	2	4	16			22
中投信托	14	4	3			21
中原信托	1	3	1	13		18
山东信托	1	7	5	2		15
天津信托	2	7	5		1	15
五矿信托	3	6	4	1	1	15
华融信托	1	10	3			14
新华信托	10	3	1			14
爱建信托	7	2	4			13
东莞信托	5	7			1	13
湖南信托	1	2	9			12
中航信托	6	3	3			12
外贸信托	7	2			1	10
中融信托	2	5	2		1	10

资料来源：课题组整理。

在全部样本中，按照资金运用方式和投向分类的计数统计如表 4-b 所示。该表中的数据显示，所谓的股权投资和权益投资也都被大量嵌入抵押物设计，交易性质与信托贷款方式之间没有实质性差异。而且，并不只有房地产领域具有明确的抵押物，工商企业与基础设施领域也同样提供了以房地产为主、股权为辅的抵押物选择；甚至投向金融市场的权益投资也可以运用抵押物增信。

表 4-c 和表 4-d 分别提供了具有明确抵押率数据的样本计数统计和

抵押率均值统计的数值表现。从表4-d可以看出，在239个具有抵押率数据的样本中，平均值为46%。这意味着抵押物的估值大幅缩水至此水平超过一半，才能危及信托投资的本金安全。在该指标的分类统计中，名义上的房地产类股权投资对于抵押物的运用力度最大，其抵押率均值为38.5%。

表4-b 全部样本的计数统计：按运用方式和投向分类

	房地产	工商企业	基础设施	金融市场	其他	总计
股权投资	21	6	4			31
权益投资	55	52	53	48	3	211
信托贷款	69	82	46	2	5	204
组合运用	6	1				7
其他投资					1	1
总　计	151	141	103	50	9	454

资料来源：课题组整理。

表4-c 标明抵押率样本的计数统计：按运用方式和投向分类

	房地产	工商企业	基础设施	金融市场	其他	总计
股权投资	5	3	2			10
权益投资	32	30	29	12	1	104
信托贷款	51	44	25	1	3	124
组合运用	1					1
其他投资					1	1
总　计	89	77	56	13	4	239

资料来源：课题组整理。

表4-d 全部样本的抵押率均值统计：按运用方式和投向分类

单位：%

	房地产	工商企业	基础设施	金融市场	其他	总计
股权投资	38.5	42.2	50.0			41.9
权益投资	44.5	43.7	49.5	58.1	59.2	47.4
信托贷款	44.0	45.2	48.9	23.3	43.4	45.2
组合运用	39.0					39.0
其他投资						
总　计	43.8	44.5	49.3	55.4	47.3	46.0

资料来源：课题组整理。

单从运用方式的分类来看，剔除只有 1 个样本的"组合运用"情形，股权运用方式的抵押率均值反而最低。这似乎表明股权比贷款更依赖于抵押物增信，这是不正常的；除非信托贷款的融资门槛高于变相贷款的股权融资。

单从投向的分类来看，房地产仍然是被要求抵押程度最高（即抵押率指标最低）的资金运用领域，其后依次是工商企业、其他、基础设施和金融市场。

通过汇总以上样本统计分析，我们可以发现，无论名义上的资金投向和运用方式如何，这些样本都致力于创造安全的债务型工具。与信托发起时抵押物的估值相比，如此低的抵押率是一种"超额抵押"现象。换言之，信托公司在通过两倍以上于信托本金的抵押资产来用作风险防护，实现信用增强目的。在国外典型的影子银行运作中，通过抵押物来创造安全资产是一种最为重要的信用转换机制。与国内信托业务的不同之处在于抵押物存在一定的折扣率，是一种额度不足抵押。此外，国内信托产品中的抵押率指标反映了信托公司对其产品下方风险的对冲程度。在这种意义上，它们又类似于国外的对冲基金。

当然，超额抵押和安全资产都无法与法定货币及银行存款的信用相提并论，其并不能提供绝对的安全保障。在系统性风险暴露时，抵押物的贬值幅度不可预期，有时甚至可能丧失估值或交易的流动性。这也是美国次贷危机爆发后的事实检验结果。

3. 资金信托业务的金融监管

信托公司的直属监管部门是中国银监会非银部，是国内金融监管体制内的正规营业信托机构。而且，除了"一法两规"制度规范之外，2010 年银监会又颁布《信托公司净资本管理办法》，对信托公司实施以风险管理为导向的资本管理。这是一种"类银行"式的资本监管制度。由此看来，它们的资金信托业务应当落在中国的金融安全网之内，似乎不存在游离于金融监管之外的说法。

然而，存在一个重要的事实表明情况并非如此。这个事实就是监管部门对于资金信托业务的产品运作信息掌握不够。我们曾向中国信托业协会并由此向银监会寻求监管部门掌握的信托产品数据，其中的数据清单仅包括如前面产品案例中所示的基本分类指标，结果都提供不出来。迄今为止，资金信托业务已经拥有庞大的产品数量及规模，如果监管部门没有相关的数据库资源及分析研究，就不足以支持有效的监管。至少这方面的工作还没有面世。详细的信息可能只掌握在信托公司那里。按照美国次贷危机爆发之后，监管部门对证券化发起部门及流程的责任进行追究那样，国内的监管部门能否在发生风险暴露时实现同样的追究，是值得质疑的。

另外一类重要的佐证是监管部门对于资金信托业务的分类是非常原始和模糊的，信托公司的产品信息披露及一些正式的信托合同文件中的记录，与真实的操作及动机不相符合。例如，前面关于信托产品案例及抵押物运用的样本统计分析表明，大量的股权类信托并非真股权，而是债权或变相的贷款。这些公开信息的泛滥，也间接表明当前监管部门对此缺乏有效数据的掌握及相关研究分析。

掌握真实、充分的信息是金融监管的前提条件。从目前情况来看，监管部门对大量类似于国外影子银行运作实质及关键功能特征的资金信托业务缺乏有效监管。可以说，它们并不在当前中国的金融监管范围之内，可以将其定性为中国的影子银行活动。

四 调研结论及建议

我们的调研分析表明，在我国信托公司开展的资金信托业务中，确实存在大量具有影子银行形式及性质的活动，尚游离于有效的金融监管体系之外。由于缺乏真实全面的数据资源，这方面具体规模的估算还无法完成。但是通过我们的现场调查和样本数据收集及分析，可以判定这是一类比较普遍的现象，应当引起金融监管部门的重视。在我们的研究过程中，首先还是通过梳理国内外影子银行研究文献，提炼出影子银行判据；然后根据经营模式、产品细节中的关键转换功能特征、监管状况三类判据，验证国内资金信托业务的影子银行性质。在考察验证过程中，我们指出大量具有较高程度抵押物运用的资金信托计划，包括贷款类信托以及名为通过股权或权益方式投资于房地产、工商企业、基础设施、金融市场及其他领域，却运用了高度抵押并提示固定预期收益率的产品，整个业务过程属于中国的影子银行活动。

据此可以推定的一个事实是大量权益类和股权类信托将褪去面纱。在规模急剧扩张的信托资产中，实质性的信托贷款比例将大幅上升。这也可以称得上债权债务类影子银行工具的变形，而不是具有实质经济价值的金融创新工具。因此，央行统计的社会融资结构及总量也可能将显著增加信托贷款部分的份额。由此引起的货币金融效应也将重新评估。

最后，我们建议监管部门应当建立起针对资金信托业务的数据库及研究分析部门，能够及时、全面、真实地掌握信息以支持政策选择或实施有效的金融监管。同时，按照金融交易的实质重新对资金信托业务进行分类也是非常必要的。在恰当分类与真实信息的基础上，监管部门才能将信托公司的正常信托业务与变相的影子银行活动区分出来，适用不同的监管工具及政策。

参考文献

AdrianT. and H. Shin, 2008, "Financial Intermediaries, Financial Stability, and Monetary Policy", *Staff Report*, No. 346, Federal Reserve Bank of New York, USA.

AdrianT. and H. Shin, 2009, "Money, Liquidity, and Monetary Policy", *Staff Reports* no. 360, Federal Reserve Bank of New York, USA.

Adrian, T. and H. Shin, 2010, "The Changing Nature of Financial Intermediation and the Financial Crisis of 2007 – 09", *Staff Reports*, Federal Reserve Bank of New York, USA.

Ashcraft and Schuermann, 2008, "Understanding the securitization of subprime mortgage credit", *Staff Reports*, No. 318. Federal Reserve Bank of New York, USA.

BIS, 2011, "Report on asset securitisation incentives", *The Joint Forum*, Basel Committee on Banking Supervision.

Demyanyk and Hemert, 2007, "Understanding the Subprime Mortgage Crisis", *Working Paper*, New York University.

FSB, 2011, "Shadow Banking: Scoping the Issues", *A Background Note of the Financial Stability Board*, 11 April.

Gorton Gary B. , 2010, "Slapped by the Invisible Hand: The Panic of 2007", Oxford University Press.

Hanke Steve H. , 2010, "Money Dominates", *Globe Asia*, July 23.

Keys, Mukherjee, Seru, and Vig. , 2008, "Did Securitization Lead to Lax Screening: Evidence From Subprime Loans", Working Paper, University of Chicago, USA.

Lancaster, B. , G. Schultz and F. Fabozzi, 2008, "Structured Products and Related Credit Derivatives: A Comprehensive Guide for Investors", John Wiley & Sons, Inc.

McCarthy J. and R. Peach, 2002, "Monetary Policy Transmission to Residential Investment", Federal Reserve Bank of New York, 8, May, pp. 139 – 159.

McCulley，P.，2007，"Teton Reflections"，PIMCO，Central Bank Focus.

McCulley，P.，2009， "The Shadow Banking System and Hyman Minsky's Economic Journey"，PIMCO，Central Bank Focus，1 – 12.

PetersonChristopher L.，2007， "Predatory Structured Finance"，*Cardozo Law Review*，Vol. 28，No. 5.

Pozsar，Z.，T. Adrian，A. Ashcraft and H. Boesky，2010，"Shadow Banking"，Federal Reserve Bank of New York，*Staff Reports*.

Roubini，N.，2008， "The shadow banking system is unraveling"，*Financial Times*，September 21.

Sam，Tett and Davies，2008， "Moody's error gave top ratings to debtproducts"，*Financial Times*，May 20.

Tucker，P.，2010， "Shadow Banking, Financing Markets and Financial Stability"，*BIS Review*.

弗兰科：《证券化：美国结构融资的法律制度》（中译本），法律出版社，2009。

龚明华、张晓朴、文华：《影子银行的风险与监管》，《中国金融》2011 年第 3 期。

李扬：《适应金融发展重塑监管框架》，《金融评论》2010 年第 6 期。

吴晓灵、朱晓明：《演绎精彩：中欧陆家嘴金融家沙龙精选》，上海远东出版社，2009。

袁增霆：《中外影子银行体系的本质与监管》，《中国金融》2011 年第 1 期。

周丽萍：《影子银行体系的机制及脆弱性》，《银行家》2010 年第 12 期。

中国影子银行体系调研报告[*]

高海红 等[**]

一 中国影子银行：界定、成因、风险与对策

（一）中国影子银行的界定

1. 中国影子银行的概念界定与规模估计

影子银行（Shadow Banking）的始作俑者是美国著名债券投资机构 PIMCO 的执行董事 McCulley，他将其定义为"一整套被杠杆化的非银行投资管道、载体与结构"。美联储经济学家 Pozsar 等人将影子银行定义为"通过诸如资产支持商业票据（ABCP）、资产支持证券（ABS）、抵押债务凭证（CDO）与回购协议（Repos）等证券化和担保融资技巧进行融资媒介的机构"。金融稳定委员会（FSB）对影子银行体系的定义是，为常规银行体系之外的主体与活动提供信用媒介的体系。欧盟委员会认为，与影子银行有关的活动包括证券化、证券借贷与回购。

中国监管机构迄今为止并未就影子银行给出一个被广泛引用的正式定义。本文对中国影子银行的定义采用巴曙松（2012）的最窄口径，即只包括银行理财业务与信托公司。主要原因包括：第一，这是目前讨论得最多最深入的两种形式；第二，这是过去几年来中国金融市场上增长最快、规模

---

[*] 本报告是中国社会科学院国情调研重大推荐项目"中国影子银行体系调研"（中期成果）的主要内容，由陈思翀负责整理。中期成果的撰写者包括：张明、肖立晟、陈思翀和刘东民。

[**] 高海红，中国社会科学院金融研究所国际金融研究室主任、研究员，研究方向为国际金融。陈思翀，中南财经政法大学金融学院副教授，研究方向为国际金融；张明，中国社会科学院世界经济与政治研究所国际投资研究室副研究员，研究方向为国际金融；刘东民，中国社会科学院世界经济与政治研究所国际金融研究室副研究员，研究方向为国际金融；肖立晟，中国社会科学院世界经济与政治研究所国际金融研究室助理研究员，研究方向为国际金融。

最大的两种投融资形式；第三，这是中国影子银行中最具代表性的形式。

如表 1 所示，官方数据显示，2012 年底中国的银行理财业务资产规模约为 7.1 万亿元，而中国信托业管理资产规模约为 7.5 万亿元。而根据惠誉估算，2012 年底银行理财业务资产规模约为 13 万亿元。根据官方数据，2012 年底中国影子银行资产规模约为 14.6 万亿元，占到同年中国 GDP 的 29% 以及中国银行业总资产的 11%。根据市场数据，则 2012 年底中国影子银行资产规模约为 20.5 万亿元，占到同年中国 GDP 的 40% 以及中国银行业总资产的 16%。

表 1　中国影子银行体系的规模

单位：10 亿元人民币,%

类　别 ＼ 年　份	2006	2007	2008	2009	2010	2011	2012
银行理财产品管理资产规模	467	1327	960	1015	2500	5000	7100
银行理财产品资产规模同比增速	无	184	-28	6	146	100	42
信托业管理资产规模	无	无	无	无	3040	4811	7471
信托业管理资产规模同比增速	无	无	无	无	无	58	55
合　　计	无	无	无	无	5540	9811	14571
占 GDP 的比例	无	无	无	无	13	22	29

资料来源：Wind 咨询，中国银监会，中国信托业协会。

2. 中国式影子银行与国外影子银行的异同

国外影子银行一般而言具有五个特征：第一，由非银行金融机构主导；第二，以证券化活动为核心；第三，具有较高的杠杆率；第四，主要依靠批发手段融资（例如通过发行 ABCP）；第五，购买影子银行产品的投资者以机构投资者为主体。中国影子银行体系则与之形成了鲜明的对比：第一，中国影子银行体系从本质上而言仍是由商业银行主导的；第二，尽管银信合作具有一定程度的资产证券化特征，但总体而言中国式影子银行几乎不涉及证券化产品；第三，中国式影子银行普遍而言杠杆率较低；第四，中国式影子银行主要通过零售渠道（向居民与企业销售产品）进行融资；第五，购买中国式影子银行产品的投资者以零售客户为主体。

不过，中外影子银行具备如下共同点：其一，两者均具备期限转换与流动性转换的功能；其二，两者均游离于常规意义上的监管体系之外；其三，两者均不享有存款保险公司的保护以及中央银行贴现窗口的支持，由于最后贷款人机制缺失，因此容易遭受挤兑而爆发流动性危机；其四，从产品的具体构造与风险含义上而言，特定的中外影子银行产品之间也具有一定的相似性。

（二）中国式影子银行兴起的原因：基于三方的分析

本文将从影子银行融资方、影子银行产品投资方、投融资中介等三个方面来剖析中国式影子银行自 2010 年以来兴起的原因。

1. 影子银行融资方

从影子银行融资方来看，中国式影子银行兴起可主要归因于房地产开发商、地方融资平台与中小企业自 2010 年以来持续保持着旺盛的融资需求。2010 年以来，中国政府宏观调控的方向转变，在一定程度上造成了实体经济相对短缺的局面。受到重点调控的行业（房地产、地方融资平台）以及中小民营企业的资金缺口更为严重，这极大地催生了影子银行的发展。

2. 影子银行产品投资方

从影子银行产品投资方——主要是中国居民，也包括企业与金融机构等来看，影子银行体系的产生与发展，提供了该投资方除银行存款、股票、房地产、外汇之外新的投资工具。影子银行产品的收益率显著高于银行基准存款利率，这事实上是一种市场内生的利率市场化行为，突破了针对银行基准存款利率上限管制的金融抑制。这有助于中国居民进一步实施资产多元化。从各类影子银行产品的热销来看，中国居民部门对这类产品有着旺盛的投资需求。

3. 投融资中介

从投融资中介方面来看，中国式影子银行兴起可主要归因于中国商业银行通过金融创新来规避监管的结果。在 2008 年遭遇美国次贷危机的外部冲击后，为提振经济增长，中国政府取消了对商业银行的信贷额度控制并敦促后者增加贷款规模。但是由于通胀和资产价格上涨压力，央行与银监会从 2010 年起开始恢复对商业银行的贷款额度控制。而且，商业银行还面临贷存比与资本充足率的约束。

但是，为了保持自身利润的增长，商业银行有很强烈的动机去增加贷款规模，这意味着商业银行需要突破贷存比、资本充足率与贷款额度的限制。而且，为了防止不良贷款率显著上升，商业银行需要继续对房地产开发商与地方融资平台提供贷款，以避免后者资金链断裂，这意味着商业银行需要突破央行与银监会对房地产贷款与地方融资平台贷款的限制。

银行理财产品与银信合作这两种影子银行形式，恰好为商业银行规避上述监管措施提供了新的工具。首先，商业银行面临75%的贷存比约束。为了继续扩大贷款规模，商业银行需要大力吸收存款。然而，存款基准利率的上限受到严格管制，导致商业银行难以通过提高存款利率的方式来揽储。正是由于银行理财产品的收益率没有受到限制，商业银行转而通过发行较高收益率的理财产品来吸收存款，进而缓解贷存比造成的流动性约束，增强自身继续发放贷款的能力。

其次，商业银行也面临资本充足率的约束。商业银行有两种主要手段来提高资本充足率，一是增加资本金规模，二是降低风险资产比重。而影子银行形式能够帮助商业银行降低风险资产比重。通过发行非保本型理财产品，并用理财产品资金池对外提供贷款，商业银行事实上完成了部分贷款从资产负债表内向表外的转移。通过银信合作，由信托公司发行信托产品筹资，再用相应资金购买银行的特定债权，商业银行事实上完成了部分贷款从自身资产负债表向信托公司资产负债表的转移。这两种贷款"出表"的过程都能够显著提升商业银行的资本充足率。

最后，无论是发行非保本型理财产品还是通过银信合作，商业银行"出表"的贷款都不再受银监会与央行信贷额度的控制，也不再受到监管机构对房地产开发商与地方融资平台的贷款限制，这意味着商业银行通过此项操作，重新具备了向房地产开发商与地方融资平台提供新增贷款的能力，进而避免自身不良贷款率的显著恶化。

4. 中国影子银行产生的合理性

从上述基于供给与需求层面对中国式影子银行兴起原因的分析中可以发现，中国式影子银行的产生与成长具有以下合理性。

第一，中国式影子银行的产生实质上是中国商业银行在金融抑制环境下自发实施的一种金融创新行为，这扩展了传统金融服务的边界，在一定程度上缓解了金融抑制的不利影响，有助于提高金融体系的储蓄投资转化能力与资源配置效率。首先，影子银行产品的收益率显著高于银行基准存款利率，这为投资者提供了新的投资选择，以市场倒逼方式推动了中国的利率市场化进程；其次，影子银行的发展突破了不同类型的金融市场之间由于分业监管形成的市场分割与扭曲，不但提高了市场的整体流动性与深度，而且推动了中国金融市场的整合与扩张；再次，中国式影子银行的产生弥补了中国现有金融体系与政策框架下金融服务的一些缺陷，例如中小企业融资难与居民存款利率偏低等；最后，影子银行体系实现了资金供求双方的直接对接，在一定程度上改善了中国金融市场的融资结构、提高了直接融资比重。

第二，在中国政府宏观调控方向频繁变化、微观主体无法准确预期的前提下，中国式影子银行为各种类型的企业提供了必要的流动性缓冲，在一定程度下缓解了宏观调控对企业层面造成的负面冲击。自 2009 年以来，中国社会融资总额增量与人民币贷款增量之间的差距越拉越大，以至于人民币贷款增量占社会融资总额增量的比重由 2002 年的 94% 下降至 2012 年的 54%。尽管 2010 年与 2012 年的人民币贷款增量低于 2009 年，这两年的社会融资总额却高于 2009 年。这一方面意味着影子银行对社会融资的重要性不断上升，另一方面也意味着央行紧缩性货币政策的效力不断下降。对需要融资的行业与企业而言，这自然是一件好事。然而对政府宏观调控而言，这却是一大挑战。

（三）中国式影子银行的潜在风险

1. 期限错配造成的流动性风险

中国式影子银行体系面临的一大风险是资产方与负债方的期限错配。从负债方来看，由于商业银行之间存款竞争激烈、监管机构对贷存比进行季度考核等因素，影子银行产品呈现短期化趋势。期限在 1~3 个月的银行理财产品占所有期限理财产品的比重，已经由 2006 年的 15.7% 提高至 2012 年的 60.2%。从资产方来看，为了获得更高的收益率，影子银行资金的投向越来越偏向于中长期项目。例如，2012 年影子银行体系是城投债最重要的投资者之一，而城投债的期限平均为 5~8 年。上述期限错配意味着，要保证资产方的稳定以获得较高收益率，影子银行必须依靠短期理财产品的滚动发行（发新还旧）来应对由期限错配导致的周期性流动性压力。一旦旧的理财产品到期，而新的理财产品不能足额发行，那么影子银行体系不得不通过紧急出售中长期项目债权来为理财产品还本付息，而在紧急出售中长期项目债权的过程中，影子银行体系无疑将会遭遇较大损失。

目前流行的资金池—资产池理财业务进一步放大了影子银行体系的期限错配。所谓资金池—资产池理财，是指商业银行将来自多个不同理财产品销售所得的资金汇入一个总的资产池，之后将该资产池的资金投资于不同类型、不同期限、不同风险的金融资产。这种集中运作模式使得资金池业务变成了一个"黑匣子"，以至于相关信息披露严重不足。购买商业银行理财产品的投资者不清楚自己投入的资金究竟被用于购买了何种具体资产，以及需要承担何种风险。具体理财产品与特定基础资产之间的一对一匹配关系被打破。一旦资金池所投资的部分高风险资产出现亏损，这可能导致理财产品投资者对整个资产池的安全性失去信心，甚至可能引发集中赎回的风险。有鉴于此，中国银行董事长肖钢指出，资金池理财产品要用发新偿旧来满足到期兑付，从本质上而言是一种"庞氏骗局"。

2. 信用违约风险

中国式影子银行发行相关产品的收益率普遍较高，而一旦所投资项目出现经营问题，不能提供如此之高的回报率，那么影子银行产品就可能出现信用违约。目前中国影子银行资金运用最集中的三个领域，即工商企业、基础产业与房地产，都面临着不同程度的问题。

产能过剩是中国工商企业面临的普遍问题。在过去 10 年间，高投资率使得中国很多制造业行业形成了庞大的产能。在当前的中国，除了诸如钢铁、水泥、电解铝等传统行业面临产能过剩问题外，就连光伏、风电等新兴行业也同样面临产能过剩。产能过剩必然导致企业利润率下降，在严重的情况下会导致企业不能按期还本付息，进而导致相关影子银行产品违约。

除制造业面临产能过剩外，中国的基础设施行业同样可能面临"产能过剩"的困扰，这表现为建成的基础设施使用率不足，以至于相关收入不能覆盖贷款本息。2008 年以后，在中国政府 4 万亿财政刺激方案与天量人民币信贷的背景下，中国出现了一轮基础设施投资浪潮。至少在部分地区（尤其是中西部地区），基础设施建设的步伐过于超前，以至于项目建成后多年内可能使用率不高，这意味着进行基础设施投资的企业可能难以按时还本付息，那么相关影子银行产品也可能因此违约。

中国政府的房地产宏观调控仍在持续。预计 2013 年全年房地产宏观调控措施不会显著放松。这意味着 2013 年中国房地产行业可能出现较大的洗牌。一大批的中小开发商可能会由于资金链断裂而倒闭破产，或者不得不通过出售土地或楼盘来获得流动性，这为那些手里积累了大量现金的大型开发商提供了收购兼并的机会。中国房地产行业重新洗牌、提高行业集中度的过程，也将是一些以中小开发商为融资对象的影子银行产品出现此起彼伏式违约的过程。

综上所述，随着中国经济潜在增长率的放缓，中国的制造业将面临去产能化的挑战，中国的部分基础设施将面临利用率不足的窘境，中国房地产市场可能重新整合，上述趋势都会造成中国式影子银行的投资收益率下降，以至于要匹配负债方的高收益率越来越困难，未来中国影子银行业将面临信用违约的严峻挑战。而一旦此起彼伏的违约削弱了投资者信心，未来新募集资金规模可能显著下降，这又会通过加剧期限错配而引发进一步的负面影响。

3. 对央行货币政策构成的挑战

中国式影子银行的发展，也对中国央行传统上将 M2 作为货币政策中间目标的做法形成了挑战。在 2011 年之前，中国人民币存款月度增量很少出现过负增长。但从 2011 年起，尤其是从 2011 年下半年起，人民币存款月度增量出现了非常有规律的变动：在每个季度的第 1 个月至第 3 个月，人民币增量总是由低至高，而第 1 个月的人民币存款通常是负增长。造成这一新趋势的原因，恰好是银行理财产品的兴起。由于银监会与央行在每个季度末对商业银行的贷存比指标进行考核，因此商业银行有在每个季度末维持较高人民币存款的冲动。为规避监管，商业银行倾向于在每个季度期初发行期限在 3 个月以内的理财产品，这就会形成人民币存款增量在每个季度第 1 个月大幅下降（存款由于购买理财产品而转出），而在第 3 个月大幅上升（由于理财产品到期而转为存款）的局面。

由于 M2 等于现金加上所有银行存款，因此银行存款增量的变动也会导致 M2 增量的变动。事实上，从 2012 年第 1 季度起，中国 M2 月度增量也出现了每个季度从低到高的趋势，且从 2012 年第 2 季度起，每个季度第 1 个月的 M2 增量也呈现负增长。换言之，中国影子银行兴起造成的对 M2 的扰动，影响了 M2 作为中国央行货币政策中间工具的有效性。一方面，不同理财业务对 M2 的影响可能不同。位于银行资产负债表表内的理财业务变动会直接影响 M2，虽然位于表外的理财业务与信托业务不会直接影响 M2 存量，但会影响 M2 的流通速度；另一方面，即使中国央行试图用社会融资总额来克服 M2 统计意义下降带来的问题，但社会融资总量也没有完全统计影子银行体系的一些重要业务；此外必须指出的是，M2 与社会融资总额等在很大程度上是内生变量，与其将上述内生变量作为货币政策中间目标，不如加快利率市场化改革，建立以银行间拆借利率为中心的货币金融调控体系。

（四）如何应对中国式影子银行的风险？

首先，对中国式影子银行的发展宜疏不宜堵，不能因为存在风险就限制甚至扼杀影子银行的发展。影子银行的产生与发展是在当前金融抑制环境下金融机构的一种主动创新，既是利率市场化的有机成分，也是金融服务边界的扩展。政府应该从服务实体经济发展、促进非传统银行业务健康发展的角度来积极规范和引导相关金融创新，同时通过加强监管与提高透明度等方式来防范影子银行体系的潜在风险。

其次，加强对中国式影子银行体系的监管。强化对长期以来游离于常规监管体系之外的影子银行的监管，是本轮全球金融危机爆发之后的大势所趋。中国政府应该加强对银行表外业务和非银行金融机构的审慎监管，将银行的表外信贷项目显性化，以避免过度的期限错配与收益率错配。针对资金池理财产品，应该对其中不同风险、不同类型的产品组合进行"分账经营、分类管理"，从而增强资金来源与投向之间的一对一匹配关系。此外，中国政府也应该加强对影子银行体系的信息披露要求，做到对资金投向与投资收益的定期披露，避免由于影子银行产品不透明而产生的风险隐患。

再次，针对未来一段时间中国影子银行体系可能暴露出来的风险，监管当局应该厘清影子银行体系参与方的权责关系，明确金融机构应承担的法律责任边界，打破所谓的"刚性兑付"的格局，允许影子银行产品（特别是非保本型银行理财产品与信托产品）出现违约。一方面，违约现象的出现有助于提高信用评级的真实性，从而促进对影子银行产品更准确的定价；另一方面，这有助于打破投资者心目中可能存在的中央或地方政府对影子银行产品提供的隐性担保，从而增强对影子银行产品的风险意识。

最后，中国政府应该加快金融改革的步伐，以降低影子银行体系存在的激励。第一，中国政府应加快推进利率市场化改革，特别是增强人民币基准存贷款利率的弹性。第二，中国政府应该努力改变市场分割的格局，通过推动市场整合来提高整体流动性与深度。例如，目前中国三分天下的企业债市场应该被整合为一个统一的企业债市场。第三，中国政府应该通过加快金融大部制建设来改变目前的分业监管格局、完善监管体系。这一方面有助于解决由分业监管造成的市场割裂与监管标准不统一的问题，降低监管真空与制度套利的空间；另一方面能够避免由于多种监管政策叠加给银行造成过高的合规成本，使得银行不得不求助于影子银行业务。第四，中国的货币金融调控方式应该由僵硬的、一刀切式的数量调控方式，逐渐转变为更为灵活与市场化的价格调控方式。

二　人民币理财产品：概况、运作、风险与监管

（一）人民币理财产品概况

2004 年以来，银行理财产品发展迅速。其主要原因，一是国内信贷需求旺盛；二是中国居民财富增长迅速但投资渠道匮乏；三是对利率市场化的预期促进银行增加中间业务比重。监管环境的变化是理财产品投资组合结构变化的主要原因。在当前日趋严格的监管环境下，理财产品大量配置于货币资金市场和债券市场。尽管流动性风险处于可控范围内，但营利性并不理想。预计未来商业银行会采取更多金融创新手段来规避金融监管，以将更多资金投放于高收益信贷类资产。

1. 理财产品总量规模

中国银行业理财产品的发展始于 2004 年。如图 1 所示，2004～2007年是理财产品的初创阶段，主要以外资银行发行的结构性外币理财产品为主，年发行量不到 1 万亿元人民币；2008～2010 年，银行经营模式转向重点拓展零售银行业务，为此后理财业务的蓬勃发展奠定了基础。

2011 年，中国人民银行实施宏观调控政策，存款准备金率持续提高，达到 21.5% 的历史高点，银行间 7 天同业拆借利率突破 9%，银行间市场银根大幅紧缩，受存贷比约束，人民币理财产品成为银行负债吸纳资金的重要渠道之一，银行理财产品业务获得了井喷式发展。2011 年，全年共有113 家银行发行 24142 款理财产品，共计 17 万亿元人民币，同比增长115.78%；预计 2012 年将有 120 家银行发行 30000 款理财产品，共计 20万亿元人民币，同比增长 117.64%。截至 2012 年 11 月末，我国银行业理财产品余额为 7.61 万亿元。

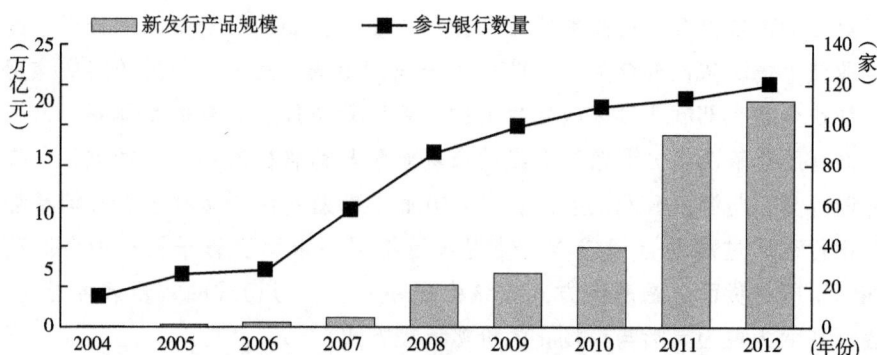

图1 2004~2012年理财产品发行数量

资料来源：Wind咨询，普益财富，中国社会科学院金融所。

2. 理财产品收益率

从图2可以看出，理财产品的收益率在2009年中旬以前，收益率的波动较高，这是由于产品相对单一，总量较低，因此各项产品收益率的标准差较大。2010年之后，人民币理财产品的收益率比银行一年期存量利率高出约1.5个百分点。同期，人民币理财产品发行非保本型比率逐渐上升，占理财产品总量的60%以上。非保本型的理财产品属于银行的中间业务，投资风险由客户自行承担，银行收取手续费，这类理财产品类似于储蓄存款，却不计入资产负债表，也不在存款准备金政策管理范围之内。因此，非保本理财产品比例迅速上升，反映银行希望将理财产品脱离银行资产负债表，利用非保本理财产品的表外属性达到规避信贷规模、符合存贷比等考核指标的目的。

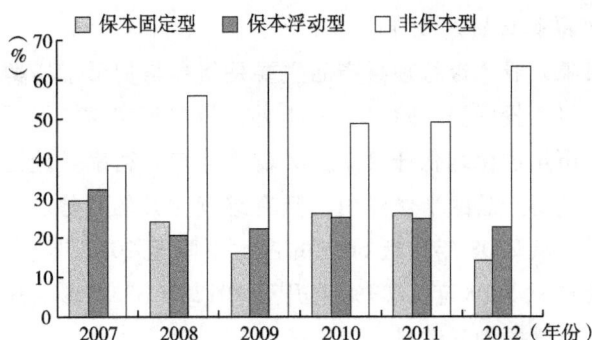

图2　一年期理财产品收益率水平与收益率类型

资料来源：Wind 咨询。

3. 理财产品期限结构

短期化是银行理财市场发展的主要特征。表2数据显示，在2008年，1个月以下期的超短期理财产品的发行量仅占银行理财市场13.7%的比例，2009年则上升至24%，2010年继续上升为31%。到了2011年末，这一比例已经高达36.6%；银行理财产品市场的短期化，反映出商业银行由于资金吃紧，在贷存比的限制下，变相通过发售银行理财产品来"揽储"的尴尬处境。

值得注意的是，2012年银行理财产品的短期期限结构出现显著变化。在2011年，银行可以将超短期产品作为月末、季末"冲时点揽储"的有力工具，该年发行的短期产品中，62%的期限都在1个月以下；在遭到监管层出手禁止此类操作后，2012年，1~3个月期产品"替换"了1个月以下期限产品的发行，期限在30~60天的产品数量显著增多，这说明银行普遍选择了"压线操作"，即通过延长产品期限来规避监管。

表2　2006~2012年银行人民币理财产品期限结构

期限结构 ＼ 年份	2006	2007	2008	2009	2010	2011	2012
1 个月以内	2.6	1.7	13.7	24	31	36.6	4.91
1~3 个月	15.7	19.8	27.4	26.8	30	30.2	60.18
3~6 个月	35.4	23.2	26.1	22.5	18.1	18.9	21.87
6~12 个月	29.8	27.5	22	21	17.8	11.9	10.01
12~24 个月	14.3	18.8	5.5	3.3	2	1.5	0.98
24 个月以上	1.9	5.6	2.4	1.9	0.6	0.4	0.31
未公布	0.3	3.3	2.8	0.6	0.5	0.6	1.74
合　计	100	100	100	100	100	100	100

资料来源：Wind 咨询。

4. 理财产品基础资产投向

从投资对象来看，银行理财产品主要是债券与货币市场类（利率类）、信贷资产类、组合投资类；除以上三类外，投向汇率类、股票类和商品类等资产较少，历年占比均低于2%。从表3可知，利率类理财产品近年来占据了人民币理财产品的半壁江山，且有继续上升的趋势。而变化最大的是信贷类资产，从2008年接近50%的占比下降至2012年不足1%，相对应，组合类资产从2008年1.09%上升至2012年33.21%。这反映了银行理财产品规避监管的创新动机。

表3　银行理财产品投资方向及发行量占比

年份 类别	2004	2005	2006	2007	2008	2009	2010	2011	2012
利率类	0.9593	0.878	0.6078	0.4274	0.404	0.3702	0.5527	0.5432	0.6281
组合类	0	0.0032	0.0078	0.0306	0.0109	0.1563	0.3147	0.3764	0.3321
信贷类	0	0.0032	0.2282	0.2021	0.4994	0.4283	0.1081	0.0569	0.0052
汇率类	0.0325	0.0819	0.0612	0.0111	0.0075	0.0092	0.0072	0.0112	0.0189
股票类	0.0081	0.0128	0.0792	0.3063	0.0546	0.028	0.0137	0.0097	0.0105
商品类	0	0.0209	0.0157	0.0225	0.0236	0.008	0.0035	0.0027	0.0052
总　计	1	1	1	1	1	1	1	1	1

资料来源：《中国社会科学院金融发展报告（2013）》，2012年是截至第三季度的数据。

债券与货币市场类理财产品，是商业银行将发行理财产品所募集到的理财资金，投资于债券市场以及货币市场的理财产品。这类产品收益率和风险较低，投资标的主要是货币市场同业存拆放交易、银行间市场国债、金融债、企业债、银行次级债、央行票据、短期融资券、中期票据、债券回购、银行存款等。在2011年以后，由于监管环境的变化，该产品成为理财产品的主要投资对象。

信贷类产品，是以信贷资产或信托贷款为主要投资方向的产品。银行发行此类产品的目的是通过自身或与其他金融机构合作，将自身信贷资产转移出资产负债表，或者向企业变相发放新贷款。信贷类产品的发展充分体现了银行与监管层的反复博弈。最早的信贷类产品是由某一家银行募集资金投资于特定的信托计划，是"一对一"的理财模式。发行理财产品的目的是筹集表内存款以外的资金，规避存贷比的监管。随后为应对监管约束，开始由多家银行和一家信托公司共同开发信贷类理财产品：其中一家银行发行理财产品，并与信托公司合作设立信托产品，然后向银行客户发放信托贷款或者投资于对方银行的信贷资产（具体流程见图3）。由于信贷类资产投向难以监控，监管层自2010年开始要求各大银行逐步减少发行单一信贷类资产理财产品，因此，银行转而通过组合投资类产品投资收益较高的信贷资产，但占比依然受到严格控制。

中国影子银行中，银信合作是一种资金投融资模式。如图3所示，最初是银行A向企业发放了一笔贷款，银行B希望可以通过理财产品购买这笔贷款资产，就向信托公司发起了一个信托计划。银行B和信托公司是资金信托关系，银行B是委托人，也是受益人，信托公司受托去购买了银行A的信贷资产，银行A和信托公司是资产买卖关系。最后银行A表内信贷余额下降，同时获得了现金，可以进一步发放贷款。

通过这种安排，表面上看，是银行B"购买"了银行A的信贷资产，但实际上是银行B在表外对企业变相地发行了一笔新增贷款，同时银行A也将信贷资产转移至表外，增加了表内的信贷额度，可以再次向企业发行第二笔贷款。这样可以缓解商业银行本应受到的存贷比的限制，为表内放贷腾出了空间。这是典型的"影子信贷"形式。

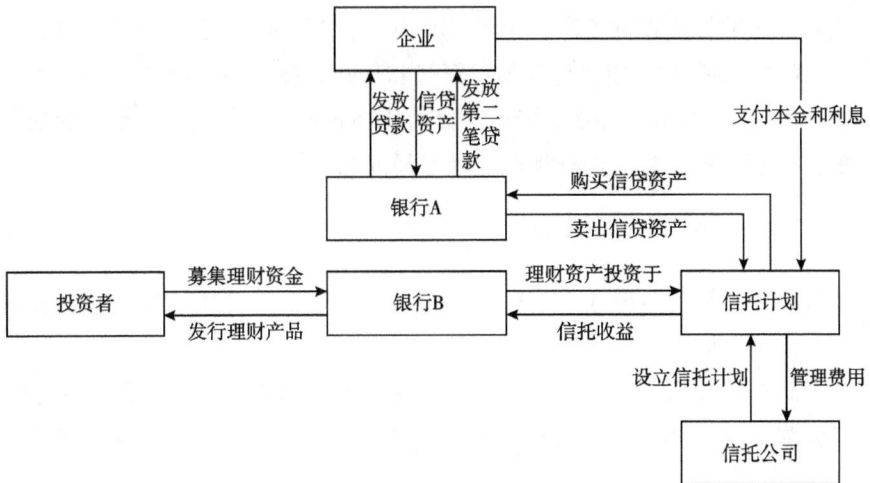

图3　银信合作

信贷类产品的出现和发展与我国经济高速发展的同时信贷规模的不断扩张紧密相连。尤其是在 2008 年、2009 年，为应对国际金融危机，我国采取经济刺激措施释放出大量货币，信贷资产规模急速增长，使得信贷类理财产品发行数量遥遥领先①，在银行理财产品市场中占据举足轻重的地位。然而，商业银行过多利用短期理财产品投向长期信贷资产，一方面，会加剧银行总体资产负债期限错配的程度；另一方面，作为受托人的信托公司不直接面对理财产品投资者，容易低估受托责任，放松资产管理。因此，2010 年 12 月，监管层开始对单一信贷类理财产品加以重视，银监会先后关闭了通过银信合作等行为变相发放贷款的渠道，并要求商业银行在 2011 年底前将银信理财合作业务表外资产转入表内，并按照每季度至少 25% 的比例予以压缩。除表外业务将被严控之外，票据融资业务也将全面整顿，尤其是违规挪用信贷资金发放委托贷款将成为整顿的重点。这导致单一的信贷资产理财产品大幅萎缩，2011 年该产品发行占比迅速降至 3%，银行开始转而通过组合投资的方式发行理财产品。

组合投资类产品，是指包含多种低风险基础资产的理财产品。投资标的包括：债券和货币市场工具、信贷资产、票据资产、信托资产、收益权、股票、股权、基金以及其他资产。2009 年以后，随着监管当局严格限制理财产品投资到单一的信贷资产，组合资产开始快速发展，发行量从 2008 年 48 款上升到 2011 年 7630 款。其中，2009 年，包含信贷资产和信托贷款在内的组合投资类产品仅有 510 款，占当时整个投资类产品的比例为 35.81%，到 2011 年，包含信贷资产和信托贷款在内的组合投资类产品达到 3631 款，占整个组合投资类产品的比例超过了一半。这些组合投资产品的大规模涌现反映了银行规避监管当局的动机。

（二）人民币理财产品运作模式

资金池—资产池模式并非中国影子银行独有，国外影子银行也存在基础资产现金流断裂、期限错配和流动性错配等问题，但中国的资金池—资产池模式与国外相比存在两点差异。一是在人民币表外理财产品的构造中缺乏诸如 SPV 之类的风险隔离机制，导致一旦基础资产出现问题，风险会

---

① 信贷资产是银行的表内资产，信贷类理财产品是由标的资产为信贷资产的银行理财产品，如果是非保本型的则属于表外业务。

很快蔓延至商业银行资产负债表表内；二是人民币理财产品的基础资产没有被重复抵押与多重销售，总体杠杆率较低。

人民币理财产品运作模式主要包括一对一模式和"资金池—资产池"模式。

一对一模式是最早的理财产品模式，主要应用于单一信贷类基础资产理财产品，各银行通过信托公司平台将募集到的资金用于向企业变相发放新贷款，或者用于将存量贷款转移出资产负债表。在一个典型的信贷类产品中，A银行将一个或多个贷款项目交由信托公司打包成为信托贷款计划，再由A银行或B银行根据该信托计划的资金需求发行理财产品，若由A银行自己购买，则属于将自身的存量贷款置换出资产负债表。若由B银行购买则可能属于变相向企业发行新贷款。

"资金池—资产池"运作模式是商业银行将同系列或者同类型不同时期发行的多元化理财产品所募集资金统一到一个资产池中进行投资管理，该资产池投资于符合该系列或者该类型理财产品所规定的各种投资标的。其整体投资收益作为确定各款理财产品收益的依据，也就是说将该资产池内所有资产整体预期的到期收益率为各款理财产品收益定价基础，这区别于传统上以单款理财产品投资期内实际运作收益决定理财产品价格的方式。金融危机后，资产池理财模式逐渐成为国内商业银行理财业务的主流运作模式。

"资金池—资产池"模式原本主要针对人民币债券与货币市场类理财产品，当银行业为了规避金融监管推出多项金融创新产品后，这种资产池模式逐渐延伸至组合投资产品，较债券与货币市场产品增加了信贷类投资、信托融资类投资、债券投资、一级市场的申购投资（包括但不限于首发新股、增发新股、可转债、分离交易可转债等）、货币市场工具投资（包括但不限于现金、银行存款、7天以内的现金回购、国债、金融债、银行承兑汇票、大额可转让存单、央票、货币市场基金、债券逆回购）等。

（三）人民币理财产品的潜在风险

目前看理财产品风险总体可控，但存在一定程度的流动性风险和信用违约风险。一方面，理财产品的负债主要为通过滚动发行短期理财产品获得资金，而资产多为中长期贷款，一旦不能继续滚动发展理财产品，则会触发流动性风险；另一方面，理财产品中部分资金投向房地产等高风险行业，未来可能面临集中的信贷违约局面。

理财产品的主要风险是期限错配带来的流动性风险。根据理财产品的"资金池—资产池"模式，可以将资产和资金类别做一个简化，将资产池看作期限较长的付息债券组合（即中长期信贷资产），资金池看作期限较短的滚动零息债券（即滚动发行的短期理财产品）。则该模式下，定期的资金来源是资产池的利息部分和资金池新募资金，定期的资金支出则为资金池中到期产品的本息。

另一项值得关注的风险是信用违约风险。由于监管机构已经充分认识到银信合作的风险，银监会于 2010 年下发 72 号文，要求商业银行将表外信贷资产在 2011 年底前转入表内，并按照 150% 计提拨备，同时大型银行按照 11.5%、中小银行按照 10% 的资本充足率要求计提资本。因此，信贷资产类的理财产品信用违约风险基本处于可控范围。需要引起注意的是还没有出现违约记录的"城投债"理财产品。为了在资产端获得高收益率，银行将大部分债券类理财产品投放到中低评级的"城投债"资产中，这部分资产虽然违约概率极低，但是不排除未来债券市场扩张过程中出现一定规模违约的可能性，潜在风险不能忽视。

（四）政策建议

理财产品发展的间接效果是加速了存款利率市场化进程。理财产品的基础资产中有很大一部分是债券、同业拆借等利率敏感性资产，这些资产都已实现利率市场化，且多以 SHIBOR 定价。这意味着理财产品定价将随市场利率的波动而变动。未来需要进一步合理完善金融监管制度，强化信息披露、明确各相关方的法律关系，引导银行理财产品市场创新发展。

推动银行理财产品业务健康发展应在以下三个方面着力。

其一，完善信息披露制度，提高理财产品透明度。从国外影子银行发展的历程来看，影子银行体系在降低金融交易成本、提高金融交易效率、加快资源配置方面能发挥重要作用，但是如果影子银行刻意隐藏信息和规避金融监管，将会给整个金融市场带来巨大风险。因此，金融监管当局需要根据理财产品链条中各类金融机构的不同特点，引入资本、流动性、报告及信息披露监管。

其二，明确理财产品的法律地位，发挥真正的财富管理功能。银行理财产品从诞生之初就没有明确的法律框架，究竟银行与客户在理财产品中是委托代理关系还是信托关系，还是简单的债权债务关系，一直未有定论。例如，当银行吸收非保本理财产品时，一般而言更类似于信托关系，客户将财富委托给银行管理，盈亏自负；但是由于没有明确的法律关系，银行经常要面对刚性兑付的难题。因此，未来首先需要明确理财产品的法律地位，才能真正使银行发挥财富管理功能。

其三，逐步推进资产证券化，在理财资金和基础资产之间建立防火墙。在当前人民币理财产品的"资金池—资产池"模式下，一旦基础资产出现违约问题，整个资产池类理财产品资金链条断裂，将可能出现严重的兑付问题。在债务链条相对可控的前提下，可以逐步推进资产证券化的步伐，成立 SPV 市场主体，在理财产品和基础资产之间建立可靠的防火墙，同时防范表外业务风险向表内传导。

三　中国信托业：特征、风险与监管

（一）中国信托业的当前发展特征

1. 信托业不仅发展速度极为迅猛，而且已形成较大的总体规模

根据中国信托业协会的统计，截至 2012 年底，信托资产余额已经从 2010 年 3 月底的 2.3 万亿元人民币，增至近 7.5 万亿元人民币的规模（见图 4）。也就是说，在仅仅三年时间里，我国信托资产规模增长超过 2 倍。信托业已经成为国民经济中继银行业存款类金融机构（截至 2012 年底，包括大型商业银行、股份制商业银行和城市商业银行在内，资产余额约 93.72 万亿元）之后，与保险（截至 2012 年底，资产余额约 7.35 万亿元）并驾齐驱的重要的非银行类资金通渠道。

如图 5 所示，尽管从资产存量的角度来看，信托 7.5 万亿元人民币的规模仅占银行业金融机构 131.2 万亿元资产总额的约 5%；但是，2012 年的新增信托项目金额达到历史性的约 4.5 万亿元人民币的规模，相比同期 15.76 万亿元人民币的社会融资规模，占比已经超过 25%。换句话说，我国现阶段，每年实体经济从金融体系所获资金总额中，有约 1/4 和信托业息息相关。

信托业如此迅猛的发展势头是和我国严格的银行业监管密切相关的。首先，银行业的严格监管和信贷扩张之间的矛盾对信托业的发展提出了客观要求。一方面，在我国受到金融危机的影响、经济出现下行压力的大背

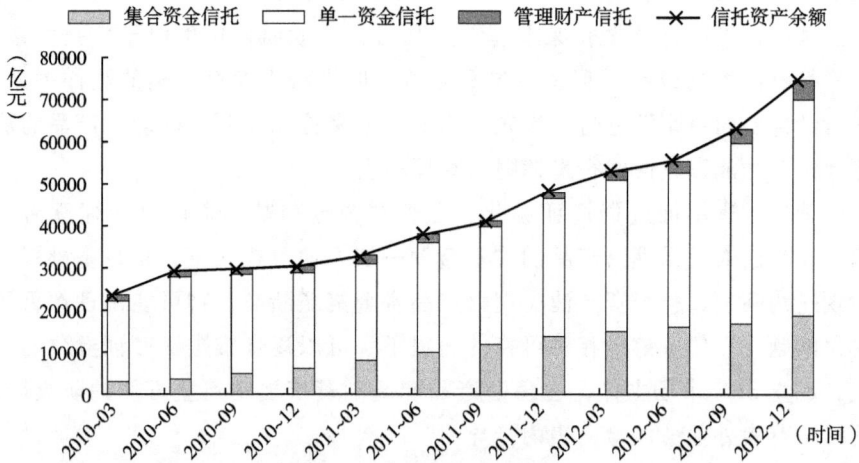

图4　信托资产发展情况

说明：本表数据为当季末存量概念。

数据来源：Wind 和信托业协会。

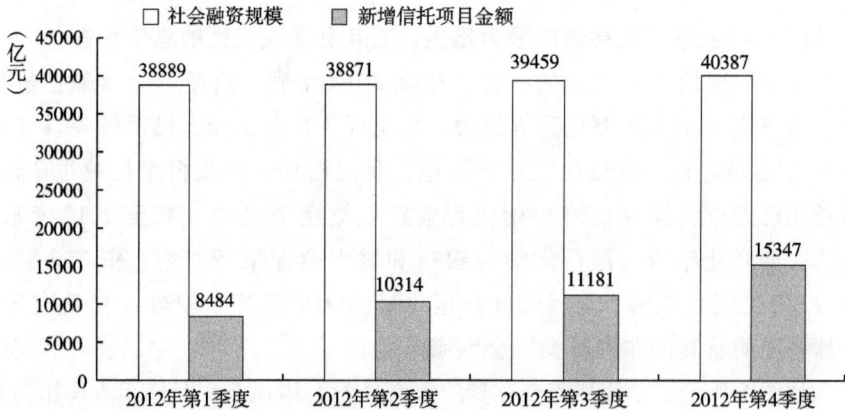

图5　新增信托项目金额和社会融资规模

说明：本表数据为当季增量概念。

数据来源：Wind、信托业协会和中国人民银行。

景下实施的大规模财政扩张政策，需要银行信贷资金的大力支持。但是另一方面，我国监管当局顺应国际潮流，适时引入并加强了对银行的监管。商业银行的信贷活动由于受到了存贷比、资本和杠杆率等形式的严格监管，产生了以信托等形式实现压缩资产规模、提高资产质量，从而突破监管的客观需要。

其次，在利率市场化改革过程中，我国实际形成了银行表内和表外以及银行和非银行类之间的价格"双轨制"，从而为以银行为代表的金融机构利用信托进行套利活动创造了条件。信托计划，特别是单一资金信托计划成为受到严格监管的银行等金融机构，在资金价格双轨制的条件下进行套利的重要通道。

2. 单一资金信托一直以来是我国信托资产的主要资金来源

资金信托一直以来占据了主导性地位，是我国信托资产的主要资金来源。特别是单一资金信托计划更是占据了我国资金信托资产的绝大部分份额。在 2010 年 3 月，单一资金信托就已经接近 2 万亿元人民币，占信托资产余额超过 80%。截至 2012 年底，单一资金信托已达 5.1 万亿元人民币。相反，管理财产信托在信托资产余额中所占份额则相对较小，约为 5%。

作为我国资金信托最重要的组成部分，单一资金信托计划是相对于集合资金信托计划而言的。主要区别首先在于委托人的数量。单一资金信托仅有单个委托人，而集合资金信托计划则具有多个委托人。其次，单一资金信托的委托人多为机构，例如银行，而集合资金信托的委托人则多为自然人。最后，单一资金信托的投向和投资方式通常由委托人主导，例如银行，而集合资金信托则主要由设计该信托产品的信托公司所主导。因此，单一资金信托在很大程度上可以看作是以银行、政府投融资平台或私募基金等金融机构为主导，并通过银信合作、政信合作、私募基金合作等信托业务形式实现的一种金融中介方式，因而是传统银行信贷业务的一种延伸。

例如，根据中国信托业协会的统计，仅仅考虑银信之间采取直接合作形式的银信合作信托余额，在最近两年间就一直保持近 2 万亿元的巨大规模。信托业通过银信合作的方式，在很大程度上促进了银行表内资产向表外、储蓄向信托资产的转移，从而起到了影子银行的作用。作为我国金融体系中占据主导地位的银行类金融机构，选择信托公司作为合作伙伴是和我国对银行业的严格监管分不开的。我国金融监管造成的金融体系现状是：在资金的供给上，商业银行无论是在资金的运用范围、规模，还是信贷利率等各方面都受到了严格的管制；在资金需求上，民营中小企业和受调控行业等在传统金融制度框架内很难获得充足发展资金。

3. 从资金运用的角度来看，投向政府主导的基础产业、房地产以及工商企业的资金已形成三足鼎立之势

其中，基础产业主要是指地方政府的基础设施建设项目，以及部分矿

产、资源类项目。截至 2012 年底，投向基础产业、房地产以及工商企业的资金分别占总额达 7 万亿元资金信托的 23.6%、9.9% 和 26.6%。与之相反，和近几年来低迷的股市相呼应，投向证券市场，特别是股权类证券市场的信托资金占比非常有限（见图 6）。

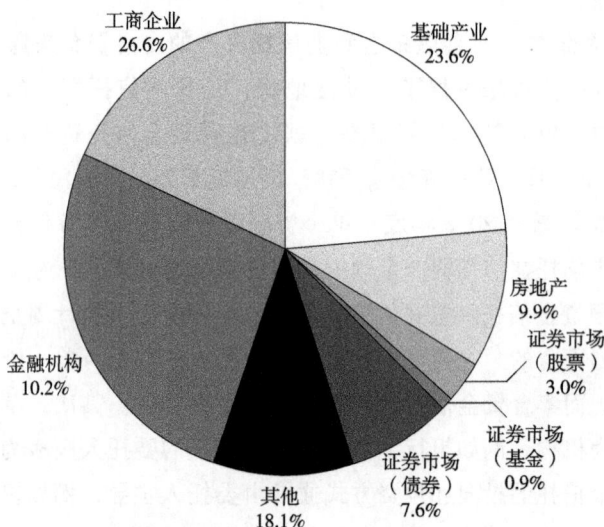

图 6　2012 年底我国资金信托余额分布（按投向）

数据来源：Wind 和信托业协会。

特别值得一提的是，房地产类上市企业在金融危机之后开始大量使用信托类贷款作为其重要的融资渠道。非上市公司更是早在金融危机之前就已经开始大量使用房地产信托的融资渠道。在 2011 年 9 月底，房地产信托在资金信托余额中的占比达到峰值，超过 17%。此后由于受到监管机构对房地产信托业务进行风险提示等形式的监管，房地产信托占资金信托余额的比重逐渐回落。截至 2012 年底，房地产信托资金余额达 6881 亿元，占全国信托公司受托的资金信托资产总规模的比重约为 10%。但是，值得注意的是，投向基础产业和工商企业的信托资金背后通常也具有房地产抵押或地方政府土地财政的隐形担保。

基于上市公司公报整理的国泰安上市公司贷款数据库的数据显示，我国房地产类上市公司在 2006 年和 2007 年的信托贷款总数分别为 0 笔和 1 笔。在 2008 年金融危机之后，房地产类上市公司的信托贷款笔数迅速增加，在 2009 年、2010 年和 2011 年全年分别达到 9 笔、17 笔和 29 笔。进入 2012 年之后，尽管受到住房市场价格增长放缓和监管加强的影响，增长速度仍然迅猛。以上数据都显示出，我国的房地产开发企业现在越来越依赖于信托类贷款作为其融资渠道。

4. 我国信托业以贷款信托等债务类信托产品为主，而且具有期限较短、收益率较高、产品信息不够透明、损失分担不甚明确等特点

首先，具体而言，截至 2012 年底，贷款信托占资金信托资产余额仍然高达 43%，是最重要的信托资金运用方式。与之相对应，长期股权投资仅占资金信托余额比例不足 10%。

其次，信托贷款具有期限较短、利率较高的特点。我们仍然以房地产类上市公司公布的信托贷款公告为例，分析信托贷款具有的利率和期限特征。图 7 数据样本显示，在过去几年间公布的房地产类上市公司信托贷款的利率通常都高达两位数以上，而且呈不断上升趋势。相对上市公司，非上市公司的房地产信托融资成本通常会更高。与之相对应，同期我国贷款基准利率仅为 6% 左右。因此，信托贷款利率相比贷款基准利率具有较高的风险溢价，显示出其存在较大的潜在风险。而且，房地产类上市公司的信托贷款期限通常较短，绝大部分都在 2 年以内（见图 8）。因此，房地产信托贷款存在借新还旧现象。

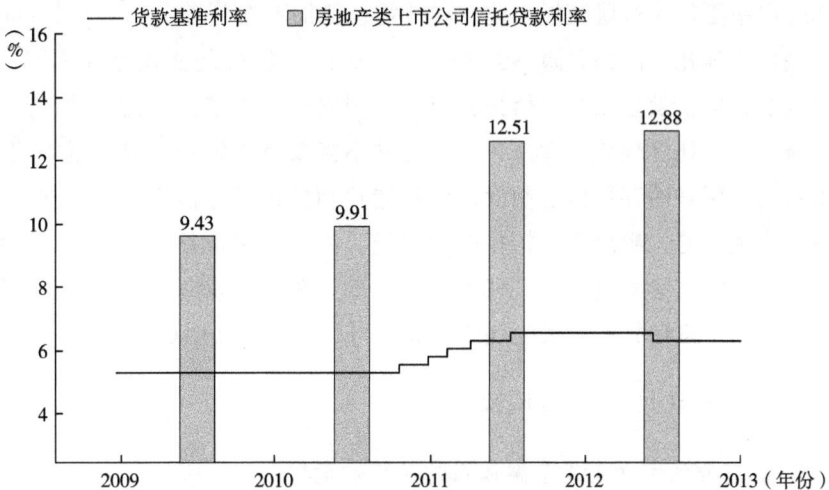

图 7　我国房地产类上市公司的信托贷款利率

资料来源：国泰安上市公司贷款数据库，本表报告的 2012 年数据为第一季度的数据。

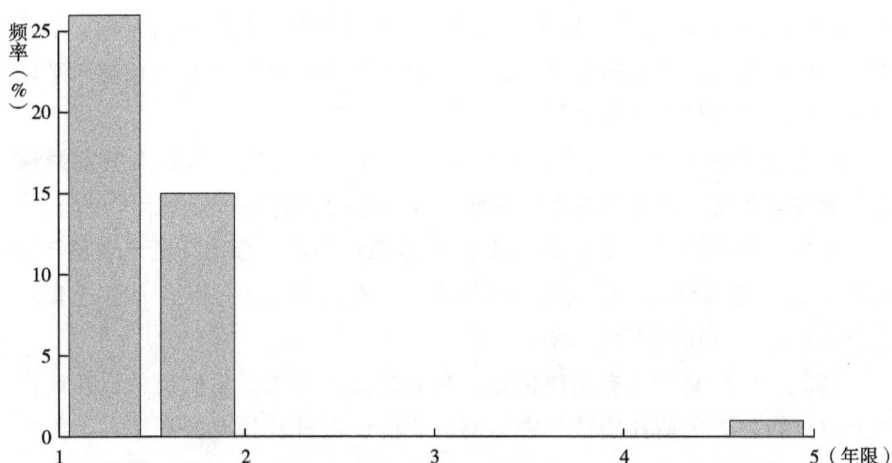

图 8　2009～2012 年我国房地产类上市公司的信托贷款期限分布

资料来源：国泰安上市公司贷款数据库，本表报告的 2012 年仅包括第一季度的数据。

再次，我国信托产品在销售过程中存在产品信息披露不充分的现象，会使得信托产品面临的各种风险被掩盖或是低估，最终导致信托产品的投资者相信，信托产品具有高收益低风险的特质。就如同引发 2008 年金融危机的原本具有高风险的次贷产品，曾经也被包装为高收益低风险的创新型金融产品一样。特别是在我国占据主导地位的单一信托，相比集合信托在运作过程中更加具有隐蔽性，监管和披露也更加不充分。

最后，信托产品的风险一旦暴露，损失的承担机制往往也并不明确。虽然按照合同，发生损失时信托公司和代销银行只要进行了充分的风险提示、履行了信托管理职责和义务，通常并不需要承担责任；但是就如同我国虽然没有明确的存款保险制度，但是储户相信由于隐形担保的存在，一旦银行出现问题，政府会承担相应的责任。由于我国信托业尚缺乏具有明确风险承担机制的案例，在"刚性兑付"的口头承诺和"银行兜底"的隐形担保下，一旦信托产品发生违约，我们可能面临无法明确责任的尴尬。

（二）中国信托业的风险评估

1. 信托业尚不会引发金融体系的系统性危机

总体而言，本文认为信托业尚不会对我国整个金融体系带来系统性风险。这主要是因为：第一，虽然从增量的角度来看，信托发展速度迅猛，但是如果考虑到相对于银行业金融机构庞大的整体资产规模，信托资产的绝对规模仍然十分有限。第二，相对于信托资产而言，银行的资产负债表质量通常相对较高。因此，即使信托资产发生问题，也不会引发银行资产的连锁反应。这是因为，银行通常只有在限于信贷规模和质量的监管，难以直接用表内资金向民营中小企业等高风险客户提供信贷融资的时候，才会选择与信托公司合作的形式满足其融资需求。

2. 信托业存在爆发流动性风险和大面积违约事件的可能

首先，我国信托资产主要投向了基础产业、工商企业和房地产，而且其信托受益权具有收益率较高的特征。但是，以上这三大信托资金投资领域都存在着不小的问题。第一，我国长期以来的高投资率，造成无论是钢铁、水泥等传统行业，还是光伏、风电等新兴行业都面临严重的产能过剩。从三峡全通和赛维事件都可以看出，在金融危机后全球需求萎缩和我国经济增长放缓的当前，这一问题表现得更为突出。第二，经过大规模经济刺激政策之后，我国许多地区存在着基础设施使用率不高、相关收入难以偿还本息的现象。第三，持续不放松的房地产宏观调控政策，不仅可能使部分地区出现房地产价格的波动，也可能会使部分开发商面临资金链断裂，无法还本付息。因此，一旦经济增长继续下行，基础产业、工商企业和房地产领域的投资收益出现下降，就将引发投资者对信托业无法按时偿还高额本息的担忧。这个时候，如果资产价格也出现大幅波动，造成信托资产价值或是抵押价值受到巨大侵蚀，这将会引起违约风险的进一步上升。

其次，一方面，信托产品的资金募集具有期限较短的特点；另一方面，作为信托资金的主要投向，无论是基础产品、房地产还是工商企业，投资项目期限通常都较长。所以，信托资产存在期限匹配不合理和借新还旧现象。近期资金池信托业务的蓬勃发展还进一步加剧了期限匹配的不一致。因此，在没有类似银行业的存款保险和政府担保的情况下，即使信托资金的投资项目长期看好，一旦发生短期性冲击，例如经济增长方式转变带来的阵痛，不仅极有可能无法展期，还会严重影响新增信托计划的发行。

3. 信托业的可持续发展面临巨大挑战

随着金融改革的深入，信托业的长期稳定发展也面临着巨大的挑战。首先，利率市场化改革过程将会对信托业双轨制红利带来不小的冲击，从而影响以贷款信托等债务类信托产品为主的中国信托业的持续发展。其次，我国加强和完善宏观审慎监管的金融体制改革会对信托业的合规运营形成压力，从而对信托业现有的"通道"业务形成巨大的挑战。因此，如何最大限度规避和化解风险的同时，勾画出未来长期可持续发展的蓝图，也是中国信托业现在亟须解决的重要课题。

（三）政策建议

尽管本文认为信托业引发金融体系的系统性风险的概率不大，但是仍然存在发生流动性风险和大面积违约事件的可能。金融监管当局应当从长效监管机制和危机管理两个方面入手，进一步完善信托业的各项法律法规，规范信托业的行业行为准则，鼓励合规前提下的信托产品创新，保证信托合同在实践中的有效落实，从而促进中国信托业长期稳定的可持续发展。

第一，金融监管当局应当在防范和控制信托业风险的同时，引导信托公司探索和发展符合时代特征的信托新产品。特别是需要引导信托公司摆脱目前主要扮演影子银行的角色，借鉴国外发展经验，大力发展专业化、差别化和多样化的信托资产管理服务。

第二，为了防止或减少监管套利行为，金融监管当局应当在总量控制和窗口指导的基础上，积极探索价格调整型的信托业监管方式和调控手段。

第三，金融监管当局应当提高信托产品募集期的信息透明度，减少具有误导性的虚假信息，确保信托受益人对信托资产的具体投向、性质和风险有充分的了解。同时，加强信托产品运作期的信息交流和防范道德风险。当信托计划由于其私募性质只能进行有限信息披露的时候，应确保信托的实际目标客户回归机构投资者和富裕阶层，而不是普通公众。

第四，应当明确风险暴露后的损失分担机制，避免发生信托公司垫付、银行兜底或是政府埋单的现象。提高投资者和信托公司的风险意识，从而使得信托投资的风险和收益相匹配，实现信托产品所面临各项风险的合理定价。

第五，在风险可控的原则下，大力发展信贷以及企业债券等的二级市场，鼓励资产证券化等金融创新，提高信托产品的流动性，促进信托产品投融资期限匹配合理化。对于投资者而言，二级市场的退出机制可以打消其购买长期信托产品的顾虑。对于信托资金使用者而言，流动性的提高可以提高筹资期限，减轻具有较长的开发期限项目的借新还旧压力。同时，信托公司也可以盘活存量信托资产，提高资产的流动性和收益性。

第六，针对可能出现的大面积违约事件，或是流动性风险的发生，金融监管当局应当以危机管理的方式适当介入，但是应该避免形成长期干预机制。具体而言，应当事先收集信息、做好预案，保证违约事件的有序发生，以及违约清算的快速、有效、公正的进行。当信托业发生流动性危机的时候，金融监管当局也可以非担保的柔性形式介入，引导信托关系各方适当延长信托产品的期限。

四　城投债研究

（一）城投债的概念与基本特征

根据《中华人民共和国预算法》规定，"除去法律和国务院另有规定外，地方政府不得发行地方政府债券"。目前，少量的地方政府债券都是由国家财政部代发。在这样的背景下，事权大、财权小的地方政府，普遍面临较为严重的财政压力，不得不另谋融资渠道，于是城投债就成为重要的融资方式。

城投债是一种企业债，其发行主体是地方政府绝对控股的国有企业，通常都是地方政府融资平台，如"市投资开发公司""市资产运营管理公司"等，或者是公用事业运营管理企业，如"市水利公司""市能源集团"等。这些企业所发行的期限在一年以上的企业债券，就被称为"城投债"。实际上，银行贷款、信托产品和城投债，是当前地方政府融资平台最重要的三种融资工具。在银行贷款日益受到严格监管的背景下，城投债的价值愈发凸显出来。

城投债具有以下几个基本特征：

第一，城投债所募集的资金都用于基础设施和公用事业建设，它们的产出是典型的公共产品。因此，城投债的责任重大，其社会效益相当显著。

第二，正是由于城投公司肩负着帮助政府推动基础设施建设的重任，它所投资的项目大多不具有显著的、直接的经济效益，仅靠项目本身的收入难以还本付息；因此，地方政府想出各种办法为城投公司增收增信。比如，赋予城投公司某项特殊的开发经营权，以确保其获得持续稳定的高收益；市政府给城投公司划拨土地作为发债担保，等等。

第三，与银行贷款相比，城投债具有某些优势。首先，在中央加强对地方政府债务风险监管的背景下，地方融资平台获取银行贷款的难度明显增加，而城投债的申请条件总体上地方政府容易满足。其次，中高评级城投债的融资成本低于银行贷款①，这对于地方政府的吸引力很大。

（二）城投债的发展形势

1. 2008 年后城投债出现两轮井喷式增长

2009 年，为了配合 4 万亿元的刺激政策，国家发改委为城投债放行，地方政府的强烈融资需求立刻得到释放，城投债的发行额与发行数量分别比 2008 年增加了 215% 和 241%。随后，为防止经济过热，国家发改委对城投债发行规模进行了控制，2010 年和 2011 年的城投债发行规模均略低于 2009 年。2012 年，保增长的任务又摆在了政府面前，于是城投债再次出现井喷，新增发行额达到 5144 亿元，新增发行数量为 438 支，分别比 2011 年增长了 143% 和 150%。截至 2013 年 1 月 18 日，未到期的城投债数量为 1444 支，未清偿余额为 18397 亿元（如图 9 所示）。从城投债发行规模的变化可以清楚地看出，城投债是一种深受政府调控的金融工具，中央政府对城投债的发展拥有轻松和完整的控制权。

2. 城投债成为企业债的绝对主体

城投债是企业债的一种。中国的企业债还包括央企、民企和外资企业发行的企业债。如图 10 所示，在 2008 年以前，城投债发行规模在企业债中的占比不到 50%，而央企债是企业债的主导。但是，2009 年之后，城投债迅速成为企业债主体，发行规模占比始终超过 60%，2011 年更是高达 84%。城投债在企业债当中"单兵突进"，原因主要有两个：首先，地方政府融资需求年年高涨，想发行且能够发行城投债的地方融资平台数量不断增加，而央企数量稳定，发债需求不会出现持续增长；其次，地方政府能够为城投公司提供各种显性和隐性的帮助，使其快速达到发债标准，而民营和外资企业无法借助政府的力量在短期内满足发债要求。

---

① 造成商业银行贷款利率高于城投债利率的原因主要有三个：首先，我国存在贷款利率下限管制，这直接导致贷款利率的高企；其次，由于商业银行对企业债券的投资不纳入贷款规模和存贷比管理，这使得银行业大规模投资企业债，压低了企业债利率；最后，城投债实际上就是中国地方政府债，存在政府的隐性担保，信用风险低，因此融资成本比较低。

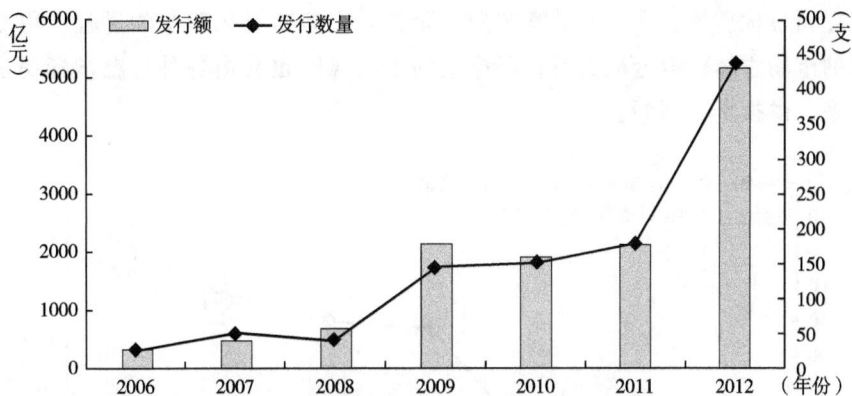

图 9　城投债新增发行额与发行数量

资料来源：Wind，笔者的整理。

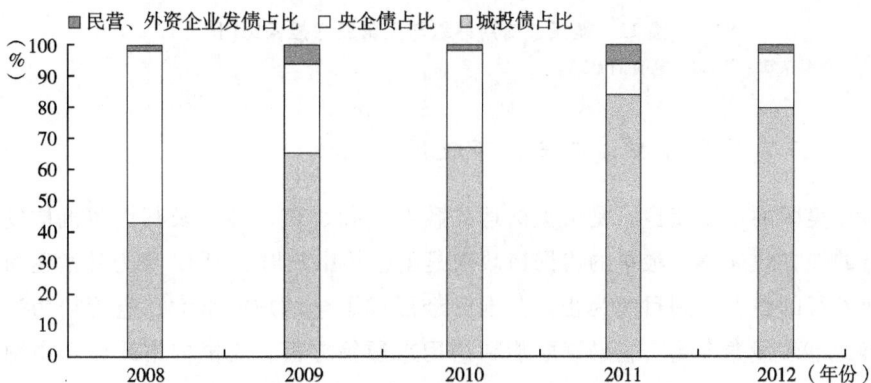

图 10　各类企业债发行规模比较

资料来源：Wind，笔者的整理。

3. 发债主体信用评级逐步下移，无第三方担保比例持续上升

城投债的信用评级包括对发债主体的信用评级和对债券自身的信用评级两项。评级的依据，主要在于发债企业的资产规模、赢利水平、募投项目的经营前景和偿债能力等几个方面。随着城投债发行数量的增加，发债主体的信用评级逐步下移，而无第三方担保的债券比例持续上升。2006年，发债主体信用评级低于 AA 的比例仅为 7.1%，而到 2012 年上升至24.4%。无担保城投债的比例则从 2006 年的零迅速上升到 2012 年的78.5%。一方面，这说明城投债的风险在逐步增加；另一方面，这也是金融市场化改革不断深入的必然结果。在市场经济条件下，金融资源总是先

配置到最优质的企业，然后逐步向下延伸。金融市场化改革的过程使得更多的市场主体获得金融支持，所产生的市场风险也会由各种金融指标揭示出来，供投资者判断。

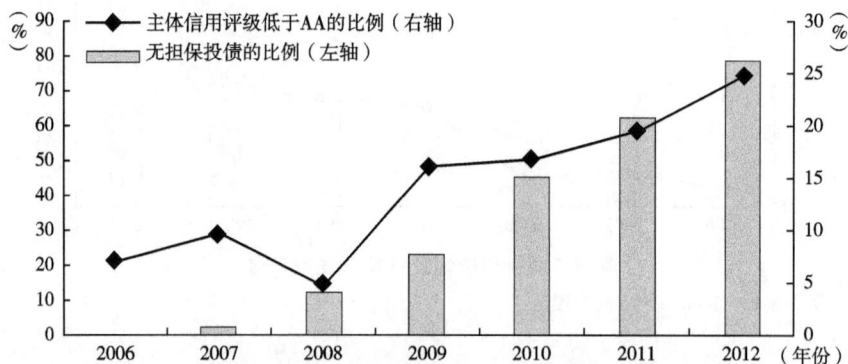

图 11　城投债信用评级与无第三方担保比例

资料来源：Wind，笔者的整理。

（三）中国城投债与美国市政债的比较

美国的市政债券，是由美国地方政府（州、市、县）及其代理机构发行的地方政府债。最早的美国市政债是由纽约市政府于 1812 年为开凿运河而发行的债券。到目前为止，美国已经形成了全球规模最大、监管较为完善的市政债券市场。在融资职能和信用来源等方面，美国的市政债和中国的城投债高度相似：二者都是为地方政府的基础设施和公用事业建设融资，都是以政府信用做背书。但是，两者也存在诸多差别。对二者进行比较研究，会得出很多有益的结论。

1. 发行规模

在对发行规模进行中美比较时，本文将中国财政部代发的地方政府债与城投债合计考虑，因为二者在实质上都是地方政府以发行债券方式进行的融资，这与美国市政债具有可比性。中国由财政部代发的地方政府债规模，截至 2012 年底达到 6500 亿元，加上 1.84 万亿元城投债，合计为 2.49 万亿元人民币（0.4 万亿美元），而同期美国市政债券规模为 3.72 万亿美元，从绝对规模上比较，中国仅为美国的 10.6%。从债券余额与 GDP 占比来看，美国市政债占 GDP 的比例为 24.5%，中国为 4.9%；从债券余额与地方政府财政收入占比来看，美国市政债占美国地方政府财政收入的比例为 111.1% ，中国为 42.2%①。可以看出，中国城投债的市场规模远远小于美国市政债。

2. 债券市场构成

如果分析中美两国债券市场的构成，可以发现，中国城投债和美国市政债在各自国家债券市场的占比处于相似的水平。上文已经指出，中国企业债的大部分是城投债，因此可以用企业债的规模近似代表城投债。目前企业债在中国债券市场的占比为 7.4% ，如果加上地方政府债，两项合计占比 9.8% ，而美国市政债在美国债券市场占比为 9.9% 。美国的金融市场高度发达，可以看做金融自由化已经完成的典范。中美两国地方政府债券在全部债券市场的占比十分接近，说明与国内其他债券工具相比，中国城投债的发展速度相当快，其市场占有率已经达到金融最发达国家的水平。城投债在规模上与美国市政债的差距，主要反映出中国债券市场整体发展不足，规模太小。从这一点上来看，中国城投债未来的发展，应是跟随中国债券市场整体发展的节奏，而不是作为明星债券的单兵突进。

3. 期限结构

美国市政债的发行期限从 1 年到 30 年甚至更长时间不等，以长期（超过 10 年）债券为主。根据 SIFMA 数据显示，2012 年 12 月美国市政债平均到期期限为 16.5 年。中国的城投债，最短期限为 5 年，最长达到 20 年。但是，超过 10 年（不含）的城投债大多是 2007 年以前发行的，近几年城投债的发行期限基本集中在 5 ~ 8 年，其在全部城投债中的占比高达 82.7% ，城投债中短期化的趋势较为显著。根据 Wind 数据进行的统计表明，2012 年底，中国城投债的平均到期期限是 5.7 年，仅为美国市政债平均到期期限的 35% 。

城投债发行期限偏短的原因可能有两点。首先，中国的证券市场到目前为止缺乏真正的长期投资者，市场对长期债券的需求不足。不论是机构投资者，还是个人投资者，都带有较强烈的投机倾向，这反映出投资者的不成熟。其次，这也说明中国证券市场的信用体系建设存在较大缺陷，城投债发债主体的长期信用得不到市场认可。

4. 投资者构成

中国城投债和美国市政债的投资者构成表现出很大差别。城投债的最

---

① 资料来源：Wind, SIFMA 及笔者的计算。

大持有者是商业银行和基金，二者持有比例分别达到 31.0% 和 24.8%，几乎没有个人投资者购买城投债①。与此形成鲜明对比的是，美国市政债最大的持有者是个人，占 47.1%，其次是共同基金和保险公司，银行持有比例仅为 10.3%。之所以个人成为美国市政债的最大投资者，其原因在于美国从联邦政府到地方政府都对市政债的投资收益采取免税政策，这对大量美国富人和中产阶级产生了极大吸引力。中国的城投债并不存在类似的投资收益免税政策，所以对个人的吸引力不大。

5. 偿债机制

中国的城投债，作为一种企业债，严格来讲，其还款来源是城投公司未来的运营收益。有些城投债拥有土地抵押担保，或者第三方担保，这些担保都可以成为还款来源。由于存在政府的隐性担保，实际上城投债最坚实的偿债机制是政府的财政收入——这在中国是众所周知的。正是在这个意义上，城投债成为一种准地方政府债。

美国的市政债券分为一般责任债和收益债两类。一般责任债没有任何实质性的资产担保，通常也不对应具体的项目②，它们完全由美国地方政府的信用和征税权做保证，以地方政府的财政收入作为还款来源。收益债是一种针对具体项目所发行的市政债，它类似于中国的城投债，需要由项目的预期收益作为还款来源。因此收益债的风险要高于一般责任债。另外，美国绝大部分州政府，都建立了偿债基金，其资金来源是市政债项目带来的税收增加值。偿债基金实际上就成为美国地方政府为收益债提供担保的重要资产。但是，偿债基金并不能覆盖所有收益债的还本付息。

6. 违约率

违约率差异可能是美国市政债和中国城投债之间最重要的差异。根据纽联储的统计，从 1970 年到 2011 年，美国市政债违约数量高达 2521 例，而从 1986 年到 2011 年，就有 2366 例违约，即从 20 世纪 80 年代中期以后，美国市政债违约案例明显增多。美国市政债是公认的安全性资产，其安全性程度仅次于美国国债，但就是这样的"安全资产"，依然会有年均 91 例的违约事件发生。

---

① 截至 2012 年 12 月底，在 1.84 万亿元的城投债余额中，个人投资者仅持有 0.61 亿元，占比为 0.003%。

② 一般责任债中也有部分对应具体项目的，但是数量较少。对应具体项目的一般责任债，其还款来源就会有一部分来自项目收益。

中国城投债市场到目前为止尚未出现一例实质性违约。由山东潍坊市人民政府实际控制的上市公司山东海龙，由于经营长期恶化，从 2011 年下半年开始到 2012 年 3 月，企业评级连续下降，主体评级从 A + 降为 CCC，其发行的短期融资债券项评级也降为 C 级，成为近年来中国债券市场罕见的 C 级垃圾债。由于逾期巨额贷款难以偿还，该公司已深陷诉讼。市场普遍认为，海龙于 2011 年 4 月发行的为期 366 天、数额为 4 亿元的短期融资券，到期肯定无法还本付息，海龙将成为中国债市第一家违约企业。但是，潍坊市政府最终出手相救，为海龙制定了还本付息方案①，最终海龙如期还款，中国企业债市场保住了零违约的纪录。

（四）城投债的风险评估

1. 城投债市场尚不存在系统性风险

本文认为，目前中国的城投债市场尚不存在系统性风险。首先，不论城投债的绝对规模（未清偿余额），还是相对规模（未清偿余额与 GDP 和地方财政收入的占比），与美国市政债相比都还处于很低水平。其次，中国 GDP 和财政收入的较快增长都保证了城投债具有足够的偿债能力。中期内中国的 GDP 增速、地方政府财政收入增速依然有望保持全球较高水平，在这种情况下，多数城投公司会实现较高的投资收益率（虽然很多城投债项目的投资收益较低，但是地方政府通常会让城投公司经营一些高收益项目，以确保城投债的还本付息），因而具有足够的偿债能力。即使部分城投公司出现经营困难，财政收入快速增长的地方政府，也完全有能力根据城投债发行时各项法律文件所规定的政府责任，为城投公司埋单②。因此城投债出现大面积违约的概率很低。

2. 零违约和收益率错配是城投债主要的潜在风险

中国城投债的零违约，受益于两方面因素。首先，过去几十年中国经济高速增长，地方政府融资平台的投资收益较高，大多数确实可以通过企业自身的运营收益来还本付息。其次，政府的"救市"也是城投债零违约

---

① 潍坊市政府救助海龙的具体细节始终处于保密状态。据市场普遍估计，是潍坊市政府协调了当地银行，由银行为海龙发放了新一轮贷款，确保了海龙对短期融资券的还本付息。

② 这里所说的地方政府为城投债埋单，是指政府按照当时发行城投债时各项法律文件所约定的偿债机制为城投债埋单，而不是像山东海龙事件那样，地方政府在事后为防止债券违约而采取的"救市"措施。

的重要保证。事实上，即使是城投公司自身的成功运营，在很多时候也是得益于政府对国有企业的特殊支持。全球公认的安全性仅次于美国国债的美国市政债市场，平均每年也有 91 例违约事件发生。而中国城投债从 1992 年开始发行至今，1 例违约都没有出现。表面的"安全"实际上阻碍了城投债市场的健康发展，扭曲了城投债市场的风险管理机制。之所以目前中国的机构投资者热捧城投债，就是在于他们普遍认为，政府会为城投债违约埋单，投资者不会遭遇损失。这种预期会增强投资者的非理性，引发羊群效应，催生道德风险，从长期来看容易导致系统性偏差。

（五）城投债的监管改革

伴随着城投债市场的快速发展，城投债的风险也在不断累积。虽然这是金融市场化改革的必然结果，但是它也对监管层提出了更高的要求。本文提出三点监管改革建议。

首先，要允许城投债出现局部违约。没有风险的金融市场不是真正的市场。允许城投债局部违约，能够强化债券市场的风险管理机制，提升投资者的风险意识，防范道德风险和系统性危机。山东海龙事件，本应为企业固定收益类融资产品的违约提供一个"范例"，却被地方政府的救市行为将市场风险所掩盖，这是十分可惜的事情。未来中央监管部门应该明确，不允许地方政府采取事后补救的干预措施来防止包括城投债在内的固定收益类产品违约。

其次，应要求城投债发行主体所在省份的投资者持有一定比例的该项债券，以防止出现过于严重的信息不对称问题。近年来发行的一些信用评级较低的城投债，当地投资者（如银行、保险公司和非金融机构）都不购买，购买者全部是其他省份的投资者，这实际上是金融市场由于信息不对称而出现的"本地偏差"。当地投资者对发债主体更为了解，信息掌握较为完备，因此对项目赋予较高的风险权重。而外地投资者掌握信息较少，出现"无知者无畏"的现象，积极购买自己并不了解的城投债。国际上曾经有人建议，为降低市政债券的风险，市政债只能由当地投资者持有。这种做法过于苛刻，不仅大大抑制了债券市场的融资规模，也削弱了金融市场分散风险的能力。因此，本文建议，可以要求城投债发行主体所在省份持有一定比例（如不低于债券发行额的20%）的债券。

最后，从中长期发展来看，应该把城投债转变为真正的地方政府债，让地方政府成为明确的债券发行主体，这不仅能够扩大地方政府的债权融资能力，促进中国的城镇化建设，还能够强化地方政府作为债务主体的责任，从总体上提升地方政府的信用管理水平。当然，地方政府自主发行政府债券，需要中国在财税体制改革方面迈出较大的步伐，并在债务风险管理方面提升监管水平，因此可能难以在短期内实现。

文化发展

新媒体与文化意识形态安全国情调研

彭 战 王 兵[*]

新媒体传播是以互联网为基础的一种传媒形式，它的产生与发展随着计算机及网络技术而发展。新媒体的出现对传统媒体产生巨大的冲击，带来了方方面面各种变化，这些变化使世界进入全球化信息时代，麦克卢汉的"地球村"得以确实地展现在世人面前。新媒体对于越来越依赖于各类媒体、资讯的现代人的影响也是巨大的，而对于传统的文化、意识形态安全甚至产生了颠覆性的影响。

本次国情调研自 2012 年 5 月开始，课题组召开开题论证会，针对课题所涉及的内容，成员奔赴新疆、浙江、辽宁、贵州等地，并对新媒体发展最快的北京、上海等地进行了广泛深入的调查。内容主要针对新媒体的使用情况，通过网络计量观察、实地考察、发放调研提纲、问卷调查以及与相关专家学者交流等形式，通过时间对比、地区对比、人群对比等，考察新媒体对不同时期、不同地域、不同人群所带来的影响，调查内容主要集中在人们对于传统文化以及社会主义核心价值体系的认知等方面。向数十位文化、意识形态方面的专家学者发放调研提纲，并对回收的内容进行分类整理，与不同的人群面对面地座谈、访谈是本次调研收获最大的部分，很多被访对象表示，这样的调研很有针对性，而且很及时。对不同地区 5 所高校的在校学生发放的 300 份问卷进行了数据分析，明确了新媒体发展对文化意识形态产生了深远影响，对意识形态安全带来重大挑战。同时研究新媒体技术发展的内涵与表现形式，考察其新特点及与传统媒体的区别，并关注其对于传统文化以及意识形态产生的影响。

---

* 彭战，中国社会科学院数量经济与技术经济研究所《数量经济技术经济研究》编辑部副主任、副编审，研究方向为技术经济；王兵，中国社会科学院研究生院副院长。

一　当前新媒体的发展概述

新媒体依托计算机与网络技术而产生发展，并将传统媒体的功能形态网络化，产生新的媒体形式，形成新的传播规律。这其中博客、微博、微信等自媒体的出现对传统媒体产生的影响最为巨大。据《第31次中国互联网络发展状况统计报告》统计显示，截至2012年12月底，我国网民规模达5.64亿，全年新增网民5090万人。其中我国手机网民规模为4.2亿，较上年底增加约6440万人，网民中使用手机上网的人群占比达到74.5%。

2012年互联网普及率为42.1%，较2011年底提升3.8个百分点，普及率的增长幅度相比上年继续缩小。从2010年起，3G设备的发展处于快速增长阶段，据统计，截至2012年8月，我国3G用户已经达到1.92亿人[①]。智能手机的功能齐全，应用广泛。最新数据显示腾讯科技开发的微信软件用户超过4亿人，成为2012年用户增长最快、最热门的新媒体软件[②]。

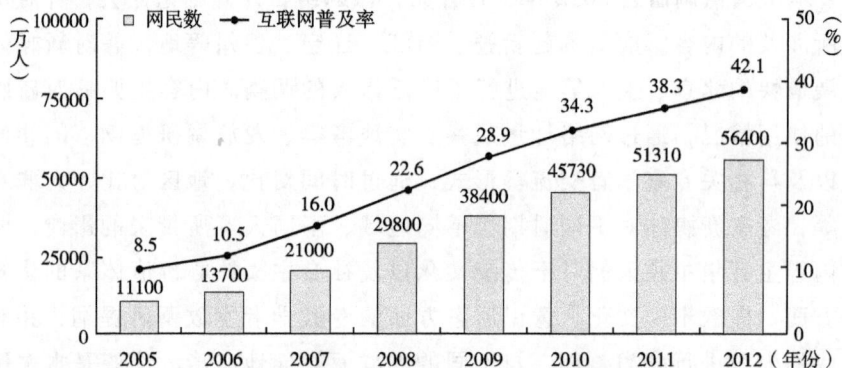

图1　2005~2012年中国互联网发展情况

资料来源：中国互联网络发展状况统计调查。

国内网站很多登陆美国纳斯达克，但"人民网"A股上市是2012年国内网络媒体的大事，同时成为中国资本市场第一家在国内A股上市的新

---

① 《艾瑞咨询报告：2012年中国3G网民用户行为研究报告》，艾瑞网，http://report.iresearch.cn/1802.html。

② APP是英文Application的简称，APP指智能手机的第三方应用程序。比较著名的APP商店有Apple的iTunes商店，Android的Android Market，诺基亚的Ovi Store，还有Blackberry用户的BlackBerry APP World，以及微软应用商城等。

闻网站，以及第一家在国内 A 股整体上市的媒体企业①。

2012 年网民互联网应用状况基本保持上年的发展趋势，即时通信作为第一大上网应用，网民使用率还在继续上升；电子商务类应用继续高速发展；电子邮件、论坛/BBS 等老牌互联网应用使用率持续走低。

在社会科学工作者中进行了访谈和问卷调查，调研内容主要包括被调查者使用网络情况、对互联网及其影响的认识，以及对网络治理的意见和建议等。接受调查的 26 名社会科学工作者平均年龄 43.3 岁，其中 30～39 岁为 7 人，40～49 岁为 13 人，两者占被调查者总数的 77%。性别方面，男性 17 名，占 65%；女性 9 名，占 35%。工作岗位方面，科研人员 13 人，占 50%；科研辅助人员 7 人，占 27%；管理人员 6 人，占 23%。学位方面，博士学位 17 人，占 65%；硕士学位 2 人，占 8%。职称方面，高级职称 2 人，占 8%；副高级职称 17 人，占 65%；中级职称 2 人，占 8%。

微博用户持续增长，规模在 2012 年达到 3.09 亿，较 2011 年底增长了 5873 万。2012 年开始微博急速扩张的阶段已经结束，但年增幅仍能达到 23.5%。相当一部分用户访问和发送微博的行为发生在手机终端上，截至 2012 年底手机微博用户规模达到 2.02 亿，即高达 65.6% 的微博用户使用手机终端访问微博。

二 人们对于文化意识形态安全的认识

从中国共产党建党初期到建立新中国，意识形态领域的纷争从未停止过，随着改革开放的不断深入，内容发生了很大的变化。调查显示，人们对于改革开放的认同程度很高，对于国家的进步有着比较明确的认识。改革开放前，中国社会高度意识形态化，意识形态成为衡量一切的标准。改革开放以来，邓小平提出"摸着石头过河"，不争论"姓资还是姓社"，一心一意谋发展……所以从总体上来说，执政党一直处于"去传统意识形态化"的过程。中国改革的每一次突破，都是对传统意识形态框架（或内涵）的突破，而每一次突破，都会引发意识形态领域的争论与较量。意识

---

① 人民网于 2012 年 4 月 27 日于上海股票交易所上市交易，股票代码为 603000，发行完成后总股本为 2.76 亿股，其中首次 A 股公开发行 6910.57 万股，发行价格为 20 元/股，共募集资金总额 13.82 亿元。

形态安全关乎中国共产党执政地位和合法性问题，更关系中国未来的前途和命运。

意识形态是与一定社会的经济和政治直接相联系的观点、观念、概念的总和，包括政治法律思想、道德、文学艺术、宗教、哲学和其他社会科学等意识形态。调查发现，人们对于意识形态的认识逐步淡化，除国家公务人员、国企员工以及从事相关行业的从业人员具有一定的意识形态意识以外，社会普遍缺乏长期形成的宣讲、普及、教育渠道，很多年轻人甚至没有听说过意识形态这个概念。这与近年来国家以经济建设为中心、"不论姓资姓社""黑猫白猫抓住老鼠是好猫"的理念渗透到意识形态领域有关，"一切向钱看"成为社会的主流价值取向。

1. 意识形态的概念

意识形态对中国人来说并不陌生，但能准确了解其内涵，并有意识加以关注的人非常少。1796年特拉西（Count Destutt de Tracy，也译作德拉西、德崔希）创造英文 Ideology 一词，被用来界定一种"观念的科学"。这里意识形态被指为一种观念的集合。

意识形态通常被理解为具有理解性的想象、观察事物的方法（世界观），存在于各类共识与一些哲学趋势中。马克思主义认为"意识形态是一种社会再造工具"，意识形态被定义为，由社会中的统治阶级对所有社会成员提出的一组观念。意识形态按其阶级内容及其所反映的社会经济形态即生产关系可分为：奴隶主阶级意识形态、封建帝王意识形态、资产阶级意识形态、无产阶级意识形态。各类政治思想、法律思想、道德、艺术、宗教、哲学和其他社会科学之间相互联系、相互制约，构成意识形态的有机整体。

当今中国实行的社会形态注定与资本主义国家所倡导的资本主义意识形态存在矛盾与冲突，因此意识形态安全一直是中华人民共和国执政党——中国共产党面临的挑战之一。

2. 中国意识形态的历史与变迁

意识形态的内容是社会的经济基础和政治制度对人与人的经济关系和政治关系的反映。意识形态的各种形式起源于以生产劳动为基础的社会物质生活。随着经济基础的变化而变化，政治思想、法律思想、道德、艺术、宗教、哲学和其他社会科学等，各以特殊的方式，从不同侧面反映现实的社会生活。

在不同社会形势、经济社会的不同发展阶段下，统治阶级的意识形态都是占社会统治地位的意识形态，这种意识形态集中反映社会的经济基础，表现社会的思想特征。任何一种意识形态的确立与发展都需要通过媒体传播，从最早的"君权神授"到"以孝治天下"，都需要将理论向普通百姓传播。

三 当前意识形态安全形势

1989 年夏，福山在美国《国家利益》杂志发表论文《历史的终结?》，认为西方国家实行的自由民主制度也许是"人类意识形态发展的终点"和"人类最后一种统治形式"，并因此构成了"历史的终结"。在 1989～1992 年间苏东剧变、社会主义阵营解体、资本主义席卷全球似乎要一统天下的历史背景下，福山在吸收并研究各种反馈意见和学术观点后，撰写了《历史的终结及最后之人》① 一书。书中进一步阐释"历史终结论"，并分析和预测了"自由、民主"发展到顶峰后的"最后之人"问题，以此来说明"历史终结"后的人类状况。被认为是"现代世界史标准著作""历史教科书黄金标本"的《帕尔默现代世界史》丛书的最后一卷，被出版者命名为《冷战到全球化：意识形态的终结?》②。

与亨廷顿"文明冲突论"③ 一样，福山的"历史终结论"提出后，在学术界掀起轩然大波，批评、拥护之声此起彼伏，形成一股"终结热"。国内外一片热议，在国内学界引起较大反响，有关研究部门为此多次举行研讨会并发表一系列文章及评论。近年来，"历史终结论"与"文明冲突论""仁慈霸权论"等一起成为当今国际政治领域的热门话题。

以美国为首的西方国家，在经济上追求区域利益甚至全球性利益，在意识形态上推行所谓"普世价值"，一方面是基于冷战之后的国家安全战略的需要；另一方面美国所秉承的价值观来自基督教文明，美国人自认为这种价值观具有普世性，把向全世界传播产生于基督教文明的价值观、意

---

① 〔美〕福山：《历史的终结及最后之人》，黄胜强等译，中国社会科学出版社，2003。
② 〔美〕帕尔默、科尔顿、克莱默：《冷战到全球化：意识形态的终结?》，牛可等译，世界图书出版公司，2011。其中"标准著作说"及"黄金标本说"见何兆武、刘北成为该书撰写的"序言"。
③ 〔美〕亨廷顿：《文明的冲突与世界秩序的重建》，新华出版社，2010。

识形态和基本制度作为自己的使命。

在全球化的背景下，王逸舟发表论文《论综合安全》，以国际、国内多种行为主体为研究对象，重新解释"国家利益""权力"及"政治"等概念，把传统安全范围扩大到比国家更广大、更立体的层面。安全是指"行为主体（个人、国家或其他集团）在自己生活、工作和对外交往的各个方面能够得到或保持一种不受侵害、免于恐惧、有保障感的状态"①。文中对"国家利益""权力"和"政治"三个重要理论概念进行了重新思考。之后，"非传统安全"相关研究逐渐浮出水面，相对于"传统安全"，非传统安全研究领域更加广阔，刘跃进在《国家安全学》一书中介绍了国家安全相关的一系列具体内容②。其中认为文化安全的本质是"文化特质的保持与延续"，其主要内容首先包括语言文字安全，而后是风俗习惯安全、价值观念安全、生活方式安全。在政治安全中也提出了意识形态安全问题，认为冷战结束后意识形态领域斗争更加复杂尖锐。

夏保成、刘凤仙在《国家安全论》一书中认为统一的意识形态是统一的国家保障，"民族意识形态的安全高于民族集体的安全"。作为意识形态主要载体的道德、政治信仰、宗教信仰都与国家安全密切相关③。王伟光在《论意识形态安全》中④提出金融危机为意识形态领域斗争提供了机会。

四　我国当前意识形态领域的左中右

（一）关于网络及其影响的认识

1. 关于网络舆论

被调查者中，18人认为网络舆论的积极作用大于消极作用，占69%；仅有2人认为网络舆论消极作用更大，另有3人选择"说不清"。网络舆论的积极作用有：有助于曝光腐败现象，是对权力制约的新途径；降低了

---

① 王逸舟：《论综合安全》，《世界经济与政治》1998年第4期。
② 刘跃进主编《国家安全学》，中国政法大学出版社，2004。作为教科书，该书具体包括国家安全、国民安全、国土安全、经济安全、主权安全、政治安全、军事安全、文化安全、科技安全、生态安全、信息安全、国家安全环境、民族问题对国家安全的影响、宗教问题及其对国家安全的影响、恐怖主义及其对国家安全的危害、国家安全保障体系、国家安全观、国家安全战略等。
③ 夏保成、刘凤仙：《国家安全论》，长春出版社，2008，第209~266页。
④ 见《环球视野》第362期，http://www.globalview.cn/ReadNews.asp? NewsID=24553。

监督成本，促进政府依法执政；传播现代理念和知识，对社会文明进步有重要促进作用；网络为普通人提供发表意见的窗口、政治参与的渠道和意见表达的平台；等等。网络的消极作用有：网络曝光腐败现象，容易滋生悲观、不满的情绪，影响民众的国家认同和凝聚力；网络舆论背景复杂，有时是敌对势力在操纵，有时反映的是错误的价值导向；网络传播虚假信息和低俗文化，误导年轻人。

2. 关于网络对中国政治发展的影响

被调查者中，10人肯定或基本肯定网络对中国政治发展的影响，占38%；10人认为网络是把"双刃剑"，对中国政治既有积极影响，又有消极影响，占38%；只有1人对网络的政治影响持完全否定态度；另外5人选择"说不清"。总的来看，社会科学工作者就网络对政治影响的肯定远远多于否定。不少被调查者认为，网络是把"双刃剑"，积极影响和消极影响均有，关键看如何因势利导。积极影响有：极大地加快了政府信息公开的力度和进程，对自由、平等、公正的实现有促进作用；网络微观改变社会，已经成为一种重要的舆论阵地；网络对于高层聆听民间声音、自上而下推进民主建设有积极作用；网络对中国民间（社会）组织、公民社会的发展有促进作用；等等。消极影响有：网络不实消息的散布，大量消极事件的传播，对于凝聚、团结国民有着较为不利的影响；网络舆论随意性大，政府的决策依赖网络，有很大局限性；网上有大量非理性言论，以及网络暴力，危害社会和谐稳定；等等。

3. 关于网络与"阿拉伯之春"的关系

被调查者中，20人认为突尼斯、埃及等国的内部矛盾是"阿拉伯之春"发生的主因，网络只是起到了推波助澜的作用，占77%；有1人认为这是西方通过网络制造的阴谋；另外4人选择"说不清"。不少被调查者指出，网络只是平台和工具，使"阿拉伯之春"的爆发和升级成为可能，不应过分夸大网络的作用。有人强调，网络与革命没有必然关系，即使没有互联网，如果落后的制度不变，依然会发生革命。网络媒体只是"阿拉伯之春"的次要原因，不能把一场社会革命归结为技术因素。

4. 关于网络媒体与传统媒体（报刊、广播、电视）关系

被调查者中，18人认为"网络新媒体和传统媒体各有优势，谁也取代不了谁"，占69%；2人认为"网络媒体将取代传统媒体"；另有6人表示"说不清"。一些被调查者认为，目前传统媒体在一定年龄段和一定行业内，仍有着重要的影响和作用；在未来相当长的时间内，传统媒体不会被网络媒体取代。有人提出，有些传统媒体遭到弱化，部分功能将被网络媒体替代，但长期看，会形成新的分工格局。有人提出，网络竞争、替代、冲击传统媒体，促进传统媒体的转型改革，两者合作大于竞争，满足不同人群的需要。有人提出，未来网络将占主导地位，但传统媒体有其存在的合理性和必要性，是对网络媒体的补充，何况目前网络在中国还远未普及。

5. 关于互联网发展和应用前景

被调查者中，17 人对互联网发展和应用的前景表示乐观，占 65%；2 人表示担忧；4 人选择"说不清"。持乐观态度的人认为，互联网发展和应用前景无限宽广，未来网络将由功能化向智能化迈进，多方位应用向全方位应用发展。网络对社会结构、人的行为方式，都会产生深刻影响，人将无网而不在。有人提出，网络将成为生活方式的一部分，起到塑造新一代人的道德观、价值观、人生观的重要作用。有人提出，网络有利于人类文化的保存和传输，可以让不同地方的人现场体会异域文明，拉近人与人之间的距离。有人提出，未来互联网的普及率会进一步提高，更好地利用互联网，有利于搞活经济，促进文化发展，方便人民生活。互联网利用得好，会促进党的十八大提出的中国特色社会主义五大建设。也有人提醒，互联网发展潜藏着风险，未来人类对网络的依赖会越来越深，加强对网络的监管更加重要。

社会的意识形态表现十分复杂，按照人们习惯所说的左、中、右划分，一般认为存在三种不同的体系：①反映该社会占统治地位的经济制度和政治制度并为其服务的占统治地位的意识形态，称为中间派。他们认同当前的政治经济制度，认为稳定是发展的前提，没有稳定发展便不可能实现。②反映已被消灭或被取代的旧经济制度和政治制度的意识形态残余，称为右派。③反映现存社会里孕育着的新社会因素并为建立新的经济制度和政治制度服务的新的意识形态，称为左派。意识形态问题关乎中国特色社会主义事业的兴衰成败。在改革开放和全球化复杂背景下，要进一步加强我国社会主义意识形态建设，牢固确立马克思主义在意识形态领域的指导地位，必须认真总结新时期意识形态建设的历史经验，深入探索意识形态建设的基本规律。

意识形态有很多不同的种类，有政治的、社会的、知识论的、伦理的等。其中政治意识形态是我们要重点探讨的内容，胡锦涛曾经指出，意识形态领域历来是敌对势力同我们激烈争夺的重要阵地，如果这个阵地出了问题，就可能导致社会动乱甚至丧失政权。

刘少杰（2011）在《新形势下意识形态传播方式的变迁》中认为改革开放、市场经济和信息技术革命的共同推动，使得意识形态的传播方式发生了深刻变化，传统主流意识形态的主要传播方式从单位传播转变为社会传播，各类非主流意识形态通过网络新媒体产生了区别于传统单向传播形式的新的形态。影视媒体、互联网，包括智能手机的快速发展，实现了文化的视觉化、碎片化。刘少杰还特别强调新的传播方式"提升了意识形态感性传播的效力与地位"。在意识形态感性传播过程中，自媒体的产生使草根的、大众的或民间的信息权利迅速增强，获得了广阔和有效的展开形式与运行空间，使社会权利结构发生了深刻变化。

在社会研究中，政治意识形态是一组用来解释社会应当如何运作的观念与原则，并且提供了某些社会秩序的蓝图。政治意识形态大量关注如何划分权利，以及这些权利应该被运用在哪些目的上。比如说，20 世纪中最具有影响力与最被清楚界定的政治意识形态之一就是共产主义，它以马克思与恩格斯的学说为基础。其他的例子有：无政府主义、资本主义、社群主义（communitarianism）、企业自由主义（corporate liberalism）、基督教民主主义（christian – democracy）、法西斯主义、帝国主义、民族主义、纳粹主义、保守主义、自由主义、社会主义、社会民主主义（social – democracy）。"系统意识形态"（systematic ideology）是指将意识形态当作意识形态来进行研究（而非研究个别的意识形态）。

意识形态受欢迎的程度有部分原因是受到道德事业家（moral entrepreneur）的影响，他们常常是为了自己的利益而行动。政治意识形态是指提出某种政治与文化计划作为参考的社会运动、机构、阶级或大团体，他们所提出的整体观念、原则、教条、迷思或符号。它也可以是通常用来界定某个政党及其政策的整个政治思想结构。通常是某些道德观形塑了意识形态的基础。

五 网络语言对文化安全的影响调查

网络语言是伴随着网络的发展而新兴的一种有别于传统平面媒介的语言形式。网络语言以简洁生动的形式，一诞生就得到了广大网友的偏爱。

2012 年最著名的网络用语包括"有木有、给力、萝莉、正太、hold 住、神马都是浮云"等。我们可以看到，从网络语言的形式来讲，网络语言包括拼音或者英文字母的缩写。有时包含有某种特定意义的数字以及形象生动的网络动画和图片，起初主要是"网虫"为了提高网上聊天的效率或某种特定的需要而采取的方式，久而久之，就形成特定语言了。

网络语言的出现与传播主要依存于网络人群，还有为数不少的手机用户。聊天室里经常能出现"恐龙、美眉、霉女、青蛙、菌男、东东"等网络语言。BBS 里也常从他们的帖子里冒出些"隔壁、楼上、楼下、楼主、潜水、灌水、沙发、板凳"等词语。传统即时通通，如 QQ 聊天中有丰富生动的表情图表，如一个挥动的手代表"再见"，等等。另外，手机短信中也越来越多地使用"近方言词"，如"冷松"（西北方言，音 lěng sóng，意为"竭尽"），等等。这些都对于普通话的推广产生了新的刺激。

在形式上，网络语言突破了中国传统方块字的限制。表现为符号化、数字化、字母化。符号化：在电脑上输出文字时，习惯上会带有相关的符号语言。例如：: -)（微笑的象形）; : - D（大笑的象形）; : - C（撇嘴的象形）; 等等。数字化：运用数字及其谐音可以更好地表达自己的想法。例如，55（呜呜的谐音，表示哭的声音）、88（拜拜，英语单词 Bye - bye 的谐音）、520（我爱你的谐音）等。字母化：类似于数字的运用，字母也有表情达意的功效。例如，BT（变态拼音的缩写）、PLMM（漂亮妹妹）、PMP（拍马屁）、BF（boy friend 的缩写，即男朋友）等。

在内容上，数字型谐音，例如，9494 = 就是、就是；7456 = 气死我了；555 ~ ~ ~ = 呜呜呜（哭泣声）；886 = 拜拜了；等等。包括翻译型，特别是英语这样的外来语，成为网络语言的主要内容。其实这在语言学上很常见，一般也是根据原文的发音，找合适的汉字代替，例如伊妹儿 = e - mail（电子邮件）；瘟都死 = Windows（微软出品的操作系统品牌名，意为窗口，港台地区一般意译为视窗）；荡 = download（下载）；等等。

字母型造词方法分三种。一是谐音，以单纯字母的发音代替原有的汉字，例如，MM = 妹妹；PP = 漂漂（现在叠音词因为其发音的重复性，给人以可爱之感，目前尤为流行），也就是漂亮的意思；E 文 = 英文；S = 死。还有一些在英文里经常用到的（目前书面语也渐趋口语化）：u = you；r = are。二是缩写，有汉语拼音缩写如 JS = 奸商；BT = 变态；GG = 哥哥。还有英文缩写，这个在语言学上也比较常见，如 BBS = 电子公告牌系统，

OMG = Oh My God，BTW = By The Way，等等。还有比较特殊的通过象形的方法创造的，比如 OTZ = 拜倒小人，这个也可以归到符号型中，但主要是英文字母做成的，和通过标点符号做成的符号形有一定区别。

颜纯钩①曾说："人类历史上从来没有一个时代像今天这样，有如此多的人在写作，从这个角度来看，网络写作有无限可能性。大部分情况下，网络写作不需要经过编辑审稿，写作的人不需要具备专业资格，有一台计算机，可以上网，就拥有发表机会了，而且你要写多少都可以，写什么都可以。"

六　网络谣言成为必须关注的问题

网络的迅猛发展在给信息交流带来快捷方便的同时，也使谣言"插上了翅膀"。特别是近年来，随着手机短信、即时通信工具和微博等新兴媒体的崛起，网络谣言也呈激增之势。借助现代信息技术，网络谣言不仅限于特定人群、特定时空、特定范围传播，其传播速度与影响范围呈几何级数增长，危害巨大，后果十分严重，不能不引起全社会的高度警惕。

在诸多网络谣言中，针对社会公众人物、社会伦理道德和社会基本制度的谣言，危害是最为广泛的。这类谣言从根本上破坏公众对政府、社会和政治制度的信任，造成严重的思想混乱，影响群众对改革开放和稳定发展的信心。威胁社会稳定，损害国家形象。

就技术因素而言，以互联网为代表的信息技术极大地促进了信息的流动，其传播速度和范围都是传统信息传播渠道难以比拟的。一则小小的谣言通过网络等途径可以瞬间送至数百万甚至上千万用户，在转发和评论中，其影响力被成倍放大。看似荒诞的"蝴蝶扇动翅膀引发海啸"的说法，在网络上变成了现实。

就社会因素而言，当前我国正处于全面建设小康社会的关键时期，社会深刻转型，利益格局深刻调整，思想观念深刻变化，社会问题和社会矛盾多发。群众对于贪污腐败、分配不公、公权滥用等现象深恶痛绝。网络谣言正是利用这种社会心理，捏造、夸大、扭曲相关事件，误导公众。比

---

① 颜纯钩：《从未有过的写作可能性》，http://dajia.qq.com/blog/299548070894947? pgv_ref = aio2012&ptlang = 2052。

如哈尔滨"宝马撞人案"、杭州"富家子飙车"等事件，还有在网上盛传的"领导亲属""权钱交易"等谣言，在一定程度上体现了社会中的"仇富""仇贪"心态。部分网民通过对这些网络谣言的参与、传播，宣泄着自身的负面情绪。

网络谣言既有针对公民个人的诽谤，也有针对公共事件的捏造。小而言之，网络谣言败坏个人名誉，给受害人造成极大的精神困扰；大而言之，网络谣言影响社会稳定，给正常的社会秩序带来现实的或潜在的威胁，甚至损害国家形象。

七 关于网络治理的基本认识

1. 对互联网应持开放、包容的态度

被调查者认为，执政党和政府要将互联网视作人类社会发展进步的现象，以积极的姿态迎接挑战，坦然面对互联网时代的到来。一些人指出，打铁还需自身硬，任何一个先进的政党都不应谈网色变，网络应成为中国共产党的执政工具。执政党和政府要更加公开透明，正视汹涌的民意，支持互联网的发展，尊重网民使用互联网的自由，而不是压制。有人指出，政府对网络进行监管和治理是必要的，但目的是让网络正常运行，而不是过滤对自己不利的信息。政府要从网络中发现问题，及时解决问题，而不是文过饰非。还有人提出，执政党和政府如果做到"老老实实做事，干干净净干事"（习近平语），相信群众，依靠群众，就不会害怕网络时代的到来。

2. 网络治理的总原则是"趋利避害"

鉴于互联网的"双刃剑"特性，不少调查者提出，网络治理应遵循趋利避害的原则。一方面大力发展互联网，充分发挥网络的正面作用；另一方面要积极应对和防范网络的负面作用。有人指出，政府应从政策、技术、资金、人才等各方面支持网络的普及、推广。正确引导网络发展，利用互联网促进现代化建设，改善社会管理。有人提出，政府要通过互联网及时公开信息，倾听民间的声音，发挥引导情绪和辟谣的作用，塑造政府亲民务实的形象。有人强调，网络管理应与时俱进，提高监管水平。研究互联网传播规律，有效调控，合理监督，规避风险。有人提出，对于利用网络危害社会、颠覆政府的言论和行为，要坚决打击，并及时公布真相。

3. 网络治理应以法治为基础

被调查者认为，网络作为虚拟社会，其管理应当与现实社会一样，依法管网。为此，要加强网络立法、执法，并辅以行政、技术、道德等方面的措施。要借鉴国外网络管理经验，立法治理、监管网络，建立健全网络监管制度与处罚条例，制定打击网络犯罪和制造网络谣言的法律。开发相关技术手段，加强科技手段的监控。

4. 网络治理要突出自律性、自治性

关于网络治理的主体，被调查者中，24 人选择"政府部门"，占92%；18 人选择"网站"，占 69%；16 人选择"行业组织"，占 62%；13人选择"网民"，占 50%；9 人选择"社会组织"（NGO），占 35%。多数被调查者认为，政府在网络治理中应当处于主导地位，同时要充分行使组织和网民在互联网治理中的作用。有人指出，政府部门对网络管理的领域应为高级政治领域，如国家安全、社会稳定。有人提出了网络治理不同主体的分工：政府引导，负责制定原则、提供资金；行业组织负责监督；网站具体执行；网民监督和自律。有人强调，网络治理应以行业组织和网民自我管理为主，突出自律性、自治性，最主要是相信和依靠网民，大部分网民是理性的，不文明的只是少数。

5. 网络治理的主要对象是网络违法犯罪

关于网络治理的主要内容，被调查者中，21 人选择"虚假信息"，占81%；21 人选择"网络犯罪"，占 81%；20 人选择"黄色信息"，占77%；13 人选择"网络暴力"，占 50%；13 人选择"反动信息"，占50%。有人提出，网上有大量低俗文化信息，冲击主流思想，应该加以治理。特别是黄色信息和暴力游戏，对青少年健康成长危害极大，应当进行重点治理。有人提出，政治反动信息很难定义，作为执政党，兼听则明，不应把与执政党理念不同的一切信息都视为反动。

八　关于网络治理的具体建议

1. 进一步办好主流网络媒体

调查发现，社会科学工作者访问最多的网站是新浪网（14 人，占54%），其后依次是凤凰网、中国社会科学网、人民网、搜狐网、新华网、网易、中国知网等。值得注意的是，在新闻类网站中，选择凤凰网（8 人，

占 30%），多于选择主流网络媒体人民网（6 人，占 23%）和新华网（5 人，占 19%）。在对其他社会群体的调研中，也存在类似的情况。这表明，主流网络媒体需要加强建设，在增强对网民的吸引力上下功夫。不少被调查者指出，主流媒体应当以传统业务和网络业务并重，要更加关注底层民众的诉求，反映他们的愿望和呼声，协调好两个舆论场的关系。有人提出，主流媒体要积极参与网络化进程，影响大众舆论，否则会失去很大舆论空间，进而丧失影响力。

2. 鼓励领导干部开通个人微博/博客

被调查者中，17 人对领导干部个人开通微博表示支持，占 65%；5 人选择了"不好说"，占 19%；没有人选择反对。多数被调查者认为，政府官员开通微博是好事，与其被动应付网络舆论，不如主动开通微博引导舆论。有人表示，官员开博是积极现象，但要处理好作为公职人员和网民的关系。有人提醒，领导干部开博需要心理素质好，应变能力强，同时需要一定的知识储备。有人指出，领导干部开博与网民互动，其动机和目的是好的，但及时回应网民提出的问题，才是应该关注的，不能把微博当成政治秀。有人指出，网络给政府提供了直接了解民生的途径，领导干部要放下官本位的架子，真正做到亲民。在网上摆出官架，将受到网民的唾弃。有人提出，目前领导人开微博，是世界各国的潮流。如果新一届领导人能够开通自己的微博，将会有意想不到的效果。

3. 减少使用网络屏蔽和删帖

被调查者中，6 人支持网络屏蔽和删帖，6 人反对，各占 23%。支持的人认为，屏蔽和删帖也是政府管理网络的手段，不能任网上各种信息自由传播。有人提出，我国目前社会矛盾比较尖锐，如果不对网络进行限制，一些人在网络上发布政治煽动信息，将对社会稳定威胁很大。有人认为，必要的屏蔽和删帖是可以的，网络不能完全放开，但一定要注意形象。除了屏蔽和删帖，还应当进行实事求是的评论，正确引导，不能回避问题。反对的人认为，删帖和屏蔽不是好的做法，关键是提高网民的辨别能力，形成公开透明和多样化的舆论生态。有人指出，很多事情表明，绝大多数网民的爱国心和判断能力是可以信赖的。应该给广大网民真实接触世界的机会，一味地屏蔽、删除对政府的形象无益，也不能真正隔除网民与这些信息的关联。更多的被调查者认为，应根据帖子的内容决定是否屏蔽和删帖。有人提出，在没有找到更好的方式之前，要维护社会稳定，屏蔽和删帖作为权宜之计，有其局部、片面的合理性，但并非长久之计。随着经济、社会、政治的发展，还需要找到更好的办法。有人提出，"防火墙"作用有两面性，短时期对维护政局稳定有作用，但长期看，优质的信息被过滤掉，对我国科技文化发展不利。应破除短效顾虑，着眼长远，让国民尽可能了解全面信息，在此基础上，加以引导，或许比"防火墙"更好。

4. 改进网络评论员的工作

被调查者中，9 人认为"网络评论员的积极作用大于消极作用"，占 35%；9 人认为消极作用更大，占 35%；3 人表示"说不清"，占 12%。这表明，社会科学工作者对网络评论员的看法分歧很大，这与社会上对网络评论员的反映是一致的。支持的人认为，网络评论员很有必要，对敌对势力和商业势力、个人等操作网络的行为，应加大打击力度，杀一儆百。有人表示，应充分发挥网评员的作用，定位不应只是维护政府形象，而是疏导、安抚民众悲观、消极的情绪，澄清不实信息，给予正能量。反对的人认为，设立网络评论员缺乏法律依据。对公民而言，法无禁止即自由；对政府而言，法无规定无自由。对政府的评价应由人民完成，政府设立网络评论员，有自我评价、自我抬高的嫌疑。有人提出，网络评论员本质上跟"水军"是一回事，政府的所作所为应该公开透明，人民自有判断，不需要舆论引导。还有人表达了不同于以上的看法，认为网络评论员应当亮明身份，不应该"偷偷摸摸"。我国有专门的宣传系统，网络评论的职责应由这些部门承担，建立专职的网评队伍，提高工作人员的政治理论和网络技能。花钱雇用网络评论员，会使这一工作变味。总之，对网络评论员的争议很大，建议有关部门在认真调查的基础上，提出切实有效的改进办法。

5. 慎重对待网络实名制

被调查者中，8 人主张实行网络实名制，占 27%；5 人反对，占 19%；另有 8 人认为"应一分为二对待"，占 27%。支持的人认为，实名制是网络管理的必要手段，可以在一定范围内减少网络违法犯罪。有人提出，实名制是避免互联网各种负面影响的有效途径，但应考虑给举报检举人以安全保障。有人提出，网络实名制是未来互联网健康管理的方向，但需要立法规范，应出台具体的细则来推行，在维护网民权利的同时，改进网络治理。反对的人认为，实名制是把"双刃剑"，一方面有积极作用，提醒网上发言者要承担责任，减少网络谣言；另一方面，一些真实信息因此不敢披露。总体上，实名制弊大于利。对于有问题的帖子，目前通过技术手段也能找到发言者，不一定要实名制。还有一些人主张，实名制可在一定范围内实行，有的人群可以实名，有的人群不必实名，分类处置，不能"一刀切"。总的来看，被调查者对网络实名制的认识分歧很大，虽然不少人赞同分类实名制，但这项工作操作起来难度很大。

群体性事件中互联网对意识形态和
文化安全的影响及其对策

谭扬芳*

互联网时代，国家意识形态和文化安全面临空前挑战。而我国正处于社会转型期，社会矛盾越来越多，越来越复杂，有的甚至表现得很激烈。当社会矛盾，尤其是群体性事件与互联网联合，其对国家意识形态和文化安全的挑战就更加剧烈。对此，我们应该有清醒的认识。

一 群体性事件及其在互联网时代的主要特点

（一）群体性事件概念演变

对群体性事件的认识和看法有一个不断修正的过程，20 世纪 50 年代至 70 年代末，称"群众闹事"或"聚众闹事"；80 年代初至 80 年代中后期，称"治安事件"或"群众性治安事件"；80 年代末至 90 年代初期，称"突发事件"或"治安突发事件""治安紧急事件""突发性治安事件"；90 年代中期至 90 年代末，称"紧急治安事件"；90 年代末至 21 世纪初期，称"群体性治安事件"，2000 年我国公安部在《公安机关处置群体性治安事件规定》中，对群体性治安事件作了一个界定："是指聚众共同实施违反国家法律、法规、规章，扰乱社会秩序，危害公共安全，侵犯公民人身安全和公私财产安全的行为"；2005 年初，在中共中央办公厅、国务院办公厅转发的《关于积极预防和妥善处置群体性事件的工作意见》中，称为"群体性事件"。党的十六届六中全会《决定》指出："坚持依法办事、按政策办事，发挥思想政治工作优势，积极预防和妥善处置人民内部矛盾引

---

* 谭扬芳，中国社会科学院创新办管理评价处处长、副研究员，研究方向为马克思主义社会发展理论、网络舆论。

发的群体性事件，维护群众利益和社会稳定"，首次把"积极预防和妥善处置人民内部矛盾引发的群体性事件"写进了党的重要文献。2005 年 7 月 7 日，中组部副部长李景田在新闻发布会上纠正了国外记者所谓"骚乱"的说法，代之以"群体性事件"的称谓。称谓的变化反映了在特定历史条件下，政府对群体性事件的认识和态度。不同的认识和态度决定不同的行动。我们认为"群体性事件"的称谓更能反映客观实际，更符合事实，也更加理性和准确。

对群体性事件的界定并不统一。不过一般认为群体性事件是指某些具有共同利益的群体，采取静坐、游行、集合、冲击等方式造成一定社会影响，向党政机关施加压力，以便实现其目的的集体行为。这个界定比较中性，没有像有些界定那样强调其负面影响和暴力因素。不错，群体性事件对党政机关几乎都有负面影响，某些群体性事件还会演变成为暴力事件，但是，我们不能忘记，几乎所有的群体性事件都有一个逐步发展演变的过程，没有一起群体性事件一开始就以给党政机关造成负面影响为目的，也没有一起群体性事件一开始就以暴力为目的。不管这些群体采取了什么方式来达成自己的目的，一般来说，他们的目的一经达到，群体性事件也就自然结束。但是，利益有关方对这些群体的目的有不同的看法，同时也是为了维护自己的利益，所以，利益诉求者一般很难全部达成自己的目的，为了给相关方特别是作为仲裁者的党政机关施加更大的压力，群体性事件才会进一步升级。尤其是在互联网条件下，群体性事件的发展演变过程有可能变得更为复杂。

据有关部门统计，1993 年我国发生群体性事件 8709 起，1995 年发生群体性事件 1 万起。1995 年和 1996 年增长速度在 10% 左右，1997 ~ 2004 年间的年均增长速度高达 25.5%。1999 年发生群体性事件 3.2 万起，2003 年发生群体性事件 5.85 万起，参与人数 300 多万人次，比 2002 年分别上升 14.4% 和 6.6%，2004 年发生群体性事件 7.4 万起，2005 年发生群体性事件 8.7 万起，2006 年约 9 万起，2007 年超过 8 万起，2008 年 9 万起，2009 年突破 10 万起。其中强行征地与补偿不足引发的群体性事件占到了六成左右。对于土地纠纷，学者于建嵘 2010 年 11 月在接受《新京报》记者专访时表示，土地问题已占全部农村群体性事件的 65%，并表示土地纠纷有以下几种：一是不经农民同意强迫征地，二是补偿过低，三是即使补偿低还发不到农民手中，四是补偿款被贪污、挪用。因土地产生的还有其他纠纷，但主要还是因征地和占地引发。《金融时报》记者拉胡尔·雅各布在文章中提到："中国农村的土地名义上归集体所用，但官员们可用开发的名义将土地所有权托管，并换取补偿金。不过村民们常常认为补偿金过低，无法反映出土地出让带来的效益。"也就是说，大部分群体性事件跟土地纠纷有关。解决好了土地纠纷，群体性事件应该能够大幅度下降。

（二）群体性事件的发展阶段

我们认为群体性事件的演变过程大致可以分为四个阶段，这四个阶段不一定要完全走全，这取决于问题在哪一个阶段得到解决。值得指出的是，在每一个阶段都存在解决问题的可能。问题越早解决越好，如果拖到最后可能变得无法收拾。

1. 发生阶段

发生阶段是指群体性事件发生初期，一般是利益诉求者经过了反复的诉求表达而没有得到满意的解决之后，决定采取更为"有力"的办法促使有关部门解决问题，达到自己的目的。他们通常采取在党政机关门前静坐或在交通要道静坐的办法引起注意。此时，他们的目的性很明确，事件规模也不大，影响也还小，情绪尚能控制。此时解决问题最好：社会成本最小，对各方的伤害也最小。

2. 发展阶段

这一阶段一些同情者和声援者开始介入。他们介入的方式因为角色的不同而有所不同。大部分同情者为本地人，他们会到现场围观、声援，并把一些所见所感发到互联网上，希图造成更大的声势。这部分同情者中，有一部分会因为自己的遭遇而变得情绪激昂，容易失控。他们往往会与诉求者一起激化矛盾，挑起事端，使群体性事件向第三个阶段发展。而大多数声援者和部分同情者会利用互联网通过文字、图片、视频等多媒体形式，报道、评论和声援整个事件。

3. 激化阶段

激化阶段是群体性事件矛盾激化的阶段。在这个阶段，部分人的情绪因为受刺激而失控。这些人大部分是诉求者，部分是同情者。同情者中，大部分又是情绪发泄者，他们借着这次矛盾激化的机会，发泄自己对有关部门的不满情绪。其中个别人可能有反社会倾向。这些人动机复杂，相互影响，可能危害公共安全和公私财产安全。再加上与互联网的互动，此时的群体性事件影响力会突然膨胀，最终给党政机关造成巨大压力，迫使党政机关达成诉求者目的。

4. 尾声阶段

尾声阶段之所以不说"解决阶段"，是因为某些群体性事件的结束并非因为问题得到解决。许多群体性事件的结束都是因为引发群体性事件的问题最终得到解决，诉求者的利益得到保护，诉求者的目的已经达成。但也有不少的群体性事件并没有得到真正的解决。有些是被强力机关压下去了，有些是被有关部门策略性劝阻回去了，还有部分是因为诉求者无法坚持而自动撤回了。这些没有被解决的问题有可能再次爆发，再次爆发的强度和规模就可能大得多。

这是就群体性事件的发展演变而言的。在发展演变的过程中，不同角色的人群所起的作用不同。一般来说，群体性事件牵涉的人群角色比较复杂。从大的方面说，有诉求者、被诉求者和具有管辖权的行政部门。这其中，被诉求者与具有管辖权的行政部门也可能是同一对象。被诉求者往往也不是单一的某个自然人或法人，有可能是一个利益并不一致的集团。他们掌握着更多的社会资源，与行政部门的关系也更为密切。一般来说，他们是相对强势的群体。但在群体性事件中，他们往往退隐到幕后，不与诉求者发生直接的关系，他们的作用似乎被行政部门接管了。这是一个很不正常的现象。本来，矛盾的双方是诉求者与被诉求者，行政部门对双方具有同等的法律地位，它应当担当起公正协调和仲裁的责任。但是，在许多群体性事件中，比如在 2012 年发生的什邡事件中，行政部门撇开被诉求者直接与诉求者对立起来。这种做法是愚蠢透顶的。不管是从行政部门职责的角度讲还是从一种亲民策略的角度讲，行政部门都不应该直接跳出来与老百姓作对。应该规定，除非行政部门本身就是被诉求者（在这种情况下，行政部门更应该合理合法地及时解决问题），否则，行政部门代替被诉求者与诉求者发生冲突，必须追究主要责任人的责任。

（三）群体性事件中群众的构成成分

为了更好地处置群体性事件，我们必须更加详细地了解群体性事件中群众的构成成分，分析了解他们在其中所起的作用，这样才能针对不同的群体角色做更有效率的工作。群体性事件中群众的构成成分大致有：诉求者（提出利益要求的群众和与他们有利益关系的家人、亲戚），他们构成一个"内核"；在这个"内核"之中，往往还有一个"核心"：几个代表诉求者利益的发挥凝聚作用的人物，他们是"诉求代理人"，他们也有同样的利益诉求，正是他们负责组织、联络和发起群体性事件。围绕着这个"内核"，有认识他们或了解事情"真相"的"同情者"，同情者一般是本地人，他们往往采取围观的方式聚集在一起，许多人并没有故意聚集的意愿，但在客观上造成了"聚集"的效果，"声援"了诉求者，并形成一定的社会影响。这其中，也不排除部分同情者怀有自己的目的，希图借此机会发泄不满情绪；甚至个别人还有反社会倾向，借机挑起事端，制造混乱。除此之外，还有声援者。有网络声援者和现实声援者。前者通过互联网在论坛、博客、微博、播客等网站中发布事件消息，追踪事件进展，评议处置得失，声援弱势群体引起社会强烈关注，造成巨大的社会影响；后者前往事件发生地或就在本地聚集，通过打出横幅标语、呼喊口号等方式积极声援群体性事件。在声援者中，有些特殊的群体，就是社会公共知识分子，他们充分利用自己对互联网熟练使用的优势和个人在互联网世界的巨大影响力，对群体性事件进行独立调查，并及时将调查结果发布在互联网上，甚至利用互联网与网友互动，对群体性事件的参与程度越来越深。正是他们的作用，使群体性事件在互联网世界的影响越来越大。上述三者的关系如图1所示。

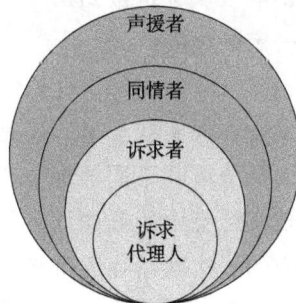

图 1 群体性事件的参与者示意

很明显，诉求者是群体性事件中的关键因素。大多数情况下，诉求代理人也很重要，甚至更为重要。但若想真正解决问题，就应该重视诉求者的角色。只有认真解决了他们的问题，群体性事件才可能从根本上获得解决。在这种情况下，同情者和声援者的作用就会自动消退，甚至还有可能转化为积极正面的宣传、评价。

在处置群体性事件的过程中，有一个误区值得指出：在群体性事件发生之后，地方政府急于结束"群体性事件"，而不是急于解决造成群体性事件的问题。这是一些不当处置的认识根源，也反映了地方政府面临群体性事件时手忙脚乱、惊慌失措。

（四）互联网条件下群体性事件的类别

对群体性事件进行分类，可以提高处置群体性事件的效率。有很多分类标准，在互联网条件下，我们可以把群体性事件分为以下三类。

1. 纯现实的群体性事件

这类群体性事件与互联网的关系不大，在互联网上没有什么影响。其地域性很强，只在当地造成局部性的影响，且很快就会平息。其原因要么是事件规模小，群众关注度不高；要么就是当地党政部门对互联网的管理有力，措施到位。

2. 线上线下结合的群体性事件

这类群体性事件与互联网有紧密的联系。一般是先在现实社会中发生了群体性事件，然后向互联网扩散，形成网上与网下的互动、虚拟与现实的互动。而且会随着线下群体性事件的发展，在虚拟世界也呈现蔓延的趋势。其蔓延的速度和涉及的人数都呈几何级数上升。其影响越来越大，因为互联网无国界，其负面影响很快会扩散到国际社会。这类群体性事件会越来越多，给处置带来了一定的难度。

3. 纯网络的群体性事件

这类群体性事件不是发生在现实社会里，而是发生在虚拟的网络社会中。它没有地域性，参与人员分散到不同的地方，可能是全国范围的。而且，更主要的是，它不像现实社会中的群体性事件那样有诉求代理人，换句话说，它有可能是多中心的。这就给处置带来了前所未有的困难。这类群体性事件目前不多，但已出现。所谓的"茉莉花革命"在我国互联网上倡导的定时定点的"散步"行为，就是这样一起纯网络的群体性事件。它们对意识形态和文化安全构成了比较大的冲击，这是应该高度重视的。可以设想，这类群体性事件因为其隐秘性和分散性，今后会越来越多。

（五）群体性事件的解决机制

群体性事件的解决机制又是怎么回事呢？事实上，于2005年初，在中共中央办公厅、国务院办公厅联合转发的《关于积极预防和妥善处置群体性事件的工作意见》中，就对处理群体性事件的处理原则、组织领导、职责分工、现场处理和宣传教育等项工作都作出明确的规定，为各地处理群体性事件提供了政策依据。根据美国著名政治学家戴维·伊斯顿的政治系统理论，之所以爆发群体性事件，是因为"输入性故障"。在政治宣泄渠道不畅、利益表达机制不健全、话语表达方式单一、制度保障不足的语境下，就容易形成"堵塞型社会"。在这种社会里，群众的诉求不能输入政治系统之中，社会管理者的政治系统不能有效解决群众的诉求，问题得不到解决，在合适的条件下，群体性事件就发生了。政治系统理论解释了群体性事件的发生机制，没有揭示其解决机制。根据戴维·伊斯顿的政治系统理论，我们认为群体性事件的解决机制应该包括如下内容：保障诉求输入性畅通；政治系统转换过程及时有力；保障政治系统决策输出性畅通。如图 2 所示。

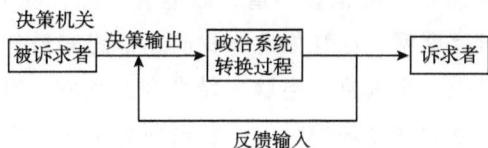

图 2　群体性事件的解决机制

图 2 告诉我们：决策机关（政府行政部门）及时了解诉求者的具体诉求是非常重要的，同样重要的是把决策结果及时告知诉求者。如果诉求者同意这一结果，那么问题得到解决；如果不同意，诉求者应该及时反馈，向决策机关输入新的诉求信息，决策机关再次作出决定（一般总是修正前述决定）。这是一个反复的谈判过程，直到双方找到一个都可以接受的方案为止。值得指出的是，作为政治系统的子系统，决策机关找准谈判对手很关键。经验证明，在诉求者中并没有形成诉求代理人产生机制的情况下，一些谈判策略对诉求代理人还是有效的。

（六）互联网条件下群体性事件的主要特点

群体性事件在互联网时代究竟有何特点呢？这取决于我们如何认识互联网。现在一些地方党政领导对互联网有一种不切实际的认识。他们有的无视互联网的作用，有的则对互联网具有一种说不清、道不明的恐惧。

互联网是现代科技的产物，它体现了人类科技文明的最新成就。不管是好是坏，我们都绕不过它。这与意识形态或者文化安全没有关系。不久前，伊朗关掉了互联网，但此举并没有关掉国家意识形态和文化安全面临的威胁。对伊朗来说，关掉互联网，或许可以减少许多麻烦，但这只是暂时的。负面的影响不仅是长期的而且是严重的：它将互联网的坏作用去掉的同时，也去掉了互联网的好作用。通常，好作用大大多于坏作用。

对互联网的本质作一个界定，我们认为还为时过早。因互联网的发展前景不可估量，其可能性无限丰富。甚至它的发展方向也难以估计。几年前，人们还无法想象移动互联网，现在移动互联网不仅成为事实，而且越来越深入人们的生活，成为人类新的生存方式。建立在互联网之上的物联网，再次给了人类无限丰富的想象空间。将来还会出现什么应用，对人类的生存或生活有何影响，谁也说不清楚。但有一点，我们每个人都清楚：人类越来越离不开互联网。尽管如此，我们还是想知道什么是互联网。简单地说，互联网就是一个人机（电脑）结合和互动的、对信息进行处理的网状系统。信息是互联网处理的对象，它表现为文字、图片、声音、视频等。这是理解互联网的关键，也是我们理解互联网在群体性事件中作用的关键。处理就是在互联网系统中对信息进行加工的过程，通常包括对信息的转换、储存、编辑、调用、运算、输入输出等。而网状系统不仅决定了信息被处理的方式，还决定了信息的作用及作用范围。网状系统可以是多层次的、多中心的、单独的、联合的等。

互联网的基本属性有许多种。有人认为分享、互动、及时、广泛是互联网的基本属性。但就群体性事件在互联网中的传播而言，就其对意识形态和文化安全的影响而言，群体性事件在互联网时代有以下特点。

1. 互联网的媒体性使群体性事件易于传播

互联网就是一大媒体，基于互联网的基本属性，共享几乎成为互联网自动发展的动力，因此，追求信息的新颖性、及时性和关注性成为互联网媒体性的基本表现。看起来是一些互联网铁杆粉丝在发布、传播群体性事件的信息，其实，这是互联网本身的内在要求，即使我们将这些有限的铁杆粉丝都关起来，还会有人发布、传播群体性事件的信息。认识到这一点很重要。这说明信息的发布、传播不是人为因素造成的，而是互联网本身固有的媒体性造成的。因此，要想切断群体性事件信息在互联网上的发布与传播，只控制发布者、传播者是做不到的，除非控制互联网。而控制互联网风险太大，成本太高，必须小心谨慎。

2. 互联网的工具性使民众了解群体性事件更加便捷

互联网是一个很好的工具。对群体性事件中的诉求者、同情者和声援者来说是如此，对行政部门而言也是如此。工具本身并不存在倾向性，但在不同的使用者手里就会有全然不同的作用。普通群众只是利用互联网，可能是最大限度地利用，但行政部门不仅会利用，还可以控制。而且行政部门具有不可比拟的资源优势，在使用互联网工具方面应该说占尽了便宜。所以，在群体性事件中，充分利用互联网维护意识形态和文化安全，正是大有可为。我们欣喜地看到，最近几年，各地充分利用互联网的意识不断增强，大多数政府部门都有自己的网站，增加了与民众交流、沟通的渠道，增强了政府与民众信息交流的及时性、便捷性。有的政府部门与时俱进，还开通了微博，及时公布政策信息，报道事件真相，争取民众信任，树立政府权威。

3. 互联网的互动性增加了控制群体性事件传播的难度

互动性也是互联网值得一提的重要特点，尤其是在群体性事件中，互动性更是一个不可忽视的特点。互动性是指信息受众之间相互交流看法、意见或主张。正是互联网的互动性，让每一个网民成为所谓的"自媒体"，既是信息的接受者，又是信息的传播者。从传播的途径看，互联网形成一个多中心的不断裂变的传播网络，可以在有限的时间内迅速传播，在传播规模和速度方面，是传统媒体无法比拟的。互联网的互动性在一定程度上影响了群体性事件的可控性，这也是某些人对互联网忧心忡忡的原因之一。但互动性正是互联网独具魅力的特点，充分体现了个人的独特价值。所以，在互联网时代，个体的价值得到了充分的展示、彰显和承认。这在一定程度上，与我国强调的集体主义价值观不尽一致，因而对我国意识形态和文化安全不可避免地造成一定冲击。对此，我们必须要有清醒的认识。

二 群体性事件与互联网的结合：两个典型的案例分析

为了更好地理解互联网对群体性事件的影响，我们从最近几年发生的群体性事件中筛选出两个典型的案例，试加以分析。

（一）什邡事件

1. 事件回放

什邡市为四川省德阳市下辖的一个县级市，综合实力连续 7 年排名四川省第二位，素有"川西明珠"之称。2012 年 6 月 29 日上午 10 时，什邡招商引资项目"四川宏达集团钼铜多金属资源深加工项目"开工典礼在什邡市经济开发区举行。官方称这一举措将会增加就业，并带动相关产业发展。但是，什邡市民并不这样看。他们认为该项目会严重破坏生存环境，呼吁取缔该项目。

2012 年 6 月 30 日，有少数民众在什邡市政府前聚集。

7 月 1 日，在什邡市的亭江东路、亭江西路、小花园街、竹园北路等什邡市中心地带，有大量群众聚集。不少民众手持条幅，高呼口号，表达对钼铜项目的不满。随后，当局派出警察和武警官兵维稳，并引发了警民冲突。据上载至互联网的视频显示，警方向聚集的群众发射震爆弹和催泪弹，导致人员受伤。

7 月 2 日，什邡官方发布声明，称已作出决定，停止建设宏达钼铜项目。

7 月 3 日，什邡官方作出强硬表态，什邡市公安局发布《关于严禁非法集会、游行、示威活动的通告》。该强硬表态使得冲突加剧，有消息称，当局抽调来自彭州、广汉等地的武警特警官兵前来维稳。

7 月 4 日，什邡官方称，事件已经平息，政府逮捕了涉事人员 27 人，网络消息称被捕人员包括一些学生。不少群众仍不肯撤离，并高呼"放人"等口号。

7 月 5 日，事件已平息，店铺开始正常营业。5 日晚，据什邡市人民政府新闻办公室官方微博消息：四川德阳市副市长左正兼任什邡市委第一书记，原市委书记李成金协助左正工作。

7 月 8 日，据在什邡采访的记者王克勤微博，什邡市宏达广场到亭江东路又有大量民众聚集。

与以往在群体性事件中地方当局普遍对互联网进行广泛审查相比，本次事件中不少当地网民通过手机、电脑对现场进行文字、图片直播。这些信息在微博、论坛、博客网站流传，且只有部分遭到删除。部分网友认为政府高层的政治导向有所转变，也有人认为言论自由度有所提升。什邡抗暴更是登上了腾讯微博热点关键词的排行榜。

两篇署名韩寒的博文《什邡的释放》和《已来的主人翁》发表，以声援什邡维权行动，后者被转发超过18万次，前者更是接近30万次。不过，《什邡的释放》一文在微博已经不能转发，转发时会提示"抱歉，此内容违反了《新浪微博社区管理规定（试行）》或相关法规政策，无法进行指定操作"。

知名作家李承鹏亲临现场进行报道，发表博文《一次路西法效应实验：什邡小调查》后不久，他的微博账号遭到禁言。

抗暴期间，网络上的图片显示，有人在现场号召捐款，以便救治被武警特警打伤的群众。什邡有许多饭店贴出"本店谢绝特警入内"的告示来表达对特警打人的不满。

在此期间，很多当地的中学生自发参与到抗议示威中。有人肯定了这些"90后"学生所发挥的积极作用，并主张向"90后"的什邡中学生致敬。但官方媒体《环球时报》称不应鼓励学生参与群体事件和政治冲突，并以红卫兵为例表明"利用未成年人实现政治目的"是不道德的。韩寒表示同意《环球时报》的观点，认为因此"应取消少先队以及政治课"。

有人散发改编自《义勇军进行曲》的《新义勇军进行曲》的传单，歌词为："醒来，不愿得癌症的人们！让我们一起大声唱出心的声音。什邡人民到了最危急的时候，每个人都被（迫）发出强烈的呼声。抗议！抗议！抗议！我们万众一心，定要钼铜厂滚出去。坚持！坚持！再坚持！！！"

2. 处置事件的经验教训

什邡事件有许多值得总结的地方。

第一，7月1日，官方的处置不够恰当。竟然向民众施放震爆弹，造成伤害事件，引起民众愤怒，使群体性事件进一步升级。官方显然有些急躁，急于平息事态，不想造成大的影响。结果，事与愿违。

第二，官方的心态还没有摆正，并没有完全转变到民众政府的立场上来。7月2日，官方就已经作出决定，停止建设钼铜项目，事件应该顺利结束。但官方心里还是很不服气的，需要找个机会捞回一点面子。所以在7月3日又画蛇添足地出了一个措辞强硬的通告，毫无必要地再次挑起了矛盾。

第三，互联网的作用应该得到正面肯定。如果官方站在民众的对立面，对互联网的评价肯定是负面的，对互联网的措施肯定是以封堵、防范为主。但如果官方真正代表着民众的利益，那就应该认识到，互联网的传播作用和巨大影响有利于群体性事件及时有力地解决。值得赞赏的是，在什邡事件中，官方对互联网的控制相对宽松，既保障了民众表达的权利与自由，又提供了一条新的有用的情绪宣泄渠道，在一定程度上防范了事件的进一步升级。

第四，媒体和正直的知识分子的作用凸显。他们不仅加速了信息的传播，提升了事件的社会关注度，他们的世界观、价值观也通过互联网对更多的民众造成深刻的影响。如果说互联网对国家意识形态和文化安全有什么影响的话，那么，这种影响在很大程度上就是通过媒体和正直的知识分子体现出来的。所以，培养一支在互联网上十分活跃的维护国家意识形态和文化安全的队伍，就显得十分必要，十分迫切。我们相信，这样的队伍已经存在，但其中的精英少之又少。我们不是缺少这方面的人才，而是这些人才缺少在互联网上的活跃度和吸引力。

（二）乌坎事件

1. 事件回放

近年来，广东省陆丰市东海镇乌坎村村民委员会在当地居民不知情的情况下，陆续转让3200亩农用土地，卖地款项达7亿多元，而补助款每户只有550元。其中村民委员会此前已经转让给丰田畜牧场的一块土地，又存在跟房地产开发商碧桂园洽谈合作以及转让土地的问题。乌坎居民中有二十几位青年从2009年6月21日至2011年3月底之间十数次组织村民代表到陆丰市信访局以至广东省信访局上访反映问题均未得到妥善处理，使得2011年9月21日及往后的历次示威抗争行动，演变为多次发生的群体性事件。

2011年9月21日，两三千名村民手持横幅前往开发地块、村内存在土地争议的企业、村委会以及市政府游行请愿，一度封堵公路，当天政府没有表态；政府人员出走，村委会办公大楼人去楼空。

9月22日上午，百余名武警特警尝试进驻村内以武力驱散正在集会的村民（包括妇女、儿童），警民在进村的公路上发生激烈冲突，十多人受伤，其中有两个儿童被打致重伤，需急救。村民情绪被激化之下，随后围攻村口附近之乌坎边防派出所，向其内投掷石块、竹枝，敲打并推翻停在门外的两辆警车与两辆私家车，有十多名警察受伤；警方施放水炮驱散村民并拘留 4 人。

9 月 23 日早上，当地人再度聚集乌坎边防派出所外，要求当局释放被拘留村民，及交代征地赔偿问题。24 日，由全体村民推选的 15 位代表与陆丰市和东海镇多次沟通并向政府提出三项诉求：第一，查清乌坎村改革开放以来土地买卖情况；第二，查清村委换届选举情况；第三，公开村务、财务状况。

陆丰市委常委、常务副市长邱晋雄代表市委、市政府答复称：市、镇两级将组成强有力的工作组进驻乌坎村，调查核实村民代表提出的问题；工作组于 9 月 26 日进入乌坎村，每 7 天公布一次工作进展；乌坎村"两委"干部要全力配合市工作组，村民代表参与监督。此外，邱晋雄还要求村民代表配合政府做好工作，以及村民绝对不能组织过激行为等，村民代表对答复表示满意。但工作组没有真正开展调查，镇政府委派至乌坎村的党委代书记陈润基与陈文清为舅甥关系，加上之前历次上访均无下文，村民对此次调查并不信任。

9 月 29 日，在村民见证之下，村民们在仙翁戏台上以本村姓氏村民按比例推举出 117 名有投票权的村民代表，在其内再由每个姓氏挑出一人，共 38 位候选人，再在其中选出"乌坎村村民临时代表理事会"13 名成员。理事会的职责在于监督与配合陆丰市政府的调查工作。其后召集村民发起村民大会，财政来源为村民募捐款项，每笔捐款与支出都在村内主要庙宇张贴公开。

一个多月之后，据陆丰市委宣传部称，11 月 21 日约 10 时半有 400 名左右的乌坎村民聚集到陆丰市政府办公大楼前上访，打出"打倒贪官""还我耕地""惩治腐败""官商勾结·扼杀民主"的七彩标语、横幅等，至 11 时半左右村民自行离去。当天下午及翌日，村内几次数百人集会，并在市内发起数天的罢市、罢渔。

十多天后，12 月 9 日下午，汕尾市政府举行新闻发布会，汕尾市委书记郑雁雄，陆丰市委书记杨来发、市长邱晋雄向国内媒体通报了乌坎村"9·21"事件的处置情况；同日，公安部门把"村民临时代表理事会"副会长薛锦波及张建城、洪锐潮、庄烈宏、曾昭亮 5 人拘捕，把"乌坎村村民临时代表理事会""乌坎村妇女代表联合会"定性为非法组织并取缔。

12 月 10 日，乌坎村民在微博上发布的图片显示，有村民因不满政府解决事件的做法，再度举行集会活动，其中有人高举写有"反对独裁"

"还我人权""开放全国选举""还我耕地""打倒官商勾结""打倒贪官""反对做假事""反对造假人"等横幅。大批手持盾牌的武警和防暴警在乌坎村口附近的丰田畜牧场戒备；当时村民与警方曾爆发冲突，民众于当天中午陆续散去，但翌日凌晨4时许再起冲突，汕尾市政府声言要严惩集会组织者，并以武警尝试强行进村，清除进村路障，受到村内近万名村民强烈抵抗，于清晨7时撤退，双方自该天起在村口设置路障，陆丰警方检查进村人士，禁止外来车辆或粮车进入村内。乌坎村民则对一些拿不出记者证或身份可疑的人士查问，以防政府人员混入村内，但欢迎外国或中国香港记者进入。

12月11日，陆丰市新闻办发报新闻称，"犯罪嫌疑人薛锦波，在汕尾市看守所羁押期间（第三天），突感身体异常，被紧急送往汕尾市逸挥基金医院抢治。经持续抢救无效，在当天上午11时许宣告死亡"。汕尾市逸挥基金医院称"死亡原因为心源性猝死，已初步排除其他死因"。

12月14日下午，汕尾市委、市政府召开媒体见面会通报了陆丰乌坎村上访事件犯罪嫌疑人薛锦波死因调查情况。同日，陆丰市新闻办在陆丰市宣传文化网发布"乌坎'9·21'事件被羁押人员家属探视"消息，这亦把村中流传的"庄烈宏、曾昭亮已死亡，同样指甲扯脱，脚筋挑断"的谣言粉碎。

自薛锦波离世那一天起，村内临时委员会在村委会附近的旧电影院门前设立薛的小灵堂，村民每天都聚集于此悼念薛锦波，12月15日上午的村民大会上，乌坎村村民说，现在就算是广东省政府的官员也不可信，并要求中央政府介入调查。而陆丰市政府则警告，将严惩为首煽动村民闹事的人。

在12月17日的村民大会中，村民要求当局在5天内交出薛锦波的尸体，否则准备到陆丰市政府游行示威。

12月18日，双方对峙之下，警方采取封村、断水、断电、断粮等方式，粮车不许进入，渔港也被封锁，渔民无法出海捕鱼。网上传闻称解放军第41、第42集团军紧急向乌坎方向移动，《明报》记者求证被陆丰市新闻办主任黄先生否认。

12月19日，乌坎村村民收到12月18日由汕尾市委举行的乌坎事件媒体见面会的录影光碟，市委书记郑雁雄提出让步方案，包括保证军警不会强行入村。当天，周边21个村的政府领导，突然集体入村"了解情况"，由乌坎村村民选举的临时代表理事会会长杨色茂接见并向其宣明立场。下午2时，乌坎代表临时理事会发起集会，号召翌日再度游行，要求当局释放3名被拘留代表并归还薛锦波遗体。

12月20日，《南方日报》报道在该见面会上郑雁雄表示：原先已冻结的丰田畜产有限公司用地，由政府出面协调，赔偿征地者损失，收回404亩事件所涉用地，通过征求规划部门和村民意见后再重新开发，并充分保障村民利益；郑雁雄亦称，乌坎村事件是群众不满村党支部和村委主要负责人连续任职时间过长，在村务管理、土地出让和已出让土地面临升值或转让的情况下，出于对利益变化的关切。

12月20日，汕尾市官方代表进入乌坎村，乌坎代表临时理事会向政府代表提出多项要求以换取取消游行，其中包括停止与收回涉及以前不合法的土地买卖，由政府赔偿被征地者损失，未来开发前先征求村民意见，另给陆丰政府5天时间交还薛锦波遗体；晚上，广东卫视播出上午在陆丰市政府召开的干部群众大会，广东省委副书记朱明国称群众的主要诉求合理，大多数群众过激行为可以理解和原谅，提出村内只要不再组织与政府对抗行为，不会进村抓人，而林祖銮和杨色茂等组织者用实际行动悔过自首和争取立功，政府可考虑从宽处理，不抓捕，但亦有村民表示不相信；晚上8时左右，陆丰市警方与村民双方筑起的路障均撤除，晚上11时，林祖銮召开记者会称翌日早上9时与朱明国会面，决定将定于12月21日发起的示威游行取消。

12月21日早上，林祖銮与朱明国及郑雁雄在陆丰市信访办公室会面，会谈期间，没有媒体在场拍摄记录，也看不到录音器材，双方各派一名笔录员书面记录。郑雁雄口头承诺，同意为猝死村民薛锦波再进行死因鉴定；两天内释放仍被扣押的3名村民，承认村民组成的临时代表理事会身份，并承诺不会秋后算账。林祖銮对会面结果感到满意。21日，朱明国接受了村民的要求，即交还薛锦波遗体；安排5家国际著名传媒机构代表，亲验薛遗体；承认临时理事会村代表地位。之后不久，乌坎村召开村民大会，宣布取消原先定于21日下午的游行，并撤掉村内的横幅标语，恢复乌坎村的生产和生活。省工作组在12月21日晚上进入乌坎村时，受村民夹道欢迎。

12月22日下午3时半，汕尾市委书记郑雁雄，陆丰市委书记杨来发、副书记邱晋雄等陪同朱明国进村与林祖銮在办公室会谈，受到数百村民欢迎，当天中午，被拘留村民张建城获释回村，取保候审，另外两位被捕者庄烈宏、洪锐潮亦于翌日下午获释回村。新华社在 23 日发稿，称其在"羁押期间能够主动坦白交代犯罪事实，有悔改表现，并积极配合公安机关查清全案。公安机关依法取保候审"。

2012 年 1 月 15 日上午，广东省陆丰市乌坎村召开党员大会，省委组织部王叶敏宣布村党总支部正式成立，由民选代表、临时代理理事会顾问林祖銮担任村党总支书记，村委会重新选举筹备小组组长，负责领导村委会重新选举工作。乌坎村党总支部成立后，该村原党支部自行解散。林祖銮与新启蒙公民参与立法研究中心的熊伟随即着手筹备往后的选举工作。

2012 年 2 月 1 日，由全村村民（以新一村、一村至六村共七村小组）于乌坎学校举行村民选举委员会推选大会，选举委员会成员。

党总支部与村民选委会于 2 月 4 日确定，于 2 月 11 日通过村民不记名投票的方式推选村民代表，结果选举产生了 109 名村民代表。

2 月 14 日下午，汕尾市委书记郑雁雄，陆丰市委书记杨来发、市委副书记兼市长邱晋雄等数人进入乌坎村，与村党总支书记林祖銮闭门会议，商讨交还薛锦波遗体事宜。薛锦波遗体于 2 月 16 日上午正式归还，同时包括村代表与家属在内的近百人于陆丰市永安殡仪馆召开告别仪式，并由村党总支书记林祖銮致悼词。

第五届村民委员会重新选举在 3 月 3～4 日举行，选出一名主任、两名副主任和四名委员与各村小组代表。3 日晚上 7 时左右点票陆续完成，副主任洪天彬宣布林祖銮以 6205 高票当选主任，杨色茂以 3609 票当选副主任，其他候选人因得票均不过半数，翌日于同地同时（早上 9 时至下午 3 时）进行村委会其余席位的差额选举。3 月 4 日亦同时选出各村之村民小组长。

至此，乌坎事件获得圆满解决。

2. 事件性质

乌坎事件的发展过程符合一般群体性事件的发展规律。可以分为四个阶段。

第一阶段：从 2011 年 9 月 21 日起到 12 月 9 日，这是乌坎事件的发生阶段。在此之前的几年里，乌坎村民多次上访，均未得到官方积极正面应对，导致事件发生。这说明乌坎村民反映的问题并没有得到官方的认真对待。这一方面是因为问题的复杂性，另一方面也因为官僚主义作风盛行。

12月9日，官方的处理也体现了官民对立的微妙心态：一方面迫于压力部分满足了村民要求，以便尽快平息事态；另一方面，官方心态极不平衡，集体无意识中认为失了面子。从这里失了面子，就必须从那里找回面子。因此，官方拘捕了"村民临时代表理事会"的5名成员，并取缔了"非法"组织。结果，事件非但没有平息，反而升级为危险的警民对峙的局面。官方的这种"我才是老大"的思维早就应该摒弃了。这种思维方式比较普遍，在大大小小的群体性事件中都有所体现，在官方的决策过程中，起了很坏的作用。在不久前的"什邡事件"中也有体现。

第二阶段：从2011年12月10日到12月18日，这是乌坎事件发展升级阶段。以薛锦波的死亡为标志，这一阶段其实很危险。事件发展到警民相互对峙，互设路障，断电、断水、断粮的局面，当局已经无法控制管理该村。好在当局还算比较克制，没有造成流血事件。实事求是地说，乌坎事件没有升级为流血事件，很大程度上归功于客观形势，其中，互联网和国内外媒体的存在具有一定的威慑作用，它迫使官方更加克制。村民的斗争策略也是一种重要原因，村民强调，他们只是争取自己的经济利益，与政治撇清关系，这让当局放了心。还有一个重要原因，就是规模较大，参与人数较多，而且有组织、有目标、有计划、有策略，"村民临时代表理事会"具有威信力和凝聚力，同时还具有指挥能力和协调能力。站在官方的立场，如果不学会妥协，再往前一步，就是流血冲突了。这么大规模的对峙，可以预料冲突的严重性。如果被互联网和国内外媒体传播出去，其巨大的政治影响是任何人也无法控制和评估的。从这个角度讲，当局真的是"手段一天比一天少"。既然如此，为什么一定要走到这一步？难道只有走到这一步，才会认识到"手段一天比一天少"？进一步说，对我们的百姓讲"手段"，这真的令人沮丧！如果是百姓自己的政府，怎么会对老百姓要"手段"！对自己的百姓，自己的人民，应该没有手段！

第三阶段：从2011年12月19日到2012年1月15日，以新的党总支部产生为标志，是解决问题的阶段。由于当局已经认识到"手段一天比一天少"，认识到警民冲突的严重性，态度发生了巨变，对整个事件的定性发生了180°的大转变，为事件的顺利解决奠定了基础。广东省委副书记朱明国介入，提出了解决乌坎事件五点意见，使问题得到妥善解决。表面上看起来是高层领导的介入才使问题得以解决，其实根本原因还是官方认识到按照自己的意愿解决问题的"手段一天比一天少"，而问题又必须解决，所以，不得不妥协。从"朱六点"意见到"朱五点"意见，可以看出妥协并非一步到位，充分反映了官方痛苦的心路历程。但是值得肯定的是，这次官方确实学会了妥协，并最终妥协了。面对自己的人民，妥协并不可耻，恰恰相反，懂得妥协才是"以人为本，执政为民"的真正体现。而不懂得向自己的人民妥协，才是可耻的。

第四阶段：从 2012 年 1 月 16 日到 3 月 4 日，是事件的尾声阶段。以村民委员会的选举产生为标志性事件。从群体性事件的角度看，这一阶段主要是从制度上确保问题能够得到解决，其群体性事件的意义不是很大了；但从民主发展与建设的角度看，这一阶段发生在乌坎村的事情在全国都算是大事。因为乌坎村几乎是在国内外媒体的监督之下，第一次按照村民自己的意愿在确保每个环节的公平正义和公开透明的情况下，选举出了代表村民利益的村民代表和村民委员会成员。其民主化程度在全国都是先例，具有开拓性质，因此受到国内外媒体和专家学者的高度关注和评价。从另一个方面增强了乌坎事件的影响力。

在乌坎事件的发展过程中，有几个关键因素影响了整个事件的发展进程和发展方向。一个是 2011 年 12 月 9 日公安机关的举措；第二个是薛锦波的死亡；第三个是警民对峙；第四个是郑雁雄的让步；第五个是朱明国的介入。回过头来想想，本着真诚解决问题的决心，公安机关的举措是否恰当？尤其是仅仅才过两天，12 月 11 日，薛锦波就在关押期间被宣布死亡。这些过激措施带来了严重的负面影响。而警民对峙，将事件引导到一个十分危险的临爆点！我们认为，在处置群体性事件的过程中，一定要防止出现这种情况。后面两个因素使事件往正确的方向发展，但是，比较而言，它来得确实有点迟。

3. 处置事件的经验教训

（1）互联网和国内外媒体的巨大作用不容低估。乌坎事件在中国国内常规媒体也有报道，但只局限于官方（广东省委与陆丰市委）发出之通稿；中国境内的互联网，以"乌坎""薛锦波"和"陆丰"等关键字，于各大入口网站查询曾一度遭封锁。通过搜索引擎虽然可搜索到乌坎事件的相关消息，但多是报纸转载官方的消息；官方新闻多只见于南方网、《南方日报》、广东卫视与汕尾市政府官方媒体。12 月 22 日《人民日报》发表《"乌坎转机"提示我们什么》评论以后，各地报纸网站开始刊发独立之评论与采访报道，如同日发表的《新京报》，亦开始见官方媒体采访报道，如中新社《广东乌坎村见闻》。除此之外，报纸转载《南方日报》的乌坎事件官方报道也被放至显著位置，如《南方都市报》，后来村委员重选时各地报纸亦见有相当多的评论。

此次事件受到了境内外媒体的普遍关注。不少境外媒体派记者进驻村内，其中包括 BBC、《每日电讯报》、NHK、《纽约时报》、台湾东森电视、台湾联合报及香港多家电视台与报纸等，选举期间更有接近 30 家中外媒体如法新社、台湾中天电视、日本 NHK、朝日电视台、时事通讯社等报道。境外媒体十分活跃，进行了大量的报道，是外界了解乌坎事件的重要渠道。从 12 月初军民对峙时起，村民认为境外记者在传播消息以至促进广东高层了解陆丰及乌坎村民诉求方面有功德，表示："感谢你们，没有你们报道，我们没有胜利！"而在村内，村民因此乐意借出自家房子让记者暂住、洗澡、休息，并借用网络作为发稿之用。但因为郑雁雄曾公开称"境外媒体信不过"，汕尾官方怀疑"在境外的某些机构、势力和媒体与乌坎村事件确实有一定关系"，记者自发支付膳食、宿费并立下收据作证，以防汕尾官方给记者与村民扣上"勾结境外势力"的罪名。

除媒体外，还有青年村民张建兴与村民"鸡精"（本名吴吉金）等自行拍摄录像编辑成视频《乌坎！乌坎!》或集会相片，发布到互联网供网民观看、下载，向外界表达诉求及寻求网民关注甚至声援；在事件陷入僵局以至选举前后，他们每天以微博（主要在新浪微博）向外发布当天村内集会与选举情况的图文与视频（这些图文有的被媒体采用），成为事件中除媒体以外最重要的消息传播方法。

对于媒体和互联网作用的认识，我们有一个误区。我们总是倾向于不相信甚至敌视它们。郑雁雄抨击村民接受国外媒体采访是"借外力打自己兄弟"，他表示："国家政策我自己也深有感受，像这样负责任的政府，你不指望，你指望国外几个烂媒体、烂报纸、烂网站，好坏都颠倒了。"他又说："这些媒体信得过，母猪都会上树。"为什么不相信呢？有两个原因：一个是文化原因，一个是现实原因。从文化角度看，我们用"内外有别"的方法区别对待"自己人"和"外人"。对外人，我们相信"非我族类，其心必异"，而那些境外媒体包括它们的互联网应用，显然都是"非我族类"，我们自然不会相信他们。从现实的角度看，对待"自己人"好办，因为我们可以控制他们；对待"外人"就不好办了，因为他们不受我们控制。如果我们想稍微控制一下，立马就会引起反弹，造成某种不利影响。所以，我们不能信任他们。其实，在市场经济条件下，媒体就是通过出卖事实真相赚钱的企业，它们的意识形态色彩并非我们想象得那么浓烈，危害别国的文化安全也不一定是它们的目的。当然，大多数媒体有自己的价值导向，甚至有自己的政治主张，有一定的意识形态色彩和文化倾向，应实事求是地认识和对待。但要把它们自己的意识形态色彩和文化倾向强加给事件当事人，我们当然不能大意，但主要的着眼点，是我们自己要把工作做好，而不留口实。不排除个别记者忘记了自己的职业身份，同情并偏向了村民，但这一般不会是媒体意图，只是其个人行为，而且通常不被公正的舆论认可。事实上，为了证明乌坎村村民并非如当局宣称的那样得到"外国势力的支持"，境外记者有意识地与村民保持一定距离，付款消费，并开具收据，甚至还有证人。乌坎村村民也声明"一切抗争仅基于利益，仅限于基本权利，非政治对抗"，这种坚韧的理性，避免了事件极端化，也因此让陆丰市以至广东省政府的这种把民间维权简单粗暴地打成"勾结境外势力"（因为有国外媒体进村采访）的标签化套路失去作用。这样看来，郑雁雄的言论被网友非议就是可以理解的了。但是，郑雁雄如果是担心他们的巨大影响力，那还是有道理的。的确，传统媒体与互联网一道相互促进，深刻改变了我们每个人获得信息的方式，让我们不限地域、不限时间地联系在一起，形成了史无前例的巨大的民间力量。这种民间力量在乌坎事件中得到了充分的体现。

可以预料，群体性事件与互联网的结合会越来越紧密。必须认识到：我们有能力严格控制群体性事件在传统媒体上的报道，但我们无法在群体性事件与互联网之间建立一道隔离墙。我们对传统媒体可以全面控制，从采访报道的记者到媒体的各层领导；从报道的主要内容到媒体的指导思想、价值取向。我们甚至可以取缔任何一家传统媒体。但对互联网而言，这些控制手段都失去了作用。不错，我们还可以控制大大小小的网站，控制网络服务商，控制内容提供商，控制搜索引擎。但这一切做法都是与互联网的本质背道而驰的，是以牺牲互联网的发展为代价的。这个代价，不论是从科学发展角度看，还是从社会发展角度看，都是很大的。

（2）正确认识政府在群体性事件中的作用。政府在群体性事件中的作用是什么？这个问题看起来不是问题，其实是一个认识存在很大偏差的问题。要正确回答这个问题，就必须要弄明白政府在群体性事件中的角色。从这个角度看，有两种群体性事件。一种是政府在其中扮演当事人角色的群体性事件。这一般都是政府决策造成的。政府的决策不够民主，不够透明，损害了人民群众的利益。解决这类群体性事件需要政府与民众平等对话，坐下来平心静气面对面地谈判，找到双方都可以接受的解决办法。只要政府有解决问题的诚信和勇气，这类群体性事件一般很好解决。另一种是政府扮演仲裁人角色的群体性事件。在地方经济发展的过程中，政府要处理好群众、政府、企业三者之间的关系。政府不能代替群众包办与企业之间的利益关系，应该让企业直接与群众接触、谈判。这样，政府相对超脱，回转的空间就大很多，角色也不再是利益当事人而是利益仲裁人。群众不满也只是对企业不满，不会直接对政府不满，这可以大大改善群众与政府的关系。但有些地方政府，放着仲裁人的角色不做，偏要插进一脚做利益当事人，造成与群众正面对立，造成了群众对政府的不信任感，破坏了政府的形象和威信，这会有损党和人民的事业。我们认为，在这类群体性事件中，政府应该扮演好仲裁人的角色，不要为企业背黑锅。政府要把当事双方找拢坐下好好商谈，既要维护群众的利益，又要照顾到企业的合法权益；既要充分尊重群众的意愿，又要谋求经济发展。一些地方政府"一心一意谋发展"，不惜牺牲群众利益，自觉不自觉地站到了企业的立场，甚至越俎代庖代替企业直接站到群众的对立面，这种做法是十分错误的。在什邡事件中，我们看到了这种错误；在乌坎事件中，我们也看到了这种错误；在这随后发生的启东事件中，我们同样可以看到这种错误，真是可悲。

郑雁雄说"现在只有一批人，感觉到一年比一年艰苦。谁呢？当干部的，包括我"，"以前的市委书记哪有这么累，什么事都得管。权力一天比一天小，手段一天比一天少，责任一天比一天大"，"老百姓一天比一天胃口大，一天比一天难管"。在群体性事件中，政府到底有多少手段呢？手段的多少，决定了作用的大小。对媒体的封堵，对群众的打压，对骨干分子的拘捕，有多大作用？反思一下所有的群体性事件，有几件是成功维护了当局意志的？几乎没有！群众的诉求即使不是全部也是大部分得到满足。这说明什么？这说明面对自己人民的要求，政府即使不是左右为难，至少也是"手段一天比一天少"。除了坚决维护群众利益以外，政府还能做什么？难道非要造成流血事件不可才能证明政府厉害？才能证明政府还是政府？有些官员除了有认为这是在"太岁头上动土"的封建意识，还有"杀鸡儆猴"的意识作祟。他们认为：这次你闹了，我也满足你了；为了不给你"一闹就成"的印象，也为了防止下次再闹，我必须给你一点厉害瞧瞧，让你下次再也不敢了。这管用吗？事实证明这不管用。我们每次都杀鸡儆猴了，但群体性事件不但没有减少，反而逐年增加。与其杀鸡儆猴，不如放下面子，痛痛快快地为群众做实事，做好事，修复与群众的不良关系，重新赢得群众的信任和拥护。应该认识到，在群体性事件中，政府的作用是有限的，除了认真倾听群众的诉求，维护他们的正当利益，解决他们的问题，从而获得群众的拥护和爱戴，政府在别的方面没什么作用，也得不到一丝一毫的利益。

那么，政府究竟应该怎么处理群体性事件呢？清华大学社会学教授孙立平认为，郑雁雄的讲话至少表明官方愿意从民众的角度，"设身处地"地理解这个事件。这种平常心，对于将"对峙型思维"转换为"妥协型思维"起了重要作用。而妥协型思维，则是理性地解决社会矛盾的重要组成部分。

作为妥协型思维的重要体现，中共广东省委中纪委委员、省委副书记朱明国在陆丰市政府举行的"陆丰市干部群众大会"上宣布了"朱六点"，在翌日出版的《南方日报》或《南方都市报》上，变更为五点。"朱六点"的第六点因为仍把林与杨定性为组织对抗事件的挑头者，被村民认为是没有诚意的表现。而"朱五点"就不再提这个问题了，前后的变化既体现了当局对乌坎事件的认识过程和态度转化过程；也可以看出当局的决策过程。我们看到"妥协型思维"占了上风，这是乌坎事件得以完满解决的根本原因。从中我们也可以体会出政府在某种程度上感到"很无奈"。

必须指出，郑雁雄的悲叹是以官民对立为其预设前提的。在一些官员心目中，我是官，你是民，我管你，你被我管。所以，你应该听话，应该顺服。——这样的观念根深蒂固。在这种观念指导下，自然会觉得"权力一天比一天小，手段一天比一天少，责任一天比一天大"，"老百姓一天比一天胃口大，一天比一天难管"。这种"很无奈"的消极心态会严重影响官员工作的积极性和主动性，甚至会造成官员工作目标和工作意义的丧失，这种状况必须改变。官员应该认识到：作为人民的代表，我们自己也是人民中的一员，并非与人民对立的"官"。所以，维护人民群众的利益，也就是维护我们的利益。我们不是在"管理"人民群众，而是在"服务"人民群众。用这样的观点来看待老百姓，就不会有"权力小手段少"之叹，自然就会以更加积极的心态投身到自己的工作之中，并尽最大努力让人民群众满意。这样，"对峙型思维"自然就会转变为"妥协型思维"。

（3）对民众利益甚至是个人正当利益的社会认同是解决群体性事件的基本共识。这应该是我国意识形态和文化建设的一大变化。我们强调正确处理国家、集体、个人利益之间的相互关系。通常认为国家利益最高，然后是集体利益，最后才是个人利益。但改革开放以来，每年几万起甚至十几万起的群体性事件几乎都是争取民众的个人利益。而且，民众的个人利益得到越来越多的社会认同。大家觉得他们有权争取自己的正当利益。这不能不说意识形态也在悄然发生着深刻的变化。乌坎事件发生后，广州一部分人进行了声援集会，18日在广东省省会广州市发起示威活动。12月15日，在陆丰龙头村有村民示威。汕头澄海溪南镇也爆农民示威，逾千村民星期日上街游行，高呼"我们觉醒了"，抗议官员出让土地。而龙光村、白篮村及崎砂村等村民，亦相继酝酿维权活动。12月20日，广东汕头市潮阳区海门镇民众因抗议政府不顾反对兴建第二座燃煤电厂——华电集团发电厂工程，有三万民众在镇政府办公大楼集会，并冲往深广高速公路堵路抗议。新华社当天晚上11点发出新闻稿，引述汕头市委宣传部称汕头市委、市政府已决定暂停这一项目上马。乌坎村周边各村的动态也是当局处置乌坎事件必须考虑的一个重要因素。从一定意义上说，这也是当局必须妥协的制衡力量。如果当局采取强硬手段，很可能激怒周边的村民，迫使他们采取更加激进的声援行动，那时后果就真的无法估计了。

社会各界对乌坎事件纷纷表达看法，有理性分析的，有同情声援的，几乎没有批评村民做法的声音。其中一些主流媒体不但进行了事件报道，也对事件进行了理性分析。他们几乎都是站在民众的立场分析评价这一事件的。清华大学社会学教授孙立平借用一位了解内情的本地人的看法，认为"村民、投资者和政府三方都有道理，也都有委屈"。从村民的角度说，村民的诉求很简单，而且也合理，就是要求讨回多年来陆续失去的3000多亩土地。据村民反映，在卖地的过程中，他们一不知情，二也没有得到过赔偿，而这些地近年来大幅度升值。从投资人角度来说，他们似乎也有自己的道理，前几年或十几年前，当时的陆丰政府官员敲锣打鼓，把自己请过来投资。在征地等方面也纷纷给予优惠政策。当时征地的时候，村民们也没什么意见，几百万几千万元的赔偿款也支付出去了；土地使用的合法手续也办下来了，投资的项目也在运行之中。现在村民突然又纷纷起来闹事，说他们对征地的事不知情，要求无条件收回全部土地。那之前的几百万、几千万元岂不是全打水漂了？从当地政府的角度说，他们真的是那么蠢，不懂得做民众工作，或完全忽视民众的诉求吗？实际上也不是那么简单。清华大学当代中国研究中心执行委员、社会学研究所助理教授陈明祺指出，乌坎事件和海门镇事件显示，中国基层政府官员良莠不齐，造成民怨长期积累。乌坎村干部很久没改选，引发弊端，中国政治虽引进基层民主选举，但仍无法解决草根治理问题。另外，中国很多地方政府依靠出让土地作为财政收入，但过程不透明，加上地方官员贪污腐化，使得地方政权不仅腐化还社会黑化。铭传大学公共行政学系教授杨开煌表示，广东省近期处理乌坎村、海门镇等群众抗争事件，显示出中国新一代地方领导人已经体认到，稳定来自和谐，而非压制；应该沟通，而非封锁。这也可能成为中国地方官员处理民众抗争事件的模式。

一些媒体也对乌坎事件进行了评论，表达他们所代表的价值观念。香港《东方日报》文章指出，乌坎村事件，原本只是村民要求法办贪官并追索征地款的案件，要求合理合法，当局却借口"境外敌对势力介入"，不惩贪官反而镇压百姓，以派出上千名军警封堵乌坎村，用断粮、断水、断电的手段逼迫村民就范。台湾《联合报》评论称，广东省委如何处置乌坎村事件或许可视为改革契机，借此整顿吏治、严惩腐败，解决长期土地被盗卖的问题，自然可使民怨平息。《人民日报》《新京报》在2011年12月22日乌坎事件获初步解决时发表评论，表示群众固然不能"有诉求就过激，一过激就违法"，基层政府也不能把本属正常的诉求表达，用"堵"和"压"使之演变成过激对抗，评论也赞扬广东省委派遣的工作组化解了村民激烈的情绪。《人民日报》评论，"为问题的彻底解决，为当地的稳定和谐，创造了基本条件"，"这种有错即纠的政治勇气，体现了我们党一以贯之的宗旨：对群众利益负责，就是对党的事业负责"。

总的来看，不论是学术界还是主流媒体以及社会各界都不赞成"封""堵""压制"的办法。比较一致的看法是"稳定来自和谐"，来自由"对峙型思维"向"妥协型思维"的转变，来自向自己的人民妥协。我们认为，要从根本上消除群体性事件，唯一的办法就是不做损害人民群众利益的事。维护人民群众的利益与发展地方经济并不矛盾，只要我们是真正为人民群众谋利益，毫无自私自利之心，敢于将一切过程大白于天下，公平公正，公开透明，让人民群众关心、了解自己家乡的经济发展大事，就不会有这种此起彼伏的群体性事件的发生。可见，经济利益是需要政治机制作保障的。没有这种政治机制的保障，损害人民群众经济利益的事情就还有可能发生，群体性事件也就会继续出现。

三 群体性事件在互联网中的意识形态和文化安全的表现形式

每一起群体性事件都体现出一定的意识形态和文化因素。因为绝大多数的群体性事件诉求相似，手段也差不多，事件的性质也就一样，绝大多数属于人民内部矛盾。就意识形态说，虽然有一定的变化，比如，公民意识的觉醒，权利意识的兴起，等等，但与主流意识形态没有根本的对立。就文化方面讲，虽然改革开放以来，外来文化的影响持续不断，但我们的文化传统没有中断，尤其是普通老百姓承载着更多的传统文化。比如，对自己身份的认同，对自己责任义务的认同，对自己与国家、政府关系的认同，都还没有什么变化。

（一）在社会转型时期，主流意识形态和文化安全面临一个调整适应期

但是，这并不是说，主流意识形态和传统文化可以一成不变。我国正处于一个史无前例的伟大的社会转型时期。在这样一个深刻的社会变革时代，主流意识形态和传统文化必然面临一个调整适应过程。墨守成规的教条主义不能适应形势的发展变化，也不符合马克思主义的基本原理。主流意识形态观和文化安全观是发展的，不是一成不变的。比如，对公民意识、权利意识的理解与承认，就是与时俱进的具体体现。我们不能死守着"子民意识"不放。"子民意识"是建立在不平等基础之上的意识形态，是封建宗法制度的残余，是一种落后的文化，当然应该被更先进的"公民意识"取代。在前面讲的几个案例中，我们可以看到一些地方的官员不但有"官本位"意识，还有强烈的"子民意识"。这些落后的观念无助于解决问题，反而会成为解决问题的严重障碍，这是我们必须高度重视的。同样，"权利意识"也是值得肯定的先进的意识形态，而中国传统上不讲权利，只讲义务，也是因为没有平等、没有公平正义的观念。如果忽视民众的"权利"，自己闭门造车，还自认为是在"为民谋利"，这不但与现实严重脱节，甚至会作出伤害民众权利的决策，犯下严重的错误。

作为一种政治策略，我们不但要承认公民意识、权利意识的合法性，

更应该保障人民去追求社会主义的平等、自由、公平、正义，将一切可以团结的力量团结在我们的周围，化"敌"为友，化腐朽为神奇，更有利于带领全国各族人民进行伟大的社会主义建设。当然，我们也要保持清醒的政治头脑，必须认识到我们所鼓励和保障人民去追求的平等、自由、公平、正义是由社会主义法制所规范和保障的平等、自由、公平、正义，而且其实现有一个长期和渐进的过程，不可能一蹴而就。这一点，也要让全国人民心知肚明。

（二）网络精英对意识形态和文化安全的影响

互联网时代，造就了一批网络精英。这些人在论坛、博客、微博、社区和各种交流群里十分活跃。他们有充足的时间（少则每日 2 个小时，多则 10 小时以上）泡在网上，看新闻，发评论，写帖子，回复网友，几乎成了他们的主要工作。更重要的是，这些人，往往以他自己为中心形成一个社交圈子。社交圈子可小可大。小的几十人，大的数万人，数百万人，甚至数千万人。韩寒的新浪微博粉丝已经有 5944002 人；腾讯微博听众已经有 9063409 人；在网易微博被关注数是 4533144；除去重复的和所谓的"僵粉"（即利用机器人注册的账号），韩寒的粉丝应该在 1000 万人以上。也就是说，韩寒的一条微博，应该有千万人看到，这足可以与中央电视台的新闻联播媲美。一个个体，一个普通人，没有任何背景，这样的规模，这样的影响力，如果不是在互联网时代，是根本无法想象的。网络精英中一部分是依靠网络谋生的，他们的主要工作就是在网上进行。比如，网站编辑、论坛管理员、电子商务工作者；还有一部分只是网络爱好者。他们喜欢上网，通过互联网了解信息，发表自己的看法和观点，有自己的博客、微博，定期更新，保持活跃度，引起网民的关注，甚至希望把互联网变成实现自己理想的平台。这部分人人数众多，是网络精英的主体；还有一部分就是所谓的公共知识分子。他们大多是作家、学者、记者；有些人能与主流意识形态和传统文化保持一致，有些思想观念和情绪都比较激进，还有一些人则比较温和。这些人往往被分为"左、中、右"三派。右派赞成"民主"，认为只有民主才能救中国；而左派赞成"革命"，认为只有革命才能救中国。左、右派之中，都有激进的和温和的。还有一派就是所谓"中间派"，他们赞成改革开放，认为只有改革开放才能救中国。所有人都反对腐败、反对贫富悬殊、反对社会不公。但具体态度又有所不同。这部分人正是因为互联网才变成"公共"的知识分子。没有互联网，他们不但不能成为公共的知识分子，甚至根本就进不了大众的视线，他们的声音也不会被重视。现在，他们都有自己的博客或者微博，有成千上万的粉丝，有一定的影响力。应该说，网络精英对意识形态和文化安全的影响还是巨大的。在四川什邡事件中，韩寒发了两篇博文，一篇是《什邡的释放》，另一篇是《已来的主人翁》，后者被转发超过18万次，前者更是接近30万次。另一位公共知识分子李承鹏亲临现场进行报道，发表博文《一次路西法效应实验：什邡小调查》，被阅读377115次，被评论4172次，被收藏402次，被转载2192次。现在已经看不到原文，但博客可以打开，看看这些数字！

群体性事件与互联网结合，已经放大了群体性事件的影响力，再与网络精英们结合在一起，借助他们的个人影响力，这类群体性事件在互联网上的影响力似乎只有用"爆炸"一词来形容了。"爆炸"一词有两个含义。一是形容扩散的时间很短。转发韩寒博文就那么一两天的时间。二是规模巨大，人数众多，都在万以上的数量级。这不能不引起当局的高度关注。

某些群体性事件有其鲜明的意识形态的倾向，也体现了一定的文化意识。它们之所以会成为"事件"，就是因为与主流的意识形态和传统文化有那么一点点不一致。所以，我们要讲公民意识、权利意识和法制意识。而这些才能契合网络精英们的精神追求，二者互相匹配、相互激荡，群体性事件鼓舞了网络精英，网络精英利用自己的巨大影响力助推群体性事件，使之朝着有利于解决问题的方向发展，并进而强化了、推广了其中的新的观念、意识和文化因素。我们认为，这个过程是不可阻挡的，更是不可逆转的。站在执政党的立场，审视社会意识和文化的这种新变化，我们只有积极顺应变化这个唯一的办法。其他任何做法不仅不会有丝毫作用，反而会让自己丧失把握主动权和领导权的机会，甚至会自动滑向人民的对立面，成为固守落后意识形态和落后文化的僵尸，必招人民的唾弃，必招历史的唾弃。

（三）文化单位在捍卫主流意识形态和文化安全方面的作用

本文所说的文化单位是一个比较宽泛的概念，包括国内的传统媒体，全国和各省市地方的报纸、电视台、各种杂志；还包括各级各类学会、协会、学校、出版社、图书馆、博物馆、少年宫、文化馆、电影院、广告公司；等等。这些文化单位有一个共同特点：它们都是可以为主流意识形态和文化安全服务的。就算在市场经济条件下，我们也有很多手段管理、控制和引导它们，让它们为意识形态和文化安全服务。这些手段包括：社会职责规范，行政规范（审批、税收、管理），法律规范（司法调查、资产冻结）。鉴于其中的大多数本身就具有官方性质，它们更是承担着维护、宣传主流意识形态和文化安全的重任。因此，要最大限度地维护主流意识形态和文化安全，坚持马克思主义的指导地位，就应该思考如何最大限度地发挥文化单位的作用。既要让各种文化单位团结一心，形成合力，又要让他们注意工作方法，不能简单粗暴地"洗脑"。必须理解现代人的"主体性"觉醒，一切违背其认识规律的说教都会令人反感，不但没有丝毫效果，反而令人厌恶。因此，要把主流意识形态和传统文化用丰富多样、生动活泼的形式潜移默化地传达给民众，传达给下一代。在这方面，文化单位大有可为。尤其是在群体性事件中的宣传作用和舆论导向作用不可低估。另外，我们可能忽视了信息及时公开的真实报道的作用。文化单位，尤其是各种媒体还承担着追寻事件真相、满足民众知情权的责任。这样做，说明我们没有秘密是要隐瞒的，有利于民众了解事件真相，作出正确的判断，有利于政府根据民众的反应作出正确的决策，有利于维护主流意识形态和文化安全。目前，不能说这些文化单位没有发挥积极作用，但它们在现状上还处于各自为"战"的状态，各类学会通过组织学术交流维护意识形态和文化安全；各种文化协会（作协、音协、艺协、影协）通过艺术作品维护意识形态和文化安全；其他文化单位都在自己的职责范围内通过自己的主要业务（工作）维护意识形态和文化安全，大家都程度不同地取得了工作成绩。但其中缺乏整合机制，没有形成更加强大的合力，并进而对社会生活的方方面面形成强大的影响力，以与外来的意识形态和文化渗透相抗衡。

（四）信息全球化的冲击

信息全球化进程对我们的意识形态和文化安全形成了强大的冲击，这是有目共睹的事实。面对这一事实，我们不能自乱阵脚，要保持清醒的头脑，有清醒的认识。这种认识有两个方面：一个是正确认识我们自己坚持的社会主义意识形态和文化，二是正确认识外来的西方意识形态和文化。这是一个问题的两个方面。我们既不能自恋，也不能自卑。我们认为，无论内外，都应该认清意识形态和文化的阶级性、先进性与落后性。先进的部分，我们要发扬，要接受；落后的部分，我们要抛弃，要拒绝。如何区分先进与落后呢？有一个简单的标准，就是看它是否反映人民群众的根本利益，能否为人民群众所接受。为大多数民众所接受的就是先进的，不为大多数民众所接受的就是落后的。解决了认识问题，才能解决在信息全球化的时代让我们的意识形态和文化影响更多人的问题，也就是让我们的意识形态和文化走向世界的问题。这是一个宏大的主题，但我们也不是没有一点自信心。在全球化时代，在互联网时代，真正的强者不应该一味地被动接受，还应该"走出去"为全球带来意识形态和文化的冲击！变被动为主动，这才是维护主流意识形态和文化安全最有力、最有效的办法。

能否成功走出去影响别人，关键在于我们在坚持"以我为主""为我所用"的前提下，有没有勇气吸收并融合先进的外来思想观念和文化。这也是笔者最担心的。一些人总是担心某些外来的思想观念和文化会对我国主流意识形态形成不利影响，会改变我国主流政治形态的性质。问题不在于我国的主流意识形态会不会发生变化，而在于其向什么方向发展变化。有些人担心的不是社会的倒退和人民群众主人翁地位的失落，而是社会前进后自己的遭遇。这种担心是多余的。因为中国特色社会主义事业的发展，符合人民群众的根本利益，也符合社会进步的利益；因为只有劳动阶级的解放和社会共同富裕，才有利于整个人类的解放。目前，社会上一些既得利益群体，他们拥护社会主义并不是出于真心，而是出于一己私利。而只有反映社会主义初级阶段基本经济制度——坚持公有制为主体，多种所有制经济共同发展——客观要求的社会主义意识形态，才能经受信息全球化的冲击，才是代表未来和有生命的。

四　对策

当前，群体性事件层出不穷；改革开放中各种思想文化蜂拥而至；互联网的迅猛发展为各种社会意识和思想文化的激荡交流与较量发展创造了便捷的平台。这一切，使得我们的主流意识形态和文化安全面临前所未有的挑战。在这样复杂的情况下，我们有何对策？

（一）对维护意识形态和文化安全有清醒的认识

情况越是复杂，就越要保持清醒的头脑。对我们的主流意识形态和文化也应该有一个清醒的认识：我国的主流意识形态和文化，具不具有先进性？人民群众拥不拥护？我们如何看待外来的思想、观念和文化对我们意识形态和文化的影响？对这些问题没有一个基本的认识，就会犯下严重的错误。应当承认，我们的主流意识形态和文化中有些因素是需要与时俱进的，是需要发展和完善的。对那些明显落后的部分，我们不但要有勇气自觉加以改进，还要有勇气把别人好的东西拿过来为我所用。我们不但要对当前形势有一个正确的估计，还要充分认识到维护意识形态和文化安全的长期性和艰巨性。对作为维护意识形态和文化安全主要平台的互联网也要有一个正确的认识。互联网的作用不可低估，但它的作用再大，也不过是一个好用的工具。它不可能取代人脑，成为具有某种"主体性"的智慧机器。作为一种工具，任何人都可以利用它，就看谁用得最好、最恰当。有些人在工作中害怕互联网，他们害怕工作中的失误、一些不良现象和个人行为在互联网上曝光，甚至害怕正常的管理工作在互联网上公开。他们对互联网敬而远之，自己不学习互联网知识，更不会利用互联网为管理工作服务。这岂不是把这么好的一个有力武器拱手让给别人？这岂不是解除了自己的武装？这种心态是错误的。本质上，他们不是害怕互联网，而是害怕被监督。只是因为互联网在监督方面更加方便、更加及时，也更具有影响力，他们才害怕互联网。所以，根本问题还是一个宗旨问题：我们到底为谁服务。真正为人民服务，就不会害怕监督，不会害怕互联网。相反，还会认真学习互联网知识，利用互联网，让人民更加及时、全面和准确地了解我们的工作，包括我们工作中的失误；让我们与人民更加有效地互动交流，了解他们的要求、意愿，达成他们的愿望，才能获得人民的支持和拥护。只有这样，我们才能更好地维护我们的意识形态和文化安全。

（二）与时俱进，保持意识形态和文化先进性

保持意识形态和文化的先进性，是维护意识形态和文化安全的根本办法。在信息全球化时代，各种意识形态和文化相互交流、吸收、互补、较量和融合，这是大势所趋，不能阻挡。顺应形势，积极作为，确保我们意识形态和文化的先进性，才是我们的战略决策，而不是相反：夜郎自大，

墨守成规，不求进步，过分自恋，认为只有自己的才是最好的。保持意识形态和文化的先进性，就是要让人民群众满意。我们认为，这是拯救中国，也是拯救执政党的最好方法。说到底，人民群众是意识形态和文化的主人，同时又是维护、捍卫意识形态和文化安全的主体。如果人民群众都不认同这种意识形态和文化，我们又如何维护它？如何捍卫它？

普世价值当然也是一种意识形态，不过是以美国为代表的资产阶级没落的意识形态。抽象地看，人们都应肯定和追求资产阶级从文艺复兴时期开始提倡的自由、平等、公平和正义所曾经发挥的历史进步作用，我们还要客观地看待它在当代的影响。历史地辩证地看，我们当然要批判性地继承和扬弃西方资产阶级思想文化中包括自由、平等和公平等政治观念与政治主张，但是必须对它们作适合社会主义经济基础发展要求的改造，即把它借鉴、改造和整合到社会主义思想观念和政治文化之中，即为消灭私有制、消灭阶级和消灭剥削制度服务的意识形态。换言之，只有代表工人阶级解放和人类解放的未来的社会主义意识形态，才是先进的文化和先进的意识形态。因此，在我们的网络上，既要敢于借鉴、吸收和扬弃西方政治文明的成果，又不能人云亦云，把西方盛行的思想观念，视为所谓的"普世价值"。但从具体的社会实际看，资产阶级所宣扬的自由、平等、公平和正义，是在极少数人垄断大量生产资料而剥削和统治绝大多数劳动人民的前提下的自由、平等、公平和正义，即以法律上、口头上的所谓自由、平等、公平和正义来掩盖实际上、事实上的不自由、不平等、不公平和非正义。而社会主义条件下，作为我国主流意识形态重要内容的自由、平等、公平和正义，则是以消灭剥削、清除两极分化为前提和目标的。所以，我们不能离开其客观存在的阶级性来讨论现实社会中的自由、平等、公平和正义。也就是说，西方人向我们推销的所谓"普世价值"，是有其特定含义的，是在鼓吹和美化资本主义而反对社会主义和马克思主义的，是与我国的价值、我们的主流意识形态格格不入的。

（三）加强互联网管理

根据《2012年中国信息化进程报告》发布的数据，截至2012年6月底，中国网民数量为5.38亿，互联网普及率达到39.9%，超过2011年30.2%的世界平均水平甚多。自2006年起，每年普及率平均提升约6个百分点。我国有21个省、自治区、直辖市的互联网普及率超过30.2%的世界平均水平。因此，对互联网的管理是一件十分重大的事情。应该说，我们做得已经很不错了，甚至都有些过头了。加强互联网的管理，对维护意识形态和文化安全无疑具有重大意义，但我们认为很多办法与措施还是有问题的。总的来看，在互联网这个不见硝烟的战场上，我们是被动防御，而不是主动出击。最好的防御就是进攻。要改变这种状况，我们认为应该从下面几个方面做起。

1. 积极学习互联网知识，主动掌握互联网工具，为我所用，成为维护主流意识形态和文化安全的强大武器

既然互联网在群体性事件中有那么大的作用，那么作为政府部门，作为政府部门的领导人，就应该认真学习互联网知识，了解互联网的基本原理、功能，掌握基本的操作方法，为及时有效地解决群体性事件服务。而在这方面，我们做得很不够。据调查，全国各级政府部门绝大多数已经建立起了自己的网站，但对这些网站的管理很成问题：大多数网站不及时更新内容；功能简单，实用性较差；几乎没有互动性。互动性是互联网的本质属性之一，但有些人恰恰害怕与民众互动。他们害怕民众乱说、瞎说、胡说，也害怕民众有理有据地说，因此干脆取消了互动性，或者有某种程度的互动性，却是形同虚设，不起作用，因为没有真正互动起来。可喜的是，最近两年来，各级政府部门认识到了微博的重要性，纷纷开通了自己的微博账号。7月27日，人民网舆情监测室发布了"2012年中国发言人微博蓝皮书"。蓝皮书数据显示，新浪微博注册用户数已突破3亿，用户每日发微博量超过1亿条。目前认证的党政机构微博账户已超过2.5万，认证企业账户已超过13万。其中，涌现出了以"上海发布""平安北京"等为代表的政务微博运营优秀案例。2010年被称为"微博元年"，中国网络舆论由此步入微时代。经过两年多的发展，目前微博已经成为我国最具影响力的网络媒介之一。微博的兴起推动了信息传播形式、路径和理念的巨大变化，让网民成为制造和传播信息的自媒体，公众既是受众，也是媒介。微博碎片化、裂变式的传播特性，使消息的传播速度和影响力呈几何级数增长，网民的声音被前所未有地放大。"2012年中国发言人微博蓝皮书"指出，对于政府部门而言，一方面，微博已经成为促进官民沟通的重要平台；另一方面，微博又在政府公信危机的引爆、传播和升级中扮演着重要角色。政府部门的发言人如果对微博上的负面舆情信息重视不够或处理不当，很可能对其声誉造成损害。因此，如何做好微博运营、微博舆情监测及微博危机处置成为政府部门发言人共同关注的崭新课题。

但可以看出，群体性事件多数是被逼出来的。往往是因为某个群体性事件发生了，网络谣言此起彼伏，有可能进一步升级为群体性事件，当地政府才匆匆忙忙地开通微博，公布事件真相，消除谣言。事过之后，这些微博往往归于沉寂。

应该充分利用政府部门网站和微博，公布政策，报道消息，发布信息，解决问题。不但要把互联网当成与民沟通的良好平台，更要自觉把互联网当成自己工作、学习的主要方式。不但要把互联网作为自己的生活，也要把互联网作为自己的工作。

政府每个部门都应该有自己的网站和微博，有专门的工作人员定期更新内容；主要领导人也应该有自己的个人微博，向公众报道自己的工作状况，如果愿意，甚至可以报道自己的学习、生活情况，增进与民众的感情。

2. 创新管理机制，变堵为疏，积极引导网络舆情，捍卫主流意识形态和文化安全

我们对互联网的管理还是十分有效的。主要的管理方法有：行政管理和技术管理。行政管理又是多部门联合管理，从管理的对象看，有对网络服务商的管理；有对内容提供商的管理；有对网站的管理。多部门分工合作，职责明确，管理有力。行政管理又有审批管理和日常管理。在日常管理的过程中，根据互联网的特性，又结合了技术管理。技术管理中有关键词过滤管理和搜索管理。

鉴于互联网的特殊性，牺牲效率以便强化管理或许是必要的，但这明显不利于互联网的发展。互联网是我们这个时代的象征，是高科技的综合产物。如果为了方便管理而牺牲了发展的效率，这个代价还是很大的。说到在群体性事件中对互联网的管理，我们认为现行做法是十分笨拙的。不但没有任何效果，反而增加了反效果。对每一次群体性事件，我们的习惯做法就是封堵。实事求是地反思一下，我们最终堵住了吗？乌坎事件一开始，我们就是封堵的，媒体报道要用经过审查的通稿，各大论坛不停地删帖子，搜索引擎也搜索不到关键词。但这些做法丝毫无助于我们解决问题。相反，由于没有客观公正的第三方报道，只有官方的通稿，引起民众的强烈质疑，于是，各种谣言、流言产生了。这些谣言、流言都是因为信息不公开产生的，是一种恐慌心理的体现，带有强烈的情绪色彩，往往具有主观夸大的性质。而民众基于恐慌心理更易于接受这些谣言与流言，于是更加剧了恐慌心理。到最后就会完全丧失理性，形成一种鱼死网破的绝望心态，这对当局解决问题更为不利。

尤其是其中的技术手段更成问题，带来的负面影响可能更多更大。通过设置敏感词的办法控制互联网，这种做法短期看有一定效果，而网友是聪明的，很快就会找到替代词，代价是对我们民族语言的严重伤害。在网络服务商的管理软件中，植入了大量的敏感词，网友要在这些网站发表言论，被设置为敏感词的词语会被自动过滤，被屏蔽或被替换，甚至发不了帖子。敏感词越多，伤害的严重性就越大。伤害体现在两个方面：一是替代词的出现。由于敏感词不能在互联网上使用，于是出现了大量的替代词，有同音替代、变形替代、字母替代、符号替代等。这些替代词从语言的角度看，是毫无必要的，但在互联网世界大量使用，时间一长，这些词语会造成理解困难，严重伤害汉语言的纯洁性和优美性。二是网络词语的出现。有些网络词语体现了时代发展的特征，是必要的；但有些网络词语纯粹是对互联网特有现象的强烈不满或者是因为不便于表达而被迫创造出来的，比如"TMD"一词。如果这是一个词的话，它根本不符合现代汉语特征。"GCD""草泥马"等也是如此。如果不从根本上改变现行做法，从长远看，汉语的命运值得担忧。

所以，应该积极探索更加有效、更加合理的管理方法。综合考虑其社会价值，并发挥其最大化社会价值，而不是相反：捡了芝麻丢了西瓜。我们认为，从维护意识形态和文化安全的角度出发，关键的环节在于管理好内容提供商。现在的问题在于：内容提供商成分复杂，有法人，也有自然人。对法人比较好管理，对自然人的管理就困难多了。不仅因为他们人数众多，还因为他们意识、思想和观念有很大的差异，良莠不齐。但不管怎样，他们的帖子总要通过某种形式表达出来。这时候，网站或微博内容编辑就很重要了。通常我们对内容的管理有这样一些手段：能改就改；不能改就删；不能删就封；不能封就堵。但是，哪些可以改，哪些可以删，而哪些可以封，哪些可以堵，也没有统一的尺度和统一的做法。不同的网站（论坛）有不同的管理制度，这些管理制度有的科学合理，有的就不那么科学合理，致使一些不良内容得以呈现。我们认为，应该统一管理办法，做到科学合理，既不误删帖子，也不误漏帖子。甚至还可以把这些统一的管理办法加以整合，并应用到网站程序之中，更加方便网站的管理。

3. 加快互联网立法，切实做到有法可依、有法必依、违法必究、执法必严，用法治保卫主流意识形态和文化安全

我们是社会主义法治国家，依法治国是我们的基本国策。对互联网的管理也不例外。在这方面我们已做了大量工作，制定了一系列统一、规范的针对互联网管理的法律法规。但是这些法规还比较粗疏。另外，互联网发展迅速，出现了许多新情况新问题，使管理工作出现了某些脱节，跟不上形势的发展。这就需要根据互联网的发展变化，制定更加科学合理的法律法规，或者在现有法律法规基础之上制定更加规范、更具有操作性的实施细则，真正做到有法可依。执法人员的执法素质要进一步提高，执法必须公平、公正、公开，还必须严格依照法律法规执行，做到有法必依，执法必严。只有这样，才能适应当今互联网时代的发展要求，切实维护和捍卫我国主流意识形态和文化安全。

京津冀文学遗迹保护与使用
情况调研报告综述

何吉贤 *

 2011 年 10～11 月，中国社会科学院文学研究所国情调研项目组以京津冀一带古代、近现当代文学、文化和历史遗迹为考察对象，分组进行了调研活动。其中，古代组 12 人，由文学研究所所长陆建德任组长；近现当代组 16 人，由文学研究所副所长高建平任组长。两组组员由所内相关学科研究人员组成，以中青年研究人员为骨干，以期符合调研活动对参与人员学术和身体条件的要求。

 在所里的精心安排与大力支持下，调研活动顺利开展，组员们分别撰写了既有学术含量又切合实际的调研报告。调研报告对京津冀地区相关文学、文化和历史遗迹的现状进行了描述，并结合文学史和学术史的书面材料，对相关史实和历史表述进行了考定和核实，对遗迹的布展和使用情况，提出了一些切实的建议。这些调研报告分则可以独立成篇，合则形成关于京津冀地区文学遗迹保护和使用情况的整体报告。具有相当的学术价值，也有一定的实用价值。

 京津冀地区在地域、文化和历史上有一定的整体相关性。本次调研在调研对象的选择上不求系统和完整，而是选取一些较有代表性，较能代表地域历史和文化特色，又相对较少受关注的文学遗迹、文化遗迹和历史遗迹，以期通过对这些典型个案的考察，体现一些总体性的情况。在具体地域上，由于京津地处政治中心和文化中心，其中的文学遗迹和文化遗迹关注度相对较高，因此并非本次考察的重点，两个组在本次考察重点的选择上都偏向了河北省，尤其是河北保定地区，一方面是因为保定毗邻京津，人文、历史传统丰厚；另一方面也是因为相对于京津，保定地区的文学遗迹和文化遗

＊ 何吉贤，中国社会科学院文学研究所副研究员、《文学评论》编辑部编辑，研究方向为当代文学。

迹受关注程度并没有那么高，而相比于全国，也许更有代表性。

调研组成员最后递交的调研报告具体情况如下。

关于古代文学遗迹、文化遗迹的报告有 11 篇，分为四个部分，分别以河间、定州、邺城及其他地区的文学遗迹保护和使用情况为中心。河间部分，马银琴对毛苌墓和诗经村、李玫对安国寺五仁村的关汉卿墓、杨子彦对沧县纪昀墓、高晓成对献县汉墓等进行考察，着重在传统文化的传承和当代文化与经济建设的关系角度展开调研。定州部分，许继起、陈才智、刘京臣分别以满城汉墓与定州北庄子汉墓石刻馆、苏轼定州踪迹、定州贡院为考察对象，结合史实和现状，对定州文学遗迹的现状和保护提出了建设性意见。邺城部分，陈君对中国古代文学中的铜雀台等邺城三台以及三台所在的西园的今昔情况进行了细致的考察；朱迪则对考古所朱岩石研究员在北朝佛寺遗址考古现场对古代组成员进行的讲解进行了记录和整理。其他部分，包括两篇文章，范子烨梳理了古代文学作品中的"喜峰口"到抗日战争中的"喜峰口"的演变，李超则对北京通州西海子公园内李贽墓地的保护和利用情况，结合学术研究进行了分析。

关于近现当代文学遗迹、文化遗迹和历史遗迹的报告有 14 篇，大致可以归为两类：一类是文学名人遗迹故居类考察，陈定家关于天津近代名人遗迹、张奇慧对天津文人故居、程凯关于北京文人故居、王达敏对徐世昌、何吉贤对"保定作家群"纪念馆、王绯对孙犁故居、汤俏对丁玲驻足过的抬头湾的调研，基本属于这一类。还有一类属于文化历史遗迹类考察，包括张重岗关于莲池书院、何浩关于冉庄地道战遗址、萨支山关于保定军校旧址、程朝霞对留法勤工俭学运动纪念馆、段美乔对布里留法工艺学校遗址、程玉梅对白求恩纪念馆、贺照田对阜平城南庄等撰写的调研文章。近现当代组考察的这些遗迹，既有属于当地主要旅游资源的热门景点，也有残旧不堪、亟待修复的故居；有的直接与文学文化有关，也有的与文学无关但关联着近现当代历史进程中的重大事件。现当代重点考察的河北保定地区和天津地区在文学文化和历史上有三大特点。一是由于这一地区地处或毗邻京津，与近现代中国历史关系密切，许多重要文化名人和历史名人曾在该地区居住或工作，许多重要历史事件也曾与该地区发生关系，因此留下了不少重要的遗迹。二是在现代中国革命史上，保定地区是抗战时期"模范根据地"晋察冀根据地的核心地区。晋察冀根据地在政权建设、文化建设等方面留下了许多文化和历史遗迹，通过实地考察调研，对如何理解这一地区在革命战争年代、在革命政权建设中留下的宝贵遗产有重大的作用。三是与其在现代中国革命历史中的独特地位相应，在中国近现代文学史上，保定地区产生了"荷花淀派"和当代时期以梁斌、李英儒、徐光耀和铁凝等为代表的"保定作家群"。这些作家与保定地区的现当代历史和地域文化有极为深厚的关系，考察相关的文学遗迹、文化遗迹和历史遗迹，显然能为理解这些作家及作家群的产生和特点提供极大的帮助，也能为当地的地方文化建设提供一个思考的切口。对于如何保护现有的文学文化遗迹，充分发挥它们的精神能量，使其成为理解历史文化的重要资源，对今天的思想文化建设发挥积极作用，调研报告从不同角度对这些问题进行了多方面的探索。

以下按古代和近现当代的分组，对各主要调研报告的重要内容进行摘要介绍。

一　古代组

1. 河间毛公书院与毛苌墓

毛公书院，又称毛公祠，位于河间市城北三十里铺村。围绕着毛公书院，在历史上形成了一个纪念毛苌、尊崇毛苌传授《诗经》之功的文化群落，这就是与毛公书院比邻的诗经村、君子馆村、解经村等。这些"《诗经》味"十足的村名，极具代表性地反映了《诗经》文化在河间历史上深厚的积淀与影响。

曾经在毛公书院读过书的俞林曾经这样描写进入"原县立毛公祠小学"求学时的情景："我带着崇敬的心情，登上毛公祠的二十级台阶，穿过前院，来到后院那柏树遮掩的大殿门前。大殿是我那时看到的最高大的建筑物，走进大殿，迎面就是毛公的塑像。是一位留着白白的长髯，面部表情慈祥肃穆的老人。……毛公的两旁还有两位书童的塑像，毕恭毕敬地捧着《诗经》垂首侍立。梁上有一块匾，上写'六艺宗工'四个苍劲挺拔的大字。……大殿北面，是毛公墓，实际上是一座高大的土丘，高三四米，周围长十七八米，土丘周围，环绕隔代古柏，郁郁葱葱，蔚然成林。"① 借助这一段文字的描述，以及这张拍摄于新中国成立之前的老照片（见图1），我们能够想见当年的毛公书院具有怎样的恢宏气势。

---

① 俞林：《访毛公祠遗址有感》，载田国福主编《〈诗经〉在河间》，人民日报出版社，2008，第299页。

图 1 毛公书院

毛公书院在"文化大革命"期间遭到了毁灭性的破坏和拆除，写着"毛公学堂"四字的匾额被钉在了篮球架上。"现今的三十里铺中学，就曾是毛公书院的旧址。现在，只能从这残存的石狮和赑屃以及石阶上重温历史的温馨了。"这段文字，是 2002 年 12 月 17 日河北卫视《中国河北》栏目中播出的《诗经的河间》中的一段解说。随着这段文字出现的，是当时仍然摆放着那对石狮子的三十里铺中学大门以及存放在校园里的赑屃。然而，至 2011 年 11 月 4 日，当我们一行六人拜谒毛公祠时，"三十里铺中学"已经变成"三十里铺幼儿园"，大门前那一对历经沧桑、承载着深厚文化积淀的石狮子以及校园中的赑屃也已经不知去向了。

因为有河间市文保所所长的带领，我们被允许进入幼儿园，得以拜谒位于幼儿园后院的毛苌墓。这座"汉博士毛苌公之墓"，是 2005 年由河间市原文化局局长田国福利用所获得的两万元市长特别奖金捐资修建的。这座空坟茔和竖立在毛公墓西侧的同治三年所立石碑"汉博士毛苌公讲经处"，以及另外几通明清时期重修书院时所立的石碑，就是整个书院遗址上唯一与毛苌有关的历史记忆了。书院遗址另外的几通碑，已被移到文化局的院子里保存着。

这座被冷落于幼儿园后院的、仅剩一个空坟茔和几通石碑的毛公书院，曾经在历史上享有盛名。从宋代起，史籍就出现了对毛公书院的记载。

入清之后，毛公书院因为受到清廷的重视而臻于极盛。顺治十二年所立"河间府重建毛公书院记"，显示了在明清易代的战火中，毛公书院再次被毁之后又得到重建的史实。清朝的历代皇帝中，乾隆皇帝对毛公书院情有独钟，曾创作了一系列诗歌来歌颂毛苌的传《诗经》之功。乾隆皇帝对毛公祠的垂青引得当时士人纷纷仿效，钱大昕、戴鸾图、姚鼐、李燧、杜甲等人均有吟咏毛公祠的诗作留存。

到民国时期，毛公书院被改造为"县立毛公祠小学"，其内部建筑基本得到了完整的保存。然而，毛公书院最终没能摆脱在朝代更替中被毁的宿命。但是，这一次的被毁不是由于战火，而是因为无知。出于无知的拆除是毁灭性的，不但毛公祠原有的建筑被拆除了，连已经存在了几千年的坟茔也被平毁了。

进入 21 世纪后，毛公书院似乎迎来了重建的曙光。时任河间市文化局局长田国福的"弘扬诗经文化，打造诗经文化之乡"的文化发展理念引起了地方政府的注意和支持。田国福在全力搜寻《诗经》版本、梳理毛苌传经脉络的同时，也以"开发诗经文化"为切入点，为河间制订了详细的文化旅游发展规划。修复毛公书院，恢复毛公祠原貌，建立《诗经》博物馆，无疑是一件承续历史传统、惠及后世子孙的功德无量的大好事。如果再把书院建设成为一个弘扬和发展以《诗经》为代表的传统文化的场所，那对于提升河间的文化品位及其在全国乃至世界的影响力而言，无疑具有十分重要且深远的意义。在这样的期盼下，河间市人民政府邀请中国诗经学会，于 2002 年 9 月联合举办"毛诗发祥地考察暨国际研讨会"，为重建毛公书院及诗经碑林、博物馆出谋划策，并通过了以"重修毛公书院、建立诗经碑林、建立诗经博物馆"为核心内容的《毛诗发祥地考察暨国际研讨会倡议书》。河间市"开发诗经文化"的宣传与造势活动至此达到高峰。

接下来的事情，似乎顺理成章地应该是重修毛公书院、建立诗经博物馆等一系列具体措施的逐一执行了。然而，在此之后，相关的报道，除了 2005 年由河间市政府主持举行了毛公墓碑揭幕典礼暨公祭活动，2008 年齐鲁书社出版了田国福主编的《历代诗经版本丛刊》之外，河间市"开发诗经文化"的步伐似乎驻足不前了。而在此次的调研活动中我们得知，2005 年重修毛苌墓，也是因为时任文化局局长的田国福捐出个人所获两万元市长特别奖金才得以完成的。最初声势浩大的"发展和弘扬河间《诗经》文化"的努力，到最后似乎变成了田国福个人孜孜以求的梦想和追求。据孙正开先生讲，当年田局长一心想要开发河间的《诗经》文化，他在诗经村、君子馆村的村口都立过碑，但是，在途经君子馆村时，笔者并没有看见这些具有象征意义的村名碑。询问原因，孙先生颇为落寞地说："后来都拆掉了。"

在调研活动中，我们同时参观了即将竣工的河间府衙、修葺一新的冯国璋墓以及即将恢复重建工作的冯国璋故居。同时，从河间市文化工作者的口中我们得知，为了建造河间府衙，河间市政府从8亿元的财政收入中拨款1亿元，其恢复河间文化之决心由此可见一斑。然而，就在河间市如此大规模的文化建设工作中，曾经是河间学子心中圣地的毛公祠，却并没有被纳入重建之列。这位曾经长期居于河间城北三十里铺传《诗经》论道、为中华文化的传承与发展立下不朽功勋的毛苌公，至今仍然静静地长眠于地下。

俞林先生在《访毛公祠遗址有感》一文中曾深情地写道："我觉得，一切有纪念意义的古迹，虽废必兴，这也可能是一条规律。想到这里，我披衣而起，凭窗望去，觉得那巍峨的大殿和柏林遮掩的墓丘，突兀地矗立在我的眼前。我知道这是幻觉，但有一天这幻觉会变成现实的。我期待着。"在"文化强国"作为我国长远战略被正式提出的今天，我的心中也充满了期待，期待着"毛公学堂"的匾额被再次高高挂起的那一天。

2. 河北祁州五仁村与关汉卿

关于关汉卿的籍贯，历史文献有三种记载：一为大都（今北京），一为解州（今山西解州），一为祁州（今河北安国市）。孰是孰非，一直是戏曲史研究界十分关注的问题。为此，调研组专程去了河北安国市的五仁村——那里有关汉卿的墓。

调研组乘车从河间经安国市区，向安国市南边的五仁村驶去。当我们到了一个名叫五仁桥的地方，猜想五仁村不远了，就停车打听关汉卿墓（后来才知道，这五仁桥离五仁村还有相当一段距离）。出人意料的是，我们所问的人，不论是年轻人还是上了年纪的人，没有不知晓的，指的路都清楚明白。

在当地居民的指引下，调研组的车穿过了五仁村，出村后不久，就远远地看到，在一大片麦子地的中间，有一座高高的土堆，上面矗立着一座高大的墓碑，那就是关汉卿的墓。墓堆上现有三个墓碑：一个是安国县人民政府在1964年9月27日所立、定为安国县重点文物保护单位，上书

"关汉卿墓"字样；一为河北省人民政府文物局所立、公布为河北省文物保护单位，上书"关汉卿墓"字样；现在立在墓冢中间最为高大的墓碑，为河北大学在 20 世纪 80 年代所立，上书"伟大戏剧家关汉卿之墓"大字。

从关汉卿墓回到五仁村时，我们和一些村民进行了交谈。两位 50 岁上下的妇女说，关汉卿就是五仁村人，她们从来都这么认为，因为这里的人一直这么说。一位生长在五仁村、时年 76 岁的老先生兴致很高地谈起了关汉卿，说关汉卿是五仁村人，世世代代这里的人都知道那座大墓是关汉卿的墓。关汉卿是个落魄秀才，曾进京赶考，落榜而回，觉得冤屈，写下了《窦娥冤》。村里有座大庙，名叫"普救寺"，关汉卿曾住在里面。另有一位 50 岁左右的男子，说起关于五仁村普救寺的一些传说，说关汉卿落榜回村后曾住在里面。庙里的菩萨一向非常灵验，曾有兄弟俩因对菩萨不恭敬，便遭了殃，等等。

说来很奇特，在五仁村与村民们的谈话，让我自然联想到乾隆年间罗以桂《祁州志》里的记载。今天，距这部书的刊刻，已过去了 260 多年，五仁村村民们谈起关汉卿，津津乐道的仍是关汉卿"高才博学而艰于遇"，秀才落魄，科考落榜；原先笔者并不知道五仁村亦有个普救寺，没想到村民们谈得最多的是因《西厢记》而闻名四方的普救寺，《祁州志》中也谈到了《西厢记》；村民们谈得多的，还有关汉卿因怀才不遇而写戏"寄愤"，等等。这情形与乾隆二十年《祁州志》中的记载如出一辙。

关于关汉卿籍贯的文献材料中，记载关汉卿是"大都人"和"燕人"的，都是与关汉卿基本同时代的人。说关汉卿是祁州人，是清代乾隆年间出现的说法。《元史·地理志》记载元代中书省所辖地区有大都路、真定路、保定路等二十九路，这片地区称为"腹里"。祁州在元初隶属真定路，后改属保定路。因为祁州和大都均位于"腹里"，所以曾有学者认为，说关汉卿是大都人或者祁州人并无抵牾。不过，细查《录鬼簿》记载剧作家籍贯的方式，并没有将属于"腹里"地区的地方都称为"大都"，所以，说关汉卿是大都人或是祁州人是有区别的。

总体上看，关于关汉卿的籍贯问题，因为文献资料缺乏，也许还有作进一步探讨的余地。不过，这次到河北安国五仁村考察，对关汉卿这位元代杰出的剧作家在河北安国地区的影响有了感性的认识。可以断定，关汉卿的一生，主要活动在大都（北京）以及晋南平阳（运城、临汾）等地区，他的行迹肯定到过河北祁州（安国）一带，并很有可能在那里驻留过。

3. 文化建设中的真实与虚构：以纪昀墓和文化园为例

纪昀墓坐落于沧县崔尔庄镇北村村南。周围有密密的枣林，门前有一条丈余宽的土路，两旁已对称地种上了松树。松树形态尚小，大概为这一两年种植。土路以及旁边的空林子里，村民铺了长条的大席子，利用秋日的阳光在晒红枣。松树翠绿，枣叶绿黄，红枣耀眼。墙外路边，竖着一块石碑，上书"纪晓岚墓地"，注明"全国重点文物保护单位"，"中华人民共和国国务院 2006 年 5 月 26 日公布，河北省人民政府 2010 年 12 月 26 日立"。越过尚且崭新的石碑，迎面是有青砖底围、上覆青瓦，中间一段绯红的新墙。墙在正对着土路的一段断开，中间用红砖堆砌而成，显然这是留出来的正门。红砖墙右面一角，开了一扇简陋的小门。门是锁着的。这是纪昀墓的外观。如果没有当地文保部门人员的引导介绍，一般参观者很难寻找到此，即使打听寻来，也只能在外驻足观望而已。

进入不太大的墓园，看到了被几株榆树、槐树环绕的纪晓岚坟茔。坟前立有石碑，刻有嘉庆皇帝御制碑文，一道裂痕斜跨石碑，顶底用水泥修复的痕迹清晰可见。墓碑再向前数米处立有神道碑，正面刻有"皇清太子少保协办大学士礼部尚书纪文达公神道碑"，为纪晓岚六代孙纪钜臣于民国 9 年（1920）重立。御制碑文和坟茔之间地上有埋入地中的石碑，上书"纪晓岚先生之墓"，下有小字"癸未年秋初沙门白光敬书"。据当地同志介绍此为纪晓岚后人近年所立。御碑右前方为沧州市人民政府 1985 年 7 月 27 日所立"纪晓岚墓地"，注明为"沧州市重点文物保护单位"。左前方立有一新碑，为沧县人民政府 2006 年 6 月立，注明为"全国重点文物保护单位"。在道路靠东两侧，各有几块石碑，碑刻大多残破，仅有花纹而已。其中一块较新，上书"纪文达公逝世二百周年公祭文"。

与此形成对比的是近年刚刚建成的纪晓岚文化园，这是一个当地政府筹重金建成的旅游文化项目，该项目是一个将虚构落为真实的项目。相比于此地的光鲜和大投资，近在咫尺的纪昀墓的冷落就显得更为刺目。真实的被忽视，虚构的在大张旗鼓地宣扬，令人感觉殊为可惜。形成这种厚此薄彼局面的，除了急功近利的文化商业化开发思路的主导外，管理上的条块分割也是一个重要原因。如纪昀墓地归属文保部门管理，文化园则属当地旅游局管理，如果二者联合起来，交叉管理不易，其中涉及的资金投入、门票分成等问题也较为复杂。

4. 河间献王陵调研纪实

献王陵在河间县城东约 5 公里处，有公路相通。陵墓南边是滹沱河故道，北面是长城堤，相传是大禹治水时所修的北堤，在一马平川的河北平原已是难得的"藏龙卧虎"之地。据介绍，整个陵墓占地 4 万平方米（即 60 亩），规模最大时曾占地 80 亩，历史上一直受到尊崇与保护，直到乾隆九年朝廷还新定规矩：凡是通过献王陵旁边驿道来往的赐职官员，都要停车下马拜祭献王。民国初年王陵方碑之处还有规模宏大的建筑，有供祭祀的主殿、守护人居住和放置杂物的配殿、围墙古树等。明清时期在封土的东南不远处还有一座"献陵书院"，清初王余佑等人在此讲过学，如今已荡然无存，只剩下寂静的墓林、被趴地的野草和斑驳的落叶覆盖着的土台。

献县汉墓很多，纪晓岚说有"七十二疑冢"，现在经文物部门认定的有 37 座，如刘辟强墓、毛苌墓、贯长卿墓等，整个"献县汉墓群"于1996 年被确定为全国重点文物保护单位，但由于文物管理部门人手少、经费缺、文物地点分散且偏远，保护工作面临许多困难。就以献王陵为例，最严重的一次盗掘发生在"文化大革命"期间，陵墓中心的宝顶南侧被盗墓贼挖开一个大洞，据说人们发现时地面还散落着许多陶俑，之后当地政府自发组织村民发掘，却并不是采取科学的方法，取土遇到石壁后沿着石壁寻找墓道，在此过程中墓顶的积沙积石也在不断掉落，村民用门板顶着继续挖掘，直到在破坏封门石时发生塌方砸伤了人才被迫停工。实际上献王陵直到清末还有专职的守陵人，民国年间由于战乱中断，如今因为周围有三个村子，只能是每个村子委派一名村民，三人轮流巡视留意一下是否有破坏、盗掘发生，很难安排专人全天候地看守。据秦老先生介绍，政府部门已经在全县范围统一作出文物单位保护与开发的部署，献王陵以南路边原有的厂家、商铺都已勒令搬迁，仿照陵地原有的祭祀祠堂建筑重建纪念场所、正配殿及围墙，以期在开发的同时也能起到保护作用。

5. 关于满城汉墓与定州北庄子汉墓石刻馆的调查报告

满城汉墓是西汉中山靖王刘胜及其后妃窦绾之墓，位于满城县西南1.5 公里处的陵山上。1968 年 5 月 23 日首次发现 1 号刘胜墓，9 月 19 日 2号窦绾墓挖掘完毕。两座墓室结构完整，规模巨大，文物保存非常完善齐全，出土器物也非常丰富。满城汉墓 1982 年被列为河北省重点文物保护单位，1988 年被列为国务院文物重点保护单位，1991 年汉墓景区初步建成，并正式对游人开放。

汉墓景区建成已有 20 余年，门口已略显陈旧，汉墓景区的布置方面，当地文物部门收集陈列的数十个宋、元、明、清时期的生肖、人物等石像生雕，明、清及近代的碑刻等，应再加以更专业的整理或置于显眼处。满城汉墓出土文物上万件，很多为稀世真品，大多被河北省博物馆收藏，在陵园内，除个别陶器外，很难见到出土实物。可以在入园处，建一所汉墓文物陈列馆，将个别考古实物或仿制品集中放置于陈列馆内，以弥补游人未见珍品的遗憾。与汉墓挖掘相关的资料和纪录片等，也可以在园内陈列和放映。

与满城汉墓相关的文化古迹是一亩泉和守陵村，一亩泉在汉墓挖掘后不到半年时间干涸，如能恢复一亩泉并建立蓄水工程，对汉墓园的旅游开发必将产生有益的促进作用。汉墓山脚下的南陵村、北陵村、守陵村，均因陵山得名，如能对此三村进行规划修建，将其纳入陵山风景旅游的范围，对汉墓园的整体保护和开发，也将是一桩好事。

定州北庄子汉墓石刻馆位于定州市内，现市政府北侧。石刻馆内的中山墓室，是东汉大型砖室墓，距今有 1700 余年。当地居民一直称此墓为"靖王坟"。1995 年 8 月，定州市文保所对此墓进行清理，鉴定此墓为东汉侯级墓葬。石刻馆四面围墙上，镶嵌着 488 块汉代石刻，这些石刻于 1959 年挖掘"北庄子汉墓"时出土，经过"文化大革命"的损毁，大多字迹模糊难辨。石刻馆虽门庭简陋，但其飞檐栋阙，亦有古建遗风。石刻馆门票仅仅 5 元，平时游客不多，看护墓园的是两位年逾花甲的夫妇。从石刻馆的陈列和保护情况看，适当提高入园门票的价格，似未尝不是一条眼前可行的路子。石刻馆目前的管理情况，若不是它已被列为国家级文物保护单位，它的管理实际上更像民间组织。定州市相关文物部门应加强对石刻馆的内部管理，石刻馆碑文文献的整理工作也应引起足够的重视。

6. 山川良是昔人非：定州东坡遗踪

苏东坡 1093 年以端明殿学士和翰林侍读学士的身份，充任河北西路安抚使，并指挥该地区的步兵骑兵，官行设在定州。这一年农历九月二十七，58 岁的苏轼告别京师，从开封出发，坐马车行走，一路诗文不断。

苏轼在定州虽然只有短短的六七个月，从《东府雨中别子由》算起，作诗 32 首，词一首，散文（包括赋、铭与书信等）48 篇。在苏轼的全部创作中，这是很小的一部分，但从这些作品中，我们可以真切地感受到诗人的心声。它们随着苏轼在定州的业绩和活动，为定州的一草一木注入了灵气，成就了定州一方，东坡驻留、参访和吟咏过的地方，如文庙、开元寺塔、雪浪石等，与那些遗留下来的东坡曾经写过的、说过的、唱过的、吃过的、用过的，都已成为定州的一种文化，世代传扬。他在定州的雪泥鸿爪，也已汇入定州演进的历史长河之中；而定州也成就了苏轼，千百年来，他一直是定州人民仰慕和纪念的历史先贤。

7. 定州贡院寻古

定州贡院是我国北方目前唯一保存较为完整的封建社会选拔秀才和贡生的考场，始创于乾隆三年（1738），迄今已经历了近300年的岁月沧桑。

定州贡院位于河北省定州市东大街草场胡同，贡院建筑群为坐北朝南中轴式布局，现保存有中轴线上文场部分的影壁、大门、魁阁号舍、大堂、后楼五座主体建筑，占地面积2万余平方米。东侧武场区原有演武厅文昌宫、后宫等建筑，每座建筑自成院落，院落间按使用需要或多或少地建有一些附属建筑，大门外还建有兵房、执事仪仗房等以壮观瞻，整个建筑布局有张有弛，富于变化。定州贡院建筑规模宏大，气势庄严雄伟，既体现了清代建筑特点，又具有地方建筑的灵活性，是研究清代地方建筑艺术及清代科举考试制度不可多得的实物资料。

定州贡院保存较为完整，这得益于晏阳初的"平教会"，1926～1936年十年间，晏阳初一直在定县推行平民教育，平教会成员借用定州贡院作为场所，为老百姓传授知识。正因为晏先生的借用，才使得定州贡院没有像全国大多数的贡院一样，被毁坏和荒废。近年来，为保持定州贡院原有风貌，使其作为反映科举制度的一个见证保存下来，国家文物局与定州市历经六年对其主体工程进行了修缮，定州贡院于2001年被列为全国重点文物保护单位。

8. 邺城访古

邺城，是魏晋南北朝时期北方的政治中心之一，这里曾经是曹魏（220～266）、后赵（319～350）、冉魏（337～352）、前燕（357～370）、东魏（534～550）、北齐（550～577）六个王朝的都城，在中古政治、军事和文化史上具有重要地位。邺城遗址位于今河北省临漳县县城西南约20公里处，南距河南安阳市18公里，遗址包括南北衔接的邺北城、邺南城两部分，其间有漳河主河道通过。这次国情调研的对象主要是曹魏时期的邺城（邺北城）三台遗址，以及东魏北齐时期的邺南城佛寺遗址。文学史上，邺城三台与三曹、七子诗文中频繁出现的"西园"密不可分，也曾引起历代诗人的吟咏。

调研参访过程中，调研组还拜访了中国社会科学院考古研究所、河北省文物研究所邺城考古工作队（常驻邺城三台遗址保护区内），考古所朱岩石研究员调研组介绍了邺城考古的最新进展——由他主持发掘的赵彭城北朝佛寺遗址，并参观了考古队的文物收藏室以及赵彭城北朝佛寺遗址的考古发掘现场。

在古迹保护和开发中普遍存在着的尊重历史传统和解决现实需要的矛盾，同样突出地表现在邺城遗址的保护和开发上。通过有关部门介绍，我们了解到，整个邺城遗址占地约 20 平方公里，为了实现有效的保护和开发，有好几个村庄需要整体搬迁出去，这将是一个繁重而棘手的工作。从今天的邺城三台遗址来看，基本保持了古朴的风貌，显示出古都深厚的文化底蕴，但在宣传工作方面似乎还可以加把劲。2009 年岁末，河南省文物局公布，河南省安阳县安丰乡西高穴村曹操墓（高陵）经考古发掘得到确认，曹操高陵的真伪问题，引起了学术界和文化界广泛的关注。作为与安阳隔漳河相望的六朝古都临漳，作为曹操曾经生活过 16 年并苦心经营的政治中心，理应得到人们更多的关注。

9. 北京通州西海子公园内李贽墓调查

李贽晚年寄居朋友家中，马经纶在通州的家是其最后的寄居地。李贽去世后，好友马经纶遵其遗愿治冢墓于通州北门外马厂村迎福寺旁。万历三十八年（1610），学生汪可受等捐资为其墓竖碑，汪并作墓碑记。后墓、碑历经变迁，1983 年迁于现在的西海子公园内，并增立《重迁碑记》一碑，由时任中宣部副部长的周扬题写墓碑。1984 年 5 月 24 日被公布为第三批北京市文物保护单位。

李贽墓背靠通惠河故道荷塘，面对西海子古迹鱼池，坐北朝南。南北长 30 米，东西宽 12 米。青砖宝顶，内葬骨坛，"门"形十字花墙，三面围冢，花池草带，傍墙而设。墓由三碑一亭一墓组成。墓前尚存明万历年间焦闳题字古碑一座，高约 3 米、宽约 2 米，精工拼接而立，碑阳为焦书"李卓吾先生墓"，碑阴为詹轸光书李卓吾碑记和李卓吾墓诗两首，字迹已十分模糊。碑亭后七八米，便是一直径约 3 米的半圆形砖墓。墓前东、西各有一碑，东为"初迁碑记"，此碑文为欧阳中石先生书；西为"重迁碑记"。"重迁碑记"上写道："李卓吾墓一九五三年由马厂村迁至大悲林村南为加强管理方便群众观瞻于一九八三年十月再迁于西海子公园"。二碑之前居中一碑，是周扬的题词："一代宗师李卓吾先生之墓周扬敬题一九八三年夏"。

二　近现当代组

（一）天津近现当代文化名人遗迹

1. 天津近代文化名人遗迹考察

"近代百年看天津"，近现代以来，天津留下了丰富的历史文化遗迹。

著名的五大道是我们这次考察活动的首选之地。五大道及其周边分布的名人故居包括曹锟故居、徐世昌故居、顾维钧故居、高树勋故居、林子香故居、李善人故居、金显宅故居、施锡恩故居、卜万年故居、徐树强故居、张学酪故居、孙殿英故居、颜惠庆故居、载振王府等近代历史名人旧居百余所。这里的小洋楼建筑密集分布在将近 130 万平方米的地段上，建有欧洲别墅式近代住宅近 300 处。海河两岸保存了大量明清风格的建筑，原英、法、意、德、奥、俄等国租界留下了上千座大小洋楼，因此也有"万国建筑博物馆"之称。

调研组首先参访的是重庆道 55 号的清朝庆亲王载振的公馆。这里已经被当地人改作商务场所，里面"庆王纪念馆"正在筹备中，尚未开放。我们只能作为消费者，进入公馆参访。庆亲王公馆的经历有一定的代表性。天津市大多数名人故居已变成商业经营场所或政府办公重地，如袁世凯故居变成了高级饭店，徐世昌故居变成了教育局办公楼。在这个"以经济建设为中心"的时期，文化遗迹的保护和开发，面临着极为严峻的形势，对这方面的情况，过去我们通常只是从媒体报道中得到些相对肤浅的了解，这次国情调研，使我们对历史名胜和文化遗迹的保护和开发问题有了生动具体的体验和思考。

参访过程中印象最为深刻的是"李叔同纪念馆"。纪念馆是天津市政府投资 6000 多万元，着力打造的一处文化纪念场所。有关方面在李叔同故居纪念馆的文物征集、布展陈列等完善方面做了大量工作。如今，李叔同故居纪念馆应该成为天津的一块文化品牌，天津人打出弘一大师这张文化牌，并将其作为一个标杆，使今后名人故居的保护与开发利用有了一个标准。从一定意义上说，李叔同纪念馆较好地借鉴了国内外成功经验，通过多种手段和方式，将文化展示、思想教育、旅游观光、文化体验等结合了起来，同时，该馆充分依托政府、市场、社会等多方面的力量，通过不断地深入研究和自身运营，已经在实现名人故居的历史文化价值、社会价值、经济价值等方面取得了一定的成果。

2. 除旧布新要反省，文化遗迹应妥存：天津文人故居调查报告

调研组也参访了天津的其他一些名人故居。梁启超故居和饮冰室纪念馆正在修建，有围墙拦住，见其门而不得入。民主路23号是曹禺故居纪念馆，25号是曹禺话剧纪念剧场。这里大多是静悄悄的，不收门票，凭身份证就可以入内参观。曹禺故居得以保全，还有一段故事。据天津2004年3月11日《城市快报》记载，曹禺的故居曾经误传要拆掉。起因是2月18日的《人民日报》发表文章《天津曹禺旧居怎么写上了"拆"字》，引起市委、市政府的高度重视，当时有人提议：要将这个小洋楼辟为曹禺纪念馆，由政府投入曹禺旧居住户搬迁和建筑整修的资金，而由曹禺子女承担纪念馆展品的收集与布置，以及日后的维护管理。

无独有偶，与此相毗邻的梁启超旧居和饮冰室书斋，2003年耗资2000万元修缮成为梁启超纪念馆，目前已开放。但是因为观者寥寥，收入无法满足日常开支，连工作人员的工资都无法维持，前景不容乐观。因此才出现了这种"政府+个人"的名人故居作为纪念馆的保护模式。问题是，有多少文化名人的亲属子女愿意承担合作建立纪念馆的模式呢？政府为什么不可以在经济上独揽，采取保护维修的一揽子工程呢？伸手向文化名人要赞助、要维修费用，实在是不合适。

3. 作为学者的徐世昌

徐世昌1922年下野后，居住在天津英租界，直到1939年去世，17年间，从未离开过他的退耕堂。隐居期间，他聚集学界知名人士，在京、津两地，开局编书30余种。这些文化工程对后世影响很大，奠定了他在中国近代学术史上的重要地位。徐世昌还是有名的文物收藏家。他的藏书、藏画、藏砚极为丰赡，价值极高。这些文物多由其后人捐献给国家，目前收藏在天津历史博物馆、天津艺术博物馆和中国科学院图书馆。

在调研中得知，徐世昌的故居已被拆除，其原址上修建的大楼是天津教委办公场所，昔日退耕堂风貌已不复存在。这是非常遗憾的。天津在中国近代是一个传统和现代精神结合得很好的都市，品格不俗。目前，我们

见到的是高楼林立，相当一部分文化遗产已经或正在消逝，着实令人感伤。

4. 孙犁、梁斌故居考察

新中国成立后，一直居住在天津，他在天津的故居现已经过改建修复，成为天津市爱国主义教育基地、天津市文物保护单位——"静园"——一切都与孙犁无关了。来这里参观的不少人可能都在语文课上学过《荷花淀》，可是，有谁会知道这里也曾是孙犁长达半个多世纪的故居？

河北安新白洋淀荷花大观园建有"孙犁纪念馆"。纪念馆正面大堂中，除了有孙犁的生平回顾展外，还展示了他的著作，他生前穿过的夹克、鞋、帽、裤，常用的手套、毛巾被、拐杖等。侧面的"书耕"室内，按照孙犁生前书房的样子，摆放着老人家用过的书桌、藤椅、沙发、书柜；这些朴素到不能再朴素的遗物，都是孙犁的儿女亲自送过来的。在白洋淀这块孙犁的"仙居之地"，孙犁已成为荷花大观园的活广告和名片，为其带来可观的经济收入。

梁斌的故居天津和平区南海路永健里 6 号是一座三层小楼，现保存完好。梁斌家人现已搬走。从故居的角度看，梁斌比起淡泊一生的孙犁要幸运很多——他居住过的小楼依旧、他的夫人仍在世、儿子散襄军亦身居要职（为天津市委常委，政法委书记）。也许，无论是保护、修建这处故居，还是对外开放，都不应该是难事吧。

（二）保定文化遗迹、历史遗迹调研报告

1. 直隶总督署、莲池书院遗址考察报告

作为保定文化遗产的标志，直隶总督署、莲池书院遗址已经被开发成为市内的核心旅游景区。在旅游开发的一面，这些遗址的利用已经有了一套比较成熟的运作机制。需要进一步思考的是：旅游式的开发，能否充分释放这些文化遗产所包容的能量？与社会的进程相呼应，这些文化遗产的哪些部分得到了发挥？哪些部分受到了抑制？一个历史古城的文化底蕴，在何种视野下看待有可能生发出更为立体的效应？如在直隶总督府整个建筑群的点睛之笔，无疑是总督署大门与大堂之间所立的"戒石坊"。铭文代民立言，体现了旧时官衙政治中的文化精神，与"公生明"牌坊、方观承任直隶总督时的《御题棉花图》石刻等，构成了总督府一个隐藏的文化主题。又如，"反帝爱国义和团运动在直隶"展览是力图以现代的

反抗精神赋予总督署这座古物以灵魂的展览，是站在反帝反封建的人民立场来进行布展的，有助于揭示中国历史发展到晚清之际的巨大转折，以及直隶这一地域在这一转折关头所起的特殊的历史作用。但在具体的细节上，如果能更贴近义和团运动与总督府之间的关系来展示当时官府、民间和西方之间复杂纠结的情势，可能会提供给观者更大的思考和感受历史的空间。

莲池书院与直隶总督署相邻，是清代直隶省的官学。1952 年毛泽东游莲池时曾说过："莲池之所以有名，关键是莲池书院有名，莲池书院在清末可称为全国书院之冠。"因此，莲池的有名，在于书院的名望。这种书院讲学的盛况早已不可见，但如果能在景观复原的同时考虑到曾经使这里繁盛的书院讲学的精神，那么或许能突破商业文化的重围，稍稍显露出一点文化的精魂。书院的小方壶作家天地可以看做是这方面的努力之一。这里曾经是保定作家们工作、相聚的地方。据说有多部小说名作构思、写作于此。现在则一并辟为景区。令人聊感慰藉的是，现在占据此地的是由保定文联、作协和莲池博物馆合办的保定作家群展。但不知是什么原因，保定市文联主办的保定作家群纪念馆又坐落于别处。

2. 保定陆军军官学校旧址考察报告

保定军校与近现代历史进程的关系极为密切。1902 年 5 月保定开办北洋行营将弁学堂，1903 年开办陆军小学堂、中学堂、大学堂，建成作为保定军校前身的北洋陆军速成武备学堂，1906 年更名为陆军速成学堂，创办陆军军官学堂，1911 年上述两校合并，更名为陆军预备大学堂，1912 年开办保定陆军军官学校。保定军校都是当时全国军校中影响最著者。从清末各学堂至军校结束，共培养万余名学生，其中任将领者就多达 2000 余人。

现存保定陆军军官学校共占地 12 亩，和原址 1500 余亩比起来，已大大缩小，建筑基本保留了当初的风格，古朴、大气，军校纪念馆布展的内容也比较翔实丰富。整体上看，还是很不错的。我们去的时候，已近闭馆，参观者并不多，工作人员急着下班，也无法介绍更多的情况。但我们注意到，纪念馆内的一排房子似已出租给某英语培训机构做办公教学场所，不知是纪念馆因为经济原因不得不为，还是有其他的什么考虑。军校旁边有一个巨大的军校广场，给我们印象深刻，据说耗资 1.4 亿元，但似与军校没有什么关系。

3. "保定作家群"纪念馆：地域文学传统整合的艰难创新之路

保定作家群纪念馆是保定市文联主办的地方性作家纪念馆。调研组参访的 2011 年 11 月初刚刚开馆。纪念馆坐落在保定市秀水胡同 50 号，在一个名叫永华园小区的居民区内。纪念馆占用了院内面积最大的大厅，有 100 平方米左右，展出和介绍的作家有孙犁、梁斌、徐光耀、李英儒、刘流、邢野、李克、袁静、孔厥、康濯、远千里、张朴、冯志、冯至、王林、傅铎、张庆田、刘真、李满天、谷峪、柳溪、田涛、铁凝，代表了保定地区的三代作家。纪念馆对这些代表性作家的生平及其创作情况作了概要的介绍，并展出了他们的一些作品和少量手稿。应该说，纪念馆选择展出的这 24 位作家都是"保定作家群"中三个不同代际的代表性作家，解说词的撰写也比较简要和突出相关性。在这个面积不算很大的展室中，参观者浏览下来，可以获得对"保定作家群"的鲜明印象。展厅正墙的中央，贴着一行字："传承红色文化，振兴保定文学"，突出"红色传统"，对保定文学精神的把握也比较准确。

以一个地方性的文联举办这样一个纪念馆，在全国比较少见。虽然主办者作出了相当的努力，但就纪念馆展出的展品而言，效果显然并不是那么理想，展出的手稿了了，著作的版本也非常一般，以一家纪念馆的要求来说，还不能达到收藏价值的要求。主办方负责人也承认："纪念馆现有的条件还非常简陋，还有进一步改善的空间。"

地域文化与文学的关系，在文学研究中并不是一个新鲜的题目。保定作家群与地域文化的关系，也已有研究成果出版。但将其作为地方文化建设的一个重要举措，开办纪念馆，进行宣传，确是一个新鲜的举动，值得鼓励。但如要将纪念馆办成一个有意义的，持续产生实际作用的文化建设基地，除了在一些重要的文学史观念上需要厘清，与相关当事人和研究者保持密切的互动外，在具体运营上也需要有咬牙坚持的干劲和开拓创新的努力。

关于纪念馆展品的具体布置和日常运营，也有三条初步的建议，以供参考。

（1）展品仍需进一步丰富。以纪念馆现有条件，也许工作做起来会有一定的难度，但可从比较容易做的工作入手，比如，尽量多收集相关作家作品的不同版本，一些相关的报刊资料。然后同时收集作家的手稿、信札等，如果有困难，可以与有关个人或机构商量取得复印本。纪念馆应尽量发展成为一个关于保定作家的资料中心，如果经费充裕，可尽量做到对相关资料和展品充分宣传展示。这样既可以增加普通参观者的参观兴趣，也可以对文史研究者、作家和文学爱好者增加吸引力。

（2）展室的布置可更加灵活和活泼，甚至增加一些"文学性"的气氛。目前的规整展板、齐整排列的方式，显得过于呆板和严肃，纪念馆与保定书画院同处一院，可请同院的画家参与设计，使布展更具艺术性。另外，相关作品中的合适诗句或段落也可摘抄书写予以展示，一般参观者不一定都读过或有机会读这些作家的作品，因此，这些作品中特别是与保定有关系的一些优美或极具特色的段落，可以摘抄出来，这既可以增加展品的相关性，也能增加展室的可看性。另外，以保定作家群作品拍摄的影视作品已不少，展室中也可予以体现，如果条件允许，甚至可以组织一些展播活动，并结合相关专业人士的讲座、解说和座谈，增加对年轻人的吸引力。

（3）纪念馆的日常维护和运营，可采取"动静结合"的办法，"静"即纪念馆的展示功能，供参观者参观、学习；"动"是将纪念馆作为一个平台，作为一个研究者、作家和其他人进行沟通、举办活动，一个沟通作家与作家、作家与普通读者，沟通不同艺术门类的创作者的桥梁，使纪念馆最终不仅成为一个研究、阐扬和传承保定文学和文化传统的平台，而且成为激发当下文学和文化创作的机制之一。

4. 胭脂河畔抬头湾

河北省阜平县北果园乡的抬头湾村是丁玲创作名著《太阳照在桑干河上》的地方，1946～1947年，在将近一年的时间内，她驻留于此，进行小说的创作。同期驻留此处的还有萧三、萧也牧、康濯，还有群众剧社等文化人和文化机构。

如今，丁玲等人居住过的房屋或已翻修，或已不存，关于这些文化人和文化机构，在与一些老人的交谈中，还零星保存在他们的记忆中。对于阜平这片与中国现代革命历史、与现代革命文化关系密切的土地，这不能不是一个遗憾。

由抬头湾推开去，阜平一定还有很多像抬头湾这样的村子，当地宣传部门是否可以考虑更详细、完整地来搜集、整理这些散落在各个村庄的历史事迹，串在一起就是一部鲜活的阜平近现代史，更是阜平当引以为傲的瑰宝。或者，也可以考虑在这里建立一个作家创作基地，就像当年丁玲他们在这里生活、写作一样，让那些久居城市樊笼里的当代作家们也回到抬头湾来感受一下历史的际遇和生活的本真。

5. 留法勤工俭学运动纪念馆考察报告

保定市留法勤工俭学纪念馆位于保定市金台驿街 86 号，原保定育德中学旧址，是中国近代史上轰轰烈烈的"留法勤工俭学运动"的专题展览式博物馆。留法勤工俭学运动中创办了三所留法预备学校和预备班：（高阳市）布里留法工艺学校、保定育德中学附设留法高等工艺预备班、北京高等法文专修馆，前两所学校都在保定，这使得保定成为当之无愧的留法勤工俭学运动的发祥地。为此，中共中央于 1983 年 2 月指示在河北省保定市育德中学旧址建立了留法勤工俭学运动纪念馆。

保定留法勤工俭学运动纪念馆展出的资料经过较长时间的筹集和整理，与相关当事人和相关机构也有较为充分的互动。从目前情况看，整体的资料保存、展示情况都比较合理，大量的图片形象生动地还原了历史细节，文字说明也恰到好处。纪念馆设在旧育德中学遗址，将历史资料和文物建筑保存完美地结合起来。作为爱国主义教育基地，纪念馆也得到了相应的资金保障。

我们在调研中也看到，整个纪念馆的资料陈列主线设计偏重政治意义，而对此次运动在社会影响和中西文化碰撞交流方面的意义展示不够。在资料的展示和日常运营中，也可与留法勤工俭学运动中相关的法国城市的相关机构展开深入的交流和互动。而作为一个有相当历史和专门性的机构，纪念馆也可申请和展开相关的研究课题。

6. 布里留法工艺学校遗迹考察报告

"布里留法工艺学校"创建于 1917 年，位于高阳县西演镇布里村南部，是建立最早的、专门培养留法勤工俭学学生的学校。布里留法勤工俭学预备学校自 1917 年成立至 1920 年夏结束，共招生三期，培养学生 200 余名。它是在留法勤工俭学运动初期兴建的，是此类学校中办得最早、规模最大、影响最深远的一所学校。

我们到此参访时，工艺学校旧址前后的民房已拆除，当地政府正计划在此建一个纪念馆。据资料显示，国家文物局已对"布里留法勤工俭学工艺学校旧址"修缮设计规划给予批复。高阳县有关部门计划，修复工程分为两期完成，共需资金约 350 万元。即使如此，据说在通常情况下，每天也有十来人慕名前来参观。

在重建"布里留法勤工俭学工艺学校旧址"与展览馆布展方面，除了应突出留法勤工俭学运动与宣传马克思主义和中国共产党的建立及发展的关系外，它在中国近现代教育思想史、在中国近现代工业发展史上也有巨大的影响。后两点，布里留法勤工俭学工艺学校恰恰比较突出。另外，"布里留法勤工俭学工艺学校"的建立和发展，李石曾、段子均、齐如山等高阳籍人士，作为留法勤工俭学运动的积极组织者和支持者，留下了很多动人的事迹。将来的纪念馆在宣传和布展方面，不妨突出高阳特色。

7. 河北清苑冉庄地道战遗址参访调研报告

河北清苑县的冉庄地处冀中平原，因其抗日战争时期创造的地道战而蜚声中外。20 世纪 50 年代初国家即安排一些国际友人前往参访，电影《地道战》之后，冉庄更是名声卓著。

如今，冉庄已成为一个以地道遗迹为中心的旅游村。我们参访的时候，街上人来人往，村民们忙着招揽游客，出售各种廉价的旅游纪念品。村里建有规模巨大的"冉庄地道战纪念馆"，整个展厅按照"冀中沦陷""国民蒙难""力挽狂澜""创建地道""痛击敌人""地下长城""户户相通""地下兵工厂""热血铸忠魂"等九个部分组成。整个展厅的布置体现了布展者对地道战的基本理解和核心思路："抗战奇观，地下长城"。但整个布展的思路一方面过于将注意力集中于强调地道战的传奇色彩，不仅使得参观者的注意力过于集中在猎奇心理，也使得"地道战"脱离了冀中和整个华北在抗战时期的独特社会结构，让我们无法理解它所对应的生产这一历史能量的社会机制；另外，这样被展示的地道战也就远远不能阐明为什么中国革命所领导的人民群众能创造出如此出神入化的"地道战"，这反过来也就无法合理展示人民群众真正伟大和神奇之处。

笔者的建议是，在保留绝境与奇迹的主叙述线索下，需要调整叙述的次线索和多方位性，尤其是晋察冀根据地和冀中根据地在特定历史结构中的改造和建设工作，方能展现"抗战人民"的崭新面貌，才能理解这崭新面貌的人民所创造的抗日传奇。否则，我们将无法理解地道战得以出现的生动逼人的历史生成结构，只能将之抽离出中国革命的历史脉络之外。

8. 万古红枫绿菩提：唐县白求恩—柯棣华纪念馆考察报告

唐县白求恩—柯棣华纪念馆，位于河北保定唐县县城北 2 公里，坐落在钟鸣山下。它的主体场馆是 1985 年经中共中央批准投资 350 万元建成的。纪念馆主建筑分为"两馆一堂"，北侧中央是八角形结构的纪念堂；

西侧是白求恩纪念馆；东侧是柯棣华纪念馆，完全对称，规格一致（陈展面积都为350平方米）。"纪念堂"由聂荣臻元帅亲笔题名，可容纳近千人，主要用于举办各种类型的纪念活动。堂外墙壁是大型铜质浮雕，栩栩如生，气势恢宏。

白求恩纪念馆和柯棣华纪念馆分别有三个展室，前者有图片101幅，实物31件，后者有图片134幅，实物42件，总体而言，两个纪念馆藏品都较为丰富，内容也比较翔实。由于纪念馆筹备较早，也得到上至中央、下至各级地方政府的支持，纪念馆从硬件到软件都有可嘉许之处。所以虽然地处乡间僻壤，但影响力较大。

作为初步的建议，调研者认为纪念馆可补增更多研究资料和展示手段、设备，如放映白求恩、柯棣华的有关影像资料，甚至组织专题性的展览；展览中可加强地区整体历史、文化意识的开发，以进一步加深参访者对白求恩、柯棣华国际主义精神的理解；在具体运作中，还可进一步扩大国际合作，如可适当增加有关加拿大白求恩纪念馆的主要信息的介绍，甚至与加拿大、印度合作举办具有国际影响的展览活动等。

9. 阜平城南庄参访调研报告

位于阜平城南庄的晋察冀边区革命纪念馆是在以前的城南庄革命纪念馆的基础上建成的。2005年建成时整个纪念馆景区由前往后依次为前广场、展览馆（现称第一展馆）、雕塑广场、晋察冀军区司令部旧址和后山防空洞。2011年9月30日，晋察冀边区革命纪念馆二期工程竣工，在雕塑广场左侧新建成第二展馆、在前广场左侧新建成多功能报告厅等。第一展馆展厅面积1700平方米，展览内容以晋察冀抗日根据地的历史为线索，而紧扣"模范抗日根据地"的主题；第二展馆面积1498平方米，展览内容以抗战胜利后解放张家口到华北全境解放为线索，以"全国解放战争的战略基地与指挥中心"为核心主题。运用大量珍贵的照片、文物以及先进的声、光、电、幻影成像等高科技手段，以充分展示晋察冀根据地在抗日战争和解放战争中所创下的光辉业绩。

参访纪念馆的时候，第一展馆由于正在电路改造，无法参观，我们参观了第二展馆。整个布展给人的感觉是大气、庄重、精工，不论是在有关历史呈现质量上，还是观赏性和艺术性方面，在笔者去过的可比较的同类展馆中，水准绝对一流。整体而言，笔者对晋察冀边区革命纪念馆评价积极，但也发现一些问题。概述之，一是图书资料方面。有关晋察冀根据地的研究、回忆和各种文献汇编、文学创作、影像甚丰，纪念馆既然有现在这么好的硬件条件，应该下大力气收藏，尽快发展为有关晋察冀根据地的文献资料的收藏中心。二是有关晋察冀根据地叙述解说，在内容审核方面还应该更下功夫。有一些讹误应尽量改正。三是雕塑广场六组雕像风格不统一。四是第二展馆展览用地图甚多，却少用让地形情况一目了然的沙盘，会给一般参访者的理体上带来不便。

我们调研团虽然没能参观成第一展馆，不过，据内容介绍，笔者还是觉得纪念馆第一展馆的展览在内容安排上比第二展馆成功。展出抗日时期边区历史的第一展馆专门有一大部分为"建设模范边区"。重点介绍在中共中央北方分局的领导下，边区在党政建设、政权建设、经济建设、教育建设、文化建设等方面所取得的一系列成绩。这部分又分五个单元，分别为"党建的楷模""民主的典范""经济的保障""繁荣的文化""国际友人在晋察冀"。也就是说，在内容上，第二展馆应该向第一展馆学习，对布展解放战争时期晋察冀的布展内容进行相应调整。这些内容，恰恰是作为"模范边区"晋察冀根据地的核心所在，同时也正是人民革命战争条件下新的根据地政权建设的特殊性的体现。

（三）北京地区现当代文学、文化遗址调研报告

一方面，北京地区不仅文化遗迹众多，而且在保护、利用现当代文学遗迹、文化遗迹方面已占有很大优势，摸索出许多成功经验。比如，在作家故居保存、利用方面，北京有像鲁迅博物馆这样直属国家文物局的文保单位，既完整保留故居面貌和作家遗物，又有相当专业的生平历史展览，同时承担学术研究功能，集保存、整理、展览、研究于一体，互有促进。在集中保留、搜集、展示、研究现当代作家遗产方面，北京有全国唯一一家专业的"现代文学馆"，接收了大量现当代作家的手稿、藏书、遗物，为现当代文学研究保存了一大批珍贵材料。长期被单位占用的北京大学红楼复原其历史风貌，成立了"新文化运动纪念馆"在利用旧址开辟专题展览方面作出有益的探索。

但另一方面，近几年北京围绕故居和文化遗址保存而引发的争议也层出不穷。像一度被列入拆迁范围的八道湾胡同11号院，再如，20世纪30年代北京的另一著名新文化活动所（处）——东城区北总布胡同24号的梁思成、林徽因故居——也于2009年传出将被整体拆除的消息，并引起专

家、媒体、民众的普遍关注。

面对以上状况，我们此次在北京地区进行的"现当代文学与文化遗迹考察"力图选择一个文化遗迹较为集中的区域，挂一漏万地呈现北京地区现代文化遗迹的保存现状和其中的问题。我们最终选定的区域是什刹海周边地区。这里不仅在古代和近现代历史上是众多王公贵族和文化名人的聚居地，新中国成立后也有众多现当代文学作家、文化人居住于此，而且其环境风貌、建筑园林保留完整，较少拆迁，几乎是保存故居条件最好的区域。

调研组从什刹海的西南侧开始，参访的第一站是"郭沫若纪念馆"，但因为馆内维修，停止对外开放，颇为遗憾。向北的下一站是辅仁大学旧址。今天的辅仁旧址虽然已成为北师大的"北校区"，但其校舍、建筑、格局、环境一如旧貌，保存比较完整。整个校址的利用情况却让人觉得有些遗憾，因为这里远离师大本部，如何利用这一校址一直是一个矛盾。这里现在已成师大的继续教育学院，师大自己的学生反而很少有机会到这里来，对辅仁的传统、历史也就无从了解了。从辅仁旧址出来，我们开始按地图寻找辅仁老校长陈垣先生的故居。寻找很久，在一个门口挂着"北京辅仁大学校友会办公室"牌子的小院的后院，找到了陈垣故居。这里正处于搬迁状态中，著名的"励耘书屋"的现状可以用"惨淡"二字来形容。这里显然已经很久没人来过，处于废弃状态。从墙上挂的照片看，之前也做过一些展示布置，但由于长期疏于维护，有的照片已掉了下来。启功先生题写的一块"励耘书屋"的匾额也不见了踪影。工作人员向我们解释，这里原被用作校友会的会客厅，也是陈垣先生的纪念室，但辅仁校友会近期被北师大校友会收编，马上要搬离这里，这所旧居以后由师大管理，还不知道如何使用。

再往北，到了柳荫街 29 号的杨沫故居，但大门紧闭，敲门也无人回应，只能接着寻访下一目标。往东到了大翔凤胡同 3 号，这里是丁玲的故居，据说这里最早是山西作家马峰的居所，马峰离开北京回山西前，将这处房子转让给了丁玲。此房后由丁玲的儿子调换给中国作协，现在归作协所有。房子的门口挂着《民族文学》杂志社的牌子，院子虽然比较简陋，也比较整洁，但如果不是有意者查找，已看不出一丝与丁玲的关系了。

丁玲故居往北不过几十米就是民国"四公子"之一、著名收藏家张伯驹的故居。随着"收藏热"这些年愈演愈烈，张伯驹、潘素夫妇的名气也越来越大。故居虽也是大门紧闭，但旁边的墙上已镶嵌了一块石牌，上写"张伯驹、潘素纪念馆"，落款是"中华社会文化发展基金会"。敲开大门，迎客的人告诉我们纪念馆还在装修中，明年 2014 年才能对外开放。接下来寻访的两所故居——从延安时期到新中国成立后对中国医疗事业贡献卓著的美籍中国人马海德医生的故居以及有"时代鼓手"之称的诗人田间的故居——都因为已是后人居住的私宅而未获准进入。

此行印象最深的是作家萧军的"海北楼""蜗蜗居"故居。这所故居就隐藏在什刹海北沿的一个敞开的院门内，没有任何标志。四周已是一片废墟，矗立其中的这间两层小楼也如同刚刚经历战火洗礼一般，东侧的外墙已经坍塌，露出里面的房间。整个楼废弃已久，地板塌陷、门窗破损。即便如此，从其整个外观、格局、细部的装饰仍可以看出它的气象不凡。据说此房已被私人购买，可能不久就能被翻修一新。

除了什刹海周沿，我们还参访了东城区的几个纪念馆。后圆恩寺胡同的茅盾故居开放已久，整个院落整洁、安静，布展设计也较为用心，有很好的文化气氛。略显不足的是，作家生平展览较为简单，多为粗线条的勾勒，尚不足以充分反映茅盾复杂、丰富的人生。

丰富胡同的老舍故居与纪念馆正处于维修中，无法进入参观。有意思的是故居西南角有一家"老北京民俗书店"，书店占地不大，里面非常拥挤，但名副其实，收集的都是各式各样关于北京历史、文化、社会、风俗、地理方面的书，这家书店让人想起了鲁迅博物馆里的"鲁迅书店"，是文化历史名人故居、纪念馆的恰当"搭配"。东堂子胡同 75 号的蔡元培故居是蔡元培 1917～1923 年担任北京大学校长期间租住的房子，整个院落分为三进，其实只是最后一排房屋被辟为蔡元培生平展和故居陈设，前两进院落都为开发此故居的"富华国际集团"占用。这是一家由企业投资修缮和维护的名人故居，相比之下，这里主办者的自我宣传意识比其他的都强，服务也比较热情。

文化名人和历史名人故居的保存，往往会受某些流行价值观的主导，而在这些流行价值观的塑造、打造过程中，学界与舆论界又往往起到某种主导性的作用。将已有作家故居现状以及故居保存争议的情况加以排列、对照，就可以看出学术兴趣转移、政治标准松紧乃至市场走向等多重因素的影响。对于这些因素，在名人故居的保存和使用中，应有相对清醒的认识。

广东省佛山市文化建设与发展调研报告

刘国新　孙　丹　曹光章　魏立帅[*]

引　言

广东省佛山市是国家历史文化名城、岭南文化的重要发源地之一，又处于改革开放的前沿，经济发达，生活富裕。在经济持续快速增长的同时，文化建设也十分引人关注。

与许多新兴工业城市不同，佛山是一个古老而又年轻的城市。佛山简称"禅"，肇迹于晋，得名于唐，是一个拥有1300年历史的经济重镇、商贸古城，文化底蕴深厚，人文资源荟萃。明清时期，佛山雄踞全国四大名镇和天下四大聚之列。[①] 佛山的陶瓷、纺织、铸造、医药四大行业鼎盛南国、名震岭南。近代以来，佛山成为中国民族工业的发源地之一，中国第一家新式缫丝厂和第一家火柴厂先后诞生在这里。佛山还是南派武术、龙狮、粤剧的发祥地。改革开放30多年来，佛山市的城市发展印证了城市发展理论描绘的"发展—转型—再发展"城市发展路径。2008年，佛山人均GDP超过10000美元，是全国平均水平的3倍，经济社会进入平稳发展的新时期。[②] 2012年，在中国社会科学院发布的《全球城市竞争力报告（2011～

---

[*] 刘国新，中国社会科学院当代中国所当代中国文化建设与发展研究中心主任、研究员，研究方向为中国当代文化史；孙丹，中国社会科学院当代中国所副研究员，研究方向为中国当代文化史；曹光章，中国社会科学院当代中国所副研究员，研究方向为中国当代文化史；魏立帅，中国社会科学院当代中国所助理研究员，研究方向为中国当代文化史。

[①] 佛山镇与湖北汉口镇、河南朱仙镇、江西景德镇被共誉为全国四大名镇；又与北京、江苏苏州、湖北汉口并称为"天下四大聚"。

[②] 根据亨廷顿理论，在一定阶段，人均国内生产总值的（即人均GDP）增长与社会安定、社会和谐成正比。发展理论也把人均1000～3000美元认定为工业化起飞阶段，4000～6000美元为工业化中期。工业化起飞后，相对于传统社会，社会不安定因素增加。但人均GDP一旦达到6000～8000美元，尤其在8000美元以后，基本会进入一种新的社会稳定状态。

2012)》中，佛山排名第 210 位，比 2009 ~ 2010 年度提升了 8 位，排名先于广东省的中山市和珠海市。① 在实现经济跨越式发展的同时，佛山率先在城市发展建设中亮出文化牌，实现了华丽转身，为具有悠久文化传统的佛山注入现代文明，佛山从历史文化名城朝着现代化大都市的目标加速转变。

佛山市 21 世纪的文化建设是在党的十六大提出全面建设小康社会、广东省在全国率先提出建设文化大省的大背景下进行的，文化建设的加速和升级既是经济发展到一定阶段和水平所要求的，也体现了文化发展的内在规律。

改革开放以后，佛山市的社会结构、人口结构和文化结构都发生了深刻复杂的变化。多种经济成分、多种经济体的充分发展和外来人口的急剧增加，改变了原有的社会阶层、结构。现代工业文明的兴起，对外经济交往的日益频繁，不同文化思潮和文化现象的交流碰撞，给佛山市文化建设展现了前所未有的生机与活力，也增添了前所未有的困境和挑战。而文化的发展、文明的进步并非是一个纯粹的自然历史过程，文化的发展、文明的进步和提升从来都是随着经济的发展、技术的进步而或快或慢实现的。"或快或慢" 的程度则取决于人的干预和影响。在实现经济跨越的同时，佛山人也开始思考文化与经济社会发展的关系，敏锐地意识到文化在人与自然、人与社会的关系中无可替代的重要作用。观照城市文化的历史和现实，文物古迹、历史文化传统等历史遗存是城市文化中不可或缺的部分。但是文化的魅力在于文化的创造主体对传统文化与时俱进的改造和创新，在于赋予传统文化以时代内涵，留下当代人的文化印记。在 21 世纪的文化建设中，佛山市并没有停留在深厚的文化底蕴的搜寻和挖掘上，而是在传统和现代之间走出了自己的路子。佛山市的文化发展战略既充分彰显了古老文化神韵，又蕴涵着当代佛山人超前的意识和超群的智慧。

一 党的十六大以来佛山市文化建设的发展历程和总体思路

党的十六大以来，佛山市文化建设步入快速发展、务实创新、逐步升

---

① 《全球城市竞争力报告（2011 ~ 2012）》共选取了 500 个样本城市，涉及六大洲 130 个国家和地区，具体包括 181 个亚洲城市、143 个欧洲城市、100 个北美洲城市、36 个非洲城市、28 个南美洲城市和 12 个大洋洲城市。见中国城市发展网《全球城市竞争力报告（2011 ~ 2012）》，http：//www. chinacity. org. cn/csph/csph/88163. html。

级的阶段。佛山市委、市政府围绕贯彻落实广东省建设文化大省、文化强省的文件精神和时代要求，制定了文化战略的远景目标和总体规划，分阶段、分步骤制定实施了一系列重大文化建设目标任务。2003 年，出台了《中共佛山市委、佛山市人民政府关于加快建设文化名城的决定》《佛山市建设文化名城规划纲要（2003～2010 年）》等文件，提出文化名城建设必须围绕现代化大城市和群众精神文化生活需求开展，使佛山文化发扬光大，走向海内外，体现了佛山市委、市政府对文化建设问题的高度重视和前瞻意识，由此，佛山市文化建设也步入法治化、常规化、系统化、人文化、精细化发展的轨道。佛山市文化广电新闻出版局围绕贯彻市委、市政府建设"岭南文化名城"的战略部署，遵循文化建设发展规律和新型市民多样化的文化需求，针对不同层次、不同区域、不同领域采取了一系列提升佛山文化建设层次的举措。2008 年，佛山市新一届领导班子作出了"城市升级三年规划"的大手笔，提出佛山城市建设从城镇型向都市型转变的新目标，并于 2010 年制定了《"四化融合 智慧佛山"发展规划纲要（2010～2020）》，提出了争创全国文明城市的倡议。与此相适应，在有序推进实施完成《佛山市建设文化名城规划纲要（2003～2010 年）》的基础上，佛山市文化广电新闻出版局又出台了《"智慧佛山 文化先行"实施意见（2010～2015 年）》等与城市升级建设相适应的文化建设规划，对文化建设作出新的战略部署，这标志着佛山市文化建设进入了一个新的境界。

2003 年以来，佛山市的文化规划、发展和建设经历了三个阶段。

（一）第一阶段：2003～2006 年

这一阶段，佛山市在文化建设中开始尝试转变 20 世纪 90 年代风行全国的文化服务于经济建设，即"文化搭台，经济唱戏"的发展理念，在经济社会发展中突出文化的内在品质和功能，在文化工作和文化活动中注重文化发展自身的规律和特性，改"文化搭台"为"文化唱戏"。因此，文化工作的主要目标是把主办、承办重大文化艺术活动作为主要推动力，通过大型文化活动弘扬区域文化个性，传承和展示独具特色的岭南文化，凸显城市文化内涵，提升城市整体文化形象，唤醒佛山市民的文化意识和文化归属感，培育和养成佛山市民的文化需求和文化消费意识。

2003 年 10 月，在广东省委、省政府提出加快建设文化大省的整体规划基础上,① 佛山市政府制定了《佛山市建设文化名城规划纲要》（简称《纲要》），并于同年发布。② 《纲要》全面覆盖了社会文化的各个领域,③ 提出"到 2010 年，基本建立起适应社会主义现代化要求的文化发展格局、文化管理体制及运行机制，使佛山市成为市民综合素质普遍提高，文化经济繁荣，具有先进配套的文化设施，高素质的文化人才，高品位的文化精品，优质的文化产业，繁荣有序的文化市场，富有吸引力的文化环境，一流的文化服务体系，社会文明进步，城市形象鲜明，文化发展主要指标省内先进、文化综合实力居全省前列的文化名城。"并提出分步骤实施创新战略、产业战略、精品战略、人才战略。

对于文化名城的文化塑造目标，佛山《纲要》提出要培育大城市文化意识和文化观念，塑造具有鲜明时代气息、地域特色和现代品位的城市文化形象。一是重点抓好两个百万人口新城区的文化建设，注重历史文化资源的保护与利用，以新城区的建成，烘托老城区历史文化风貌，以现代理念的旅游文化彰显历史文化功能，把中心组团建设成为全市文化集聚和辐射的中心。二是在五个 30 万~50 万人口的新城区，要以沿海经济发达中等城市的要求，建设区域文化中心，提高城市规划和设计中的文化品位，做到城市功能、城市环境与城市文化形象有机统一，城雕、广场、旅游景点、城市绿化以及广告、街名、店名等注重特色，体现文化名城人文底蕴。

为了又好又快地落实和实施《纲要》，佛山市紧紧抓住承办第七届亚洲艺术节的契机，推进城市文化建设，2004 年 12 月 21 日，佛山市政府办公室发出《关于加快文化名城建设的若干政策》，制定了加快文化名城建设的政策细则，主要包括"加大财政扶持力度""扶持公益性文化事业发展""扶持文化产业发展""促进文化体制改革""支持文化队伍建设"等。这些细则均触及文化建设的实质性内容，承诺各级政府都要加大对公

---

① 2003 年 10 月 9 日，广东省委、省政府印发了《关于加快建设文化大省的决定》和《广东省建设文化大省规划纲要（2003~2010）》。该纲要共 8 款 28 条，以及若干细则，全面制定了广东省 2003~2010 年文化建设的指导思想、目标任务和总体路径。该决定则向各级党委和政府发出建设文化大省的政治动员令。

② 与《广东省建设文化大省规划纲要（2003~2010）》同时制定省级文化发展战略的有浙江、江苏和云南省。而在市一级层面的城市文化发展规划的制定中，佛山市在时间上早于上海和北京（上海于 2004 年、北京于 2005 年制定了城市文化、文化产业发展规划）。

③ 《佛山市建设文化名城规划纲要》全文 1.4 万字，规定的文化内容主要包括思想道德、教育、科技、文学艺术、新闻出版、广播电视、哲学社会科学、社会文化、卫生、体育、旅游等。

益性文化事业的财政扶持力度，重点保证对公益性大型文化项目、文物保护和文物征集项目及基层文化事业建设的投入。同时，重点扶持一批拥有自主知识产权和文化创新能力，主业突出、竞争力强的文化产业集团、国有文化控股公司等。对处于攻坚阶段的文化体制改革，提出要从办理工商登记、落实社会保障方面为文化体制改革建立强有力的保证，促进改革的深入。《关于加快文化名城建设的若干政策》还鼓励社会力量参与佛山文化名城建设，对民间投资的文化产业项目和文化场馆，在市场准入、土地使用、信贷、费用减免、上市融资等方面，享受与其他企业同等待遇。

这一阶段，佛山市先后成功举办"魅力佛山·琼花焕彩——2003 年佛山粤剧文化周"，"中国戏剧之命运"研讨会（2003 年），"魅力佛山·2004 年琼花粤剧艺术节"（2004 年），亚洲文化部长论坛，第七届亚洲艺术节（2005 年），全国农村公共文化服务工作经验交流会（2005 年），中国广东国际音乐夏令营（2005 年），第十二届省运会开、闭幕式大型文艺晚会（2006 年），等等。通过一系列重大文化艺术活动的举办，全面展示了粤剧、醒狮、剪纸等传统文化与民间艺术的魅力，提升了佛山的城市形象，扩大了佛山的知名度，增强了市民的文化自豪感和对城市文化的热爱。

对佛山市文化建设最具推动效应，并给佛山留下了重要文化遗产的项目是 2005 年 11 月承办的第七届亚洲艺术节。这是中国政府首次在一个地级市举办国际性的重大文化活动，这成为佛山市城市建设和文化建设动力强大的助推器。第七届亚洲艺术节不仅为佛山市增添了现代化的城市基础设施、公共文化设施，也使佛山市在文化建设的理论和实践上大踏步地前进了：不仅增强了文化本土意识，更具有了多样性的全球视野。历时近一个月的亚洲艺术节期间，包括中国在内的 21 个国家 91 个中外专业和民间文艺团体的 5000 多名艺术家和演出人员，参加了剧场演出、街路巡演、广场演出等 48 场演出活动。与以往艺术节不同的是，这届艺术节特意邀请国内一流艺术院团带来十多台（20 多场）京剧、昆剧、越剧、川剧、粤剧、话剧、儿童剧、杂技芭蕾舞剧等国内舞台艺术精品同期演出。除了丰富多彩的各类演出外，还安排了大量富于岭南文化特色的展览、展示，举办了陶艺展、灯色展、美术展、美食嘉年华、龙舟赛及文化产业推介等 13 项展览展示活动。观看艺术节各类演出、展览展示活动的观众累计超过 200 万人次。60 多家国内外媒体的 400 多名新闻记者，对活动进行了深入广泛的宣传，极大地推动了佛山市文化建设，扩大了以岭南文化为核心的佛山文化的影响力。艺术节期间，召开了"亚洲文化部长论坛"，20多个国家的文化部长在佛山共同签署了《佛山宣言》，成为佛山市文化建设中一个标志性的文本。2006年9月，为落实《佛山宣言》的共识内容，作为第八届亚洲艺术节（北京）的板块内容之一，由文化部主办、佛山市协办了"10+3"文化人力资源开发合作培训班，来自东盟十国的文化官员参加了此次培训。其间，在佛山市亚洲艺术公园内举行了《佛山宣言》第七届亚洲艺术节纪念雕塑——《印证》的揭幕仪式。如今，《佛山宣言》已经成为一种文化符号。文化《佛山宣言》之后出现了"咏春拳佛山宣言"[①]"知识产权佛山宣言"[②]"区域旅游合作佛山宣言"[③]等。

（二）第二阶段：2007~2009年

这一时期，在佛山市"建设产业强市、文化名城、现代化大城市与富裕和谐佛山"[④]的总目标下，佛山市文化工作的目标和重点开始从大型文化项目和活动向以保障市民基本文化权益、改善并提高市民文化生活质量转移，实现文化权益保障和文化消费需求的双翼腾飞。

2007年3月5日，佛山市政府发布《佛山市文化发展"十一五"规划（2006~2010年）》（以下简称《规划》），在公共文化建设方面，加大了公益性文化设施建设和管理的力度，对图书馆、博物馆、广播电视网等的建设提出量化管理目标。在公共文化管理方面，强化基层公共文化服务功

---

① 2007年8月27日，世界各地约150名功夫代表来到咏春拳的发祥地佛山，并签署了《2007年世界咏春拳佛山宣言》，佛山成为世界咏春拳的中心。

② 2009年，广东省佛山禅城区、南海区、顺德区以及广州花都区、深圳南山区和汕头龙湖区等6个区，被列入全国124个首批实施国家知识产权强县工程区。8月28日，六区在佛山签署广东省推进实施国家知识产权强县工程《佛山宣言》，6个城区共同承诺："开放共享，加强合作，促进区域自主创新和核心竞争力不断提升。"

③ 2009年11月5日，广东、广西两省（区）的广州、佛山、肇庆、桂林、梧州和贺州六市旅游行业人士齐聚佛山，共同签署了意在加强区域旅游合作发展的《佛山宣言》。主要内容包括共建重大旅游事项磋商机制、共建旅游应急反应和投诉机制、协调处理区域内重大旅游事件和旅游投诉；鼓励旅行社跨境设立分支机构、为旅游企业投资提供便利与优惠、降低旅游经营成本、加快交通对接、努力实现区域无障碍旅游；整合旅游资源、共同打造旅游精品线路、构建特色鲜明的"两广六市"旅游产品体系；联手开展旅游宣传与推介、共同制订旅游市场推广方案、共同编制推介对方的旅游线路；创新旅游业人才交流机制、加强旅游从业人员的交流与培训。

④ 《佛山市文化发展"十一五"规划》（2007年）。

能，提出要在"十一五"期间建立和完善多层次、全方位的城市公共文化服务体系，使市、区、街道（镇）、社区（村）四级文化设施布局合理、特色鲜明，确立和巩固优势文化品牌，办好"魅力佛山"系列文化活动，打造城市文化品牌，并适时策划新的文化品牌活动。《规划》要求"十一五"期间，要以城市社区和农村乡镇为重点，积极推动工业园区文化、社区文化、农村文化、校园文化、军营文化、外来工文化等的建设，提出到2010年行政村文化设施基本实现"五个一"，即一个文体广场，一个文化活动室、一个图书室、一个数字电影放映院（厅）、一个宣传橱窗；社区建有一个具文化、体育、娱乐、休闲功能的公园或广场和一个综合文体活动室；工业园区文化设施基本实现"四个一"，即一个文体广场、一个文化活动室、一个图书室、一个宣传橱窗。并最终实现同城生活、同城文化、共享佛山城市魅力的目标。

2009年2月，在基本完成"十一五"规划的基础上，围绕贯彻落实广东省《珠江三角洲地区改革发展规划纲要（2008～2020年）》，佛山市人民政府发出《关于进一步推进岭南文化名城建设的若干意见》（以下简称《意见》），提出要在3～5年内，统筹建设城乡公共文化服务体系，壮大文化创意产业，加强文化遗产保护，打造特色文化品牌，扩大对外文化交流等要求。以建设"公共文化服务体系基本完善、人文环境富有魅力、文化产业蓬勃发展、文化综合实力居全省前列的文化名城"为目标，进一步细化了一系列文化惠民的政策措施，提出并实施了加快推进20户以下已通电自然村广播电视"村村通"工程建设和乡镇有线电视数字化整体转换工作，联合图书馆工程和农家（社区）书屋工程及基层电影公益放映工程等多项重点文化民生工程。在文化惠民的基础上，注意培育高雅艺术展演市场，继续实施"魅力佛山"文化艺术工程。以政府项目补贴或定向资助的方式，引进能体现民族特色和国家水准的舞台艺术精品和艺术展览进入佛山。鼓励社会力量以市场运作的方式，组织和引进国内外高水平的展演活动。

在文化遗产保护上，《意见》特别提出设立"佛山市工艺美术创新市长奖"[①]，奖励在佛山工艺美术的继承和创新、市场化和产业化方面有突出贡献的机构、个人和项目，切实促进文化遗产保护和文化产业发展。"佛山市工艺美术创新市长奖"首届奖励总额不低于30万元。《意见》还提出

---

① 该奖项由"佛山市传统陶艺创新大赛市长奖"改设，但扩大了奖励范围。

发掘利用佛山丰厚的历史文化资源，打造若干个具有长久生命力和国际影响力的文化节庆品牌，如中国佛山陶瓷艺术创意设计展、佛山秋色欢乐节、粤菜文化大观园等。依托"佛山秋色""行通济"和祖庙庙会（北帝诞）等具有本土特色的非物质文化遗产项目，创新活动内容与方式。这是在第一阶段"文化本土意识与多样性的全球视野"的基础上，更具有文化自觉的举措，标志着佛山对传统文化现代化的理解更深刻、更富有历史感与责任感。

这一阶段的另一个重要举措，是在充分保障和实现公民文化权益的同时，更加自觉地推动文化与经济的融合，使文化成为经济发展的新引擎，把文化产业嵌入佛山市整个产业转型升级格局之中。

在实现"现代制造基地、产业服务中心、岭南文化名城、美丽富裕家园"的城市发展定位中，针对文化产业发展结构不合理、市内各区域发展不平衡、产业政策不明晰、公共文化服务仍需加大投入的状况，2009 年 5 月，颁布了《佛山市文化产业发展规划（2008～2020 年）》，加快了佛山市产业结构的转型和文化产业建设的步伐。该规划提出总量增长目标、质量增长目标和产业结构目标，以及近期、中期、远期三阶段的实施步骤。对文化产业发展的方向、具体目标、实现方式、总体布局、区域分布和 8 个重点项目作出了详细规划、制定了量化目标，以及各项制度保障措施，具有极强的指导性和可操作性。其中总量增长目标为：实现文化产业增加值年均增长 14%。到 2015 年文化产业增加值达到 414 亿元以上，占地区生产总值的比重超过 5%；到 2020 年文化产业增加值达到 767 亿元以上，占地区生产总值的比重超过 5.5%，力争达到 8%。质量增长目标为：文化产业拥有一大批优势行业、强势品牌和核心产品。到 2015 年以后，佛山文化产业中营业收入达到 200 亿元的行业要达到 3 个以上，拥有 20 个以上的全国知名文化产品和文化服务品牌；到 2020 年，文化产业中营业收入达到 300 亿元的行业要达到 3 个以上，拥有 25 个以上全国一流、国际知名的文化产品和文化服务品牌。产业结构目标为：逐步改善文化产业的内部结构，使核心层、外围层、相关层对贡献值的比重不断优化，形成相对均衡的比例。在总量不断增长、科技含量和创新水平不断提高的前提下，文化产业三大层次贡献值的比重，要从 2007 年的 11.02∶9.33∶79.65，调整到 2010 年的 15∶13∶72，再到 2015 年的 22∶19∶59，进一步达到 2020 年的 30∶24∶46，促进文化产业内部结构均衡，实现可持续发展。

（三）第三阶段：2010 年至今

经过第一、二阶段的探索和实践，佛山市文化建设的思路已经十分明晰，规划中的文化设施建设和管理目标基本实现，为佛山市经济结构的调整转型、文化建设的升级和加速发展奠定了良好的基础及理论和经验的储备。这个阶段密集出台了公益性文化事业和文化产业发展规划以及配套政策，文化建设呈现出全面深入、普惠民生、整体推进的态势。文化建设中更加注重主流文化的引领作用，在文化内容和形式上鲜活创意迭出，更加关注文化民生。积极继承、挖掘当地丰厚的传统文化资源，大力建设具有当地经济、人文特色的新文化。在公共文化设施等硬件建设，人才培养、城市文化、打工文化等软件建设，以及文化产业建设方面，都成效显著，独具特色。文化惠民的特征十分突出，强调要用有限的财力，持续地改善市民文化生活质量，持续地提高市民文化素质，持续地提升城市文化品位，体现了这个时期文化建设的新思维。

2010 年，根据中共十七大报告"全面认识工业化、信息化、城镇化、市场化、国际化深入发展的新形势新任务"的精神，以及广东省委在新阶段提出的"建设文化强省"的战略部署，[①] 佛山市委、市政府提出"四化融合"的发展新理念，出台《"四化融合，智慧佛山"发展规划纲要（2010~2015 年）》（以下简称《纲要》），提出以创新为主题，以市场为导向，通过信息化、工业化、城镇化、国际化的相互融合、互相促进、共同发展，把佛山打造成为现代产业发达、社会管理睿智、大众生活智能、环境优美和谐以及国际化程度较高的智慧城市。与《纲要》相配套，市委、市政府制定《"智慧佛山 文化先行"实施意见（2010~2015 年）》（以下简称《实施意见》），南海区编制了《"狮舞岭南·龙腾南海"文化发展行动计划（2010~2015 年）》。

《"智慧佛山 文化先行"实施意见（2010~2015 年）》"以大视野布局大规划，以大智慧构筑大工程，以大举措弘扬大文化，以大手笔做强大产业，为'四化融合，智慧佛山'建设提供良好的文化环境和内源动力"为指导思想，提出到 2015 年把佛山建设成为文化氛围浓郁、城市形象鲜

---

① 2010 年 7 月，广东省委十届七次全会通过《广东省建设文化强省规划纲要（2011~2020 年）》，提出未来 10 年实现广东省从文化大省向文化强省的跨越。

明、文化发展主要指标省内先进、文化综合实力居全省前列的"文化魅力之城、文化创意之城、文化民生之城"。

与第一、第二阶段《佛山市建设文化名城规划纲要（2003～2010）》《关于进一步推进岭南文化名城建设的若干意见（2009年）》相比，2010年以来，以争创全国文明城市为抓手，《实施意见》全面提升了佛山市文化建设的战略目标和实施要求，通过实施市民文化素质提升工程、城市形象提升工程和哲学社会科学提升工程，体现"文化，让城市更美丽"；通过做大做强以创意内容为核心的文化服务业，加强各类文化资源的保护利用，实现文化事业强、文化产业强、文化队伍强、文化含金量高的文化创意聚集高地目标，体现"文化，让城市更强大"；通过完善基层公共文化设施网络，增强公共文化产品和服务供给能力，促进基本公共文化服务均等化，保障人民群众的基本文化权益，切实改善文化民生，让广大人民群众共享文化发展成果，体现"文化，让城市更和谐"，既有宏观的规划，又有微观的布局。

在新世纪文化建设实践的基础上，佛山市的文化建设更加重视文化自身发展规律和内在要求，凸显高度的文化自觉和理论追求，为推动"四化融合，智慧佛山"提供智力支持和保障。在"建设文化魅力之城"的实施意见中明确提出"实施哲学社会科学提升工程"，包括组织社会科学理论界专家开展市情调研和重大专题研究，形成一批有影响力的研究报告，加强省、市社会科学理论界合作联动及省广府文化研究基地建设，创造条件成立历史文化研究机构、组织编纂出版佛山历史文化文献，建立学术带头人制度、培育优秀社会科学专家等建设目标。

《"狮舞岭南·龙腾南海"文化发展行动计划（2010～2015年）》（南海区）（以下简称《行动计划》）制定了"235"文化发展行动计划：以争创省"'文化强省'建设示范区"和"国家级公共文化服务体系建设示范区"为目标，打造"潮涌灯湖"广佛都市文化高地、"文翰樵山"岭南旅游文化高地、"动感狮城"现代产业文化高地等"三张区域名片"，开展公民素质提升、城乡"十分钟文化圈"（农村为"十里文化圈"）、文化产业发展、文化人才集聚、区域形象塑造等"五大基础工程"。《行动计划》除了继续坚持文化惠民的基本思想，一个突出的亮点就是公共文化服务向区、镇（街）、村（居）基层全面铺开推进，计划实施五大文化基础工程。

城乡"十分钟文化圈"工程是这个阶段基层文化建设的一个符合基层实际情况、满足基层文化需要，又创意十足、便于操作的文化建设新举措。关于基层文化设施（农村和城市社区文化活动中心）建设，在"十一五"计划中"行政村文化设施基本实现'五个一'"，"社区建有一个具文化、体育、娱乐、休闲功能的公园或广场和一个综合文体活动室"，"工业园区文化设施基本实现'四个一'"的基础上，该《行动计划》将其提升为"六个一"①：一个综合文化活动室、一个文化驿站、一个群众文化广场、一名文体辅导员、一支文化义工分队、一个以上特色群众文化活动项目，并且到 2010 年完成覆盖 80% 农村社区、2011 年实现全区覆盖。②

佛山市公共文化设施网络建设也进入提升阶段，群众文化福利进一步得到保障。市图书馆、博物馆、艺术馆新馆等重点公共文化设施建设有序推进，覆盖城乡的四级公共文化服务网络日益健全，切实改善了市民文化福利，提升了城市形象。数字祖庙、全国文物普查数据库、佛山市民间艺术数据库建设基本完成，数字博物馆项目也有序推进，完成了部分馆藏精品的采集。

与此同时，文化产业建设和对外文化交流活动也快速发展。以新石湾美术陶瓷厂、平洲玉器街、佛山市民间艺术研究社、孔雀廊娱乐唱片有限公司、中凯文化传媒有限公司、佛山创意产业园、1506 创意城、广东工业设计城等为龙头的文化产业初具规模。2010 年，全市文化产业增加值从 2009 年的 53 亿元达到 231.7 亿元，占 GDP 比重为 4.1%；2011 年，文化产业增加值达 297 亿元，占地区 GDP 的 4.5%。对外文化交流活动促进了佛山文化"走出去""请进来"，丰富了佛山市民的文化生活，扩大了文化贸易，成为提升城市影响力、市民艺术鉴赏力的重要手段。佛山市文化交流协会 2009 年成立后，多次组织粤剧、陶艺、龙狮、剪纸等具有鲜明地方特色的优秀文化艺术项目、名家名作赴澳大利亚、阿拉伯联合酋长国、埃及、意大利等国家和港澳台地区展演、交流，以及广（州）佛（山）地区专家资源共享共用、广佛肇工艺美术精品联展、广佛肇文化艺术活动演出交流等文化合作。同时，积极引进优秀文化，鼓励区、镇街基层单位或企业进行文化交流。2011 年举办了亚洲现代陶艺新世代交流展，瑞士、俄罗

---

① 调研时，这一标准已达到"十个一"。
② 调研时，全区覆盖这一目标已经实现。

斯等钢琴音乐会，美国摇滚音乐会、"安娜·高美佛山艺术大展"等。

不管是从发展思路到政策的分类细化，还是具体操作实践的层面，这一阶段佛山市文化建设都实现了跨越式的发展，政策和实践水平都跨上了新台阶新高度。文化建设的"佛山范式"不仅对经济发达地区具有某些示范效应，也积累了对经济后发地区具有重要借鉴意义的宝贵经验。

二 公共文化建设的总体思路和战略目标

公共文化服务是政府公共服务的有机组成部分，对构建和谐社会、提升城市竞争力、树立城市形象具有重要作用。"十五"以来，佛山市高度重视公共文化服务体系建设工作，市民享受文化服务的权利得到进一步保障，基层文化工作呈现多姿多彩、蓬勃发展的局面。

（一）佛山公共文化服务体系建设的基本情况

随着经济社会的迅猛发展和城市化水平的提高，佛山的文化事业取得了长足的进步。在建设"文化名城"战略中，尤其是基层文化建设方面，佛山市根据贴近实际、贴近生活、贴近群众"三贴近"的原则，将构建公共文化服务体系作为全局性、战略性工作，摆到重要的位置。经过几年的努力，取得了突破性的发展。南海区、顺德区成为全国先进文化县（区），佛山市图书馆、佛山市群众艺术馆等5个单位被评为全国文化先进集体，禅城区、三水区被评为广东省实施"南粤锦绣工程"文化先进县（区）。目前全市有国家和省级"民族民间艺术之乡"17个，全国一级图书馆6个，全国一级文化馆6个，特级电影院9间，广东省十佳文化广场、优秀文化广场各1个，88%的文化站达到省特级标准。

截至2011年底，全市共有公共图书馆6所、文化馆6所、博物馆8所、电影（剧）院48间、文化站33个、社区（村）文化室562个、文化广场48个、老年活动中心715个、民办文化场馆36个、企业文化园191个。全市基层文化阵地总面积近170万平方米。

文化设施的突破性发展，为在全市建设一个以文化设施为载体、多层次、相配套的四级文化服务网络奠定了坚实的基础。据不完全统计，2004年以来，全市公共图书馆每年接待读者超过380余万人次，博物馆年均接待参观约90万人次，全市举办各类文化活动的场次和直接服务的观众人数，相当每个市民年参与文化活动 3 次或以上。千场公益电影下基层活动，2004～2006 年共完成了近万场的电影放映任务，观影群众达 900 多万人次。

佛山公共文化服务体系惠及千家万户，在构建覆盖全市的公共文化服务体系方面，佛山主要抓住了以下几点。

1. 改善设施，搭建文化服务的公共平台

近年来，佛山市加大了对基层文化阵地建设的投资力度，各级党委、政府自觉把基层文化设施建设纳入城乡建设的整体规划，按照城市和人口发展的总体规划，合理布局大型设施，对街道（镇）、社区（村）和工业园区的文化设施建设也提出了明确的要求。各级文化部门，尤其是区、镇（街道）文化部门，更是主动与地方各部门沟通协调，按照"同城生活、同城便利"的原则，做到"填平补齐与适度超前"相结合，"功能完善与特色鲜明"相结合，有效地推动了全市基层文化设施建设协调发展。

佛山市在利用社会资本建设文化设施方面也取得了可喜的成绩。禅城区的石湾公仔博物馆和刘传纪念馆，顺德区的天任美术馆和致尚美术馆，高明区的古钱币博物馆等，均是企业和个人等社会资本投入兴建，社会效益和经济效益良好。省级文物保护单位顺德区碧江金楼的保护和维修走出了新路，村民集资投入文物保护工程，形成了保护与利用相结合的良性发展态势，2005 年碧江金楼所在的碧江村被评为全国第二批历史文化名村。

目前，一个布局合理、档次分明、特色突出的全市文化设施网络正逐步形成，每周至少举办 1～2 场公益讲座，听众累计超过 10 万人次，被称为"佛山公益讲座现象"，是佛山人的精神家园和亮丽的文化名片；"佛山新年音乐会"开国内城市新年音乐会之先河，自 1990 年起已连续举办 15 届，其市场化运作方式受到各方赞誉，更带动了各区新年（新春）音乐会的蓬勃开展，成为全城瞩目的文化盛事。

2. 形成网络，创新文化服务的方式手段

为保障文化服务的有效落实，佛山市制定了《佛山市公共文化服务体系实施方案》，旨在充分调动和利用现有人力、设施、服务、技术等各种资源，构建"结构合理、发展平衡、网络健全、运营高效、服务优质、覆盖全市"的公共文化服务体系。佛山根据组团式城市的客观实际，提出以全市 42 个基层群众文化事业单位为主体，以流动服务为主要手段，着力构建以流动演出、流动培训、流动展览、流动讲座、流动数字电影网以及联

合图书馆等服务网络为主的公共文化服务体系，满足基层群众对各类文化艺术的需求。

这些服务网络的建设理念是：整合全市演出队伍、节目、场地、演出器材等资源，服务各区、街道、社区、学校、企业、部队，建设流动演出网络；以公共图书馆总分馆制为主体，吸纳各行业系统、各种类型的图书馆加盟，按照"统一标志、统一平台、统一资源、统一管理、分散服务"的原则，建设联合图书馆体系；依托市、区、社区和高校图书馆以及街道文化站，建设流动公益讲座网；利用图书馆、文化馆、博物馆各单位自身的场地和馆藏资源，区镇结合、市内市外结合，建设流动展览网；集中一批业务技能、管理和组织策划能力强的人员组成核心培训队伍，面向基层，建设流动培训网；依托市电影发行放映中心自身网络，整合资源，以数字流动电影放映服务网为载体，建设新型电影发行放映体系。每个服务网络有各自的实施目标、结构内容、实施计划和步骤。

据不完全统计，流动服务网络启动以来，全市已有1000多万人次参与到各种文化活动中来，丰富多彩的公益文化服务使广大基层群众直接受惠。

3. 强化队伍，提高文化服务的质量水平

公共文化服务体系的建设，要求有一支高素质的文化队伍。在提高队伍的整体素质方面，佛山市按照人才队伍的建设规划，从实际工作出发，适当引进文博、理论研究、文学创作、舞蹈编导、文化经营管理等方面的高素质人才；以"抓普及、促提高，抓提高、带普及"为思路，采取"请进来"与"走出去"、学历进修与短期培训相结合的方法抓好人才培训工作；对现有人才资源进行培养性、使用性和政策性开发，营造有利于人才脱颖而出的良好环境；深化人事制度改革，基层领导班子实行选聘制和任期目标责任制，事业单位逐步推行全员聘用制。通过几年的努力，队伍素质有了明显提高，高学历、年轻化、专业化已逐渐成为趋势。

在服务理念上，着眼于文化"培养理想信念、提高市民素质"的功能，强化民众"享受文化服务、参与文化活动"的权益，树立"无障碍、零距离、更丰富、更优质"的文化服务意识。

2005年3月，佛山市成立了由文化、教育、新闻界从业人员，专业和民间文艺团体，以及热衷于文化活动的社会人士组成的"文化志愿者"队伍，成为一支专门从事社会文化公益事业的群众性队伍。文化志愿者以自己的文艺专长和艺术才华，为社会和大众提供无偿的文化服务，通过社会

义务劳动实现人生价值。

2005年的亚洲文化部长论坛暨第七届亚洲艺术节期间，佛山全市范围内开展了亚艺节志愿者招募活动，引起巨大反响，全市1万多人报名，最后招募了5000多名包括外语翻译、礼宾接待、会务场馆、咨询讲解、交通协管、医疗护理等项目的亚洲艺术节志愿者，10996人次参与了亚洲艺术节纪念雕塑设计方案公开征集市民意见的投票，亚洲艺术节口号征集活动也收到了近万条备选口号方案，全市形成了"人人关心亚艺节，人人参与亚艺节"的良好氛围，确保了亚洲艺术节的圆满成功。

构建公共文化服务体系应把握的原则是将其作为一项政府主导、社会参与、全民关注的社会系统工程。在实践中，应切实把握以下几个原则，即树立正确文化观念是前提，完善各项政策是保障，加强政府主导是关键，社会支持参与是基础。

1. 更新文化观念，树立服务意识

加快构建公共文化服务体系，是佛山市客观实际的必然要求，也是公民文化权益的天然要求。构建公共文化服务体系，首先必须明确公共文化服务是政府提供公共服务的重要组成部分，树立服务意识。构建公共文化服务体系，就是为了更好地满足大众的多层次、多样化、整体性的公共文化需求，享受最基本、最广泛的文化权益。这种广泛的权益只有依靠政府最大限度地、有组织地提供公共资源才能够实现，这是政府的公共责任，也是能力和绩效的具体体现。

自2003年以来，围绕建设"产业强市、文化名城和现代化大城市"以及构建富裕和谐佛山的目标，佛山市陆续出台了《关于加快建设文化名城的决定》和《佛山市建设文化名城规划纲要（2003～2010年）》，先后推出了《关于进一步加强基层文化建设的意见》《关于加快文化名城建设的若干政策》《全国文化信息资源共享工程佛山市实施方案》《佛山市民族民间文化保护工程实施方案》《佛山市加快农村文化建设的实施意见》《佛山市开展创建工业园区员工文化园活动的实施意见》等一系列政策措施，有力地推进了佛山市基层文化建设的制度化、规范化和科学化。

2. 政府大力主导，社会广泛参与

公共文化服务，惠及全体市民；打造文化名城，离不开社会的广泛参与。文化服务体系建设要求我们要创新思维，尝试文化服务的新形式，积极探索诸如"文化部门组织策划、公共媒体宣传造势、企业社会大力支

持、市民群众广泛参与"等新路子，实现公共文化资源的充分利用，达到政府、社会、公众多赢的目的。

3. 主动把握机遇，提升文化品位

文化是城市的灵魂，是城市的核心竞争力，佛山的经济社会发展到今天，越来越需要文化的支撑。在实施"文化名城"战略过程中，我们特别强调要通过举办、承办国家级和国际性的重大文化艺术活动来打造佛山市的文化品牌，提升文化服务水平，推动文化名城建设。近几年，佛山市举办的粤剧文化周、琼花粤剧艺术节、武术文化节、陶艺节和亚洲艺术节等一系列文化活动，有效地提升了城市的文化品位，提高了城市的竞争力。

（二）佛山市文化建设的新思路

在中共十七届六中全会提出推动文化大发展、大繁荣，广东率先提出建设文化强省的背景下，佛山如何迎接新一轮文化建设？"十二五"期间，有哪些重大举措？主要工作怎样规划？

市委宣传部副部长、市文广新局局长徐东涛在同调研组座谈时给出了明确的答案。他说，重要的是更新观念。

更新观念之一是文化工作的规划必须以满足市民文化需求为出发点。群众文化要着眼群众需求，方便群众参与。"文化工作的蓝图不能是文化部门一厢情愿的描绘，而要着眼当下市民最迫切的需要，考虑当前市民的文化需求。"

佛山是制造业大市，产业工人多，要尽力满足他们的文化需求；同时，要推动制造业与文化相融合。徐东涛认为，城市文化唯有滋养人、提升人，其品质才能真正提升。所以文化工作应立足于为市民提供更丰富的文化产品和文化福利。

佛山一直在提建设岭南文化名城，建设名城本身不是目的，而是目标。通过这个目标的实现，可以提升市民的文化向心力与凝聚力；可以动员各种资源投入文化建设；可以提供更多文化产品和服务。"人的文化素养提高了，城市自然是名城了，否则'打扮'成名城，依然不是名城。"徐东涛说道。

更新观念之二是文化民生不能仅靠搞几项工程。文化如何惠民？徐东涛有自己的理解。"文化民生不是搞几项大工程，做几个具体项目。"落实文化惠民需要具体项目，但更关键的是，能够持续不断地改善市民文化生

活质量。

2012年佛山市宣传文化工作会议提出，未来五年，市文广新局将重点开展"魅力佛山·四季情韵"艺术惠民工程，每年按春夏秋冬四季，每季一个主题，集中推出文艺活动，预计每年组织开展50项以上。此外，每年资助4～6个骨干群众文艺团队活动项目，把更多经费投放到群众自发自主的文化活动中，让群众做主角。

"城市的魅力是通过人和物来体现，市民人文素养提高了，城市自然就会有魅力。"徐东涛说，文化惠民关键在于提升市民的人文素养。这句话很有见地。

更新观念之三是社会办文化，不能只是动员老板捐款。在全国推动文化大发展、大繁荣背景下，如何引导社会力量办文化也成为重要课题。佛山市各区有社会资金和力量创办的各类博物馆、艺术馆近百家，群众性文艺团体900多个，每年举办各类文艺活动、展览等超过1万场。因为政府资源不足才鼓励社会力量办文化就太过功利。徐东涛指出，不应该要求群众文化活动创造多少经济财富，群众开心愉悦就够了。社会力量办文化不能只是动员老板捐款参与文化事业，那样只会让社会力量办文化成为官方和财富的游戏。

座谈中，徐东涛很少谈及宏大的目标规划和数据，而是阐述文化工作应有的宗旨和思路。在徐东涛看来，持续改善市民文化生活质量才是文化建设的根本目的，"什么时候完成什么目标"不应该是文化工作者挂在嘴上的口号。妄言不如行动，刚刚履新不久，徐东涛就已"悄悄"外出为新一轮文化建设招才引智。"十一五"期间，佛山市文化文物事业费占财政总支出比重呈下降趋势。对于文化发展遇到的困难，徐东涛说，省党代会报告提出建设幸福广东，必须突出文化引领。作为文化工作部门，要尊重人民群众的首创精神，"人民群众不仅有享受文化服务的权利，还有参与创造文化的权利"。徐东涛告诫与会文化工作者，要对自己提出更多要求，从而更好地服务于百姓。

徐东涛说，我们发展文化也要注意利用市场机制的作用，我们要破除以前的落后观念。"我们老是把自己以为很好的东西说得眉飞色舞，其实客商一点也没有兴趣。"谈及接下来的文化招商工作，徐东涛说："不要老是以为我们的文化资源别人没有，就算真是只有佛山有，也不能停留在浅层次的理解上，而是要用更宽的视野和更高的眼光去看。"

三　案例研读

(一) 案例一：公共文化服务与管理——以联合图书馆为例

公共文化服务是政府公共服务的重要内容之一，是以政府部门为主的公共部门提供的、以保障公民的基本文化生活权利为目的、向公民提供公共文化产品与服务的制度和系统的总称，包括公共文化服务设施、资源和服务内容，以及人才、资金、技术和政策保障机制等方面的内容。新中国成立以后，我国逐步建立起覆盖城乡的公共文化服务行政和事业管理的体制机制。但由于经济发展阶段的限制和财政资金的不足，文化基础设施、文化服务内容等文化服务的质量和数量，与国民文化需求之间始终存在着矛盾。改革开放以来，经济社会的发展为文化建设提供了坚实的物质基础。特别是党的十六大提出全面建设小康社会的目标以来，公共文化服务被提高到突出的位置。

佛山市在文化建设方面，始终十分重视公共文化服务建设，不断加大图书馆、文化馆、博物馆等基础设施建设，而在公共文化服务上则突出公益性和普惠性，形成了自己独具特色的服务理念和实践经验。佛山市于2004年提出联合图书馆的构想。联合图书馆的目标一是搭建统一的技术平台，实现市、区公共图书的书目数据统一检索、书刊通借通还。二是组建联合图书馆编目中心，开展各图书馆间的联合编目，实现资源共享。目前，佛山联合图书馆成员馆已达到45家，包括公共图书馆、街道图书馆、学校图书馆、部队图书馆等不同类型的图书馆，遍布佛山各区街镇、村居，可供借阅的图书期刊214万余册，实现了市、区公共图书馆书目数据统一检索，书刊通借通还，市民持自己的二代身份证就可以享受各成员馆的文献服务。佛山市联合图书馆已经成为广东公共图书馆服务创新的一种重要模式，受到理论界和全国各地图书馆实践工作者的密切关注和高度评价。

1. 联合图书馆的建设过程

佛山市有公共图书馆10个，另有其他各种类型的图书馆几十家。由于体制方面各有不同，各馆形成了一种"块块分割、各自为政"的局面。早在2004年6月，佛山市图书馆就提出旨在"整合全市图书馆资源，搭建覆盖全城、服务全民的文献信息资源共享网络和服务体系，保障市民享受到更加充分和平等的文化权利"的《佛山市联合图书馆实施方案》，以公共图书馆为主体，吸纳各行业系统、各种类型的图书馆加盟，建设"统一标志、统一平台、统一资源、统一管理、分散服务"的佛山市联合图书馆体系。纵向上，建立和完善以市图书馆为龙头、区图书馆为骨干、街道（镇）图书馆为节点、社区（村）图书馆为网点的公共图书馆四级网络；横向上，公共图书馆与学校、企事业单位图书馆等不同类型的成员馆实现互通互联、优势互补、资源共享、协同服务的佛山市联合图书馆；逐步建立起高水准的、覆盖全社会的图书馆服务网络和科学合理的、富有地方特色的多级文献保障体系。

在联合图书馆建设上，采取"试点先行、稳步推进"的工作方式，首先大力构建公共图书馆四级网络，在逐步探索跨行业联合图书馆建设基础上，推进学校图书馆、企事业单位图书馆等其他类型图书馆与公共图书馆系统的联网与服务对接，共同建设面向大众、服务市民的图书馆公共服务体系。2004 年 4 月，佛山市文化局专门成立了佛山市图书馆资源整合工作领导小组，负责领导与协调全市图书馆资源整合工作。2005 年 3 月，又成立了佛山市联合图书馆资源整合工作技术小组，负责制定联合图书馆统一的技术准则、数据规范、服务准则，解决联合图书馆运作中遇到的各种具体问题。市图书馆也于 2004 年初组建了专门的项目小组，全力推进联合图书馆的各项筹备工作。2005 年 10 月，市图书馆首先安装试用联合图书馆自动化管理系统，12 月底推广到六家图书馆同时试用，成功实现了六馆之间"一卡通"专区图书的通借通还。经过为期一年的试用，2006 年 10 月 17 日，市图书馆率先进行了本馆业务管理系统的全面迁移。在数字图书馆的建设过程中，佛山市图书馆积极与各区、镇图书馆紧密联系，积极搭建资源共享平台。从 2004 年开始组织数字资源的联合采购，目前清华学术期刊、国研网、人民网、龙源电子期刊等资源已在绝大多数区级图书馆和部分镇一级图书馆实现了联采共享。通过三级资源共享平台，佛山市数字图书馆的服务逐步辐射全市，直接深入基层。目前，读者凭自己的身份证即可在家查阅佛山市数字图书馆提供的多个数据库，实现了足不出户使用数字图书馆的便利。2012 年，联合图书馆开展篇目简化工作，在确保联合图书馆中央书目库规范、统一的前提下，解决书目数据繁琐复杂的现状，降低基层图书馆进入联合图书馆的门槛，使更多基层图书馆能加入联合图书馆阵营。

联合图书馆的巨大平台为专业、特色图书馆提供了更大的发展空间。

如禅城区澜石金属图书馆的建设目标是在承担社区图书馆为公众提供平等服务任务的同时，力争办成国内最大和最具权威的不锈钢有色金属专业图书馆。资源建设方面以专门收藏、整理和借阅不锈钢有色金属的专业期刊、专业图书以及特色数据库为主。信息建设和服务方面以现代技术整合产业的相关信息，创建一个方便、快捷的信息交换平台，为产业提供及时、全面的信息服务。禅城区环市童装图书馆则是全国首家童装主题图书馆，其重点收集了国内外各种童装文献和专业信息，包括最新童装设计式样、服装配件、少儿模特摄影等童装专业信息，希望能立足环市，面向全国，发展成为国内重要的童装专业文献、信息基地。而广东纺织职业技术学院图书馆则以纺织服装为特色，为相关企业、科技人员和广大市民提供高质量的专业文献信息服务。

2. 近年来联合图书馆的创新举措

（1）"二代身份证"免押金借阅服务

2011年10月25日，联合图书馆开始实施"二代身份证"免押金借阅服务，佛山市在当时是全国唯一的城市，新增读者数量激增。这种借阅服务不要求读者户籍所在地，也无须交纳押金，仅凭二代身份证即可在各成员馆享受免押金图书借阅服务。这一办法实施后，到2011年底，新增办证2万多个，比上年同期增长40%。2011年的图书累计流通量则达到373.3万次。

（2）新书采编、借阅、售卖新模式

在新书采编、借阅方面，佛山市图书馆突破传统采编业务流程，推出读者参与采编和"买借"新书的新举措。

2011年3月1日，佛山市图书馆与东方书城推出新书借阅处，采取读者在卖书处借阅新书的办法。具体办法是：读者在图书馆的书店中看到心仪的图书，如若购买，给予一定的折扣；如若想借阅，则由图书馆埋单。新书采取临时入藏，先借阅再编目加工的新模式。此项服务一经推出便受到读者的一致好评，图书借阅量同期增长了40%。2011年9月，首个馆外新书借阅处——张槎分馆新书区对外开放。同时，市图书馆又整合有效资源，把新书借阅处打造成"知识超市"，不仅为读者开启了自由阅读的新模式，也创新了图书采编的模式。

（3）启动佛山市联合图书馆智能图书馆和汽车图书馆

这是佛山市图书馆在"十二五"开局时推出的公共文化服务新的重大

举措。2011 年 12 月 20 日，佛山市首个 24 小时免费开放的集自助办证、借还书刊、电子阅报等多功能的智能阅览室——佛山市联合图书馆 24 小时智能图书馆、自助图书馆投入试运行。"十二五"期间，佛山市联合图书馆还将在全市设置多家智能图书馆，将全新的借阅服务延伸进社区、商场、医院、地铁站等场所。

"汽车图书馆"，顾名思义，就是流动的图书馆。2012 年 2 月 29 日，佛山市联合图书馆的"汽车图书馆"正式投入试运行，首站开往外来打工群体聚集的桂城员工村。各大主流媒体都进行了报道。"汽车图书馆"载有 6000 多册各类图书，装载有空调设备，内部宽敞舒适，既可为读者免费开通借阅证，可以阅览，也提供外借图书及归还联合图书馆成员馆所借书刊和音像资料的服务。到 4 月初课题组调研时，"汽车图书馆"已先后进驻佛山欧司朗照明有限公司、高明溢达纺织有限公司员工之家、佛山中医院等企业，服务读者超过 5 万人次，办证超过 3000 个，借出图书近2000 册。

此外，以佛山市图书馆为主体的联合图书馆还联合开展讲座、展览、读书活动等各种形式的文化服务活动。始于 1995 年的"南风讲坛"公益讲座自开办以来，已经举办包括文学、历史、哲学、艺术、教育、经济、科学等多学科领域的讲座 1200 余场，吸引了 40 余万人次的听众，成为佛山市图书馆的一大文化品牌，广受省内外社会各界的赞誉。近年来，佛山市图书馆根据经济社会发展，建设文化名城，以及听众需要等，陆续推出了"爱我家乡"乡土历史知识竞赛，"佛山文化"知多少挑战赛，一年一度的"图书漂流"活动，"关注成长"家庭教育系列讲座，"佛山法律讲坛"系列讲座，"崇文佛山·阅读春天"等全民阅读活动，丰富多彩的诗文朗诵会、诗歌朗诵比赛、晒书会、摄影比赛及影展等文化活动，以及关注弱势群体的各种公益文化培训、职业培训和多种文化交流活动，实现文化普惠民生，推动群众文化蓬勃发展，丰富并提高群众文化生活水平，彰显了佛山市独特的文化个性与品位。

（二）案例二：历史文化遗产的保护、传承与创新

传统文化凝聚了一个民族过去时代的精神遗存，其生命力在于插上时代的翅膀，不断地推陈出新，在保护中传承，在创新中发展。在中国经济迅速崛起的过程中，文化遗产的保护与传承显得尤为重要和紧迫，但仍面

临许多困局。佛山是一个传统文化资源极其丰富的地方，千百年来，佛山孕育了粤剧、醒狮、龙舟、陶塑、秋色、剪纸等独具魅力的民间艺术和民俗文化，在岭南文化中独树一帜。目前，佛山拥有 13 项国家级、34 项省级、69 项市级非物质文化遗产保护名录项目和 11 名国家级、35 名省级、111 名市级非物质文化遗产项目传承人。① 全市有 308 处文物保护单位（其中全国重点文物保护单位 7 处、省级文物保护单位 44 处）。建立了 20 个粤剧、武术、陶塑等民俗文化专题博物馆或名人纪念馆，出版了《佛山非物质文化遗产名录图典》。

改革开放以来，与全国各地的历史文化名城一样，佛山经济一直高速发展，城市建设日新月异，近年来城市升级的规划实施，都面临历史文化遗产的保护问题。令人欣慰的是，在现代化过程中，佛山人始终表现出浓厚的传统文化情结和强烈的传统文化保护意识。在历年的文化发展规划中，文化遗产保护工作都是重要内容之一。在文化遗产保护方面可谓不遗余力，在保护、传承和创新方面更是可圈可点。

1. 佛山市非物质文化遗产保护中心

新中国成立以后，民间文化遗产保护性质的工作一直由各级文化部门主管，是群众艺术馆、文化馆的工作内容之一。2003 年，中国政府启动了非物质文化遗产保护工程，并依托文化系统群众文化体制机构，逐步建立了从中央到地方各级非物质文化遗产保护的行政和研究机构。2005 年 12 月 22 日，国务院发布《关于加强文化遗产保护的通知》，决定每年 6 月的第二个星期六为我国的"文化遗产日"，确定了文化遗产保护的指导思想、基本方针和总体目标。文化部规划建立了文化遗产的"国家、省、市、县"四级保护体系。佛山市非物质文化遗产保护中心于 2007 年 6 月 9 日全国第二个文化遗产日挂牌，步入佛山市非遗保护的新时期。

非遗保护中心成立后，进行了大量普查、记录等基础性工作，完成资源调查 119 项，走访传承人和有关知情人 679 位，录音 136 小时，录像 173 小时，累计照片 7580 张，采访笔记 109 万字，形成普查报告 3 万多字、项目传承人报告 1.5 万字。

---

① 国家级非遗项目为粤剧、佛山剪纸、佛山木版年画、石湾陶塑技艺（石湾公仔）、广东醒狮、佛山狮头、佛山祖庙庙会、佛山十番（打击乐器乐曲）、佛山彩灯、佛山秋色、龙舟说唱、人龙舞、香云纱染整技艺。

从 2008 年开始，国家和广东省均设立了对非遗项目传承人的专项保护资金，佛山市也于 2010 年以市文化广电新闻出版局的名义下发了《关于印发〈佛山市文化广电新闻出版局非物质文化遗产项目代表性传承人资助暂行办法〉的通知》，对传承人的生活和传承活动予以资助。传承人受到极大的鼓励，石湾陶塑技艺、粤剧、醒狮、木版年画、木雕、彩灯、剪纸、龙舟说唱、粤曲星腔等项目的传承人，积极主动与有关部门联合举办传承带徒、讲座培训等活动。有的传承人还建立了对外工作室。2011 年，佛山市对 13 项国家级非物质文化遗产项目制定了五年保护规划实施方案（2011～2015 年）。非遗保护中心对这些项目存续状况以评分形式进行了跟踪考查和评估，实时掌握非遗项目保护单位履行保护职责的情况。

非遗项目的存续状况分良好、一般和濒危三种，其中佛山剪纸、佛山秋色、佛山彩灯、广东醒狮、佛山十番、石湾陶塑技艺以及佛山祖庙庙会等为良好。这些项目一是传承人比较多，后继有人；二是都形成了一定的产业规模，激活了非遗项目的传统基因，注入现代元素，成为当代文化中活跃的成分。特别是石湾新美术陶瓷厂入选首批国家级非物质文化遗产生产性保护示范基地，使得石湾陶塑技艺的保护和开发获得了极为宽广的展示平台和市场空间，该项目现有国家级传承人 3 人，省级传承人 3 人，市级传承人 11 人，国家级工艺美术大师 9 人，国家级陶瓷艺术大师 6 人。"石湾公仔"也已经成为佛山市文化形象的符号之一。

存续状况一般的项目是佛山狮头。佛山狮头的传承人并不少，可追溯的传承人有 21 人，其中黎家狮传人被命名为国家级传承人。但是由于佛山狮头难以形成产品市场，且狮头扎作工序繁杂，耗时长，成本高，加之佛山狮头传承人年事已高，没有固定传承基地，无法开展收徒传艺工作，有关的文字资料也很少，缺乏理论总结和研究。所以目前主要以其技艺传承为主。存续状况为濒危的项目是佛山木版年画。

保护中心的另一项重要工作任务是督察和指导国家级非遗项目保护单位履行保护职责。佛山市 13 个国家级非遗项目共有 9 个保护单位，其中佛山市民间艺术研究社有 5 个保护项目。粤剧、佛山祖庙庙会、广东醒狮和佛山十番、石湾陶塑技艺、龙舟说唱和人龙舞、香云纱染整技艺的保护单位分别是佛山粤剧传习所、佛山祖庙博物馆、南海区博物馆、禅城区博物馆、顺德杏坛文化站、顺道伦教成艺晒莨厂。以上项目中，粤剧和佛山十番分别获得中央专项补助资金各 40 万元，人龙舞获得 10 万元。各保护单位全部按照相关文件要求，制定了项目保护规划。

各保护单位把密切联系代表性传承人作为保护工作的重要方式，通过了解传承人的身体状况、传承情况、业务发展需求和项目发展动态，鼓励、支持传承人开展培训活动，帮助项目传承人寻求商机，拓展业务，提高市场竞争力。组织传承人参加各级政府部门举办的节庆及非遗活动，促进项目的展示和交流。2011 年和 2012 年组织参加了中国（深圳）国际文化产业博览交易会、佛山市第二届岭南年俗欢乐节大型春节活动、"依法保护，重在传承——非物质文化遗产进校园活动"、"2011 年春雨工程——广东省文化志愿者边疆行"等活动。此外，在每年的"文化遗产日"进行的多种多样的展览展示、现场演示等宣传活动，以及设在佛山市文化馆和各区博物馆的非遗常设展览，都极大地促进了非遗项目的保护、传承、利用和研究。在常设展览中，市群众艺术馆利用"佛山市非物质遗产保护展示厅"成立教育基地，每周有计划地组织安排外来务工人员参观、学习佛山的非物质文化遗产。

近年来，对非遗的理论研究工作更加重视，保护中心进行了《源远流长——佛山市非物质文化遗产丛书》的编撰和出版工作。2011 年，佛山市祖庙博物馆完成了 2010 年度佛山市政府的研究项目《佛山传统民俗文化遗产的保护与文化产业发展的可行性研究——以国家非遗名录佛山祖庙庙会为例》，禅城区博物馆出版了《石湾窑釉彩传承创新研讨会论文集》，以及学术刊物《石湾陶》等。

2008 年，佛山市非物质文化遗产保护中心被评为"广东省非物质文化遗产保护工作先进集体"，2009 年获得"文化部非物质文化遗产保护工作先进集体"称号。

2. 佛山市民间艺术研究社

佛山除了位列全国四大名镇、天下四大聚之外，还有一句话说到佛山："北有北京琉璃厂，南有佛山民间艺术（研究）社"。

佛山市民间艺术研究社不仅是佛山众多非遗项目的保护传承之所，也是传统文化生机盎然地活在现代城市生活中的样板。特别值得一提的是，在佛山市城市大规模改造升级的过程中，佛山市民间艺术研究社仍安然地坐落在闹市区一个花红柳绿的幽静之所，在花园般的庭院深处悠然地延续着自己那些古老的传说。

佛山市民间艺术研究社成立于 1956 年，是集传统岭南民间艺术遗产保护、研究、创作、生产经营、贸易、旅游接待、文化艺术展览及教育培训于一体的国营专业机构。由于毗邻佛山籍华侨众多的东南亚，佛山的民间手工艺品一直是华侨聚居地的热销品，也是佛山市出口创汇的主打产品。佛山市的传统艺术也得以具有传承和创新发展的得天独厚的优势。50多年来，佛山民间艺术研究社设计制作的彩灯扎作、剪纸、木版年画、秋色等系列岭南特色民间工艺品热销国内和世界各地，在十多个国家和地区有佛山市民间艺术研究社作品的常设展览和陈列。极具佛山特色的佛山传统组灯扎作艺术，先后有四件作品载入吉尼斯世界纪录大全。作为岭南民间文化的一面旗帜，2004年底，佛山市民间艺术研究社被文化部命名为首批国家文化产业示范基地，是岭南民间艺术传承、保护和发展的唯一示范基地。目前，该社承担着佛山剪纸、佛山彩灯、佛山狮头、佛山木版年画和佛山秋色五项国家级非遗项目的保护传承工作。

佛山市民间艺术研究社的主营产品是彩灯、扎作、剪纸、舞龙、舞狮、手工艺品、宫灯、灯展灯会、节日灯色，是佛山市人文艺术旅游定点单位，有佛山最大的本土民间工艺品展销中心，剪纸作坊及其他民间工艺美术作坊，全面对外开放，国内外游人可观赏、体验传统民间艺术的魅力，可选购精美绝伦的传统工艺品，同时可欣赏到佛山民间艺术的绝技制作表演。2011年1月29日，佛山市民间艺术研究社旗舰店隆重开业。该店处于佛山祖庙中心商圈内，比邻佛山地标祖庙及岭南新天地，经营面积达1400平方米。旗舰店定位为高端艺术品专营店，成为新的民间工艺精品的展销中心，是目前佛山最大、最齐全、最精美的民间工艺集中展示点。在店内，佛山剪纸、传统宫灯、佛山秋色、木版年画、彩扎狮头、木雕等技艺精湛的民间手工艺精品与佛山陶艺、香云纱一起，共同编织着岭南佛山历史文化的美丽图景，成为人们领略岭南文化魅力、感受佛山传统文化的艺术殿堂。

3. 南海醒狮

南海是南海醒狮的发源地，也是新派醒狮的发祥地。说到南海醒狮，就不能不提到岭南武术的一代宗师——黄飞鸿。生于南海的黄飞鸿武艺高强，医术精湛。除拳术之外，他还有一个爱好，就是舞狮。习武之余，黄飞鸿将民间传统艺术醒狮技艺进行挖掘、整理，在原有南派醒狮技艺的基础上，融入武术技艺，将高桩醒狮、民间武术梅花桩与南派民间醒狮套路相融合，并汇入当地民俗风物，巧妙编排，形成技艺高难的新一派醒狮并流传至今。他与第四任妻子的姻缘红线也是由醒狮牵引的。那是 1911 年，已经 64 岁的黄飞鸿对舞狮仍然热情不减。在一次舞狮表演时，竟甩飞了一只鞋，那只鞋正巧击中了 19 岁的女观众莫桂兰，事后，大师亲自登门道歉，却因此成就了这桩老夫少妻姻缘。

从黄飞鸿算起，现在的醒狮班底已是第五代传人。1995 年，国际龙狮联合总会和中国龙狮协会共同决定舞狮成为亚运会正式比赛项目。1999 年由一家企业冠名出资，成立中国第一家专业龙狮团，建立了龙狮传习所（除了舞狮，还有龙舟）。并一直由这家企业冠名、投资、职业化运作，就像职业球队一样。至今，职业运动员已经从 20 多人发展到 100 多人，拥有国际级教练 6 人、国际级裁判 5 人。龙狮团在国内外的各项赛事中获得多个奖项。2007 年，狮舞、广东醒狮传习所均入选国家级非物质文化遗产名录，极大地推动了醒狮的传承和保护。醒狮表演成为北京奥运会、上海世博会、韩国丽水世博会等各种世界级盛会上的表演项目。佛山市龙狮协会会长黄钦添被选为 2008 年北京奥运会和 2010 年广州亚运会的火炬手。2011 年春节，由 23 人组成的佛山龙狮团，赴意大利参加"中国文化年"系列活动，精美绝伦的技艺赢得了当地民众和华人华侨的高度赞誉。现在，高桩醒狮已经作为常设项目在佛山祖庙内定时表演。

北狮表演是以绿、红色相区别的雌雄狮共舞，而南狮则全部是雄狮，常常以历史人物命名，如刘备狮、关羽狮、赵云狮等。北狮只有平地表演，而南狮的精妙之处则是高桩表演。

高桩表演是南狮区别于北狮的绝无仅有的重要特征。高桩表演除了表现狮舞的幽默诙谐、兴高采烈之外，最重要的是在高桩上的高难度表演。高桩表演融合了武术、杂技、舞蹈动作，既有技术难度，又有很强的观赏性。其中武术的功夫是北狮难以望其项背的，武术表演以南派黄飞鸿的洪拳为主。南海狮舞表演者的基本功不经过 3～5 年的学习和训练，是达不到出场表演水平的。高桩阵形是 3～5 根一组，由 4 组以上高低不同的桩组成，中间又有桩数和阵形的变化。桩阵桩高，最高的在 3 米以上，最低不能低于 38 公分，半数桩要在 2 米以上；桩阵的宽度，最宽的有 4 米多，一般的也有 2～3 米。

醒狮的制作技艺也是非物质文化遗产项目。表演用的一对醒狮一般是大红色和明黄色两种颜色。狮头一般有 2 公斤重，上面装饰的毛发都是澳洲进口的美丽奴羊毛，十分漂亮传神。传习所里有一只威风凛凛的大狮头，号称世界狮王，长约 7 米，高度有 6.8 米，张开的大嘴就有一人多高。因为狮舞表演的形神主要靠狮头特别是眼睛来表现，按照传统习俗，狮头制成后要举行开光点睛仪式，点睛者都是由当地德高望重之人来担当。

南海醒狮作为传统文化技艺，既有表演，又有传习，产业化程度比较高。目前龙狮团能够达到财务收支平衡，是非物质文化遗产保护传承的成功范例。而传习的开放态度使南海醒狮获得了强大的生命力。过去醒狮的市场主要在岭南地区，以及东南亚华人华侨聚集的地方。而现在，醒狮正吸引越来越多内地的爱好者，内地有不少高校来拜师学习狮舞。传习所也走出南海，到各地进行传授，调研组来调研时，他们正整装待赴四川凉山彝族自治州。

（三）案例三："魅力佛山"文化品牌

"魅力佛山"文化品牌建设始于 2003 年，包括群众文化与高雅文化两个层次。群众性文化内容丰富、形式繁多。高雅文化以舞台艺术和展览为主。从发展过程看，以 2009 年为界，前期的舞台艺术演出以短期的文化周、艺术节的展演形式进行，内容以主要发源于佛山的岭南文化瑰宝粤剧演出为主；后期则是以主要满足个性化人群高雅艺术欣赏需求，同时兼顾提高普通观众艺术欣赏水平为主要目标，内容扩展到戏剧、音乐等各类舞台艺术，并颁发实施了一系列政府引导与市场参与相结合的方式运作的配套措施，吸引国内外艺术院团和精品剧目，推动高雅艺术市场的繁荣。通过对"魅力佛山"文化品牌的持续打造，不仅为佛山市民供给高水平、高质量的文化产品，提升了佛山城市形象、促进了文化名城建设，同时动员和吸引了更多市民参与文化艺术活动，增强市民的文化自豪感，提高市民的文化素质。"魅力佛山"运行 11 年，已经当之无愧地成为古城佛山新的重要文化品牌之一。

1. 缘起与探索（2003~2008 年）

2003 年，佛山市启动了以舞台戏剧为主要内容的重大文化品牌"魅力佛山"文化艺术系列工程。12 月 15~22 日，由市政府主办，市委宣传部、市文化局、佛山日报社承办了"魅力佛山·琼花焕彩 2003 年佛山粤剧文化周"活动。"文化周"举办了一系列文化活动：承办中国戏剧家协会"当代戏剧之命运"研讨会，组织"佛山青年粤剧团新剧目展演"及五区公益巡演，"佛山十大民间粤曲唱家评选"及颁奖晚会，"佛山粤剧历史展览"，"佛山籍粤剧名伶名段、名剧专场展演"，"美国、新加坡、中国港澳粤剧团体艺术交流演出"，"粤剧文化之旅"等 9 项系列活动。

"粤剧文化周"活动全面展示了佛山粤剧悠久的历史和现代的传承，"佛山十大民间粤曲唱家评选"活动则使本来就具有广泛群众基础的粤剧焕发了新的光彩。佛山市人民政府新闻办公室召开"新闻发布会"，向海内外广泛发布消息，吸引了澳大利亚、中国香港等海内外人士前来参加活动，《人民日报》《光明日报》《中国艺术报》《羊城晚报》等 10 多家媒体进行了报道。"粤剧文化周"活动为岭南文化在佛山的聚集搭建了广阔的平台，广泛传扬了粤剧文化，推动了专业艺术团体改革，进一步提升了佛山的城市文化品位，扩大了佛山在海内外的影响。

2004 年，"魅力佛山"组织实施了两类活动。一是群众性文化活动。6 ~ 8 月，以庆祝新中国成立 55 周年、纪念邓小平同志诞辰 100 周年为主题，佛山市在全市开展了群众歌咏活动暨"魅力佛山·佛山市第七届'百歌颂中华'群众歌咏大赛"。活动分为合唱大赛和歌手大赛两个系列，分别设置赛程和奖项，大大拓展了普通市民的参与度和关注度。在随后举行的广东省第六届"百歌颂中华"歌咏大赛中，佛山市选送的获奖选手又分别获得了金奖、银奖。3 ~ 9 月，举办"魅力佛山·工业园区文化活动"。这项活动，以开展创建工业园区员工文化园为目标，旨在配合工业园区建设，把文化作为软环境渗透工业园区中，推动工业园区各类文化艺术活动的全面普及与开展。活动主要包括组织市区文化策划、组织人员深入各个园区，协同指导园区文化活动阵地与功能的规划和建设；结合"员工文化园活动的实施方案"，与当地文化馆、站的业务骨干建立友好合作的专兼职队伍网络以及基本文艺社团；由群众艺术馆组织培训班，指导提高工业园区文化园开展活动的业务技能，以及业务管理、业务档案和组织策划活动的能力；以佛山市民间艺术团为基础，配合各个园区的活动开展组织与园区联欢的文艺演出，建立文艺队伍，辅导改编、创作、排演适合园区员工需要的文艺作品（节目）；制定园区文化园评估标准，开展"文化先进工业园区"评选活动等。

二是舞台艺术演出。这一年的 8 月 28 日至 9 月 23 日，为了推动粤剧的进一步繁荣和发展、促进推出优秀剧目，培育健康的粤剧演出市场，佛山市举办了"魅力佛山·2004 年琼花粤剧艺术节"。来自港澳地区、珠江三角洲以及国外的 17 个城市的团体参加了演出和各项活动，160 多万人参与和观看了艺术节的表演。在近一个月的活动中，除了开幕式、闭幕式演出外，艺术节还策划组织了"炽情献梨园——彭炽权从艺四十五周年经典剧目展演"，"神鹰依旧桑梓情——著名粤剧表演艺术家小神鹰艺术专场"，"梁玉嵘粤曲交响晚会"，"佛山才子伦文叙"（丁凡、麦玉清），"蕙质兰心花月影"，"琴瑟鸣华章——梅花奖得主曹秀琴、吴国华伉俪艺术专场"，梁耀安演出专场，"雅意勤勤梅花香——李淑勤表演艺术专场"，"虾腔经典同声唱"——"梦断香销四十年"，琼花故里会八和——海外八和会馆名人名曲夜，"红豆新芽——粤港澳儿童粤剧才艺展演"，"世纪广场赛戏会"，珠三角粤剧唱家佛山行等十几台演出，以及纪念薛觉先诞辰 100 周年暨粤剧改革学术研讨会等活动。12 月 31 日至 2005 年 1 月 14 日，又为此举办了"艺术的盛会·人民的节日——魅力佛山·2004 琼花粤剧艺术节图片展"跨年展览，以 548 幅图片再现了 2004 年粤剧艺术节从筹备到演出的全过程和艺术节的盛况。

连续两年以粤剧艺术为主题的"魅力佛山"文化活动的成功举办，奠定了"魅力佛山"文化品牌发展的良好基础。粤剧也成为佛山的一张文化名片。

此后，以"魅力佛山"为主题，佛山市组织了"魅力佛山·村镇行"（2006 年）新春文化系列活动；"魅力佛山·和谐文化"（2007 年）系列文化艺术活动；"魅力佛山·文化暖流"（2008 年）新春文化送温暖系列活动；"魅力佛山·和声飞扬"（2008 年）群众歌咏活动；"魅力佛山·和谐村居"美术书法摄影巡回展览等贴近百姓、贴近生活、形式多样的文化活动。

这些活动，不仅内容更加丰富（如"村镇行"活动为佛山五区群众送上粤剧、折子戏、综艺晚会 13 场、电影 150 场），服务人群更加广泛（如"文化暖流"活动主要对象是被风雪阻隔无法回乡过年的外来务工人员），而且持续时间更长、影响更大，具有常态化、规范化的特点（如"和声飞扬"活动从 9 月持续到年底，"和谐村居"展览持续了两年多）。各种文化活动遍及街镇、社区、农村、企业、工业园区、学校、军营，特别是通过群众歌咏活动，已经建立起多个由政府引导、群众自发组成的固定的群众歌咏活动场地，形成群众自娱自乐演唱的文化活动模式。

2. 明确定位与品牌效应（2009 年以来）

佛山市在持续开展丰富多样的群众性文化活动的同时，公共文化建设的重心逐步从举办大型文化活动转向探索和解决文化需求与文化供给之间矛盾的文化发展新路。在充分调研的基础上，佛山市加大了培育文化市场、引导文化消费的力度，2009～2011年组织实施了"魅力佛山·精品荟萃"文化项目，从2012年开始，组织实施"魅力佛山·四季情韵""五年计划"。

2009年6月23日，佛山市文化广电新闻出版局正式出台《佛山市"魅力佛山·精品荟萃"艺术精品展演补贴试行办法》（以下简称《办法》）。《办法》提出补贴资金来源为市财政拨款和社会资金，补贴对象包括音乐（室内乐、交响乐、民乐）、大型歌舞、戏剧（戏曲、话剧、歌剧、舞剧、儿童剧、音乐剧）、曲艺、杂技、木偶，以及绘画、书法、摄影、雕塑、工艺美术等各类舞台演出和造型艺术展览等。享受补贴的展演项目除必须冠名"魅力佛山·精品荟萃"外，还要经过提交申请、专家评审，确保展演项目是"内容健康向上、艺术品位高雅、具有较大社会影响的艺术精品"，舞台剧目单场演出时长在90分钟以上，半价门票不少于20%。舞台艺术精品以剧目为单位，按演出剧团体的级别和演出剧目的水平，每场补贴额度从10万元到2万元，造型艺术精品每场展览补贴额度为8万元到1万元。2010年，佛山市文化广电新闻出版局修订该《办法》，补贴标准调整为舞台艺术精品15万元到1万元，造型艺术精品10万元到1万元。同时提高了项目准入和运行的门槛，对虚报补贴项目、上报不实内容、擅自变更补贴项目内容、挪用或侵吞补贴资金的项目等不诚信行为进行规约和限制。

《办法》公布实施的当年，共有17个项目（展览2个，15项演出）提出申请，《云南的响声》《雷雨》《天鹅湖》《新剪纸作品展》等9个剧目15个场次的演出和展览获得了补贴。剧目上座率较高，观众反响强烈。20%半价票的政策，使更多市民能够低价享受到高雅艺术，对于培育高雅艺术演出市场和引导市民文化消费都有十分积极的作用。2010年，共有16个剧目提出申请，《集成天籁》李海生埙独奏民族音乐会、大型神话儿童剧《西游记》，佛山市第一部原创儿童音乐剧《大侠虎虎羊》等8项演出（15场次），以及5个展览获得补贴。

2011年，在前两年积累经验的基础上，佛山市文化广电新闻出版局组织实施了"魅力佛山·戏剧春天"精品戏剧演出季。经过"魅力佛山·精品荟萃"艺术精品展演项目专家组反复研究、论证，在佛山市琼花大剧院推出了国家舞台艺术精品十佳剧目、安徽黄梅戏剧院演出的黄梅戏《雷雨》和《天仙配》，中国儿童艺术剧院演出的镇院之宝《马兰花》、全国儿童剧优秀剧目《西游记3》，赖声川导演浙江话剧院演出的话剧《新暗恋桃花源》，获湖南省戏剧节一等奖、湖南邵阳花鼓戏剧团演出的花鼓戏《儿大女大》，佛山青年粤剧团演出的粤剧《紫钗记》等名角荟萃、蜚声海内外的精品剧目。此次戏剧季，佛山市文广新局补贴80万元，与演出公司合作，由演出公司积极开展市场运营，最终引入总成本200多万元的7台高水准精品剧目。这些剧目每场演出面向社会半价销售600张中低价票，如《马兰花》最低半价票为25元，《紫钗记》最低半价票为30元，市民可凭身份证登记购买，1人1证2票，先到先得。

2012年，佛山市文广新局制定了《"魅力佛山·四季情韵"艺术惠民工程2012年实施方案》，计划从2012年开始，连续五年实施"魅力佛山·四季情韵"艺术惠民工程。

《方案》提出，从2012年开始，分春、夏、秋、冬四季，根据时令和节庆特点，借鉴21世纪以来历年来文化活动的主题和模式，在每季度集中推出一个主题或艺术门类的舞台艺术精品演出、高雅艺术展览和街头（户外）群众展演活动（每年不少于50场）。除了政府补贴、市场运作外，"四季情韵"项目在每季初编制"魅力佛山·四季情韵"艺术生活地图专刊，向全市图书馆、文化馆、博物馆系统，中高档酒店、餐厅和岭南天地重点商家等派发宣传单。同时充分利用新媒体和传统媒体，在每个活动季前，召开新闻媒体通气会（发布会），通过电视、电台、报纸、网络以及手机短信等媒介对活动进行宣传推广。

2012年，全市共开展市级各类群众文化活动37场以上，"梦想舞台"、群众文艺"百花奖"展演、"寻梦佛山"异地务工人员子女夏令营、"音乐之旅"等品牌文化活动吸引了大量群众参加。补贴大型杂技剧《西游记》，话剧《四世同堂》《风华绝代》《活着》，童话剧《十二个月》，黄梅戏《女驸马》，以及"凝想状态"旅美雕塑家吴信坤雕塑作品展等高雅艺术展演项目35场。随着白领阶层的壮大，这部分群体的文化需求与短缺的矛盾也日益凸显。2012年，市文广局组织佛山艺术剧院有限公司排演小剧场话剧《精慌》，引进韩国小剧场话剧《狗是猛兽》，为城市白领、中青年等特定消费群体打造"6号剧场"品牌。

"魅力佛山·四季情韵"项目的规划和实施，将各个不同层次群众性的文化活动和高雅艺术欣赏活动统合到"魅力佛山"麾下，基本完成了公共文化服务和文化市场比较完备齐全的系统建设和高效精细的运作模式，变零散、间断的文化活动为集中、持续的运作模式，使市民对艺术惠民工程有一个明确的预期，基本满足城市人群、外来务工人群的老、中、青、少等不同年龄、层次的各种精神文化需求。通过"魅力佛山·四季情韵"文化生活地图的宣传推介，文化艺术活动资讯覆盖全市各类公共文化服务机构和文化艺术场所。在该工程的示范引领下，各区文化活动异彩纷呈，参与文化、享受文化成为市民的热切期待与自主选择。

四　佛山文化建设的经验与启示

佛山市经济发展水平高、制造业发达、外来务工人口多、本地传统的文化资源丰富多样，其文化改革与发展实践在经济发达地区中有代表性和典型性。在思考和解答经济发达地区的文化建设如何适应经济、社会发展需求，创新文化发展思路和举措的问题上，佛山市文化建设的特质和经验，对于我们思考和探索我国文化未来改革与发展的方向，具有标本性的意义。

（一）正确处理文化建设与经济社会发展的关系

对于文化在经济、社会发展过程中的地位和作用，我们的认识经历了比较长时期的转变和提升过程。从新中国成立到改革开放之前，文化一直是党和国家工作的一个重要领域，对于文化本身的理解，总的来说是侧重和突出了其意识形态功能、宣传教育功能。改革开放之后，随着文化服务和文化商品的出现，一直到文化产业的发展成型，文化逐渐获得了相对独立的地位，在发挥意识形态功能的同时，逐渐回归了公共服务职能和产业功能。在这一认识发展过程中，我们对文化的理解，从一开始的"文化搭台，经济唱戏"，片面强调文化服从、服务经济，发展到文化要全方位地发展，文化本身就是产业、就是经济、就是生产力。文化与经济、社会发展的关系逐步得到厘清。党和国家对文化重要性的认识也逐渐提高到前所未有的高度，特别是中共十六大以来，从全面建设小康社会、实现中华民族伟大复兴的高度，定位和评价文化的意义和重要性。提出文化是民族凝聚力和创造力的源泉、是综合国力竞争的重要因素，提出要建设社会主义文化强国的目标。但是，具体到各地的文化发展实践过程中，经济和社会发展水平的差异，文化资源和禀赋、发展水平的不同，民风习俗、行事风格的差异，都会导致各地党和政府部门对文化的实际认识水平存在明显的差异。

1. 经济发达地区文化建设的首要重大课题

就佛山来说，是地处珠三角，是我国改革开放的前沿阵地。其所属的广东省是我国经济大省、强省，经济总量已分别超过"亚洲四小龙"中的新加坡、中国香港和中国台湾，人均 GDP 达到中等发达国家水平。2011年，佛山的 GDP 总量为 6600 亿元，在广东省位列第三；在全国城市 GDP 排名中列第十一位；人均 GDP 为 8.99 万元，在广东省排第三位。无论从广东还是全国来看，佛山市经济发展水平都属于比较高的。作为经济比较发达的地区，谋划文化建设的发展思路，首先要解决的就是文化与经济的关系问题。

一般来讲，经济发展水平高意味着人们的经济及社会行为比较活跃，社会活动空间得到拓展，从而为文化的发展拓展了空间；经济发展也提高了人们的经济收入，必然会引起生活方式的转变，提升了文化消费的潜在需求；经济发展也为教育和文化投入提供了财政保障，从而为文化发展提供物质基础。但是，经济发展所带来的文化发展空间拓展、潜在的文化需求以及物质基础，并不直接就等于文化发展本身。经济发展本身不意味着人口文化素质、文明程度的提高，不意味着政府文化服务水平的提高，也不意味着文化产业的壮大。对此，佛山市相关文化部门都有着清醒的认识："文化的发展、文明的进步并非是一个纯粹的自然历史过程，文化的发展、文明的进步和提升从来都是随着经济的发展、技术的进步而或快或慢地实现的。'或快或慢'的程度则取决于人的干预和影响。""人的干预和影响"，其实就是文化发展的思路和举措。经济发展固然为文化发展创造了有利条件，但是必须要有正确的文化发展思路和举措，才能推动文化较快发展。

2. "文化搭台，经济唱戏"到"文化搭台，文化唱戏"

从 2003 年起，佛山市在文化建设中开始尝试转变 20 世纪 90 年代风行全国的文化服务于经济建设——"文化搭台，经济唱戏"的发展理念，在经济社会发展中突出文化的内在品质和功能，在文化工作和文化活动中注重文化发展自身的规律和特性，改"文化搭台"为"文化唱戏"。从"文化搭台，经济唱戏"转变到"文化搭台，文化唱戏"，标志着佛山人对于文化和经济关系认识上的一个重要转变：文化在直接服务于经济目标之外，还有其独立的存在价值，它是一个城市的形象和灵魂，它是市民的精神家园。

从打开文化工作新局面的角度来看，举办大型文化活动，让文化单独"唱戏"，有利于凸显文化工作部门的地位和作用，彰显文化工作在当地整体工作部署中的重要性，从而为文化工作的开展赢得支持。党的十六大召开之后，全国各地党和政府部门，对于文化重要性的认识都有所加强，但是具体到各地区的文化建设，到底能发挥什么新的作用，有什么独立的功能和价值，文化建设应该有什么新思路、新举措等这些问题，在当时多数地方都还没有明确的认识。这就需要文化工作部门有所作为，要有思路、有举措，并能看到实效。佛山通过举办大型文化活动，的确实现了这样的目标。其中，2005年11月承办的第七届亚洲艺术节，对佛山文化建设最具有推动作用。这是中国政府首次在一个地级市举办国际性的重大文化活动，成为佛山市城市建设和文化建设动力强大的助推器。通过这样的大型活动，也让领导层面看到了文化本身所具有的巨大力量，从而愿意支持文化投入和发展，文化工作部门则有了工作成绩、有了"面子"，大大改善了文化工作的局面。

3. "文化唱戏"到"服务于人自身的发展"

在前期工作成绩的基础上，从2007年开始，佛山文化工作的重点开始从大型文化项目和活动向以保障市民基本文化权益、改善市民文化生活质量转移。具体的举措是完善公共文化服务体系，为此制定出台了一系列文化惠民的政策措施，扎实地推进和实施全国文化信息资源共享工程等多项重点文化民生工程。对于文化与经济的关系，则转变为推动文化与经济融合，把文化产业嵌入整个产业转型升级之中。到2010年，佛山文化发展的思路已经十分清晰。对此，佛山市委宣传部副部长、市文广新局局长徐东涛总结说，珠三角近10年来的文化工作有一个发展趋势，即文化定位由为经济建设服务转向为人的自身发展服务。但是这不等于文化放弃了服务经济，而是转变了服务的方式。主要体现在：一是为高端人才营造文化生活；二是营造整个城市的文化氛围；三是向制造业、服务业渗透，增加制造业、服务业文化含量，使其增值、提升竞争力。在这一思路指导下，2010年以来，佛山密集出台了公益性文化事业、文化产业发展规划和配套政策，文化建设呈现出全面深入、普惠民生、整体推进的态势。

4. 发挥文化对于社会建设的作用

改革开放以来，随着经济结构的复杂变化，佛山市的社会结构、人口结构和文化结构都发生了深刻复杂的变化。多种经济成分、多种经济体的充分发展和外来人口的急剧增加，改变了原有的社会阶层、结构。在城市转型过程中，满足不同社会阶层的文化消费需求，整合不同社会阶层的文化意识和文化归属感，凝聚社会共识、塑造精神家园，成为文化工作面临的非常现实、极其艰巨的任务。在调研过程中我们发现，佛山市各级各类文化相关部门对于上述问题都有着清醒的认识，达成了共识。他们很自然地把文化建设与社会建设联系起来考虑，重视发挥文化的社会整合作用。在调研中，徐东涛局长介绍了一个非常生动的例子：市委、市政府开会讨论文化工作的问题，市公安局局长表态支持数字电影放映工程，公安局局长说，放一次电影，可以明显减少社会治安案件。这样的说法，可能有一点夸张。但是，它的确代表着社会治安管理部门对于文化活动与社会治安关系的一种感性认识，表明文化活动的开展，对于维护社会稳定、促进社会和谐，具有明显的推动作用。

从社会管理、社会建设的角度来认识和发挥文化建设的作用，这是佛山文化建设中比较明显的一个特征。这一点，在我们对于文化重要性的认识中，是较少注意到的。在调研组以前的印象中，所谓和谐文化对于建设和谐社会具有促进作用，往往还只是一般的理论阐释。而佛山文化发展的思路和实践，在这方面为我们提供了非常鲜活的实例。这对于全国各地的文化建设，都有正面的示范意义。

（二）佛山文化建设的启示

1. 文化建设有所为、有所不为

"文化"向来是一个难以界定的概念，文化的功能也多种多样，既有意识形态功能，又有教育娱乐功能；既有公共服务功能，也有产业功能；既有对内的社会整合功能，也有对外的交流和沟通功能；既有传承传统价值观的功能，也有传播新的价值观念塑造新形象的功能。就市一级的政府部门来说，做文化工作必须兼顾实现上述多种功能。但是，由于资金、人才、资源等具体条件所限，目前还不可能充分发挥文化建设的上述所有功能。如何有效地利用有限的人力和财力，推动地方文化发展，是实际工作中面临的重要课题。佛山文化建设给我们提供了有益的启示：围绕文化建设的终极目标开展工作，有所为、有所不为。

自 2007 年以来，佛山文化建设开始转向服务于人自身的发展，围绕这一终极目标，确定了文化工作的重点：提高市民文化生活质量，提升城市和市民的文化品位，服务城市竞争力。近年来佛山的文化建设始终围绕上述终极目标和工作重点展开，并在实际工作中有意识地保持目标的稳定性。他们对此有着深刻的认识：如果目标不稳定，工作易陷入随机、投机和被动的局面。在投入相对有限的情况下，若没有确定的目标，工作重点随意摆动，势必耗费大量资源。此外，如果没有稳定的目标，文化部门就不敢向党委和政府提出明确的思路和主张，文化工作的重点容易因上级领导的兴趣转换而发生改变。为此，文化部门要努力呵护文化工作的目标，让党委和政府看到文化工作始终沿着明确的目标稳定前进。否则，文化工作就很难得到上级领导的支持和重视。

上述的工作思路，首先遇到的问题就是本地文化工作重点与国家"规定动作"之间的矛盾。国家"规定动作"即文化部、广电总局、新闻出版总署等中央政府部门在全国范围内开展的文化信息资源共享工程、广播电视"村村通"工程、农家书屋工程等国家级的重点文化服务工程。这些工程作为"规定动作"由中央到基层层层下派实施，由此构筑全国性的公共文化服务体系。但是，作为全国性的"规定动作"，也难免会出现与某些基层地区的实际不相符合、流于形式、难以发挥实际效益的问题。本调研组 2011 年赴山东省某地调研时就发现，在一些村子里，农家书屋只在上级检查时才开放，平时根本不向村民开放。对于佛山市，甚至整个珠三角地区来说，由于人口密集，城乡组团一体化发展，农家书屋工程等一些国家级文化服务工程并不完全适应当地百姓的文化需求。但是，作为国家"规定动作"，文化部门是必须要完成的。对佛山来说，完成"规定动作"后，要从中抽身出来，投入满足市民真正文化需求的工作中，重点实施"联合图书馆"工程等佛山特有的文化服务工程。佛山以前也搞过旅游文化节，近年来则很少再办类似活动，而是着重举办"秋色欢乐节""三月三北帝诞庙会"这类在当地有广泛社会基础的大型群众文化活动。这些文化活动适合当地文化传统和习俗，深受群众欢迎。

充分发挥文化的意识形态功能，巩固中国特色社会主义共同理想，是文化工作部门担负的重要职责。佛山市文化部门认为，提升文化生活质量、营造健康的文化生活，本身就内含着社会主义核心价值体系的内容。中央和国家对于文化产品和服务的意识形态属性都有界定和审核，基层不必去搞另一套意识形态的东西，然后大力宣传，而应通过提供文化服务来隐性地传播社会主义核心价值体系。

在发展文化产业方面，佛山清楚地认识到，作为地级城市，发展和壮大创意文化产业的基础和条件与北京、上海等大城市相差甚远。因此，他们不提过高的目标和口号，而是通过实施文化保障工程，营造促进文化产业发展的良好环境。着重推进民间艺术创意基地升级改造和创意开发，以及陶艺等传统文化产业的改造升级。

在调研中，我们深深地感受到，佛山文化工作的开展，的确是紧紧围绕文化建设终极目标进行的，其有所为、有所不为的特点非常突出。在当前全国各地兴起文化建设热潮的形势下，佛山的这一做法对于防止一些地方盲目提出不切实际的过高目标，甚至是背离群众真实文化需求，盲目上项目、"烧钱"搞面子工程，都有很强的启发意义。

2. 市场和行政手段并用

马斯洛的基本需求层次理论把人类的需求由低到高分为生理需求、安全需求、情感和归属的需求、尊重的需求、自我实现的需求。他还提出另外两种需求，即求知需求和审美需求。他认为这两种需求应居尊重需求和自我实现需求之间。这两种需求大体就相当于文化需求。因此，可以说文化需求是仅次于自我实现需求的高层次需求。一般说来，较高层次的需求，是基于较低层次需求得到满足后产生的需求。这一理论，有助于我们了解不同的人的文化需求不同。此外，文化需求本身又分为不同的层次。全国人大代表、人民日报社原副总编辑梁衡主张把人的精神文化需求分为六个层次，由低到高分别是：刺激、休闲、信息、知识、思想、审美。梁衡的观点，启发我们更细致地区分不同人群的不同文化需求。文化部部长蔡武把人的文化需求分为两个层次：既有基本的文化需求，又有多样化的文化需求。政府主导、财政投入的公共文化服务体系满足人民群众的基本文化需求，利用市场配置资源的文化成员单位作为市场主体来满足人民群众的多样化需求。2011年3月，温家宝总理在《政府工作报告》中强调，要更好地满足人民群众多层次多样化文化需求。对于文化需求不同层次的划分，是我们党和国家谋划文化发展思路、确定文化发展目标的基本依据。

具体到一个地区来说，文化工作的开展，也首先要根据不同的文化需求来划分文化服务的对象，然后运用不同的手段组合来满足不同对象的需求。佛山的文化工作，非常鲜明地体现了这一规律。

佛山通过实施文化普及工程，提升公共文化服务质量。这是面向市民基本文化需求的，基本是依靠行政手段，财政投入。其中，农村电影公益放映活动是广电总局、财政部开展的农村文化服务工程。具体做法是，招标国有、集体、民营、个体等各种形式的农村电影放映主体，在县级以下农村地区开展公益电影放映活动，放映主体享受农村电影公益场次补贴。其运营遵循"企业经营、市场运作、政府购买、群众受益"的原则。这是一种运用行政手段、财政杠杆引导市场主体参与公共文化服务的新模式。这一模式尚处于探索之中，市场主体并不成熟。但是，佛山通过细致的管理和引导，使这项活动比较成功地开展起来。600多个村，全年放映1万多场。这可以算是行政和市场的力量相结合，提供基本文化服务，满足群众基本文化需求的比较成功的案例。

不知从何时起，珠三角被冠以"文化沙漠"的帽子。这顶帽子应该不是当地百姓给扣上的，它反映的是一部分文化需求层次比较高的外来人员的感性认识。不过，这也反映了整个珠三角高雅文化产品和服务相对不足的客观现实。为满足个性化、高层次的文化需求，佛山近两年尝试用行政和市场两种手段来提供高雅艺术。徐东涛介绍说："'个性化'需求现阶段不能用公益去办，但是政府也支持，邀请来演出的给予补贴。一开始，主要是政府补贴。多数票是政府购买的，送给一些领导，领导忙没时间看，就把票送给司机或保姆。后来就进行改革，改革之后，要求每场演出必须拿出30%～50%的半价票出售。实行一段时间之后，不但满足了部分高层次人才的需求，而且越来越多的市民对舞台艺术有了逐渐的认知和兴趣，高雅艺术的消费市场逐渐形成，市场演出主体有了稳定的市场收入预期，个性化、高层次文化发展的需求也得到了满足。"

针对外来务工群体，佛山开展了丰富多样的文化关怀活动。其中"快乐暑假·寻梦佛山"外来工子女文化夏令营活动被列入广东省首届社区文化节主体项目，佛山获优秀组织奖。

运用行政和市场两种手段，满足不同群体不同层次的文化需求，已逐渐成为我国文化建设的基本思路。佛山的经验概括为"政府引导、社会参与、民间唱戏、百姓受益"。遵循这一模式，通过细致的管理和有效的引导，比较成功地组合运用两种手段，非常有针对性地满足了不同群体的真实的文化需求。

3. 持之以恒、培育文化品牌

品牌是一系列价值的集合体。文化产品或文化服务品牌，则是融合了娱乐、休闲、审美等价值的多维集合体。佛山在文化建设中，正确处理文化与经济的关系，使文化获得相对独立的地位，让文化单独唱戏，使文化回归到自身的功能和价值。这是培育文化品牌最重要的起点。文化找回了自身、回归到自身，接触文化的人才能体验到文化本真的内涵和魅力。调研期间，我们有幸现场观摩了"柏斯之夜"——庆祝佛山市钢琴协会成立13周年音乐会，由当地钢琴爱好者在文化馆小舞台演出。虽然表演者的演奏技艺不那么纯熟精湛，但是，置身其中，那穿着燕尾服的主持人、穿晚礼服的演奏者、灯光映照着的钢琴、安静的观众、悠扬的琴声，都能给人一种美的感受。这便是文化自身的魅力了。

品牌具有独特的价值，它排斥同质化。与他者一模一样、没有特殊之处的产品不会成为品牌。佛山的"秋色欢乐节""三月三北帝诞庙会"等大型群众文化活动，之所以成为品牌，就在于它们蕴涵着岭南文化、北帝信仰的独特元素。近年来，全国各地的旅游文化节不胜枚举，大同小异。佛山也曾举办过多次旅游文化节，但是，后来他们发现旅游文化节太多了，举办了很多届也没有形成特色和传统。于是改变为"秋色欢乐节"，延续和提升了当地的传统民俗节事，从而使之区别于以往的旅游文化节。"北帝诞庙会"更是代表着独一无二的传统文化资源和习俗，在当地有着广泛的信众基础。

品牌的生成路线需要清晰的规划。近10年来，佛山不但对整体文化发展做了系统的规划，而且对于一些主要文化产品和服务项目的发展——如"魅力佛山"文化品牌——进行了清晰长远的规划，并有系统的配套政策和举措。

品牌是时间的产物。世界上知名的品牌都有悠久的历史，经历了漫长的时间积淀。佛山文化建设始终围绕终极目标，有所为、有所不为，坚持把有限资源投到重点工程和项目上。对市场演出主体和消费主体，都保持政策和信息的一致性、稳定性，通过一段时间的坚持，形成了信誉和口碑，取信于文化产品和服务供应商，更取信于市民和百姓。

4. 一条可持续的文化发展道路

2010 年 7 月，时任中共广东省委书记的汪洋在"我为广东建设文化强省建言献策"网民代表座谈会上回答网友提问时说："广东不是文化沙漠。广东人优点是务实，缺点是太务实。这可能是广东的文化特征之一。"在我们看来，广东人的"务实"，在 21 世纪之前其主要含义局限在务经济之实。21 世纪以来，重视文化建设的广东人也把务实的风格带到了文化建设这一相对较"虚"的领域中来。佛山的文化建设，走的就是一条"务实"的道路。它坚持明确稳定的终极目标不动摇，它有所为、有所不为，把有限的资源投到满足人民群众的真实文化需求上；它有效运用行政和市场两种手段提供基本文化服务和个性化文化服务，为文化发展提供了长久的推动力；它持之以恒，培育文化品牌。这样的文化发展道路，必定是一条可持续的文化发展道路。

云南省的文化战略与和谐周边建设

秦 升[*]

前 言

文化建设是中国特色社会主义事业总体布局的重要组成部分,中共十七届六中全会公报《中共中央推动文化大发展大繁荣的决定》(以下简称《决定》)指出,当今世界正处在大发展、大变革、大调整时期,世界多极化、经济全球化深入发展,各种思想文化交流交融交锋更加频繁,文化在综合国力竞争中的地位和作用更加凸显,维护国家文化安全任务更加艰巨,增强国家文化软实力、中华文化国际影响力要求更加紧迫。《决定》对中国今后文化建设的各项内容作出了战略性的部署和安排,也为地方省区市的文化发展战略提供了指导思想。2011 年 5 月 6 日,国务院正式下发《关于支持云南省加快建设面向西南开放重要桥头堡的意见》,文件指出,云南省是我国向西南开放的重要门户,是我国沿边开放的试验区和西部地区实施"走出去"战略的先行区,是我国民族团结进步、边疆繁荣稳定的示范区。2012 年 5 月 6 日,文化部与云南省政府在北京共同签署《关于加快云南桥头堡文化建设合作协议》,双方将围绕国家关于云南"桥头堡"建设的战略部署开展相关合作,共同把云南建成中国面向西南开放文化交流的重要窗口。云南省作为我国西南地区边境线最长、跨境民族多、文化资源丰富的省份,其重要性日益凸显,在中国文化大战略和西南周边地区和谐建设中云南省将发挥不可忽视和不可替代的作用。

* 秦升,中国社会科学院亚太与全球战略研究院助理研究员,研究方向为东亚经济合作全球价值链。

2012 年 5 月 27~29 日，中国社会科学院亚太与全球战略研究院"和谐周边中的文化战略：云南个案研究"国情调研组赴云南省委宣传部、云南大学、云南社会科学院、云南文化投资集团、瑞丽市政府、中缅边境城市姐告以及缅甸北部重要口岸木姐实地访谈和调研，对云南省的文化战略、文化产业发展、文化"走出去"、跨境民族文化生态、中缅边境管理等热点问题进行了深入的考察。本报告是此次国情调研的具体成果之一，旨在对云南省特殊的文化发展道路以及云南省文化战略对中国西南边疆稳定和谐的影响予以剖析和总结，思考当前云南省文化发展当中存在的问题，总结发展过程中的经验教训，为云南省今后更加成功、更加高效地建设文化事业提出建议。

一　云南省文化发展战略的背景与意义

进入 21 世纪以来，党中央、国务院在文化建设方面作出了一系列深刻论述和重大部署，提升了文化发展在经济社会进步中的重要地位和作用。2000 年，党的十五届五中全会通过的《中共中央关于制定国民经济和社会发展第十个五年计划的建议》中，正式提出了"文化产业"的概念，把文化产业第一次写进了中央文件。党的十六大指出，文化产业是市场经济条件下繁荣社会主义文化、满足人民群众精神文化需求的重要途径，要完善文化产业政策，支持文化产业发展，增强我国文化产业的整体实力和竞争力。2009 年 8 月，国务院颁布《文化产业振兴规划》，强调推动文化产业又好又快发展，把文化产业培育成国民经济新的增长点，这是中国第一部文化产业专项规划，是继钢铁、汽车、纺织等十大产业振兴规划后出台的又一个重要的产业振兴规划，标志着文化产业已上升为国家层面的战略性产业。2010 年以来，以胡锦涛同志为总书记的党中央着眼于中国实际，顺应时代要求，对文化产业发展进一步进行深刻阐述，指出文化在转变经济发展方式中的重要地位，强调发展文化产业有利于优化经济结构和产业结构，有利于拉动居民消费结构升级，有利于扩大就业和创业。党的十七届五中全会通过《中共中央关于制定国民经济和社会发展第十二个五年规划的建议》，对文化建设进行了全面部署，明确提出把文化产业培育为国民经济的支柱产业。2011 年 10 月，中共十七届六中全会通过《中共中央推动文化大发展大繁荣的决定》，指出要以改革创新为动力，发展面向现代化、面向世界、面向未来的，民族的科学的大众的社会主义文化，增强国家文化软实力，弘扬中华文化，努力建设社会主义文化强国。从党的十五届五中全会确立文化产业理念到党的十七届五中全会提出推进文化创新，深化文化体制改革，增强文化发展活力，繁荣发展文化事业和文化产业，再到中共十七届六中全会旗帜鲜明地提出推动文化、大发展、大繁荣的战略性举措，上述方针政策清晰地表明了中央发展文化的战略思路越来越明确、越来越具体，我们党对文化发展和文化作为国家软实力的认识不断深化，支持力度不断加大，相关政策措施不断完善和加强，充分体现了我们党对文化建设规律的科学把握和对发展文化产业的高度重视，党的英明决断和领导为我们加快发展文化产业提供了方向指引和制度保障。

文化产业的发展是文化战略的重要内容，而全社会文化消费需求的扩大是文化产业发展的重要体现。文化产业作为全球化时代经济增长的新推动力，在经济社会进步中的地位和作用日益凸显。在欧美和日本等发达国家和地区，文化产业是经济服务化的重要依托。美国的文化产品出口已经超过传统的工业产品成为美国最大的出口产业，不仅保障了美国文化产业的持续发展，更保障了美国国家软实力的持续输出。发达国家的发展经验表明，整个社会在文化领域的消费随着人均收入的增加呈现不断提高的趋势，特别是当一个国家的人均 GDP 达到中等收入水平之后，生活必需品在总支出中占比开始下降，而与人们精神需求密切相关的文化产品的需求开始迅速增长。2012 年我国人均 GDP 已达6094 美元（IMF，2013），文化消费已经进入快速增长时期。因而，在我国产业结构调整的关键阶段，党中央、国务院提出建设文化强国、加大对文化产业的支持力度是提高我国经济发展效率、尽快实现经济转型的重要手段。

中国的文化产业经过十余年的发展，实现了长足的进步，逐渐成为国民经济的新增长点。特别是在国家的大力倡导与政策支持下，我国的文化产业在最近几年呈现出迅猛增长的态势。中国文化产业增加值在 2010 年超过 1 万亿元，达到 11052 亿元。2011 年中国文化产业总产值超过 3.9 万亿元，占 GDP 首超 3%，影视、出版、发行、演出所带来的文化消费活力迸发：深圳文博会交易额创新高，达 1245.49 亿元；电影票房取得 120 亿元新突破；凤凰传媒募集资金 44.79 亿元，成为最大的文化传媒上市公司；

动漫产业总产值接近 500 亿元①。事实证明，在发端于 2008 年并持续至今的世界金融危机中，各国经济均程度不同地受到影响，我国文化产业却逆势而上，显示出这一新兴产业的强大生命力。此外，各省、区、市也在文化发展繁荣的良好环境下抓住机遇，推动文化产业形成了你追我赶、竞相发展的态势。东部地区乘着率先发展的优势，继续抢占文化产业发展的制高点，中西部地区努力推动超常规、高速度、跨越式发展，争取后来居上。如山东实行党委政府"一把手"负责制，着力打造文化体制、文化惠民、文化创意、文化品牌、文化贸易"五个新优势"，设立 10 亿元文化产业投资基金，建设 10 个年产值过百亿元的产业园区，力争用 5 年左右时间，文化产业增加值翻两番。湖南设立每年 1 亿元的文化产业引导资金、30 亿元的文化强省基金，着力打造"电视湘军""出版湘军""报业湘军""演艺湘军""动漫湘军"，力争全省文化产业增加值保持年均 20% 以上的增速，到 2015 年实现增加值 1900 亿元，占全省 GDP 的比重提高到 8%。广东制定出台文化强省建设规划纲要，提出到 2015 年文化产业增加值突破4500 亿元，占全省 GDP 的比重达到 8%。江苏动漫游戏业、演艺业、工艺美术业、影视业等相关产业得到政府统筹支持，通过官产学研相结合形成全方位的发展优势，2010 年，江苏动漫游戏产业继续位居全国第一，文化产业法人单位完成增加值 1186.9 亿元，比上年增长 15.4%，比第三产业增加值的增长速度高 2.1 个百分点。

与其他省、区、市相比，云南省作为我国西部边疆民族地区，文化产业发展在云南起步较早，在 10 年前就已提出建设"绿色经济强省，民族文化大省，中国连接东南亚、南亚的国际大通道"的三大目标，把文化建设放在了与经济发展、对外交流同等重要的地位上，其中"民族文化大省"在中国更是首次提出。10 年来，云南立足于当地社会经济发展水平的实际，繁荣民族文化、发展文化产业，将云南得天独厚的文化资源优势转化为产业优势，率先在全国经济欠发达地区走出了一条独具特色的文化产业发展的道路。云南省在文化发展思路上积极突出区域与地方特色，走差异化竞争和特色发展之路，基本形成了以广播影视业、新闻出版与版权、会展业、演艺业、民族民间工艺品业、文化旅游业、体育业、文化休闲娱乐业、珠宝玉石业及茶文化产业等十大特色产业为主导，相关产业联动发

① 张玉玲：《2011 年：中国文化产业铿锵前行》，《光明日报》2011 年 12 月 29 日。

展的产业格局。10 年后的今天，云南省在中央"文化大发展大繁荣"的指导思想下，进一步提出了建设"绿色经济强省、民族文化强省、中国面向西南开放的'桥头堡'"的新目标。以此为契机，云南省制定了一系列加快云南文化事业和文化产业发展的相关政策，为文化产业发展营造了宽松的发展环境，提供了有力的政策保障，形成了"政府引导、市场主导、社会广泛参与"的"云南模式"。

云南省文化发展战略的超前性和可持续性有其独特的省情基础。拥有26 个民族的云南省是被公认的文化资源最具多样性的省份，从厚重的历史积淀到丰富多彩的民族文化，无不为云南的文化发展提供了珍贵的资源。人类远祖之一的"元谋猿人"在 170 万年前诞生于此，从人类童年时期开始到各个历史发展阶段的文化形态都能在这里追根溯源；以晋宁石寨山、江川李家山为代表的滇池青铜文化曾让世人叹为观止；风格迥异的滇池文化、东巴文化、毕摩文化、贝叶文化、南诏大理国文化各领风骚数百年；稚拙纯真的沧源岩画，美轮美奂的南诏大理国画卷，造型奇绝的民族民间工艺，浩如烟海的各民族神话史诗、民间传说，神奇美妙的民族音乐、舞蹈、戏剧艺术，古朴神秘的乡风民俗，风云变幻的抗战文化，以魅力无穷的南方丝绸之路、茶马古道为代表的文化足迹等，它们共同构成了博大精深的云南文化艺术宝库，也成为中华民族灿烂文化的组成部分和云南文化发展的重要资源和财富。云南虽然拥有丰富的文化资源，却是一个经济社会发展相对滞后的省份。由于地处祖国西南边陲，地理环境和自然条件的制约使得云南的对外经济交流长期处于不利的局面，特别是招商引资方面，由于交通、基础设施建设、人力资源等方面的不足，云南无法与中东部省份的经济增长速度相提并论。如何利用丰富的文化资源破解经济发展难题成为云南人不得不面对的问题。而今，以文化大战略统领云南三大发展目标是云南社会经济发展迈向新台阶的唯一出路。

首先，绿色经济强省的建设必须依托文化产业才能摆脱产业升级的老路子，实现云南产业的跨越式发展，增加绿色 GDP 在整个经济增长中的比例，达到以文化促经济、以文化促增长的最终目标。其次，民族文化强省的建设更是文化战略的集中体现，保护好、继承好、发展好云南的多民族文化，将云南的文化艺术宝库展现给世人是发展文化、繁荣文化、传承文化的根本保障，在发展的任何阶段都要把文化建设放在第一位。最后，作为中国面向西南开放的"桥头堡"和跨境民族聚居区，云南省的民族文化建设远远超出了其区域意义，良好的对外文化交流在西南边疆和谐建设过程中发挥着极为重要的作用。综上所述，文化战略和云南省"两强一堡"的发展目标息息相关，贯穿于云南社会经济发展的方方面面，文化战略不仅仅是云南省突破旧的发展模式实现经济转型的重要保障，更是中国和谐周边建设中不可或缺的重要一环。

二 云南省文化发展与产业发展的良性互动

（一）大力发展文化产业有助于云南省摒弃产业梯度转移思路，通过树立服务经济竞争优势实现产业的跨越式发展，为云南省的文化战略奠定坚实的经济基础

"产业转移"是指某些产业从一个国家或地区转移到另一个国家或地区的过程。由于生产要素禀赋、经济基础和发展战略的不同，各国或各地区间在产业结构方面往往具有极大的差异，这种差异的具体表现就是根据各国（地区）技术水平的高低而形成了不同的产业梯度，即各国（地区）的产业结构层次存在明显的阶梯状差异。由于这种产业梯度的存在以及各国（地区）产业结构不断升级的需要，产业在各国或地区间呈现出从高向低转移的梯度转移规律，一国（地区）相对落后或不再具有比较优势的产业可以转移到其他与该国（地区）存在产业梯度转移可能性的国家（地区），成为其他国家（地区）相对先进或具有相对比较优势的产业，从而提高吸收方的产业结构层次与水平，这就是产业结构在国家或地区间的梯度转移规律。"产业梯度转移"是以企业为主导的经济活动，是由于资源供给或产品需求条件发生变化后，某些产业从某一国家或地区转移到另一国家或地区的经济行为和过程。在我国，"梯度转移"表现为随着先富起来的东部地区的经济结构升级，某些劳动密集的、消耗大量自然资源的、生产传统产品的产业（以劳动密集型产业为主）转移到中、西部，或是按梯级顺序先转移到中部，再转移到西部。当前，产业梯度转移的发展思路是中国区域发展大战略的主要思路，即成熟的劳动密集型产业从东部逐渐转移到中部，然后再到西部，而因此出现的产业空白则由更高级的生产模式和新兴产业所替代。以中部六省为例，现阶段的主要发展构想就是依托已有的产业基础、资源禀赋和人力资源承接来自东部的产业转移，从而扩大就业和发展地区经济。上述

产业转移的前提条件是，待转移的地区具有大量的剩余劳动力、优良的基础设施条件以及相关行业发展所需的智力支持（特别是高校和科研院所）。倘若缺乏上述前提条件，产业梯度转移的经济效益将大打折扣，无法完成产业转移预定的经济发展目标。

作为西南的多民族省份，云南省经济发展落后、人力资源稀缺且水平参差不齐、信息通信设施建设落后、交通不便，而且缺乏具备较强实力的科研机构。这些都不利于其承接来自中东部地区的产业转移。换言之，产业转移所带来的经济收益远远小于其所付出的经济成本和社会成本。因而，考虑到云南省在资源禀赋方面与中东部地区的差异，我们不能生搬硬套东部的产业发展模式，必须在政策导向和政策制定上进行区别对待，特别是要摒弃产业梯度转移的传统发展思路。具体来说，就是要根据云南省多民族文化优势、天然的旅游资源实现跨越式的经济发展，即不走先发展工业经济、后发展服务经济的老路子，而是直接把服务经济设定为地区主导的发展模式，通过发挥自身优势，实现地区经济发展和人民富裕同步进行的目标。

云南是天然的旅游大省，又是民族文化资源大省，通过政府的合理规划和各族人民的努力，云南完全有条件也有能力实现上述目标。云南旅游业经过20余年的发展，基本形成了完善的产业体系，景区景点建设、旅游服务设施等建设取得了长足发展，在开发旅游产品、拓展市场、培养人才、依法治旅等方面积累了丰富的经验。旅游业的发展，为民族民间工艺品、民族演艺、休闲娱乐等产业门类提供了广阔的市场空间，极大地延长了文化与旅游的产业链，在互动共赢发展的基础上，促进了文化产业和旅游业的规模扩大、结构调整、产业提升和产业转型。具有鲜明民族特色和地域特色的文化旅游产业成为云南很多旅游发达地区的支柱产业，为民族地区农民脱贫致富、剩余劳动力转移、乡村产业结构调整，探索出了一条旅游产业和文化产业互动发展的新路子。文化与旅游结合，产生了一大批龙头文化企业，带动了演艺会展、文化娱乐、茶文化、珠宝玉石等相关产业共同发展，逐渐形成云南文化产业集群。云南现在已成为全球最具吸引力的旅游目的地之一。

立足于丰厚的民族文化资源优势，近几年云南致力于打好民族特色牌，努力将资源优势转化为经济优势和产业优势。在云南"歌的海洋""舞的世界"里，诞生了如《云南映象》《丽水金沙》《印象·丽江》《蝴蝶之梦》《励巴拉娜西》《纳西古乐》《吉蹇宴舞》等一大批独具民族特色、享誉全国的文化精品和文化品牌，创作了《花腰新娘》《翡翠凤凰》《金凤花开》《山间铃响马帮来》《国歌》等一批云南题材影视作品。"舞蹈云南""文学云南""音乐云南""影视云南"为越来越多的人所关注，经济效益和社会效益的双丰收使云南省成为区域文化产业发展的成功典范。

依托强大的旅游资源实现以旅游产业带动文化和相关产业发展的良性循环，跳出工业企业集聚及污染、排放高的旧经济发展模式是云南完成经济转型和产业跨越式发展的必经之路。云南省的人文地理优势使其在相对狭小的区域内具有大量的高水准、高质量的旅游资源，这显然是中国其他省份所不具备的。据统计，2011 年云南的旅游收入超过 1300 亿元，2012年更将突破 1500 亿元。因此，利用好、规划好、保护好当地的人文地理环境，是保证西南地区经济长期健康发展、不受低端制造业侵蚀的重要前提。以上发展思路将避免云南省在今后的经济发展中陷入产业转移所带来的产业空心化困境。人力资源成本不断提高是产业转移的主要诱因，一旦当地的工资上涨幅度超过投资者的预期，投资者必然将生产基地转移至人力成本更低的国家或地区。如果没有新的厂商进入，那么，原有的产业工人将面临长期失业。鉴于中国的人力资源成本呈现出长期的上涨趋势，产业转移将是一种常态。产业结构调整的不到位将可能使当地经济陷入长期衰退的局面。为避免上述情况的发生，云南省必须跳出传统发展思路的窠臼，创新思维，真正实现免受产业转移的不利影响。这种发展模式也是云南省建设绿色经济强省的必然要求。

云南省的领导干部必须转变发展思路、统一思想，特别是摒弃以往工业优先发展、引资引工业的陈旧思路。必须充分认识到云南省独特的省情和民情，扬长避短，走一条不同于中东部的独特发展道路，用新的发展模式统领云南省的经济发展。在政策上避免因盲目招商引资对当地稀有的、不可再生资源的破坏，争取用绿色 GDP 取代工业 GDP。要防止传统工业发展抢夺民族文化产业发展所需的财政、土地等优势资源，为服务经济创造良好宽松的外部环境；要因地制宜、多角度地开展调查研究，深入基层，制定出符合当地文化传统、民族风情的产业发展政策和优惠政策，调动民间发展文化产业、投资文化产业的积极性，使经济发展政策取得事半功倍的效果。

（二）保护和传承传统民族文化、维护多民族地区的社会稳定是大力发展文化产业的重要目标

在当代社会，保护和传承民族文化已经是整个人类的共识。联合国教科文组织在文化多样性保护公约中指出，与凝固的历史文化遗产不同，民族文化是活的文化，显然不可能采取博物馆式的保护方式。此外，那种通过"隔离"手段对活态文化的保护也不符合社会发展的潮流。首先，传统民族文化并非一成不变，在历史长河中文化也是在演化和变迁的；其次，人为的、主观的将民族文化定格于某个时间点并把它与社会发展进步分开显然是不合情理的。注重传统文化的自主性和自然演化应当是我们提倡保护和传承传统民族文化过程中需要遵守的原则。民族文化的保护和传承是统一的，其目的是使文化继续在现实生活中发挥其对作为持有者的民族的生存和发展的重要作用。因此，要保护的是真实的文化和文化的真实性，绝不可将手段变成目的。从民族文化保护的真实性原则出发，对民族文化的保护就不是某种孤立的或单独的文化形式的保护，也非静止状态的保护，而是对其真实的存续的保护。因此，保护民族文化也就要保护与之共生的，或者说是民族文化存续于其中的民族文化生态。失去了民族文化生态，不仅失去了民族文化自我生长的条件和环境，而且失去了民族文化的真实性。民族文化生态的维系是保护和传承民族文化的根本。

那么，如何将民族文化生态与社会经济进步联系起来，实现两者相互促进，进入良性循环的轨道呢？我们认为，民族文化产业的发展将为民族文化的保护和传承提供一条有效的途径。

云南省的民族文化产业以民族旅游业、民族歌舞演艺业、民族工艺品业为标志性产业，这些产业能够极大地提升民族地区的知名度，推动民族地区的经济发展。民族文化产业以民族文化为战略性资源，是民族文化从文化领域向经济领域的转化，民族文化的经济化或产业化也是对民族文化进行动态保护的一种途径与方式。产业化保护的不同之处就在于这是一种内生性的保护与传承，因为它是通过经济活动的方式来进行的。民族文化本身被商品化，使民族文化的持有者认识到文化的经济价值，从而使他们提高了保护和传承文化的自觉意识。从观察中我们发现，一种民族文化，特别是活的、非物质文化的传承，在市场经济大行其道的今天很难靠其自身力量进行，而必须与民族社会的现实生活需要相联系，才可能保持和发

展下去。现实生活的需要有两个方面：利益需要和习俗养成的需要。而民族文化产业化，由于满足了民族群众发展经济的现实需要，就有了保护和发展的条件和动力。云南的很多民族村寨，因为独特的民族文化吸引了大量的游客使村民受益，老百姓传承民族文化的热情高涨，过去几乎失传的文化重新传承起来。民族文化产业的发展还间接带动了其他文化产业和文化产品的需求，如丽江、大理和楚雄的文化旅游，宝山的乡村文化，德宏的珠宝玉石和红木文化，等等，实现了以多民族地区的悠久历史、民族手工业和民族传统为依托，以节庆活动、民间工坊、民族文艺演出为代表的文化产业集聚，这种产业集聚在为当地的经济发展作出巨大贡献的同时，也使传统民族文化焕发青春。

此外，由于民族文化的经济价值得到了市场的认可，因而也大大提高了政府对民族文化保护的积极性，制定并实施了许多利用和保护政策，优化了民族文化生态。文化的产业化的确给困境中的民族文化寻到了一条新的传承和发展的途径。例如，云南丽江纳西族的东巴文化正是借助产业化的途径才得到前所未有的传播、弘扬，纳西族传承东巴文化的积极性也空前高涨。但也不能忽视产业化给民族文化带来的一些负面影响。首先是片面化，即民族文化包含的内容与表现形式很多，但产业化往往只会青睐有市场效益的资源，忽略没有或尚未产生市场效益的资源；其次是表面化，民族文化是一个整体，既有特色鲜明的形式，也有独特意义的内容，但产业化注重的往往是形式方面，而对于其承载的内容弃而不顾，甚至可能附加上完全不同的内容。换言之，随意夸大民族文化中的某些成分，或是任意删改、拼接以招揽或迎合观光客的做法都将对民族文化的传承和发展产生不利影响。这里其实应该划清一条界线：什么是对民族文化的发展？什么是对民族文化的破坏？产业化的保护是动态的保护，动态的保护是发展中的保护，客观上我们必须允许它的发展和变化。但是，必须防止对民族文化破坏性的开发，这不仅将损坏文化产业的发展资源，使产业发展不可持续，还将打击民族文化生态，使保护和传承民族文化成为口号和空谈，最终导致双输的局面，这是民族文化产业发展的任何阶段都必须避免的。

以往民族文化的传承与保护更多的是民族文化享有者自己的事，但在民族文化与产业发展深度融合的今天，它的意义已经突破了民族的界限，保护和利用各民族的文化遗产（包括物质文化遗产和非物质文化遗产）还应得到决策者和文化产业主导者的共同关注，唯有如此，才能实现民族文化保护、传承与文化产业健康发展的双赢局面，进而实现民族文化发展和经济发展的高度统一。

除了传承、保护民族文化，维系民族文化生态，文化产业的繁荣发展对民族众多的云南省而言还有利于维护社会稳定和民族和谐。在文化产业集聚、旅游带动周边产业的良性发展中，云南省以当地农民（少数民族为主）为主要劳动力，充分利用农民的农闲时间。这便解决了农民在农忙之外的就业以及农作物经济效益不高的两大难题，而且避免了中东部农民外出务工导致的留守老人、留守儿童等社会问题。此外，众多的民族节庆、民族文化园区建设加强了当地少数民族的自我认同和社会认同感，保证了民族团结，也保障了社会发展进步的根基。

在政府的支持或直接操办下，各种民族节庆活动频繁地开展起来，各种展示民族风情的项目和园区也在不断的建造。在云南，几乎每个月都有大型的少数民族节庆活动，而作为文化持有者的民族群众，也从传统文化的复兴中找到了自己在一个开放世界中的表达方式，积极地投身于这些活动中。他们尽其所能地通过回忆、创造等方式，恢复重建自己民族的传统文化。而少数民族精英人物，不论是政治精英、经济精英，还是文化精英，他们在社会发展中都充当着重要的角色，也在民族交流和民族团结中发挥着至关重要的作用。如丽江的纳西族东巴祭祀活动、东巴文书写、东巴纸制造，景颇族的目瑙纵歌，彝族火把节；如芒市的民族文化园区，囊括了德宏博物馆、德宏州图书馆、德宏民族大剧院、德宏珠宝博物馆、德宏州少数民族语言译制传播中心和德宏民族文化风情博览园等众多设施和项目，充分展现了德宏州的少数民族特色。此外，楚雄中国彝族文化大观园打造了包括彝人古镇、彝族民居商贸城、十月太阳历文化园、彝族康体娱乐区以及中华彝寨在内的综合性高品质文化旅游新区。还有白水台东巴圣地巴滋吾文化生态村、中国—东亚东南亚民族民间艺术博览园等众多以打造民族特色文化为重点的项目和园区。这些节庆活动的举办和民族园区的建成无疑在促进文化消费、增加文化认同的同时增进了民族和谐。

（三）提升文化素养，改革文化体制，挖掘文化资源，激励文化创新，培养文化人才是云南文化战略成功实施、文化产业健康发展的五个重要保障

文化部门最早是新中国非生产性的文化事业部门，在20世纪90年代

之前或者是被错误地发展，或是没有被作为战略性的、能产生经济价值的部门予以支持和发展。但是，现代社会的高速发展使文化的建设、发展和推广已成为一种世界潮流，文化走入市场成为必然的趋势。随着我国市场经济尤其是文化市场的建立和完善，文化消费日趋红火，精神产品作为商品进入市场，接受消费者的挑选，文化商品如日常用品一样走进千家万户。市场经济为文化产业化提供了外部条件和机遇。富则求文，随着我国人民生活水平的提高，人们在满足物质温饱后逐步过上小康生活，对精神生活的需求越来越迫切。然而，一些地方和单位对文化建设的重要性、必要性、紧迫性认识不够；文化产业结构不合理，束缚文化生产力发展的体制机制问题尚未根本解决；文化资源的开发缓慢，文化人员的断代和缺失等当前存在的问题，共同导致了文化发展没有真正融入市场经济和改革开发的大环境，没有真正进入良性循环和健康发展的轨道，说到底，就是文化发展同经济社会发展和人民日益增长的精神文化需求还不完全适应。随着中共中央近年来不断加深对发展文化重要性的认识，将文化产业置于整个文化战略的全局当中来对待，置于整个国民经济结构调整和产业结构升级的战略高度来思考，各省市区正迎来社会主义先进文化建设的新的高潮，面对着来之不易的大好环境，相关部门应当增强发展文化产业的紧迫感和使命感，更新发展理念，着力科学发展。

1. 提升文化素养，统一文化发展思想是文化战略顺利实施的基本前提

党对文化工作、文化建设和文化产业的正确领导是云南省文化战略顺利实施的前提。只有自上而下全面理解文化战略的发展意图，全面认识到文化战略的发展方向，全心全意地投入文化事业的建设上来，整个云南省才能凝聚成一股强大的发展力量，又快又好地实施文化战略，实现云南新时期的三大目标。首先是文化政策必须与时俱进，要根据本省实际和外省经验制定出符合本地文化发展规律、与本省文化生态相适应的政策体系，给文化事业的发展一个宽松的外部环境。特别是在税收、用地、出口等方面，根据实际的发展需要，给予文化产业一定的政策优惠是各级政府需要重点思考的问题。各相关部门应当关心、关爱从事文化发展的人群和企事业单位，给予足够的重视和进行充分的沟通，为文化战略成功落地和文化事业的长期发展奠定良好的基础。在当前全国文化产业发展不进则退、竞争加剧的大趋势下，只有统一思想、统一认识，把握大局、细处着眼才能立于不败之地。

2. 改革文化体制机制，为文化战略顺利实施"铺好路，搭好桥"

创新文化管理体制和运行机制，是解放和发展文化生产力的根本途径。多年来，云南根据行业和单位特点，按照"扶持一批、转制一批、重组一批、剥离一批"的思路，分类分步推进国有文化企事业单位改革。培育以龙头骨干企业为代表的市场主体，形成战略投资主体，这既是引领产业发展方向、推动产业创新、增强产业集聚效应的重要举措，也是全球化背景下加快文化产业发展、应对国际文化产业激烈竞争的迫切需要。多年来，政府引导、扶持和市场化运作同步进行，云南吉鑫集团、柏联集团、雄达茶城等一批本土文化企业群体迅速崛起。在不断推进的深化文化体制改革中，通过资源整合、政企分开、加快产业结构升级等措施，云南省成立了一批国有文化企业集团公司，文化市场主体不断发展壮大，云南广电网络集团有限公司、云南报业传媒（集团）有限责任公司、云南出版集团有限责任公司、云南文化产业投资控股集团有限责任公司依次成立。各州市也积极深化文化体制改革，相继整合组建了一批国有或国有控股文化企业集团，成为各地文化产业发展的龙头企业。此外，社会资本进入文化产业形成了一批具有影响力的民营文化企业。

3. 挖掘文化发展的潜力，优化文化资源配置，推动文化产业早日走上市场化轨道

政府在文化产业发展初期利用行政力量和政策手段推动文化发展和繁荣是必要的，也是必需的，这是当前文化发展滞后和市场化程度低的客观原因所决定的。但是在中长期必须依靠市场效率，优化资源配置机制，加快结构调整，提高集约化经营水平和产业集中度，早日走上文化产业发展的市场化轨道。在此过程中，要坚持以大集团带大产业，培育一批具有带动和示范效应、拥有自主知识产权和文化原创力、主业突出、核心竞争力强的骨干文化企业，增强云南省文化产业的整体实力和产业竞争力。要通过培育和发展一批实力雄厚、成长性好、具有较强竞争力的大型文化企业和企业集团，使之成为市场主体，增强云南省文化产业的整体实力，为激烈的市场竞争做好准备。从企业实力来看，尽管近年来一些文化大企业、大集团相继成立，但仔细比较，与省外企业差距较为明显。所以，进一步整合广播电视、书报刊、文艺演出等资源，整合地域文化资源，创建各具特色的文化产业集群，建设一批具有云南地域特色和民族特色的文化产业基地和示范园区，是实现文化产业集聚化、规模化发展的必要手段。此

外，丰厚多姿的民族文化资源是云南文化产业发展的依托和基础，但资源优势不等于产业优势，只有进行科学整合规划与合理开发利用，充分发挥资源的特点和优势，资源优势才能转化为经济效益。云南文化资源有点多面广、布局分散的特点，要求相关研究机构和决策部门开展深入细致的调查研究，理清云南文化资源的渊源、种类、分布、存量等，认真分析评估，科学研究策划，做到立体开发、综合利用，将资源优势转化为产业优势和发展优势，以结构调整为带动，盘活存量资产，扩大增量资产，合理配置资本、人才、技术等要素。还要利用文化产业关联度高、覆盖面广、成长性强的特点，鼓励和支持跨媒体、跨行业、跨地区、跨所有制的投资和经营，促进文化产业领域的内部联合，促进文化产业与其他产业的相互渗透，拓展发展空间，为最终文化产业实现真正的市场化运作打下根基。

4. 激励文化创新，促进文化产业的可持续发展和良性循环

在当前建设创新型国家的大环境下，各行各业的发展都离不开创新，被称为"创意产业"的文化产业将创新视为产业发展的根本。通过与新思维、新科技的结合，源源不断地产生新的发展模式，文化产业才有持久的生命力和影响力。纵观国外文化产业发达的国家，无一不是文化产业创新能力极强的国家。在云南从文化资源大省向文化强省的转变过程中，文化创新是云南今后一段时期自上而下面临的共同挑战。创新不足和创新力度不够始终是云南文化战略实施的一大瓶颈。就增长方式而言，很多地方文化产业增长的重点不是放在内容创意而是放在生产制作，主要依托地方不可移动的物质文化资源，如自然景观、历史景观、民族村寨、名人资源等，以发展文化旅游作为主要突破口，希望通过门票收入、周边土地增值或房地产开发的形式获得收益。这种"资源型文化产业"仅仅是文化产业发展的初级阶段，长此以往，不仅文化产业发展的阻力越来越大，其赖以生存的文化资源也将遭到持续的破坏，整个文化生态不复存在。云南文化产业要实现新的跨越，必须立足于自主创新，提高创新能力，增强企业核心竞争力，形成一批优势文化行业和文化品牌，打造一批空间布局合理、产业关联度大、辐射带动力强的基地和区域性文化产业群，形成现代与传统融合、区域布局合理、技术领先、良性循环的文化发展格局。

5. 培养文化人才、形成一批专有文化品牌是文化事业繁荣不衰的基础

人才是文化建设中最重要的因素，是先进文化的创造者和传播者。文化产业是高科技与高创意相结合的产业，文化产业的竞争实质上是人才的竞争，因此，产业的发展离不开高层次、高技能的人才队伍作保障。云南省文化人才不少，但高素质的文化创意人才、文化经营人才、文化管理人才缺口很大，尤其缺乏熟悉文化产业规律和市场运作、懂经营会管理的复合型人才和经纪人才，缺乏能将文化资源转变为文化产品、文化商品、文化品牌的文化企业家，缺乏像杨丽萍这样的文化旗手。由于缺乏高层次人才，比如重大影视剧的创作生产，主要还是通过和省外知名作家、编剧、导演、影视机构合作来完成，本土创作力量特别是高水平的作家、剧作家、导演严重缺乏。这样的结果是云南丰富多彩的文化资源孕育出来的影视作品产生的经济效益大头在省外而不在云南。因此，在充分发挥省外人才重要作用的同时，加快本土文化产业人才队伍建设是当务之急，培养高素质的文化专才，是云南省建设"两强一堡"实现三大战略目标的重要内容。有计划、有步骤地开展文化产业人才培训，提高文化从业人员的综合素质和综合能力，是文化发展繁荣的重要基础。此外，品牌建设也是文化大战略中的重要一环。品牌是一个国家或地区的文化符号，代表着一个民族的文化形象。要实现文化产业又好又快发展，必须坚持立足于本地实际，因地制宜地发展文化产业，打造具有地方特色的文化产品和重点项目。努力推出特色品牌，开发原创品牌和现代品牌。近年来，云南在文化强省建设过程中，打造了《云南映象》、丽江古城等一批代表云南形象、体现云南特色、具有较高品位和水准的知名文化品牌。云南文化产业要实现新突破，仍要通过特色品牌的打造，带动、带活一批相关文化资源，充分发挥品牌效应，以品牌扩大影响、吸引资本、聚集人才、开拓市场，唯有如此，才能保证文化发展长期繁荣、长盛不衰。

三　云南省文化"走出去"与和谐周边建设

当今世界，文化与经济、政治日趋融合，越来越成为民族凝聚力和创造力的重要源泉，越来越成为综合国力竞争的重要因素。随着世界多极化、经济全球化的深入发展，看似平缓的经济力竞争后面，潜藏着复杂的思想交锋和激烈的文化力竞争。云南省拥有面向南亚、东南亚的重要地缘优势，拥有16个跨境民族及与东南亚国家的文化历史渊源，这就决定了文化"走出去"不仅仅是本省文化产业和经济发展的需要，更加肩负着维护中国西南边境和平稳定的重任。因而，云南省的文化战略对内是本地区经济社会发展、产业结构调整的必然要求，对外还是建设和谐周边的重要手段，这也是云南把建设中国面向西南的"桥头堡"作为新时期三大战略目标之一的主要原因。

2005 年 9 月，胡锦涛主席在联合国成立 60 周年首脑会议上发表了《努力建设持久和平、共同繁荣的和谐世界》的演讲，向世界传递了中国渴望和平发展，并希望与世界各国共同建设一个和平、繁荣、和谐世界的意愿。2007 年，中国外交工作作出调整，提出要建立"大国是关键、周边是首要、发展中国家是基础、多边是重要舞台"的新外交格局。自此，建设"和谐周边"的重要性比以往任何时候都要紧迫，云南省也由于其特殊的地理位置而成为中国西南边疆和谐建设的前沿阵地。

云南省边境线长 4060 千米，其中中缅边界 1997 千米，中老边界 710 千米，中越边界 1353 千米。有 8 个边境州市的 25 个边境县市，与 3 个邻国的 6 个省（邦）32 个县（市、镇）接壤，其中 11 个县（市）与邻国城镇隔江（界）相望。25 个边境县国土面积 92459 平方千米，2008 年年底人口 639 万，有 16 种民族跨境而居，境内人口 352 万，境外相同民族人口约 2700 万。云南自古就是中国连接东南亚各国的陆路通道，早在两千多年前就是中国从陆上通向南亚、中东和东南亚的门户，现有出境公路 20 多条，有 90 个边民互市通道和 103 个边贸互市点。口岸历史悠久，目前有 13 个国家一类边境口岸、7 个二类口岸，拥有的国家级一类口岸数量在全国居第四位，形成了陆、水、空全方位开发的格局。改革开放以来，云南与周边国家经济文化往来日益频繁，缅甸和越南已经分别成为云南最重要的贸易伙伴和最大的对外投资国家。2008 年，云南边境口岸出入境人员达到 1618.1 万人次，已成为全国口岸大省和中国面向西南开放的第一线。

云南省现阶段正加快实施文化"走出去"战略，通过打造云南文化品牌，抢占产业发展先机，扩大文化国际贸易向"桥头堡"建设迈出实质性步伐。总体而言，包括以下几个方面。

首先通过各种载体实现全方位的对外文化交流，增进世界对云南文化、中国文化的了解。这其中又以文化领域的多层次互访、友好城市之间的相互交流为主。政府方面，中外互办文化年、举办中国文化节、文化周、艺术周、电影周、电视周和文物展等活动，能够加强周边国家对中国文化的了解。目前云南省已经形成规模和持续举办的国际文化展会包括：昆明泛亚国际民族民间工艺品博览会，中国云南国际珠宝展，云南民族服装服饰文化节，东南亚·南亚电视艺术周等。企业方面，形成了一批具有竞争优势的品牌文化企业和企业集团，扩大了对外文化贸易品牌的影响力。以《吴哥的微笑》为例，作为云南文化产业投资控股集团重金打造的海外项目，从 2010 年 11 月 27 日开始在柬埔寨暹粒省吴哥景区驻场演出。该项目充分整合当地资源，通过高度"本地化"实现中华文化"走出去"，至 2012 年 3 月底，共演出 470 多场，接待来自世界各地的观众 42 万余人次，品牌效应已经开始发挥作用。

其次是借助国外著名的电视节、艺术节、书展、博览会等平台，积极推介中国文化产品和服务，展现了中国整体文化实力和国家形象。一是主动适应国外受众的需求和接受习惯，不断扩大我国广播电视节目在境外的有效落地。二是拓展民间交流合作领域，鼓励人民团体、民间组织、教育和科研机构从事对外文化交流。云南省社会科学院曾做过统计，目前来自东盟的留学生占云南留学生总人数的 60%，专业集中在经济、管理、工科、语言（较少）等领域，云南省政府每年提供 400 万元资助这些来自东南亚和南亚的留学生。可以预见，这些留学生毕业之后无论是留在中国还是回到东南亚或南亚地区，他们都将是推动中国与邻国之间文化经济交流、维护双边关系良好发展的潜在力量。

此外，国际文化营销网络和文化中介机构也在文化"走出去"的过程中发挥着积极作用。在东南亚地区，华人华侨本身就是不容忽视的中华文化传播主体和文化产品消费群体，营销网络和中介机构的建立将首先满足大量华人华侨的文化需求。以新知集团为例，企业抓住云南省"桥头堡"建设的机遇，通过经营优秀书籍宣传民族文化，通过境外书城将中华文化输送到东南亚国家。2011 年 10 月 29 日，集团首家海外书城金边华文书局在柬埔寨首都金边隆重开业，2012 年 3 月 31 日，集团第二家海外连锁书城万象华文书局在老挝首都万象开业，两家书店在短短的时间里不仅创造了极大的社会效益，经济效益也蒸蒸日上。以书城为代表的集文化营销与文化中介于一体的机构在云南文化"走出去"过程中发挥着越来越重要的作用。

除了上述一些成功的经验，在我们的调研当中，还发现了以下问题。

一是文化"走出去"没有能够充分考察东道国的文化氛围、市场需求和法律法规，前期准备不足直接导致文化交流以失败告终。以云南文投集团在新加坡推出的大型演出"辉煌新加坡"为例，此项目在新加坡公演仅

3 个月就被当局以演出人员签证无效为由被勒令停止。究其原因，表面上是由于演出团体对新加坡的签证制度不熟悉，但更为重要的原因还包括合作方对于演出前景不甚乐观，认为新加坡的赌场会吸引更多的游客。此外，政府部门对于中华文化的接受度较低，对中国人策划的演艺节目不够认可，特别是新加坡文化部在此事进展过程中的不作为直接导致了"辉煌新加坡"的演出失败。

二是文化"走出去"的官方色彩浓厚，重新加剧了东道国在意识形态领域的担忧。我国的政治制度与东南亚各国有着本质的区别，特别是在冷战期间中国在意识形态上与东南亚国家分歧严重，这是当前对外文化交流中不可否认的历史包袱。如今，在文化"走出去"的过程中，如果强化政府的主导色彩势必引起东道国的反感，文化交流的质量会大打折扣。以泰国的孔子学院为例，成立至今成为了一个封闭的、低效的、不对外开放的运作机构，其最大的作用仅仅是中国官员访泰时的一个"景点"。孔子学院作为我国推动对外文化交流的重要窗口受到抵制和限制非常值得我们反思，东道国在意识形态方面的忧虑与我国政府强力推动和主导的文化交流不无关系。

三是文化"走出去"对东道国自身的文化形成"威胁"，给对方以"文化殖民"的错觉。东南亚国家的华侨华人作为我国文化"走出去"的"排头兵"，理应发挥积极的作用，然而由于文化认同上的差异和文化排斥，华人华侨集聚区反而成为了文化冲突的"重灾区"。以缅甸北部为例，随着中国的改革开放和经济实力的增强，当地的华人华侨实力和影响力也在增强，他们为了延续自身的文化传统，组织儒学会等带有强烈中华文化色彩的组织和机构，但对崇信佛教的缅甸人而言，这无异于是文化渗透和文化侵略。2012 年初，在缅北重要城市曼德勒，这种对文化的不认同达到了高潮，当地政府把所有店铺和商家的中文标志全都抹去，以示对中国以及中华文化的反感。文字作为对外文化交流的重要载体，被东道国政府禁止使用，这对我国与缅甸的文化交流是巨大的打击。

文化交流和经济交流互为依托、相互促进，文化"走出去"遭遇困难将对云南省的"桥头堡"建设造成不可估量的负面影响。针对上述问题，调研组根据多方访谈和实地调研，提出以下建议。

一是文化"走出去"应当以文化产业为依托，吃透当地的政策法规，以当地市场需求为前提条件，因地制宜地在东道国拓展文化发展空间。同样是云南文投集团的演出项目，《吴哥的微笑》从 2010 年 11 月开始公演至今，在取得社会效益的同时还获得了相当的经济效益，其成功的原因除了演出本身具备较高的水平之外，前期对当地旅游市场的充分调研、与当地政府的充分沟通、对当地文艺人员的充分利用都是演出能够持续走热的重要因素。因此，文化企业在"走出去"的前期必须做好充分的准备。

二是文化"走出去"要从以政府为主导逐步向以民间交流为主导转变，避免对外文化交流官方色彩过于浓厚，给东道国以推销"意识形态"的错觉。由于东南亚各国在经济上对中国已经表现出明显的弱势地位，如果中国在对外文化交流过程中再强化政治影响力，将为"中国威胁论"创造空间，引起相关国家的猜忌和反弹，加重其对中国"意识形态"输出的顾虑，这直接影响了对外文化交流的效率和质量。因而，调整文化"走出去"的具体策略势在必行，以民间为主，政府支撑将是未来对外文化交流的主要方式，政府应当有所为、有所不为。

三是文化"走出去"要充分考虑中国文化与东南亚文化的差异，注意结合当地传统和风俗习惯，适时适度地推广中国文化，不能赤裸裸地表现中国元素。东南亚各国在文化渊源上与中国有着根本的不同，在信仰上以佛教为主，不同于中国的儒家思想，这就要求我们在和当地居民、对政府进行文化交流时，充分考虑到对方的文化信仰，用合适的方式表达我们自己的文化传统，那种建立机构和社团大肆宣扬儒家文化并高调邀请中国官员访问的做法应当进行反思。

建设和谐周边是中国坚持走和平发展道路的必然要求。在新中国历史上，我们已经丧失了太多的发展机会，中国必须珍惜来之不易的和平发展机遇，和周边近邻一道发展安宁和谐的良好环境，谋求共同进步、共同繁荣。此外，周边环境的好坏直接影响中国的国家安全、民族团结、社会稳定和经济发展，良好的周边环境有利于中国专心致志地搞建设、谋发展。从地缘战略上来看，经营好周边是中国打破超级大国对中国的战略包围、营造直接的外部安全屏障、构建国家安全战略依托的重要手段。对云南省而言，和谐的周边还意味着顺利解决各种跨境民族问题，使中国与西南邻国之间的全方面开放和交流扫除障碍。然而，我们也必须认识到，尽管中国周边环境处于新中国成立以来较好时期，但由于部分周边国家仍然存在不确定因素，周边大国的战略调整仍在继续，一些领土、领海和海洋权益争端仍未得到根本解决，这些都增加了周边环境的变数和复杂性。

近年来，中越边境、中缅边境和中老边境出现了一些新情况和新问题，西方国家和境外各种势力把越南、缅甸和老挝作为牵制中国的一个因素，长期以来在中越、中缅、中老边境地区进行各种文化渗透和干扰。云南作为抵御西方思想文化渗透、维护本国意识形态安全的前沿，面临的挑战更多、任务更重、难度更大。所以，云南省的文化"走出去"与和谐周边的建设必须分阶段、有步骤、有策略地推进，不能够急于求成。当前，最为重要的是审时度势，吸取以往文化"走出去"过程中的经验教训，通过实践把握对外文化交流的特点，尊重文化"走出去"的客观规律，提高文化"走出去"的质量和水准，使文化"走出去"切实为中国实现"富邻、安邻、惠邻"作出贡献。

四 结论

从提出发展文化产业到制定文化发展战略和建设"两强一堡"三大目标，历经十余年发展历程的云南省文化事业取得的成就有目共睹。事实上，建设"绿色经济强省""民族文化强省"和"中国面向西南开放的'桥头堡'"已经使云南的文化战略超越了地域意义。面临着现实的需求和历史的抉择，云南文化产业要保持良好的增长势头，必须从观念到意识、从政策到措施、从规模到布局、从生产到市场进一步提高认识，创新思想，在新时期实现新跨越。

中共十七届六中全会公报《中共中央推动文化大发展大繁荣的决定》指出，推动中华文化走向世界，开展多渠道、多形式、多层次对外文化交流，广泛参与世界文明对话，促进文化相互借鉴，增强中华文化在世界上的感召力和影响力，共同维护文化多样性。创新对外宣传方式方法，增强国际话语权，妥善回应外部关切，增进国际社会对我国基本国情、价值观念、发展道路、内外政策的了解和认识，展现我国文明、民主、开放、进步的形象。实施文化"走出去"工程，完善支持文化产品和服务"走出去"政策措施，支持重点主流媒体在海外设立分支机构，培育一批具有国际竞争力的外向型文化企业和中介机构，完善译制、推介、咨询等方面扶持机制，开拓国际文化市场。加强海外中国文化中心建设，鼓励代表国家水平的各类学术团体、艺术机构在相应国际组织中发挥建设性作用，组织对外翻译优秀学术成果和文化精品。构建人文交流机制，把政府交流和民间交流结合起来，发挥非公有制文化企业、文化非营利机构在对外文化交流中的作用，支持海外侨胞积极开展中外人文交流。建立面向外国青年的文化交流机制，设立中华文化国际传播贡献奖和国际性文化奖项。

根据上述指导思想，文化"走出去"是今后相当长一段时期内文化战略的重点。对云南省而言，只有牢固树立品牌意识，推出体现民族特色、反映时代精神、具有国际水准的文化艺术精品，打造具有核心竞争力和国际影响力的文化品牌和文化企业，创作出一批真正属于"云南制造"的文化产品，而不仅仅是"云南题材"的作品，才能引领国内市场，进军国际市场。推动中国文化产品和服务出口，拉动对外文化贸易，优化对外贸易结构。文化"走出去"对内是云南省经济"绿色"增长的基本保障，对外是推进文化交流、提升国家文化软实力和国际竞争力、扩大中华文化对外影响的必然要求。在世界经济全球化深入发展、文化多元化不可逆转的世界大趋势下，文化产业的发展离不开与世界各国的交流与合作。云南文化强省建设和"桥头堡"建设的时代要求迫使我们站在时代的高起点上，以世界的眼光，以开放的胸襟和姿态，以强有力的战略和举措，主动参与国际文化产业合作与竞争。在积极用好国内文化资源的同时主动用好国际文化资源；在开发国内文化市场的同时主动开辟国际文化市场；学习借鉴国外先进的技术和管理经验，主动"走出去"，在参与激烈的国际文化竞争中，锻炼队伍，增长才干，抢占市场份额，提高云南省乃至我国文化产业的整体实力和竞争力。

在国家将文化建设提升至战略层面以及云南省确定"两强一堡"的战略目标之后，必须加大领导力度，确保文化产业始终坚持社会主义先进文化的前进方向，实现健康、有序、持续发展。通过文化战略统领三大目标是云南社会经济发展和进步的现实需求，这就要求相关部门和广大从业人员深刻领会文化强省建设的重要意义，充分认识各阶段的目标任务、工作重点和政策措施；积极把握全国乃至世界文化产业发展态势，努力提高理论素养，增强产业发展的紧迫感和责任感。特别是要坚持科学发展观，立足于云南社会经济发展的实际，将云南文化产业的发展与国家文化产业发展战略相结合，与社会主义和谐社会建设相结合；把着力点放在满足人民群众不断增长的精神文化需求和提高经济增长的质量上来，妥善处理社会效益和经济效益的关系，与社会主义和谐社会建设相结合，使广大群众都能享受到文化发展的成果和实惠，推动云南文化产业全面协调可持续发展。这就要求主管部门以前瞻性眼光、开拓性意识，创新运行机制，完善规划布局，深化文化体制改革，为云南文化产业发展提供有力的制度保障。

可以预见，"十二五"时期将是我国文化大发展的黄金期，依托民族文化优势完成云南省产业跨越式发展，有助于实现经济增长、社会稳定和文化传承的三赢局面。由于云南省经济社会发展与中东部地区之间的客观差距，我们更应该保持清醒的头脑，增强忧患意识，把握住文化大发展的战略机遇期，在当前的大好形势下迎头赶上，创新发展，把云南的文化事业建设推向新的高潮，成功打造我国沿边开放的试验区和西部地区实施"走出去"战略的先行区，使文化大繁荣、大发展在云南全面开花，惠及云南每一个民族。

后 记

改革开放以来，中国经济社会发展在取得巨大成就的同时，带来了经济社会结构广泛而深刻的变化。国内外不同思想文化相互激荡，经济成分、利益关系和分配形式等日益多样化、复杂化，社会建设中新事物、新情况、新问题层出不穷。我们既面临着加快发展和推进现代化进程的历史机遇，也面临着一系列前所未有的难题和挑战。立足当代，正确认识国情，准确把握社会发展大势，是社会科学工作者的历史使命，也是进行科学研究的基础工作。

为了更好地履行思想库、智囊团的重要职责，中国社会科学院自2006年起，全面启动了国情调研工作。《中国国情报告》是中国社会科学院开展国情调研工作取得的成果之一。《中国国情报告》作为系列性调研报告的汇编，旨在就当前社会普遍关注的若干重大问题，提出社会科学工作者的调研数据与分析材料，供读者参考。

《中国国情报告》由中国社会科学院国情调研领导小组指导编纂，科研局负责组织落实，相关研究所承担撰写工作。由于我们水平有限，不当之处敬请批评指正。

《中国国情报告》编委会
2012 年 4 月 12 日

图书在版编目（CIP）数据

中国国情报告. 第2辑, 生态·城乡·金融·文化／
李慎明, 武寅主编. --北京: 社会科学文献出版社,
2014.1（2019.3 重印）

ISBN 978 - 7 - 5097 - 5305 - 7

Ⅰ.①中… Ⅱ.①李…②武… Ⅲ.①国情 - 调查报
告 - 中国 - 现代 Ⅳ.①D6

中国版本图书馆 CIP 数据核字（2013）第 271056 号

中国国情报告（第二辑）
—— 生态·城乡·金融·文化

主　编／李慎明　武　寅
副 主 编／晋保平　王子豪

出 版 人／谢寿光
项目统筹／邓泳红　陈　颖
责任编辑／陈　颖

出　　版／社会科学文献出版社·皮书出版分社（010）59367127
　　　　　地址：北京市北三环中路甲29号院华龙大厦　邮编：100029
　　　　　网址：www. ssap. com. cn
发　　行／市场营销中心（010）59367081　59367083
印　　装／北京虎彩文化传播有限公司

规　　格／开 本：787mm × 1092mm　1/16
　　　　　印 张：28　字 数：465 千字
版　　次／2014 年 1 月第 1 版　2019 年 3 月第 2 次印刷
书　　号／ISBN 978 - 7 - 5097 - 5305 - 7
定　　价／79.00 元